지식인과 사회

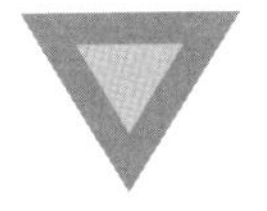

Intellectuals and Society: A History of the Scottish Enlightenment

by Young-Suk Lee

ACANET, SEOUL KOREA 2014.

지식인과 사회

스코틀랜드 계몽운동의 역사

이영석 지음

Intellectuals and Society :
A History of the Scottish Enlightenment

대우학술총서
609

아카넷

| 책머리에 |

오랫동안 잉글랜드와 갈등을 겪어온 스코틀랜드는 18세기 초 잉글랜드에 합병된다. 그러나 같은 세기 중엽 이 작은 나라에서 전개된 지식인운동이 근대성에 관한 담론을 주도하고 19세기 영국문화의 주류를 형성했다는 사실은 잘 알려져 있지 않다. 이 시기 문화운동은 흔히 '스코틀랜드 계몽운동'이라 불린다. 물론 데이비드 흄, 애덤 스미스, 애덤 퍼거슨 등 개별 문필가들은 이미 널리 알려졌고 이들의 사상과 학문에 대한 연구도 다량으로 축적되었지만, 그 활동은 오랫동안 영국문화의 일부로 여겨져왔다. 이 지식인운동을 18세기 후반이라는 특정한 시기, 스코틀랜드 고유의 지적 활동으로 이해하려는 시도는 근래에 이루어졌다.

필자는 이전에 스코틀랜드 계몽운동을 소개하는 몇 편의 짧은 글을 썼다. 이 지식인집단을 전체적으로 살피는 작업을 계획했지만 여러 사정으로 미뤄왔다. 무엇보다도 오랫동안 사회사 분야에만 매달려온 연구 이력이 장애가 되었다. 계몽지식인들의 저술을 정리하고 종합하는 일이 쉽지 않았고, 특히 철학적인 문제들에 대해서는 짧은 식견 때문에 제대로 성찰할 수조차 없었다. 개별 문필가를 다룬 방대한 연구들을 훑는 것도 매우 어려운 일이었다. 다만, 그들의 정신세계와 사회이론을 그들이 호흡하고 활동했던 시대의 사회적 조건과 관련지어 이해하고 싶었다. 굳이 이름을 붙인다면, 18세기 중엽 스코틀랜드 지식인집단에 대한 사회사적 접근이라고나 할까.

한국학술협의회의 저술 지원이 이 작업을 시작하는 데 큰 도움이 되었다. 특히 2012년 여름부터 1년간 영국에서 연구년을 보내면서 자료를 찾아 읽고 원고 쓰는 일에 줄곧 매달렸다. 스코틀랜드 지식인들의 저술과 그동안 쌓여온 다량의 2차 자료들을 정리하는 데 시간을 집중할 수 있었다. 케임브리지대학 도서관과 내가 머물렀던 울프슨칼리지를 오가는 단조로운 생활을 보냈지만, 그만큼 필자에게는 즐거운 시간이었다.

책 앞부분(제1~5장)은 스코틀랜드 계몽운동의 배경을 시간적·공간적으로 살펴본 내용들로 구성된다. 18세기 에든버러 도심 풍경, 스코틀랜드 장로교회와 대학의 역사, 스코틀랜드 민족주의, 18세기 잉글랜드의 사회변동(상업화, 산업화, 도시화, 세속화 등)과 이에 대한 스코틀랜드 지식인들의 성찰과 대응, 그리고 에든버러에서 형성된 다양한 토론문화와 담론공동체 등을 주로 다뤘다. 피상적인 관찰에 지나지 않지만, 이를 통해 계몽운동을 주도한 몇몇 지식인들의 지적·종교적 기반을 좀 더 상세하게 알 수 있다. 더 나아가 18세기 중엽 이후 에든버러를 중심으로 이루어진 지식인운동의 공간적·사회적 배경까지도 이해할 수 있을 것이다.

뒷부분(제6~10장)은 개별 스코틀랜드 문필가들의 견해와 사상을 깊이 파들어가기보다는 특정한 주제별로 그들이 공유하는 견해와 관점을 정리하는 데 노력을 기울였다. 그러다 보니 이 또한 문필가 개개인의 사상을 피상적으로 훑는 선을 넘어서지 못했다. 다만, 이들의 궁극적 관심이 인간과 사회를 분석하고 나아가 이를 역사적 맥락에서 이해하는 데 있었다는 전제 아래 인간, 사회, 역사, 근대성 등 핵심적인 주제를 중심으로 이들의 사유를 재구성하는 데 초점을 맞췄다. 문필가들이 특히 궁극적으로 고심한 것은 근대성 문제였다. 이들의 문제 제기와 탐색이 오늘날 인간과 사회를 이해하는 데 어떤 기여를 할 수 있고, 근래의 근대성 비판에 어떻게 관련될 수 있는지를 살피려고 노력했다.

이 책은 18세기 스코틀랜드 계몽운동의 전개과정을 개괄적으로 이해하는 데 목적을 둔다. 특히 에든버러를 중심으로 전개된 일단의 지식인집단과 이들을 둘러싼 독자층의 형성을 중시하는, 이른바 사회사적 접근을 강조한다. 이를 통해 에든버러를 중심으로 하는 스코틀랜드 지식인운동이 어떻게 후일 영국문화를 주도할 수 있었는가를 살피려고 한다. 정치적·경제적으로 열등한 상태에 있는 작은 나라 지식인들이 어떻게 중심부 문화의 주류가 되었는가를 성찰하려는 것이다.

작업을 끝낸 후 원고를 읽어보니 여러 가지로 미진한 점이 눈에 띈다. 유럽 지성사 또는 사상사의 학문 전통에 밝지 않기 때문에 개별 지식인의 중요한 사유에 관해 그동안 축적된 학문적 논쟁과 성과를 소개하는 데 어려움을 겪었다. 인간과 세계를 바라보는 철학적 태도의 문제도 깊이 있게 다루지 못했다. 주로 근대사회에 관한 그들의 담론과 사회이론에 초점을 맞춰 여러 문필가들의 견해를 재구성하는 선에서 멈췄다. 이런 한계가 있음에도, 이 책이 18세기 중엽 스코틀랜드 지식인들의 정신세계를 이해하는 데 보탬이 되기를 기대한다. 끝으로 이 책 저술을 지원해준 한국학술협의회와 아카넷 출판사에 감사 인사를 전한다.

광주 진월골에서 저자

차례

서장

스코틀랜드 계몽운동과 근대사회

'계몽운동(Enlightenment)'이란 18세기 서유럽의 사상가들이 주도한 진보적이고 자유주의적인 사상의 총체이다. 이성(理性)을 통해 인간과 사회와 세계를 이해하고 새로운 변화를 시도한 이 지적인 흐름은 물론 소수 지식인들의 운동에 힘입은 것이었다. 그동안 역사가들은 계몽운동을 엘리트주의적 시각에서 이해해왔다. 예를 들어 피터 게이(Peter Gay)는 이 운동을 서로 교제를 나누고 또 서로의 저술에 친숙한 소수 지식인들의 지적 활동으로 바라본다.[1)]

그러나 이들 지식인 주위에는 계몽운동에 활력을 제공한 온상이 있었다. 뛰어난 사상가들이 활동하는 데 도움을 준 것은 동시대 지적 생활의 분위기와 저자를 둘러싼 독자의 형성이었다. 달리 말하면, 계몽운동은 사상 못지않게 유포과정과 이를 전파한 중개자들이 더욱더

1) 피터 게이(Peter Gay), 『계몽주의의 기원(*The Enlightenment: An Interpretation*)』, 주명철 옮김(민음사, 1998).

중요한 의미를 차지하는 운동이다. 문자해독력 및 생활수준의 향상, 세속 지식인의 증가와 같은 사회 저변의 변화가 운동에 영향을 미쳤다. 따라서 오늘날의 역사가들은 저자와 독자의 상호성, 그리고 그들이 만든 공공영역(public realm)의 공론장(公論場)을 중시한다. 여기에서 사상과 담론을 조직하고 소비하며 그 전파를 결정짓는 사회적 공간은 주로 중간계급의 열띤 참여에 힘입어 이루어졌다.

그동안 유럽의 역사서술에서 계몽사상은 단일한 전개과정을 거친 지적 운동으로 여겨졌다. 모든 상식적인 것들을 의심하는 회의주의(scepticism)와 이성중심주의, 그리고 여기에 근거한 사회비판의 움직임을 같은 계보를 통해 이해하려는 경향이 강했던 것이다. 이에 따라 프랑스와 독일의 계몽사상가들이 계몽운동의 가장 중요한 서사를 형성해왔다. 그러나 계몽사상의 흐름에서 이들 못지않게 중요한 역할을 한 것은 스코틀랜드 지식인들이었다. 데이비드 흄(David Hume), 윌리엄 로버트슨(William Robertson), 애덤 스미스(Adam Smith), 애덤 퍼거슨(Adam Ferguson), 휴 블레어(Hugh Blair) 등[2] 18세기 후반에 활동한 일련의 지식인들이 계몽운동과 직간접으로 관련되어 있다.

---

2) 흄(1711~1776)은 반(反)형이상학적 경험론을 표방했기 때문에 오늘날 논리실증주의 철학의 선구자로 재조명받고 있다. 『인성론(*A Treatise of Human Nature*)』(전 3권, 1739~1740), 『도덕 및 정치 논고(*Essays, Moral and Political*)』(1744), 『잉글랜드의 역사(*The History of England*)』(전 6권, 1754~1762) 등의 저술을 남겼다. 로버트슨(1721~1793)은 스코틀랜드 장로교회 총회장, 에든버러대학 학장을 지낸 역사가다. 『스코틀랜드의 역사(*The History of Scotland*)』(1759)가 주저다. 스미스(1723~1790)는 글래스고대학에서 도덕철학을 가르치면서 근대 경제학의 초석을 쌓은 학자로 널리 알려졌다. 『도덕감정론(*The Theory of Moral Sentiments*)』(1759), 『국부론(*The Wealth of Nations*)』(1776) 등의 저술을 남겼다. 퍼거슨(1723~1816)은 에든버러대학 도덕철학 교수를 지냈다. 『시민사회의 역사(*An Essay on the History of Civil Society*)』(1767), 『도덕과학 및 정치과학 원리(*Principles of Moral and*

스코틀랜드 계몽운동의 배경

스코틀랜드 계몽운동(Scottish Enlightenment)을 낳은 지적 기반은 이 지역의 대학제도에서 마련되었다. 16, 17세기에 스코틀랜드 종교개혁 지도자들은 교회 자체의 개혁에서 더 나아가 대학교육을 통해 지역 젊은이들이 영적 갱신과 함께 새로운 지식과 도덕을 고양하기를 소망했다. 이들의 영향을 받아 새로운 학문을 배우려는 젊은이들이 대학에서 지식을 쌓는 데 전념했다. 18세기에 에든버러대학, 글래스고대학, 애버딘대학, 세인트앤드루스대학의 명성은 전 유럽에까지 널리 퍼졌으며, 잉글랜드와 대륙 출신들도 이곳에서 교육받기를 원했다.

다른 한편, 스코틀랜드 계몽운동의 성취는 문명의 중심이 아닌 주변이라고 하는 스코틀랜드의 '지리적 위치'와 밀접하게 관련된다. 산업화 초기에 스코틀랜드는 잉글랜드에서 일어난 새로운 사회경제적 변화에 영향을 받으면서도 그 변화의 진원지에서 약간 떨어져 있었다. '중심'에서 나타나는 새로운 변화는 대체로 중심보다는 변두리에서 오히려 더 빨리 발견되고 또 더 분명하게 보이기 마련이다. 스코틀랜드 출신의 스미스가 노동이 부의 원천이라는 관점에서 국민경제를 이해하려고 한 것이나, 퍼거슨이 시민사회라는 새로운 개념을 통해 산업사회의 변화를 인식한 것은 결코 우연한 일이 아니다.

물론, 이것만으로 18세기 중엽 이후 왜 유독 스코틀랜드에서 수많은 지식인들이 새로운 문화와 사상의 형성에 중요한 기여를 했는가를 설명하기에는 미흡하다. 이 새로운 지적 흐름은 1707년 잉글랜드와의

Political Science)』(전 2권, 1792) 등의 저술이 있다. 블레어(1718~1800)는 세인트자일스 교회 담임목사를 지낸 명(名)설교자이자 에든버러대학 수사학 교수였다.

합병이라는 스코틀랜드의 정치적 상황과 밀접하게 관련된다. 스코틀랜드 계몽운동은 합병 이후 스코틀랜드인들의 새로운 대응방식을 반영한다. 이제 스코틀랜드는 더 이상 잉글랜드와 정치적인 면에서 대결을 고집할 수 없게 되었다. 그러나 당대 스코틀랜드 지식인들 사이에 타자로서 잉글랜드의 이미지가 순화된 것만은 아니었다. 정치적으로 브리튼에 통합되어 있으면서도 잉글랜드와 다른 정체성을 유지하려는 이들의 이중적 성향이 계몽운동에 내재해 있다.[3]

18세기 스코틀랜드 지식인들의 문화적 성취는 정치적 종속에 대한 또 다른 형태의 대응이라고 할 수 있다. 그러면서도 그들은 스스로 대(大)브리튼의 문화 창달자임을 자부하는 이중적 의식구조를 보여준다. 아마도 현실 정치에서 잉글랜드에 종속될 수밖에 없는 스코틀랜드의 상황을 다른 방식으로 초극하려 했던 것처럼 보인다. 여기에서 스코틀랜드 계몽운동의 중요성은 저자와 독자의 형성이라는 새로운 특징을 보여준다는 점에서 찾을 수 있다. 18세기 후반 에든버러는 문필가집단을 선두로 그들의 글을 즐겨 읽고 강연을 들으려는 공중(公衆)이 형성되고 있었다. 좀 더 다양한 계층에 지식을 전파할 수 있는 토양이 마련되어 있었던 것이다.

계몽운동이 저자와 그 주위의 독자를 중심으로 형성되는 담론 공간의 산물이라고 한다면, 18세기 후반 에든버러의 지식인 활동이야말로 그 전형적인 사례가 아닐까 싶다. 에든버러 식자층의 주류는 전문

3) 스코틀랜드 계몽운동의 사회적 배경에 관한 간략한 설명은 다음을 볼 것. Roger Emerson, "The contexts of the Scottish Enlightenment," in *The Cambridge Companion to the Scottish Enlightenment*, ed. Alexander Broadie(Cambridge: Cambridge University Press, 2003), pp. 9-30.

직업인이었다. 다시 말해 전문적인 식견을 갖춘 소지주, 변호사, 상인, 문필가, 의사, 교사, 목사들이었다. 이들은 다양한 토론모임을 중심으로 인간과 세계 그리고 자국 문화에 관한 인식의 지평을 넓혀나갔다. 이러한 집단적인 지적 활동은 스코틀랜드 경계를 넘어 19세기 영국문화의 주류가 되었다.

당시 스코틀랜드 지식인들의 화두는 근대사회 형성과 근대사회에서 인간 삶의 변화였다. 이들이야말로 '근대성' 문제를 탐구의 대상으로 삼은 최초의 지식인집단이라 할 수 있다. 특히 퍼거슨과 스미스가 보기에, 근대 상업사회란 시장의 위력에 인간의 삶이 그대로 노출된 사회였다. 인간과 시장의 관계, 원시사회에서 상업사회까지 이르는 사회 진보의 역사와 같은 문제야말로 이들이 눈여겨본 핵심 주제다. 스코틀랜드 지식인들이 대학에서 강의한 '도덕철학(moral philosophy)'은 상업사회 아래서 인간의 바람직한 삶은 무엇인가라는, 근원적이면서도 현재적인 질문을 위한 성찰의 주 무대였다.

스코틀랜드 계몽운동을 보는 시각

18세기 중엽 에든버러를 중심으로 활동한 문필가들(literati)을 계몽운동의 지적 계보 속에서 살피려는 시도는 근래에 이루어졌다. 개별 사상가들의 지적 활동에 대한 연구는 오래전부터 이어져왔지만, 이들을 계몽운동기 스코틀랜드 특유의 지식인집단으로 설정하려는 노력은 근래에 나타난 것이다. 프랑스와 독일 계몽운동의 계보와 달리, 스코틀랜드 문필가집단에 대한 관심이 뒤늦었던 까닭은 무엇인가.

우선, 저명한 스코틀랜드 문필가들을 18세기 중엽 스코틀랜드 사회와 관련짓기보다는 그들의 학문적 성취를 넓은 맥락의 영국문화 속에서 개별적으로 이해하려는 경향이 강했다. 다음으로, 왕정, 특권 및 종교적 불관용에 투쟁하는 계몽운동의 일반 이미지와는 대조적으로, 스코틀랜드 문필가들은 기존의 종교·사회·정치에 대해 비판적 태도를 보여주지 않았다. 회의주의자로 널리 알려진 데이비드 흄조차도 기존 교회와 노골적인 불화를 원하지 않았다. 마지막으로, 스코틀랜드 계몽운동기의 문필가들은 계몽의 원리와 계몽된 사회를 내세운 프랑스 계몽운동기의 지식인들과 달리 역사와 사회이론 또는 정치경제학 같은 좀 더 성찰적인 학문 분야의 연구를 주도했다. 그렇기 때문에 그들의 문필 활동은 선정적이지도 않았고 대중적 호소력을 갖지도 않았다. 겉으로 보면, 스코틀랜드 지식인의 활동은 "회의주의, 반기독교, 개혁적 계몽운동"과 거리를 두고 있다.[4]

역사가들이 18세기 후반 스코틀랜드 지식인집단의 활동을 영국문화의 일부가 아니라 계몽운동의 독자적인 계보로 인식하기 시작한 것은 1960년대의 일이다. 옥스퍼드대학의 역사가 휴 트레버-로퍼(Hugh Trevor-Roper)는 이 시기의 지적 활동을 '스코틀랜드 계몽운동(Scottish Enlightenment)'이라 부르면서, "1745년 마지막 재커바이트(Jacobite) 봉기 패배 이후 뚜렷하게 나타난 지적 활력의 분출"이라고 규정한다.[5]

---

4) Richard B. Sher, *Church and University in the Scottish Enlightenment: The Moderate Literati of Edinburgh*(Edinburgh: Edinburgh University Press, 1985), p. 11.

5) Hugh Trevor-Roper, "The Scottish Enlightenment," *Studies on Voltaire and the Eighteenth Century*, vol. 58(1967), p. 1637. 재커바이트 운동은 1688년 명예혁명 이후 스코틀랜드인들의 스튜어트왕조 복위운동을 의미한다. 이 밖에 스코틀랜

휴 트레버-로퍼(1914~2003). 옥스퍼드 근대사 흠정교수(1957~1980)를 지냈다. 동료 역사가들과 논쟁을 자주 벌였으며, 히틀러 연구로도 유명하다.

그러나 그는 재커바이트의 좌절과 계몽운동 사이에 어떤 관련이 있는지는 상세하게 언급하지 않는다. '지적 활력(intellectual vitalities)'이라는 말도 이 운동이 어떤 의미와 중요성을 갖는지 알려주지 못하는 애매한 표현에 지나지 않는다.

실제로, 18세기 후반 스코틀랜드에서 특정한 지식인들이 특히 집단적으로 활동했다는 사실은 동시대 사람들도 인식하고 있었다. 1759년 2월 벤저민 프랭클린(Benjamin Franklin, 1706~1790)은 미국 펜실베이니아 주 대표로 런던을 방문했다. 그는 이때 세인트앤드루스대학에서 전기방전실험 연구로 명예박사학위를 받았다. 그해 여름 스코틀랜드에 체류하는 동안에는 수많은 지인들을 만날 수 있었다. 사실 프랭클린

드 지식인운동을 그 시대 스코틀랜드 국민문화의 표출로 보는 시각은 다음을 볼 것. David Daiches, *The Paradox of Scottish Culture: The Eighteenth-Century Experience*(London: Oxford University Press, 1964), pp. 74-75.

의 학위 수여는 어느 날 갑자기 이루어진 것이 아니라, 그가 20여 년 가까이 스코틀랜드 지식인들과 교류해온 결과였다. 프랭클린은 1743년 보스턴에서 애덤 스펜서(Adam Spencer)라는 한 스코틀랜드 지식인의 강연을 들을 기회가 있었다. 스펜서는 에든버러대학 의학부를 졸업한 내과의였다. 보스턴의 공개강연은 주로 전기방전에 관한 것이었다. 프랭클린은 스펜서의 실험기구를 빌려 전기불꽃을 일으키는 다양한 실험을 계속해나갔다. 그러니까 피뢰침으로 널리 알려진 프랭클린의 실험은 이처럼 스코틀랜드의 지적 전통과 직접 관련된 셈이다. 그 후 프랭클린은 에든버러의 여러 문필가와 서신으로 교류하기 시작했다.[6] 스코틀랜드를 여행한 지 몇 년이 지난 후, 프랭클린은 에든버러대학으로 유학을 떠나는 한 젊은이에게 그곳의 지적 분위기를 칭송하는 편지를 보내기도 한다. 그는 당대의 저명한 지식인들인 퍼거슨, 로버트슨, 스미스, 데이비드 흄, 조지프 블랙(Joseph Black)[7] 등의 이름을 편지에 언급하고 있다.

스코틀랜드의 지적 분위기를 극찬하는 당대인들의 서한은 이 밖에도 상당수 남아 있다. 예를 들어, 에드워드 기번(Edward Gibbon, 1737~1794)은 1707년 합병 이후 스코틀랜드에 잉글랜드화의 물결이 높아지는데도 일반인을 대상으로 하는 교양강연에 청중 300여 명이 몰려드는 에든버러 문화를 높이 평가했다. 그는 "섬의 북부"에서 비

6) Douglas Sloan, *The Scottish Enlightenment and the American College Ideal*(New York: Columbia University Teachers College Press, 1971), pp. 1-2.

7) 블랙(1728~1799)은 스미스의 동료로서 글래스고대학 교수를 지냈다. 그의 잠열(latent heat)이론은 후일 제임스 와트(James Watt)의 증기기관 개량에 도움을 주었다. J. B. Nolan, *Benjamin Franklin in Scotland and Ireland*(Philadelphia: University of Pennsylvania Press, 1938), p. 50 참조.

롯한 문화를 깊이 성찰하면서, 문화 양식과 지식이 이제 "런던의 매연과 조급증"을 피해 북부로 이동했다고 쓰고 있다.[8)]

그러나 당대 사람들의 이러한 평가는 19세기에 들어와서 영제국의 팽창과 영국문화의 번영에 묻혀 더는 큰 반향을 불러일으키지 못한다. 스코틀랜드 지식인들의 문필 활동과 저술은 다만 영국문화의 중요한 일부로 자리 잡았을 뿐이다. 18세기 후반 스코틀랜드의 지적 운동을 스코틀랜드 국민문화의 표출로 다시 인식하기 시작한 것은 한 세기가 지난 후의 일이다. 20세기 초 스코틀랜드의 역사가 윌리엄 매시슨(William L. Mathieson)은 다소간 민족감정이 깃든 어조로 스코틀랜드 지식인집단의 중요성을 이렇게 되새긴다.

> 스코틀랜드 문학과 과학의 역사에서 가장 찬란했던 시기가 있다. 프랑스를 제외하고는 그렇게 풍요롭고 다양한 천재들의 시기는 어디에도 없었다. 그 당시 잉글랜드는 데이비드 흄 같은 철학자를 낳지 못했고 당대의 시각에서 글을 쓴 흄과 로버트슨에 필적할 만한 역사가도 없었다. 존 흄(John Home) 같은 비극을 쓴 극작가도, 제임스 맥퍼슨(James Macpherson) 처럼 유럽에서 평판을 얻은 시인도, 토비아스 스몰렛(Tobias Smollett) 같은 작가도, 제임스 보즈웰(James Boswell) 같은 전기작가도, 블레어 같은 설교자도, 스미스 같은 경제학자도, 제임스 허턴(James Hutton) 같은 지질학자도, 제임스 와트(James Watt) 같은 기술자도 없었다.[9)]

---

8) E. Gibbon, *The Letter of Edward Gibbon*, ed. J. E. Norton(London: Cassell, 1956), vol. 2, p. 100.

9) W. L. Mathieson, *The Awakening of Scotland*(Glasgow: James Macles, 1910), p. 203. 존 흄(1722~1808)은 에든버러대학에서 신학을 공부하고 교회에서 목회

이와 같이 20세기에 들어서 일부 애국적인 스코틀랜드 학자들이 18세기 후반의 지적 전통을 강조하기는 했지만, 이를 계몽운동의 독자적 계보로 처음 자리매김한 역사가는 트레버-로퍼다. 그는 이 움직임을 '지적 연금술(intellectual alchemy)'이라 불렀다.[10] 이 표현은 후진적인 스코틀랜드에서 왜 갑자기 당대 최고 수준의 지적 활동이 전개되었는가라는 문제의식을 반영한다. 스코틀랜드는 17세기 말까지만 하더라도 잉글랜드에 비해 사회경제적으로 상당히 뒤떨어져 있었다. 대학도 단순히 성직자교육을 위주로 하는 신학교 수준에 지나지 않았다. 그러나 다음 세기에 이들 대학은 유럽의 '교사'가 되었고 잉글랜드의 상류층 인사들은 로버트슨의 에든버러대학이나 존 밀러(John Millar, 1735~1801)의 글래스고대학에 자식들을 다투어 보내려고 했다. 유학생들은 후일 내각의 각료를 비롯해 영제국 발전의 중요한 역할을 맡았다. 트레버-로퍼는 이렇게 말한다.

활동을 했으나, 그 후에 문필가·비극작가로서 삶을 살았다. 그의 작품 『더글러스(*Douglas*)』의 에든버러 공연을 둘러싸고 장로교회의 보수적인 목회자와 중도파 목사들 사이에 갈등이 일기도 했다. 맥퍼슨(1736~1796)은 시인, 문필가다. 애버딘대학에서 수학하고 시를 쓰는 한편, 고지대(Scottish Highlands) 전래 민요 모음집을 펴냈다. 스몰렛(1721~1771)은 글래스고대학에서 의학을 공부했지만, 시와 소설 창작 등 문필가로 활동했다. 보즈웰(1740~1795)은 에든버러대학과 글래스고대학에서 수학했다. 18세기 문필가 새뮤얼 존슨(Samuel Johnson)의 전기작가로 널려 알려져 있다. 허턴(1726~1797)은 에든버러대학과 레이던대학 의학부에서 수학한 내과의며, 지질학 연구로 널리 알려졌다. 와트(1736~1819)는 기존의 증기기관을 개량해 분리응축식 증기기관을 발명한 기술자로 유명하다.

10) Hugh Trevor-Roper, 앞의 글, p. 1636. 물론 그 이전, 특히 1930년대에 로이 파스칼(Roy Pascal)은 이 문필가들을 '계몽주의시대 스코틀랜드 역사학파(Scottish historical school)'라고 불렀다. David Kettler, "History and Theory in Ferguson's Essay on the history of Civil Society: A Reconsideration," *Political Theory*, vol. 5, no. 4(1977), p. 437 참조.

> 17세기 암흑시대 이후 스코틀랜드에서 갑자기 문예부흥이 일어난 현상은 매우 당혹스럽다. 아마 외국인에게는 제대로 이해되지 않을 것이다. 그들은 그 현상을 단지 자유롭고 휘그적인 하노버왕조 시대 잉글랜드에서 전개된 진보의 한 일부로만 바라본다. 그들이 어떻게 런던과 에든버러, 같은 공용어를 사용하고 오랫동안 한 왕조의 통치 아래 있었으며, 이제는 완전히 통합된 그 두 사회 사이의 미묘한 차이를 식별할 수 있겠는가.[11]

트레버-로퍼가 보기에, 18세기 후반의 스코틀랜드 지식인들은 대부분 인간의 사회적 행위에 관심이 있었다.[12] 이들 지식인집단의 선구자에 해당하는 프랜시스 허치슨(Francis Hutcheson, 1694~1746)은 인간의 정신이 신학적 결정론이나 인간의 이성보다는 선천적이고 본능적인 상식과 도덕감의 영향을 받는다고 주장했는데, 이러한 가르침이 데이비드 흄, 스미스, 퍼거슨에게 공통으로 나타난다는 것이다. 이들은 모두 진보의 사회적 메커니즘에 관심을 보였다. 허치슨은 인간의 심리 탐구에서 인간 사회로, 말하자면 사회학과 정치경제학 그리고 공리주의 정치철학의 지평을 새롭게 열었던 것이다. 실제로 그는 "최대다수의 최대행복(the greatest happiness for the greatest number)"이라는 표현을 처음으로 썼으며 공리성의 기준 또한 처음으로 탐색한 인물이다.[13]

트레버-로퍼는 스코틀랜드 지식인 활동을 계몽사상의 독자적 계보로 평가하면서도, 그 발생 원인을 찾는 데에는 유보적인 태도를 취

11) Hugh Trevor-Roper, 같은 글, p. 1635.
12) 같은 글, p. 1639.
13) 같은 글, p. 1640.

프랜치스 허치슨(1745경, 앨런 램지 작). 스코틀랜드계 아일랜드의 철학자다. 논리학자·인식론자로서도 이름이 있다.

한다. 물론 1707년 합병 이후 스코틀랜드 사회의 자유화와 물질적 진보가 그 바탕이 되었을 것이다. 그러나 스코틀랜드 계몽운동은 잉글랜드의 직접적 영향을 받았다고 말하기는 어렵다. 단순히 경제 진보의 결과나 프로테스탄티즘, 대학교육 등 단일 원인으로 설명하기도 쉽지 않다. 그렇다고 해서 계몽운동의 시기를 단순히 천재들의 세기로 돌리는 것도 적절하지 않다. 트레버-로퍼에 따르면, 소수를 제외하고 당대 문필가들은 단지 2급의 지식인이었으며 다음 세기에 쉽게 잊혔다.[14)]

물론, 트레버-로퍼는 모든 사상은 그 사회적 환경과 관련된다고 본다. 이런 면에서 그는 합병 이후의 진보보다는 그 직전 시기에 스코틀랜드 사회가 겪은 역경을 중시한다. 1680년 이후 스코틀랜드 사람

14) 같은 글, p. 1637-1638.

들은 경제 쇠퇴, 교역 침체, 재정 위기, 기근과 기아 등을 연달아 겪었다. 이 어려운 환경 때문에 그들은 합병에 동의하기에 이르렀다. 다른 한편, 스코틀랜드 지식인들은 그동안 단절되었던 유럽과 관계를 복원함으로써 자신을 새롭게 발견하고자 했다. 역경에 대처하려는 스코틀랜드인들의 노력과 유럽에서 유입된 새로운 철학이 서로 맞물리면서 한 세대 이후 문예부흥의 토대가 마련된 것이다.[15] 여기에서 트레버-로퍼는 재커바이트 운동을 대륙문화와의 접촉이라는 점에서 중시한다. 1690년대 네덜란드 대학과 문화의 영향, 여기에 덧붙여 다음 세기 스튜어트왕조 복원을 꾀한 재커바이트들이 프랑스를 무대로 활동하고 프랑스 지식인과 나눈 지적 교류가 후일 스코틀랜드 계몽운동에 활력을 제공했다는 것이다.[16]

그러나 트레버-로퍼는 일부 지식인들의 정치적 성향만으로 계몽운동의 전반적 성격을 단정했다는 비판을 받는다. 이 운동이 기존 장로파와 휘그파 지배구조에 맞선 재커바이트 및 토리파 정치세력의 선구적 활동에 영향을 받았다는 그의 주장은 설득력이 없다는 것이다. 계몽운동가들은 전반적으로 휘그(Whig)적 전통에서 벗어나지 않았으며, 보수적인 인물로 알려진 데이비드 흄까지도 토리파보다는 휘그파에 더 가까웠다는 것이다.[17] 더욱이 트레버-로퍼는 1급의 사상가와 그

15) 같은 글, p. 1640-1641.

16) 같은 글, p. 1637, 1644.

17) Colin Kidd, "Lord Dacre and the Politics of the Scottish Enlightenment," *Scottish Historical Review*, vol. 84, pt. 2(2005), pp. 208-209. 이러한 비판에 대한 반론도 있다. William Ferguson, "A Reply to Professor Colin Kydd on Lord Dacre's Contribution to the Study of Scottish History and the Scottish Enlightenment," *Scottish Historical Review*, vol. 86, pt. 1(2007), pp. 96-107.

밖의 추종자들을 구분하고, 앞의 부류에만 초점을 맞춤으로써[18] 스코틀랜드 계몽운동을 너무 협소하게 규정했다. 흄, 스미스, 퍼거슨 등의 사회철학만 중시할 뿐, 그 밖의 다양한 문화적 움직임을 고려하지 않았다는 것이다.[19] 계몽운동이 저자와 그들을 둘러싼 독자의 상호작용을 통해 활력을 갖게 되었다는 점을 고려하면, 이는 적절한 지적이다.

앞에서 언급했듯이, 계몽운동은 엘리트주의적 시각이 아니라 문필가와 독서층, 저자와 독자가 함께 호흡하는 공론장을 통해 접근해야 한다. 이런 점에서 계몽운동의 사회사적 연구가 필요하다. 실제로 18세기 후반 에든버러 시민에게 저명 문필가들은 매우 친숙한 존재였다. 에든버러 시민들은 그들의 글을 직접 읽지 않더라도 풍문을 통해서 그들이 무엇을 말하고 주장하는가를 어렴풋이나마 알고 있었다.

스코틀랜드 계몽운동에 대한 사회사적 접근을 처음으로 시도한 이는 아난드 치트니스(Anand Chitnis)다.[20] 치트니스는 계몽운동은 지적·철학적·과학적 현상이지만 그 현상을 배양한 사회적 조건들을 통해서만 온전하게 이해할 수 있다는 점을 강조한다. 18세기 후반 계몽운동에서 그가 특히 초점을 맞춘 것은 스코틀랜드 교회의 온건한 성직자집단, 이른바 '중도파(Moderates)' 지식인이다. 이들의 관심과 활동을 주의 깊게 고려했을 때 계몽운동의 본질을 이해할 수 있다는 것이다.

---

18) Hugh Trevor-Roper, 앞의 글, p. 1638; idem, "The Scottish Enlightenment," *Blackwood's Magazine*, vol. 322(1977), pp. 372-373.

19) Richard B. Sher, 앞의 책, pp. 6-7.

20) A. C. Chitnis, *The Scottish Enlightenment: A Social History*(London: Croom Helm, 1976).

'중도파'라는 말은 18세기 중엽 교회 관계자들 사이에 널리 일컬어졌다. 중도파는 성직자이면서도 특히 세속화와 문명화 현상을 긍정적으로 받아들이고 교회가 문명사회에서 중요한 역할을 수행해야 한다는 점을 강조한다. 계몽적 가치관, 종교적 관용, 과학 및 학예의 성취에 대한 존중 등 이전의 보수적 성직자들과는 아주 다른 세계관과 태도를 보여주었다. 이들은 성직자이자 문필가였으며, 그만큼 다양한 문화 활동에 주도적으로 참여했다. 블레어, 퍼거슨, 로버트슨, 알렉산더 칼라일(Alexander Carlyle)[21] 등 계몽운동의 중심인물들이 신학교육을 받은 중도파였다.

치트니스는 중도파 문필가와, 그리고 이들과 학연으로 얽힌 변호사집단을 심층 분석 함으로써 계몽운동의 사회적 저변을 재구성한다. 여기에서 그의 연구는 스코틀랜드 계몽운동에 관해 중요한 사실을 일깨워준다. 치트니스가 보기에, 이 운동은 대륙과 달리 반(反)기독교 성향을 나타내지 않았다. 그럼에도 기이한 것은 신학교육을 받은 사람들이 다수인 계몽지식인집단이 신학이론보다는 사회이론 탐색에 놀라운 성취를 이룩했다는 사실이다. 치트니스의 연구는 이러한 문제의식에서 비롯된 것이다.

스코틀랜드 계몽운동의 주역은 결국 문필가들이다. 이 문필가집단은 기본적으로 목사·법률가·교사·교수 등 전문직업인 출신이었다.

---

21) 칼라일(1722~1805)은 용모 때문에 동료들에게서 '주피터(Jupiter)'라고 불렸다. 에든버러 근교 인버레스크(Inveresk) 교회에서 일생 동안 목회자로 시무했다. 중도파의 핵심 인물이며 그의 『자서전(*Autobiography of the Rev. Dr Alexander Carlyle, Minister of Inveresk*)』(1861)은 중도파 및 계몽운동가들의 활동에 관해 풍부한 내용을 담고 있다.

문필가이자 전문직업인이라는 사실이 스코틀랜드 계몽운동의 성격 또는 세계관을 설명해준다. 이 문필가들은 소외된 집단에 속하지 않았다. 그런 만큼 사회의 지배엘리트를 풍자하고 비판할 필요성을 느끼지 않았다. 오히려 그 엘리트가 자신들의 후원자이자 독자였다. 미들클래스 출신으로서 문필가들의 모습은 지역사회를 주도하는 적극적인 참여자이자 현실 자체의 옹호자이기도 했다.

여기에서 중요한 것은 계몽운동의 사회적·제도적 기반이 결국 스코틀랜드 교회와 대학이었다는 사실이다. 리처드 셰어(Richard B. Sher)는 문필가집단, 스코틀랜드 교회, 스코틀랜드 대학이라는 연결점을 통해 계몽운동을 종합적으로 탐색하려고 한다. 그가 보기에 스코틀랜드 계몽운동은 "18세기 스코틀랜드 문필가집단의 문화"이다. 이때 문필가란 "계몽적 가치와 원리를 중시하는, 문필의 기예와 지식을 갖춘 인물"이다. 이들은 지식·도덕률·이성·과학을 중시하고 문명을 상징하는 도회성과 세련된 삶, 이를 가능케 하는 사회 질서와 안정을 선호한다. 근면한 노동과 물질적 진보 그리고 세속적인 즐거움을 받아들이는 반면, 종교적 맹신과 미신을 불신한다. 기독교 정체성을 지녔으면서도 종교적 관용과 표현의 자유를 옹호한다.[22]

셰어에 따르면, 문화는 삶과 사상의 모든 측면을 포함한다. 계몽운동이란 지적 움직임과 여러 사회적·문화적 요소가 서로 관련된 복합적 현상이다. 지적 차원과 사회적·제도적 차원이 하나로 융합된 다차원적 현상인 것이다. 그런 만큼, 계몽운동을 이해하기 위해서는 텍스트는 물론, 문필가 클럽과 모임에서 교회와 대학, 문필가들의 의상

22) Richard B. Sher, 앞의 책, p. 8.

과 포도주에 이르기까지 모든 것들을 고려하지 않으면 안 된다.[23] 셰어가 다루는 문필가들은 에든버러 및 그 인근에서 출생했거나 거주하는 지리적 연결망과, 교회 및 대학을 기반으로 하는 사회적 연결망에 속한 집단이다. 셰어는 주로 블레어, 칼라일, 퍼거슨, 존 흄, 로버트슨 등 다섯의 문필가와, 이들보다 더 저명한 지식인이라고 할 수 있는 데이비드 흄과 스미스 두 사람의 인적 관계망 또는 그 둘을 둘러싼 지적 교류를 탐사한다.

근래 이루어진 스코틀랜드 계몽운동 연구 가운데 특히 주목을 끄는 것은 크리스토퍼 베리(Christopher J. Berry)의 사상사 연구다.[24] 스코틀랜드 지식인들이 사회의 철학, 사회의 변화와 발전에 관심을 기울였다는 것은 잘 알려져 있다. 그동안 데이비드 흄, 스미스, 퍼거슨, 로버트슨 등 개별 지식인의 사회이론은 다양하면서도 깊이 있게 다뤄져왔다. 베리는 여기에서 한걸음 더 나아가 스코틀랜드 문필가들의 저술에서 사회와 관련하여 사용된 대표적 개념어들을 선택한 다음에 이를 중심으로 여러 문필가들의 이론과 관점, 시각을 정리한다. 그는 이들의 사회철학을 사회성(sociality), 과학·설명·역사, 사회적 다양성, 사회사, 상업사회, 사회적 가치 등 여섯 범주로 나눈다. 이어 각 범주에 해당하는 여러 개념어들을 열거하고서 문필가들이 이들 개념어를 어떤 맥락에서 사용하고 개념어들에 어떤 의미를 부여했는가를 탐색한다.[25]

23) 같은 책, pp. 9-10.

24) Christopher J. Berry, *Social Theory of the Scottish Enlightenment*(Edinburgh: Edinburgh University Press, 1997).

치트니스, 셰어, 베리 이래 계몽운동 연구의 르네상스라고 일컬어질 만큼 다량의 성과가 쌓이고 있다.[26] 하지만 치트니스와 셰어의 사회사 연구를 넘어선 작업은 별로 눈에 띄지 않는다. 스코틀랜드 계몽운동의 사회사는 이 둘의 연구에서 사실상 가장 높은 수준에 이르렀다고 해도 지나친 말이 아니다.

사회사와 지성사

이 책 또한 궁극적으로 스코틀랜드 계몽운동의 사회사를 지향한다. 따라서 치트니스와 셰어의 연구가 그 출발점이 될 것이다. 본론에서는 문필가들의 공적·사적 연결망을 심층적으로 탐색할 뿐만 아니라, 계몽운동의 토양을 제공한 교회와 대학의 변화를 살핀다. 여기에 덧붙여, 민족주의 문제와 잉글랜드 사회의 변화가 스코틀랜드 지식인에게

---

25) 예를 들면, 이성, 감정, 사회성, 인과관계, 이론적 역사, 경험주의, 상대주의, 사회계층, 정부론, 재산권, 진보, 상업, 덕, 부패, 도덕이론, 종교 등이다.

26) N. T. Phillipson & R. Mitchison, *Scotland in the Age of Improvement*(Edinburgh: Edinburgh University Press, 1979); R. H. Campbell and A. S. Skinner, eds., *The Origins and Nature of the Scottish Enlightenment*(Edinburgh: John Donald, 1982); T. M. David, ed., *Improvement and Enlightenment*(Edinburgh: John Donald, 1989); Alexander Broadie, *The Tradition of Scottish Philosophy: A New Perspective on the Enlightenment*(Edinburgh: Polygon, 1990); Christopher J. Berry, 앞의 책; Arthur Herman, *How the Scots Invented the Modern World: The True Story of How Western Europe's Poorest Nation Created Our World & Everything in It*(New York: Crown Publisher, 2001); Alexander Broadie, ed., *The Cambridge Companion to the Scottish Enlightenment*(Cambridge: Cambridge University Press, 2003).

어떤 영향을 미쳤는지 고려할 것이다. 문필가들 대부분은 1745년 재커바이트 운동에 비판적이었다. 저지대 지식인들의 공통된 태도라 할 수 있다. 그렇다 하더라도 재커바이트 운동 실패 이후, 민족주의 감정은 어떤 형태로든지 스코틀랜드 지식인운동에 영향을 주었다. 정치에서 문화로의 전환은 바로 그 영향의 결과다.

잉글랜드의 상업 발전과 산업화도 스코틀랜드 지식인들의 사유에 적지 않은 자극을 주었다. 치트니스와 셰어는 잉글랜드와의 지적 교류를 중시하지 않는다. 오히려 대륙의 새로운 지적 전통의 스코틀랜드 유입이 계몽사상가들에게 자극을 주었다는 것이다. 그러나 지적 전통의 문제가 아니라, 잉글랜드 사회의 변화 자체가 문필가들 사유의 원재료가 되었다. 스코틀랜드라는 변방에서 오히려 그들은 새로운 시대의 사회변화를 객관적으로 관찰하고 그 중요성을 감지할 수 있었다. 문필가들의 공통된 명제가 사회철학과 사회의 진화에 초점을 맞췄다는 것 자체가 바로 주변에서 중심부의 변화를 관찰하는 작업과 직간접으로 연결된다.

한편, 이 책은 치트니스와 셰어의 연구를 넘어 사회사의 지평을 확대하기 위해 18세기 중엽 문필가집단과 그들 주위의 독서층으로 구성된 협회와 클럽을 재구성하려고 한다. 명사회, 사변협회, 포커 클럽이 이에 해당한다. 회원, 회원 간의 연결망, 협회의 운영과 특징에 이르기까지 다양한 측면을 살핀다. 아울러 이 책은 데이비드 흄, 윌리엄 로버트슨, 애덤 스미스, 애덤 퍼거슨 등 문필가들의 사회이론과 역사관이 어떤 공통성과 차이를 드러내는가를 따져볼 것이다. 이를 위해 개별 문필가를 다룬 최근 연구들을 수합해 재구성하는 방식을 따르려고 한다. 개별 사상가에 대한 깊이 있는 분석을 바탕으로 하면서도 그들이 공유하는 사회철학과 세계관을 재현하는 데 초점을 맞춘다. 이 책이 궁극적으로 지향하는 것은 스코틀랜드 계몽운동의 사회사와 지성사의 결합이다.

1

에든버러, 18세기의 풍경

2012년 10월 15일 영국 총리 데이비드 캐머런(David Cameron)과 스코틀랜드 자치정부 수반 앨릭스 새먼드(Alex Salmond)가 회담을 열고 주민투표에 관한 최종 협정을 맺었다. 2014년 9월에 스코틀랜드는 분리 독립 여부를 묻는 주민투표를 시행한다. 투표 결과가 어떻게 나올지 지금으로서는 예상할 수 없다. 다만, 그 결과에 따라 1707년 합병 이후 '연합왕국(United Kingdom)'으로 불려온 영국의 국체(國體)가 근본적인 변화를 겪을 가능성도 있다.

스코틀랜드 사람들은 잉글랜드와 합병 이후에도 오랫동안 그들 고유의 문화와 전통을 고수해왔다. 오늘날 에든버러를 찾는 방문객들은 도시의 외관과 전반적 풍경이 런던과 매우 다르다는 것을 알게 된다. 영제국 또는 영국문화의 이미지에 익숙한 사람들은 이 도시를 방문한 후에야 비로소 국가 안의 다른 국가, 사회 속의 다른 사회가 존속해왔음을 깨닫는다. 에든버러가 스코틀랜드 고유의 문화를 상징하는 도시임은 두말할 필요도 없다. 이 도시는 중세 후기 이래 스코틀랜드의 정치·경제·문화 중심지다. 합병 이후, 정치 중심지로서의 위상은 낮아졌지만 오랫동안 스코틀랜드 전통이 서려 있는 대표적인 도시로서의 정체성은 오늘날까지 그대로 이어진다.

에든버러 성과 로열마일

에든버러 도시의 역사는 기원후 7세기까지 거슬러 올라간다. 노섬브리아(Northumbria)의 에드윈(Edwin of Deira, 586~632) 왕은 이 지역을 정복한 후 픽트인(Picts)의 침입을 막으려고 절벽으로 둘러싸인 거대한 바위(Castle Rock, 캐슬록) 위에 성을 쌓았다.[1] 성은 여러 차례 개축되어 오늘날의 모습을 띠게 되었다. 에든버러라는 도시명은 왕의 이름에서 비롯한 것처럼 보인다.[2] 또한 성채라는 기원 때문에 중세 후기에 스코틀랜드왕국에 복속된 후에도 에든버러는 군사 면에서 중요한 도시로 남아 있었다. 오랫동안 에든버러 성(Edinburgh Castle)에는

1) 노섬브리아는 중세 초기 이른바 '7왕국시대(Heptarchic age)'에 잉글랜드 북부에 자리 잡은 왕국이다. 에드윈 왕은 7세기 전반 그 시대의 종주왕(宗主王, brytenwalda)이었다(재위 616~632). 픽트인은 브리튼 섬 북부, 즉 칼레도니아의 원주민을 가리키는 이름이다. 스코트인은 원래 아일랜드에서 브리튼 섬 북부로 이주해왔다. 이 밖에 잉글랜드 북부에 거주하던 원주민은 로만 브리튼 시대에 브리톤인(Britions)으로 불렸다.

2) 성채바위 위의 성은 스코틀랜드게일어로 Dùn-Èideann으로 불렸다. 글자 그대로 '에드윈의 성(Edwin's fort)'이라는 뜻이다. 그 후 이 말이 Edwinesburch를 거쳐 Edinburgh로 변했다. 에든버러의 초기 역사는 다음을 볼 것. 김중락, 〈도시를 위한 성(城)인가, 성을 위한 도시인가?: 14-15세기 에든버러의 발전에 있어서 성과 국왕의 역할〉, 영국사학회, 《영국연구》 통권 제25호(2011. 6), 1-33쪽.

상당수 군대가 직접 주둔했다. 1923년을 마지막으로 군부대는 모두 철수했지만, 오늘날에도 성 안에 영육군 스코틀랜드주둔군 사령부, 군사박물관, 전쟁기념관 등이 자리 잡고 있다.

에든버러 성은 도시 전체를 내려다보는 위치에 있다. 달리 말하면, 에든버러 어디서 바라보아도 성은 당당한 위용을 자랑한다. 성이 오랫동안 스코틀랜드 사람들에게 에든버러의 상징물로 여겨진 것도 이런 이유에서다. 성 입구에서 경사진 길을 따라 내려오면 좁은 지대에 건물들이 빽빽하게 들어선 구도시(Old Town)가 눈 아래 펼쳐진다. 구도시를 사이에 두고 에든버러 성과 마주 보는 동쪽지대에 홀리루드 궁(Holyrood Palace)이 자리 잡고 있다. 이 왕궁 또한 오랜 역사를 지녔다. 15세기 스코틀랜드왕국의 제임스 4세(James IV, 재위 1488~1513)가 이곳에 궁전을 세운 후에 군사 중심지인 에든버러 성과 홀리루드 궁전 사이의 왕래가 빈번하게 이루어졌다. 그 필요성 때문에 두 곳을 잇는 도로가 잇달아 개설되었다. 도로변에 귀족들이 저택을 세웠고 이들에 뒤이어 상인과 수공업자들이 들어와 자연스럽게 구도시가 형성되었다. 오늘날 성과 궁전 사이의 도심은 흔히 '로열마일(Royal Mile)'이라 불린다.[3] 대략 1마일 거리의 도심이라는 뜻이다. 1542년 제임스 4세의 딸 메리가 왕위를 계승했을 무렵, 로열마일에만 부유한 상인 300명, 수공업자 400명, 거주 인구는 1만 2,500명을 헤아렸다.[4]

---

3) 로열마일에는 에든버러 성과 홀리루드 궁을 잇는 네 도로가 있다. 각기 캐슬힐(Castle Hill), 론마켓(Lawnmarket), 하이스트리트(High Street), 캐넌게이트(Cannongate)로 불린다.

4) Donald Campbell, *Edinburgh: A Cultural and Literary History*(New York: Interlink Books, 2004), p. 24.

에든버러 성(현재). 올드타운 머리 부분에 자리하고 있다.

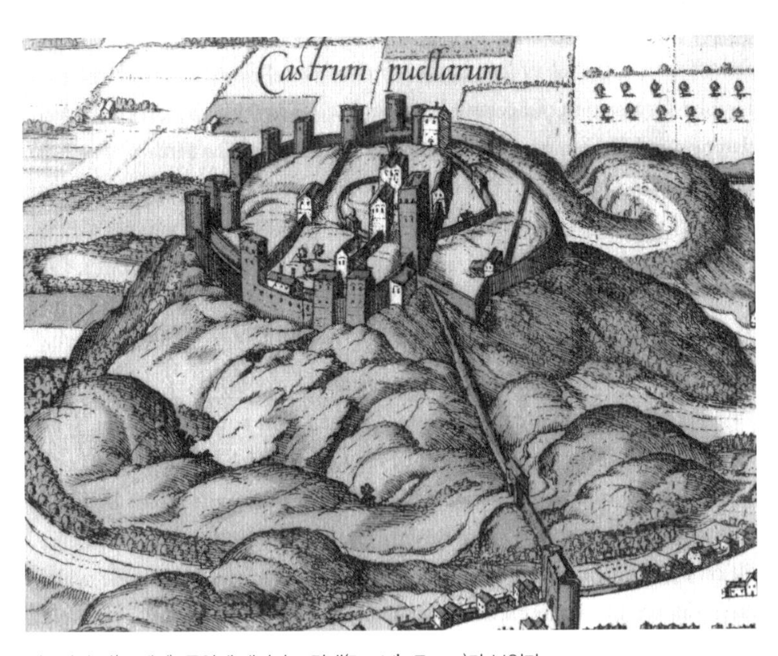

에든버러 성(16세기). 중앙에 데이비드 망대(David's Tower)가 보인다.

홀리루드 궁(현재). 당시 군주 등 영국 왕실이 스코틀랜드에 머물 때 공식 거처였다.

홀리루드 궁(17세기, 아래). 1670년대 재건축 전의 서쪽 면 모습이다.

계몽운동의 무대

18세기 후반 '신도시(New Town)'를 개발하기 전까지 에든버러는 도시 공간이 너무 부족했다. 로열마일의 인구 증가를 해결할 수 있는 유일한 방법은 건물을 고층으로 증축하거나 개축하는 것이었다. 아마 18세기 에든버러는 유럽에서도 인구가 가장 조밀한 도시 가운데 하나였을 것이다. 1769년 이 도시를 처음 방문한 웨일스 출신의 박물학자이자 여행가인 토머스 페넌트(Thomas Pennant, 1726~1798)는 고층 건물들이 밀집한 에든버러 도심을 경이의 눈으로 바라본다.

> 에든버러는 내가 지금까지 본 어느 곳보다도 담대하고 웅장한 터를 가진 도시다. 도시는 경사진 거대한 바위 가장자리에 세워졌다. 바위는 대단히 가파르게 치솟았고, 가장자리는 급경사를 이루며 평야지대와 맞닿아 있다. 먼 거리에서 도시 건물들을 보면 여행자는 놀라움에 빠진다. 건물 자체가 하늘로 높이 치솟아 영국의 다른 도시들에서 찾을 수 없는 장대한 웅자(雄姿)를 연출하는 것이다. 이 특이한 건물들은 모두가 그레이트스트리트(로열마일) 서쪽 구역에 들어서 있다. 석조건물이 멋있는 자태를 드러내는 것이다. 건물들은 대체로 6~7층 높이지만, 급경사진 높은 언덕 위에 자리 잡고 있기 때문에 뒤에서 보면 실제보다 훨씬 더 높게 보인다. 특히 바벨탑이라 불리는 한 건물은 거의 12층 내지 13층에 이른다. 모든 건물에는 공동으로 사용하는 층계가 있고 각 층마다 별도의 가구가 세 들어 있다.[5]

5) Thomas Pennant, *A Tour in Scotland*〔1770〕(Edinburgh: Birlinn, 2000), p. 35.

에든버러 성 아래쪽 로열마일에 밀집한 고층건물의 이미지와 데이비드 흄, 애덤 퍼거슨, 휴 블레어, 윌리엄 로버트슨 같은 당대의 저명한 문필가들이 거주한다는 사실 때문에 당대 사람들은 에든버러에서 아테네를 연상했다. 그에 따라 이 문필가들의 도시는 어느덧 아테네라는 별명을 갖게 되었다. 당대의 저명한 목사 알렉산더 칼라일(Alexander Carlyle, 1722~1805)은 한 친구에게 보내는 편지에서 이렇게 썼다. "아일랜드의 토머스 셰리든(Thomas Sheridan)은 우리에게 에든버러야말로 영국의 아테네라고 말했네."[6] 같은 세기 이 도시는 '북구(北歐)의 아테네(Athens of the North)'로 불렸다. 좁은 도심과 고층건물, 그리고 중간계급에 속한 전문직업인들이 어울려 살아가는 '구도시', 이 공간이 스코틀랜드 계몽운동의 주 무대였다. 어떻게 18세기 중엽 유명 문필가들의 강연에 수백 명의 청중이 모여들고, 에든버러 시민 다수가 저명한 지식인들에 관해서 풍문을 통해 익숙하게 알고 있었는가. 이런 의문의 실마리는 바로 에든버러의 도시공간적 특징에서 찾을 수 있다.

노년의 데이비드 흄에 관해서 일화가 하나 전해진다. 근대성의 철학자 흄은 만년에 에든버러 신도시에서 살았다. 어느 날 그는 집에 가려고 좁은 골목길을 들어섰다. 마침 골목길은 공사 중이었다. 그는 당황해하다가 길가의 웅덩이에 떨어지고 말았다. 혼자 힘으로 일어설 수 없어서 지나가는 부인에게 도움을 청했다. 그 부인은 흄을 알고 있

6) Letter from Alexander Carlyle to Gilbert Elliot, 29 July 1761, National Library of Scotland, 11015:106; Richard B. Sher, *Church and University in the Scottish Enlightenment: The Modern Literati of Edinburgh*(Edinburgh: Edinburgh University Press, 1985) p. 3.

었다. 그녀는 무신론자 흄 선생이 아니냐고 물었다. 흄은 재차 도움을 청하면서 부인에게 말했다. "당신의 종교가 당신에게 선을 행하라고 가르치지 않았나요? 심지어 당신의 적에게까지?" "맞아요. 그렇지만, 선생님은 기독교인이 되기 전까지는 그곳을 빠져나올 수 없어요." 부인은 흄에게 웅덩이에서 빠져나오려면 주기도문과 사도신경을 암송해야 한다고 말했다. 흄은 결국 기도문을 암송하고서야 부인의 도움을 받을 수 있었다.[7] 이 일화는 당시 에든버러 지식인의 명성이 그만큼 널리 퍼져 있었고 그들의 문필 활동이 시민들의 삶과 관련되어 있었음을 알려준다.

로열마일 중심부에 자리 잡은 세인트자일스(St. Giles) 교회, 그곳에서는 이미 스코틀랜드 계몽운동이 전개되기 두 세기 전에 존 녹스(John Knox, 1514~1572)가 열정적인 설교로 시민들에게 감동을 안겨주었다. 1750년대에는 휴 블레어가 이 교회 담임목사를 맡아 오랫동안 명설교자로 이름을 떨쳤다. 그 무렵 에든버러 시민들은 에든버러 성과 홀리루드 궁을 연결하는 도로변에서 애덤 스미스와 흄과 블레어가 담소하며 걸어가는 모습을 자주 지켜볼 수 있었다. 저명한 문필가들이 도심의 전문직 종사자며 상인이며 수공업 분야 점포 경영자에 이르기까지 다양한 사람들과 얼굴을 맞대고 살았다. 합병 이후 중앙의 정치권력이 실종된 상황에서 이들 저명한 문필가들이 오히려 에든버러 사회를 이끌었다. 정치권력 대신에 교회나 대학 또는 법원과 관련된 인물들이 민주적인 도시문화의 주도세력으로 등장했으며, 이 지역 귀족과

7) Arthur Herman, *How the Scots Invented the Modern World: The True Story of How Western Europe's Poorest Nation Created Our World & Everything in It*(New York: Crown Publisher, 2001), p. 169.

세인트자일스 교회. 왕관을 떠올리게 하는 뾰족탑으로 유명하기도 하다.

상류층 또한 그런 분위기에 동조하지 않을 수 없었다. 바로 이곳에서 소설가 월터 스콧(Walter Scott, 1771~1832)이 태어나 자랐고, 시인 로버트 번스(Robert Burns, 1759~1796)가 처음으로 이름을 얻었다. 윌리엄 크리치(William Creech, 1745~1815)는 젊은 시절 이곳에서 '에든버러 사변협회(Speculative Society)' 창립을 주도했으며 후일 에든버러 시장을 지냈다. 그는 세인트자일스 교회 바로 옆, 머캣 네거리(Mercat Cross)를 두고 이렇게 말했다. "이른바 에든버러의 교차로라고 불리는 이곳에 서 있으면, 몇 분 이내에 오십여 명의 천재와 지식인을 만나 악수할 수 있다."[8]

---

8) Donald Campbell, 앞의 책, p. 43 재인용.

머캣 네거리.
'마켓 크로스(market cross: 공시·포고 등을 하기 위해 중세 유럽의 시장에 세워놓은 십자가 또는 십자가 형태의 집)'의 스코트랜드어 표현이다.

머캣 네거리 바로 옆에 폐쇄된 의사당 건물이 서 있고 그 앞이 바로 의회광장이다. 18세기 후반 에든버러의 유명한 동판화가 존 케이(John Kay, 1742~1826)는 어린 시절에 이발사 도제수업을 받았다. 1771년 에든버러로 이주해 그 직종에 종사하다가 15년 후에 간판을 내렸다. 대신에 그는 의회광장에 소규모 인쇄소를 열었다. 인쇄소를 운영하면서 틈틈이 케이는 지역 명사들의 캐리커처를 동판화로 제작해 시민들에게 팔기 시작했으며, 그의 작품은 상당히 유명해졌다. 이 시기에 케이가 제작한 캐리커처는 블레어, 조지프 블랙, 헨리 흄(Henry Home), 스미스, 로버트슨, 알렉산더 칼라일 등 다양했는데, 대체로 계몽운동기 문필가이거나 그들과 교제한 전문직업인들이었다.

한편, 1769년 토머스 페넌트는 바로 이 폐쇄된 의사당 건물을 뒤로

존 케이 자화상(1786).
자동북(flying shuttle)을 발명해
자동직조의 발전에서 중요한 역할을
한 잉글랜드 출신의 기계공 또한
존 케이(1704~1764)다.

존 케이가 제작한
애덤 스미스 동판화(1790).
케이의 작품들은
휴 페이턴(Hugh Paton)에
의해 수집되어 1838년 처음
책으로 나오기도 했다.

하고 계단으로 내려가 법률도서관을 둘러보았다. 당시에 도서관은 3만 여 권의 법률도서들을 소장하고 있었다. 갖가지 사료와 자료뿐만 아니라 성 제롬(Saint Jerome)이 서기 1100년경에 손으로 필사한 성서 등 희귀한 자료도 많이 보관하고 있었다.[9] 그 10년 전까지만 하더라도 바로 이곳에서 데이비드 흄이 사서직을 맡아 생계를 유지했다. 흄은 글래스고대학과 에든버러대학의 교수가 되기를 원했지만, 무신론자라는 이유로 초빙을 받지 못했다. 흄이 도서관을 사직한 뒤에는 퍼거슨이 그 자리를 이어받았다. 퍼거슨은 몇 년간 사서직에 근무하다가 뷰트 백작(John Stuart, 3rd Earl of Bute, 1713~1792) 집안의 가정교사로 초빙받아 런던으로 떠났다.

18세기 중엽 로열마일 곳곳에 자취를 남겼을 중요한 인물이 앨런 램지(Allan Ramsay, 1686~1758)다. 그는 원래 글래스고 인근 뉴래너크(New Lanark, 래너크셔)의 한 광산촌에서 태어났는데, 유년기에 에든버러로 이주해서 가발직종의 도제수업을 받았다. 20대까지는 이 직종에서 영업하다가 서점을 운영하면서 그 자신이 문학에 관심을 기울였다. 램지의 전 생애는 에든버러 도시의 문화운동과 밀접하게 관련된다. 그가 펴낸 16~17세기 스코틀랜드 시인 선집과 민요 모음집은 지금도 스코틀랜드 문학 연구의 중요한 자료집으로 평가받는다.[10] 램지는 문학 이외에 에든버러에 미술학교를 설립해 운영했는데, 그의 아들 또

9) Thomas Pennant, 앞의 책, p. 36 참조.

10) 『에버그린(*The Ever Green*)』(1724)은 16~17세기에 활동한 두 스코틀랜드 시인 윌리엄 던바(William Dunbar)와 로버트 헨리슨(Robert Henryson)의 시모음집이고, 『티테이블 미셀러니(*The Tea-Table Miscellany*)』(1724)는 스코틀랜드 전통민요 모음집이다.

앨런 램지(1722, 윌리엄 에이크먼 작). 역시 스코틀랜드 시인인 로버트 번스(Robert Burns, 1759~1796)에게서 시에 스코틀랜드어를 쓴 선구자라는 격찬을 받았다고 알려져 있다.

한 그 영향을 받아 후일 초상화가로 활동했다. 램지는 노년에 에든버러에서 가장 영향력 있는 시민의 한 사람으로 존경받았으며, 1750년대 지식인모임인 '명사회(Select Society)'도 그의 기금 출연에 힘입어 결성되었다. 한때는 순회도서관을 설립해 로열마일 이곳저곳에서 시민들에게 서적을 대출해주는 일에 전념하기도 했다. 로열마일 전 지역이 램지와 관련된다고 한 것은 바로 이를 가리킨 말이다. 램지의 활동은 곧바로 공공도서관을 설립하는 운동으로 이어졌다. 이처럼 지식인들의 다방면에 걸친 활동 자체가 계몽운동기 에든버러 분위기를 그대로 보여준다고 해도 지나치지 않다.

지금까지 단편적으로 재구성한 18세기 중엽의 에든버러는 말하자면, 도시민 상당수가 문필가를 존중할 뿐만 아니라 그들 스스로 책을 가까이 하며 자녀들의 교육에 관심을 가진 그런 사회였다. 뒤에서 다시 다루겠지만, 이 무렵 에든버러를 포함한 저지대(Scottish Lowlands)

의 높은 교육수준은 유럽에서도 비슷한 사례를 찾아보기 힘들 정도였다. 자식 교육에 대한 부모의 관심과 열정은 매우 높았다. 일부 교구에서는 12세 이상 어린이 모두가 읽기와 쓰기 능력을 갖췄으며, 부모는 자녀들의 책을 구입하려고 부지런히 천을 짜서 시장에 내다팔았다.[11] 에든버러뿐만 아니라 스코틀랜드 저지대 곳곳에 공공도서관 시설이 있었다. 바로 이 같은 분위기가 스코틀랜드 계몽운동의 토양이었다. 그 무렵의 에든버러에 관해 치트니스는 이렇게 말한다.

> 에든버러는 장로교 총회가 열리는 곳이자 스코틀랜드 법조계의 중심축이었다. 그곳에 법정이 자리 잡고 있기 때문이다. 이 도시에는 또한 당시 스코틀랜드의 주도적인 대학과 의과대학이 있었다. 이리하여, 도시에 특정 전문직업인들이 모여들었다. 그들 모두가 대학교육을 받았다. 지적 관심사와 추구하는 것을 공유했기 때문에 18세기 에든버러에는 지식인모임이 여럿 결성되었다. 이들 모임에는 목사, 의사, 법조인, 교수들이 서로 만나 자극을 주고받았다. 그들은 비슷한 부류여서 함께 즐기고 사교클럽을 만들었다. 구도시의 선술집은 그들이 애호하는 곳이며 약속 장소였다.[12]

11) John Sinclair, *Analysis of the Statistical Account of Scotland*(Edinburgh, 1826), Part II, pp. 19-21, Appendix, no. 5.

12) A. C. Chitnis, *The Scottish Enlightenment: A Social History*(London: Croom Helm, 1976), pp. 36-37.

기억의 정치와 문화

에든버러의 계몽운동은 18세기 말에 이르면 점차 활력을 잃는다. 이제 에든버러는 더 이상 교육 분야의 '신예루살렘(New Jerusalem)'이라는 명성을 지킬 수 없었다. 의학을 제외하고 에든버러대학의 학문적 에너지는 소진했다. 교육과 탐구 활동의 중심축이 이제는 런던대학이나 옥스-브리지(Oxbridge: 옥스퍼드대학 + 케임브리지대학)로 이동한 것이다. 실제로 1830년대 옥스-브리지의 개혁 모델은 에든버러대학이었다.[13)]

스코틀랜드인의 문화는 기본적으로 비주류이자 주변부라는 조건의 산물이었다. 그 주도세력은 경제적 여유가 없는 문필가 또는 넓은 의미의 지식인들이었다. 그리고 그들 주위에 런던을 비롯한 남쪽으로 진출할 만한 재력이나 능력을 갖추지 못한 지주, 변호사, 지방시장에서 영업하는 상인과 제조업자, 스코틀랜드 지방적 기반만을 가진 교사와 목사들이 모여 있었다. 그러나 이러한 구도는 잉글랜드(또는 부분적으로 글래스고 같은 스코틀랜드 일부 지역)의 산업화가 본격적으로 전개되면서 변모하기 시작한다. 새롭게 팽창하는 영제국은 스코틀랜드 지식인과 전문직 종사자들을 강한 흡인력으로 끌어당기기 시작했다. 전문직업인을 비롯해 남쪽으로 향하는 이주의 물결이 일었다.

스코틀랜드 계몽운동의 지적·문화적 활력은 아주 길게 잡더라도 두 세대 넘게는 지속되지 못했다. 19세기 들어와 에든버러 시민들이

13) D. B. Horn, *A Short History of the University of Edinburgh, 1556-1889* (Edinburgh: Edinburgh University Press, 1967), p. 101.

스콧 기념비.
빅토리아 고딕 건축 양식이며,
높이는 약 61미터다.

그 활력의 상실을 아쉽게 여길 무렵에 기억의 정치와 문화가 나타나기 시작한 것 또한 역사의 아이러니다. 월터 스콧이 사거한 지 4년 후인 1836년 에든버러 시민들은 스콧 기념비 건립위원회를 조직한다. 위원회는 프린세스스트리트(Princes Street)에 기념비를 세우기로 하고 1840년에 공사에 착수했다. 기념비 조성사업은 건축가 조지 켐프(George M. Kemp, 1804~1844)가 맡았다. 그는 조성사업의 모든 공정을 직접 감독하고 주관했지만, 완공을 보지 못하고 젊은 나이에 세상을 떠났다. 켐프가 사망한 지 몇 달 후에 기념비는 드디어 준공되었다. 여기에는 스콧의 좌상과 함께 그의 '웨이벌리(Waverley)' 연작소설에 등장하는 여러 인물들의 초상이 부조 형식으로 덧붙여졌다. 스콧 기념비는 에든버러 도시 경관에서 빼놓을 수 없는 건축물이자 상징물이 되었다. 그 후 에든버러 시민들은 데이비드 리빙스턴(David Livingstone), 존 윌슨(John Wilson) 등의 조상(彫像)을 잇달아 세웠다.[14] 그 반대편 서쪽 가든에도 앨런 램지의 석상이 세워져 있다.

물론, 과거의 기억을 재현하려는 에든버러 시민들의 노력이 문화계 인사들에게만 한정된 것은 아니었다. 오늘날 에든버러 성의 옛날 해자(垓子)를 건너면 곧바로 거대한 두 청동 조각상을 만난다. 중세 이래 스코틀랜드인들의 국민적 영웅으로 자리 잡은 윌리엄 월리스(William Wallace)와 로버트 브루스(Robert the Bruce)의 청동상이다.[15] 그렇더라도 에든버러 시내 곳곳에는 스코틀랜드 문화에 기여한 인물의 조각과 석상이 도시경관의 일부로 자리 잡고 있다. 이 기억의 정치와 문화가 오늘날 에든버러에 새로운 문화적 활력으로 작용하고 있는지도 모르겠다.

여기에서 특히 존 윌슨의 사례는 절정기가 지난 후에도 계몽운동의 지적 전통이 오랫동안 남아 있었다는 것을 알려준다. 윌슨은 글래스고대학과 옥스퍼드대학에서 수학한 후 오랫동안 에든버러대학의 도덕철학 교수를 지냈다. 그러나 윌슨이 오늘날 에든버러 시민의 기억에 오래 남게 된 것은 그의 학문적 성취보다는 유명잡지 편집자 경력 때문이다. 1817년부터 그가 편집해 발간하기 시작한 잡지 《블랙

14) 리빙스턴(1813~1873)은 아프리카 선교와 탐험가로 널리 알려진 인물이고, 윌슨(1785~1854)은 에든버러대학 도덕철학 교수를 지내면서 잡지 《블랙우즈 매거진》의 편집자로 활동했다.

15) 윌리스(1270경~1305)는 잉글랜드 에드워드 1세(Edward I)의 군대에 맞서 싸운 스코틀랜드의 전설적인 영웅이고, 브루스(1274~1329)는 1314년 배넉번(Bannockburn) 전투에서 잉글랜드군에 승리를 거두고 이후 스코틀랜드 왕위에 올랐다.

존 윌슨(애슐리 에이브러햄 작). 《블랙우즈 매거진》에 크리스토퍼 노스(Christopher North)라는 필명으로 글을 기고했다.

우즈 매거진(*Blackwood's Magazine*)》은 평생에 걸쳐 에든버러의 전통을 지켜온 한 시민의 이름과 관련된다. 바로 윌리엄 블랙우드(William Blackwood, 1776~1834)인데, 헌책과 고서적 거래로 부를 축적한 인물이었다. 그는 《에든버러 리뷰(*The Edinburgh Review*)》지가 성공을 거둔 것을 보고, 정치적으로 자유주의를 표방하는 이 잡지와 달리 보수주의를 지향하는 잡지를 발행하기로 결심했다. 《에든버러 리뷰》의 사무실은 구도시, 올드타운에 있었다. 블랙우드는 신도시에 사무실을 마련하고 윌슨을 초빙해 잡지 창간을 맡겼다. 원래 겸손했던 그는 잡지의 제호를 《월간 에든버러(*Edinburgh Monthly Magazine*)》로 정했지만, 그 후에 윌슨이 발행인의 이름으로 제호를 바꿨다. 《블랙우즈 매거진》은 19세기와 20세기에 걸쳐 영국의 대표적 종합지로 성장했다. 이 잡지의 창간과 그 이후의 역사 또한 스코틀랜드 계몽운동의 유산이 이어져왔음을 알려준다.

2

종교와 대학

16세기 이래 스코틀랜드 대학교육이 발전한 이면에는 종교개혁가들의 관심과 후원이 있었다. 존 녹스(John Knox, 1514~1572)를 비롯한 스코틀랜드 종교개혁가들은 특히 젊은 세대의 종교적 교화에 관심을 기울였다. 자연스럽게 이들은 15세기에 설립된 세인트앤드루스대학, 글래스고대학, 에버딘대학, 그리고 그보다 뒤늦은 에든버러대학의 학교 운영과 교육 내실화에 참여했다.

18세기에 이르면, 특히 에든버러대학은 유럽에서 가장 선진의 교육내용을 가르칠 뿐만 아니라 의학, 자연과학, 사회연구 분야에서 개척자적인 성과를 거둔다. 이 때문에 18세기 에든버러는 북구의 '아테네'라 불렸으며, 잉글랜드를 비롯해 유럽 곳곳에서 새로운 지식을 쌓고자 하는 젊은이들이 이 도시로 몰려들었다. 심지어 19세기에 들어와서도 옥스퍼드대학과 케임브리지대학의 교육 내용은 스코틀랜드 대학에 미치지 못했다. 1809년 존 러셀(John Russel)은 에든버러대학에 들어갔는데, 이는 그의 부친이 잉글랜드 대학에서는 배울 만한 것이

거의 없다고 생각했기 때문이다.[1)]

스코틀랜드 종교개혁과 장로교회

존 녹스의 개혁운동 이후 스코틀랜드 장로교회는 이 지역 사람들의 삶에 커다란 영향을 미쳤다. 녹스는 일찍이 스코틀랜드 버윅(Berwick)에서 성공적으로 목회 활동을 하면서 설교자로 이름을 떨쳤다. 1550년대에 종교 박해를 피해 대륙으로 망명했다가 1559년 귀국했다. 망명 시절 독일, 프랑스, 스위스의 종교개혁가들과 교류하면서 장 칼뱅(Jean Calvin)의 신학에 경도된 그는 에든버러를 비롯해 스코틀랜드 여러 지역을 돌아다니며 종교개혁운동을 이끌었다. 녹스와 그의 동료들은 「스코틀랜드 신앙고백서(Scots Confession of Faith)」(1560)와 「제1차 치리서(治理書, The First Book of Discipline)」(1560)를 새롭게 채택하고, 이에 근거해 장로교회를 사실상 스코틀랜드의 국교로 만들었다. 가톨릭은 짧은 시일 안에 소수 종파로 전락했으며 이제 칼뱅주의자들 사이에 교회조직을 둘러싸고 장로파(Presbyterians)와 주교파(Episcopalians)가 서로 대립했다.[2)] 물론 녹스의 장로파가 주도권을 장

1) Gilliam Sutherland, "Education," in *The Cambridge Social History of Britain 1750-1950*, ed. F. M. L. Thompson(Cambridge: Cambridge University Press, 1990), vol. 3, p. 138; 이영석, 『역사가가 그린 근대의 풍경』(푸른역사, 2003), 316쪽. 존 러셀(1792~1878)은 자유당 정치가다. 두 차례 총리를 역임하고, 그 후 파머스턴 정부에서 외무장관을 지냈다.

2) 주교파(감독파)는 칼뱅주의 교리는 수용하되, 교회조직에 관해서는 가톨릭의 주교제도를 그대로 따르는 영국국교회의 제도를 받아들이려는 종파를 의미한다.

존 녹스.
1546년 이단으로 화형당한
스코틀랜드 종교개혁 초기의 순교자
조지 위샤트(George Wishart,
1513경~1546)의 영향을 받았다.

악했지만, 17세기 내내 중앙정치권력이 부재한 상태에서, 잉글랜드의 정치상황에 따라 두 파의 세력관계가 역전되는 경우도 잦았다.

17세기 중앙권력의 부재라는 특이한 상황 때문에 장로교회는 스코틀랜드 사회에서 그 권력을 대신하는 정치적·사회적 권위를 갖게 되었다. 즉 교구의 개별 교회에서 전국 차원의 총회까지 교회는 위계적인 조직체계를 갖추었다. 이 조직체계가 교육과 구빈 행정을 맡으면서, 장로교회가 중앙권력이 없는 스코틀랜드 사회에서 정치적 권위를 갖게 된 것이다. 지방 교구의 개별 교회는 담임목사, 장로(elder) 및 집사(deacon)로 구성되는 당회(堂會, kirk session)에 의해 운영되었는데, 이 당회가 가장 기본적인 교회조직인 셈이었다. 개별 교회의 대표들이 노회(老會, presbytery)를, 그리고 이들 장로회가 그보다 상급에 해당하는 지역대회(synod)를 구성했다. 궁극적으로는 교회의 최고 대의기구인 총회(General Assembly)가 이들 조직을 감독하는 위계적 구조였다.

윌리엄 로버트슨(1777).
휴 블레어와 함께 '품위 있는(polite)' 스코틀랜드 장로교회의 이상을 실현할 수 있는 길을 모색했다.

총회는 노회와 지역대회에서 파견된 목사와 장로뿐만 아니라, 스코틀랜드의 귀족·상공인·대학교수 등 주요 명사에게도 회원 자격을 부여했다. 말하자면 장로교회 총회는 스코틀랜드 사회를 이끄는 집단 대표를 망라한 형태였다.[3] 예컨대, 1760년대 윌리엄 로버트슨(William Robertson, 1721~1793)이 총회장에 선출되었을 때 전국총회 대의원 364명 가운데 목회자는 202명이었고, 나머지는 세속인이었다.[4]

존 녹스 이후 스코틀랜드 교회개혁을 주도한 인물은 앤드루 멜빌(Andrew Melville, 1545~1622)이다. 그는 세인트앤드루스대학을 졸업

3) C. G. Brown, *Religion and Society in Scotland Since 1707*(Edinburgh: Edinburgh University Press, 1997), p. 18.

4) Dugald Stewart, *Account of the Life and Writings of William Robertson*(London, 1801), pp. 105-106; A. C. Chitnis, *The Scottish Enlightenment: A Social History*(London: Croom Helm, 1976), p. 50.

앤드루 멜빌.
스코틀랜드 종교개혁은
조지 위샤트, 존 녹스, 앤드루 멜빌로
계보가 이어진다다고 할 수 있다.

하고 프랑스와 스위스에서 오랫동안 공부한 후에 1574년 귀국해 교회개혁을 이끌었다. 그는 국가 통제로부터 교회의 독립을 지키고 성경에 근거를 둔 교회조직과 신앙생활의 전범을 마련하기 위해 「제2차 치리서(The Second Book of Discipline)」(1581)를 작성했다. 특히 멜빌은 스코틀랜드 대학교육에 헌신했다. 그는 귀국한 이래 종교개혁을 이끌면서도 글래스고대학 학장(1574~1780), 애버딘대학 신학감독관(1575), 세인트앤드루스대학 세인트메리칼리지 학장(1580~1606)을 차례로 지내며 유럽에서 경험한 새로운 교육방법을 도입했다. 자질이 있는 교수진을 확보하는 한편, 개별 학생을 지도하는 방식(tutoring)을 권장했다.

사실, 스코틀랜드 장로교회는 개혁 초기부터 교육과 교육제도에 관심을 기울였다. 「제1차 치리서」에서 녹스와 그의 동료들은 종교개혁과 교육의 긴밀한 관계를 밝혔다. 교회 자체의 교육수준을 높여야 한다는 것이다. 우선 목회자의 선출 자격에서 성서 및 신학이론에 대한 지식이 중요했다. 대학에서 철학을 공부하지 않고 신학사 학위를 받은 목회자를 임용하지 않는다는 원칙을 세우기도 했다. 교구의 교회마다 영어 성경을 갖추고 신도들이 정기적으로 모여 성서를 읽고 해석해야 했다.[5] 녹스는 스코틀랜드 사람들의 교육수준을 높이기 위해 초등 및 중등 교육제도의 개혁도 주장했다. 각 교구마다 초등학교를 설립해 문자해독을 높이고 지역민들이 타운(town)에 중학교를 직접 세우는 내용이었다. 물론, 의회가 이 같은 교육제도의 개혁에 동의하지는 않았지만, 국민교육을 중시하는 정신은 그 이후에도 스코틀랜드 사회에 커다란 영향을 미쳤다.

17세기 스코틀랜드 교회는 잉글랜드 정치상황의 변화에 따라 부침을 거듭했다. 1637년 찰스 1세(Charles I, 재위 1625~1649)가 잉글랜드와 스코틀랜드 두 나라 교회의 예배의식을 통합하려고 했을 때, 이에 반대하는 스코틀랜드 사람들의 '국민서약(National Covenant, 1638)' 운동이 전국적으로 벌어졌고, 영국내란기에는 「웨스트민스터 신앙고백서(Westminster Confession of Faith)」 작성에 참여한 후, 곧바로 이 고백서를 스코틀랜드 교회의 표준지침으로 공식화했다. 그러나 잉글랜드 왕정복고기(1660~1688)에는 영국국교회 제도가 다시 도입되었고, 한동안 '주교파'와 '장로파'의 분쟁이 계속되기도 했다. 특히 찰스 2세(Charles II, 재위 1660~1685)는 스코틀랜드 교회의 '국민서약'을 파기하고 그 운동 참가자들을 박해했다. 수많은 사람들이 이전에 행했던 서

---

5) Douglas Sloan, *The Scottish Enlightenment and the American College Ideal*(New York: Columbia University Teachers College Press, 1971), pp. 15-16.

〈협곡에 모인 스코틀랜드 서약파(*Covenanters in a Glen*)〉(알렉산더 카스 작). 서약파란 17세기 종교 갈등으로 발생한 여러 위기 상황에서 '국민서약' 등의 계약이나 서약에 서명한 스코틀랜드의 장로파를 말한다.

약을 부인하고 잉글랜드 교회의 의식과 교의에 따를 것을 강요받았으며, 끝까지 저항한 사람들은 사형에 처해졌다. 지금도 에든버러 성 입구에서 멀지 않은 그레이프라이어즈 교회(Greyfriars Kirk)에는 순교자들의 감옥과 무덤 등 박해의 현장이 그대로 남아 있다. 스코틀랜드 장로교회가 다시 이전의 전통을 회복한 것은 명예혁명(1688~1689) 이후의 일이었다.

18세기 교회와 중도파의 대두

17세기 스코틀랜드 교회는 잉글랜드에서 발생한 정치적 격변의 영향을 직접 받았다. 찰스 1세와의 갈등 및 전쟁, 내란기 잉글랜드 장로파와 제휴, 왕정복고 이후 스코틀랜드 주교파의 득세와 그에 따른 일련의 탄압 등이 이어졌다. 혼란은 1689년 관용법(Toleration Act) 제정과 함께 수습되었다. 이듬해 스코틀랜드 장로교회는 다시 국가교회의 지위를 되찾았다. 윌리엄 3세(William III, 재위 1689~1702)는 장로교회가 주교제도의 감독에서 벗어나, 총회의 권위를 중심으로 재조직되도록 허용했다.

18세기에 들어와 스코틀랜드 목회자들 사이에서는 장로교의 엄격한 교리와 생활윤리를 시대 변화에 맞추어 유연하게 적용하려는 경향이 나타났다. 당시 장로교 전통에 충실한 사람들로부터 '중도파(Moderates)'라고 불린 이 일단의 목회자들은 광신과 지나친 종교적 열광을 멀리하면서, 합리적인 사상과 풍조를 받아들이려고 노력했다. 정치적으로는 휘그파 정부에 협조관계를 유지했으며 사회적으로는 '영국화(Anglonization)'를 지지하는 태도를 보여주었다.[6] 중도파는 당시 스코틀랜드 교회에서 소수에 지나지 않았지만, 그들의 영향력은 갈수록 커졌다. 중도파로 불리는 목사들이 목회에서 대중의 인기를 끌 수 있었기 때문이다. 이들은 기본적으로 "그 시대의 새로운 사상과 고급문화를 통해 교회를 성찰하는" 데 관심을 기울였다. 교회의 표준적 교리와 의식은 그대로 따랐지만, 그 대신에 종교적 관용을 강조하

6) C. G. Brown, 앞의 책, p. 19.

고 신학상의 논쟁은 가능하면 회피하려는 태도를 보였다.[7] 오히려 문필가로서의 활동에 관심을 갖거나 또는 문필가들을 존중했다. 아울러 현실생활에서 도덕과 윤리의 지침을 마련하는 것이 종교생활의 중요한 역할이라고 생각했다.

중도파 목회자들은 동시대 철학자와 문필가들의 견해나 식견을 탐독하고 이를 설교와 신학에 적용하려고 노력했다. 그들의 설교가 사람들의 호응을 얻은 것은 이 때문이었다. 18세기 에든버러 및 그 인근 교회의 목회자 대부분은 목사 집안 출신이면서 문법학교나 중등학교를 거쳐 대학에서 신학교육을 받은 사람들이었다. 본격적인 신학교육을 받기 전에 대학에서 이미 고전과 인문 교육을 거친 것이다. 이들이 당대 문필가와 사상가들의 저술에 친숙하고 또 관심을 갖는 것은 당연했다. 결국 그들은 기독교 가치와 세속적 삶의 공존을 지향했다. 중도파 지도자 윌리엄 로버트슨의 젊은 시절 설교는 이러한 태도를 잘 보여준다. 그에 따르면, "세계가 그런 계시를 절실히 필요로 하고 잘 받아들일 최상의 준비를 갖춘 그 결정적인 역사적 순간"에 신이 인류에게 기독교를 전해준 것이다. "전제(專制), 노예제도, 미신과 무지, 사치와 방탕, 일부다처제와 이혼이 절제, 근면, 품위, 공적(公的) 정신, 시민에 대한 사랑, 관용 등 그리스 도시국가에서 꽃피운 고대적 덕목을 대신한" 시대였다. 타락과 야만이 판치는 그 시대에 기독교 문명화의 혜택이 알려졌다. 그것은 전제의 확장을 막고 노예제도를 폐지하며, 전쟁을 없애고, 결혼의 결합을 더 굳건하게 하고, 도덕을 소생시키며, 미신과 야만을 이성과 빛으로 바꾼다. "기독교는 우리 영혼

7) Douglas Sloan, 앞의 책, p. 11.

을 정화할 뿐만 아니라 우리의 태도를 세련되게 한다. 그리고 내세를 약속함과 동시에 현세를 향상시키고 아름답게 한다."[8]

중도파 목회자들이 공유한 현세를 긍정하는 태도 그 이면에는 지식을 통한 자기현시와, 그리고 목회뿐만 아니라 다른 분야에서도 갈채를 받으려는 그들의 심리적 동기가 숨어 있기도 했다. 중도파에 비판적이면서, 후일 프린스턴대학 학장을 지낸 존 위더스푼(John Witherspoon, 1723~1794)은 이들이 목회자 본연의 사명보다는 주위에서 천재나 학식 있는 인물로 평가받기를 원한다고 비꼬았다. 중도파들은 설교를 할 때에도 사회적 의무와 성실한 삶을 강조하는 선에서 그치는데, 이는 그들이 구원 자체를 굳건하게 믿지 않기 때문이라는 것이다. 위더스푼이 보기에, 그들은 하층민의 삶에 관심을 기울이기보다는 오히려 상류계급 인사들의 주목과 칭찬을 받고자 한다. 무신론이 아니라면 어떤 회의주의도 인정할 준비가 되어 있으며, 때로는 열성적인 신자보다 합리주의를 내세우는 불신자를 더 존중한다. 위더스푼은 중도파 목회자의 설교를 빌려 그들을 다음과 같이 풍자한다.

저는 이 세계에 어떤 악도, 또 절대적으로 덕목이라고 생각되는 것도 없다고 믿습니다. 속된 말로 원죄라고 하는 것도 판단의 오류, 자연의 아름다움을 가리는 장막, 자연의 얼굴에 붙은 조각에서 나왔을 뿐입니다. 지성

8) William Robertson, "The Situation of the World at the Time of Christ's Appearance and Its Connections with the Success of His Religion Considered(1755)," in *The Works of William Robertson*(Edinburgh, 1827), vol. I, lxxii-lxxxvi.

휴 블레어.
『설교집(*Sermons*)』(전 5권, 1777~1801)으로 유명하다.

적 존재인 전 인류는, 그리고 만일 실재한다면 악마 자신까지도 궁극적으로 미래에 행복해질 수 있을 것입니다.[9]

중도파로 불리는 휴 블레어(Hugh Blair), 존 흄(John Home), 알렉산더 칼라일(Alexander Carlyle), 애덤 퍼거슨(Adam Ferguson), 윌리엄 로버트슨 모두 1730~1740년대에 에든버러대학에서 신학을 함께 공부한 세대였다. 그들이 신학을 전공하기 전에 이수한 교과과정 중에서 논리학, 자연철학, 도덕철학, 수학, 고전어 등은 신학을 위해서도 매우 중요한 과목이라는 인식이 강했다. 이들 교과목은 "기독교적 휴머니즘의 가치를 흡수하고 품격 있는 지식의 여러 분야에 정통한 신사"

9) John Witherspoon, *Ecclesiastical Characteristics*(Glasgow, 1753), p. 27; A. C. Chitnis, 앞의 책, p. 53.

존 흄(헨리 레이번 작).
그의 비극 『더글러스(*Douglas*)』는
1756년 에든버러에서 처음
상연되었으며 그 이후 수십 년 동안
크게 성공을 거두었다.

를 양성하는 데 목적이 있었다.[10] 중도파 목회자들이 당대의 지식과 학문 그리고 문필에 개방적이었던 것은 학창 시절의 이런 경험을 공유한 것과 관련이 있다. 중도파 인사들의 잦은 모임은 1751년 5월경부터 시작된 것처럼 보인다. 알렉산더 칼라일의 자서전은 이들의 교류를 비교적 자세하게 알려준다.

> 로버트슨과 존 흄과 나는 모두 에든버러 근처에 살아서 정기적으로 이 도시[에든버러—인용자]에 왔다. 휴 블레어와 존 자딘(John Jardine) 두 사람도 근처에 살았다. 저녁은 최상급의 식사로 해야 하므로 가장 좋은 곳에서 저녁을 해결한 다음에 심부름꾼을 시켜 밤 9시까지 어느 선술집으로 오도

10) Richard B. Sher, *Church and University in the Scottish Enlightenment: The Moderate Literati of Edinburgh*(Edinburgh: Edinburgh University Press, 1985), pp. 29-30.

록 〔그들을—인용자〕 불러 모았다. 제시간에 우리는 데이비드 흄, 스미스, 퍼거슨, 블레어, 자딘 등을 만날 수 있었다. 한 시간 만에![11]

여기에서 데이비드 흄은 예외적인 인물이다. 그는 회의주의자로 널리 알려져서 목회자들이 만나기를 꺼려 했고, 그 자신 또한 그랬기 때문이다. 칼라일은 데이비드 흄에 관해서 이렇게 덧붙인다.

데이비드 흄은 나이 어린 중도파 목회자들과 친교를 맺는 데 관심을 보였다. 이는 그들을 자신의 의견에 동조하도록 만들려는 욕심에서 비롯하지 않았다. 그는 어느 누구의 주장도 뒤집으려 하지 않았기 때문이다. 이들이야말로 흄의 개념들을 가장 잘 이해했고 그와 지적 대화를 나눌 수 있었다. 데이비드 흄은 이 젊은 목사들에게 친밀감을 느꼈기 때문에 그 모임의 열성 회원이 되었다. 흄이 목사들의 원칙에 기꺼이 수긍했다고 하더라도, 기실 이것이 그 자신에게 얼마나 어려운 일이었는가를 모임 참석자들은 거의 알지 못했다.[12]

갈등

중도파의 출현은 일종의 세대갈등 형태를 보여준다. 1750년대 중도파라고 자처하거나 또 그렇게 불린 젊은 목사들은 당시 스코틀랜

11) Alexander Carlyle, *The Autobiography of Dr. Alexander Carlyle of Inveresk, 1722-1805*, ed. John H. Burton(London: T. N. Foulis, 1910), p. 288.

12) Alexander Carlyle, 앞의 책, pp. 288-289.

드 교회에 만연한 교권주의를 비판했다. 런던에서 중앙정부의 고위 관직에 진출한 아치볼드 캠벨(Archibald Campbell, 3rd Duke of Argyll, 1682~1761)과 그의 주변세력이 교회 지도자들과 결탁해 스코틀랜드 사회에 영향력을 행사하는 현실을 비판한 것이다. 로버트슨, 칼라일, 존 흄, 블레어, 앤드루 프링글(Andrew Pringle), 애덤 딕슨(Adam Dickson), 자딘, 조지 드러먼드(George Drummond) 등 젊은 목회자들은 한 모임에서 이렇게 천명했다. "우리가 할 수 있는 모든 수단을 동원해 교회의 권위를 회복해야 한다. 그렇지 않으면, 교회행정은 퇴락할 것이며 그 권위에 의존하는 모든 게 혼란에 빠질 것이다."[13)]

그러나 정작 중도파 인사들이 결집하는 중요한 계기는 데이비드 흄과 헨리 흄(Henry Home, Lord Kames)에 대한 정통 장로파 인사들의 공격 때문이었다.[14)] 1755년 장로교 전국총회 둘째 날, 목사 존 보너(John Bonar)는 데이비드 흄과 헨리 흄을 비판하는 자신의 팸플릿을 참석자들에게 나눠주었다. 보너는 이 소책자에서 데이비드 흄이 "기독교 계시를 부정하고 개신교보다 가톨릭 교황제도를 더 선호하며, 덕(virtue)과 정의의 실재에 의문을 던지고, 그뿐만 아니라 종교와 성직자들을 인류에 대한 편견으로 가득한 존재로 그린다"라고 비난

13) 같은 책, pp. 257-258.

14) 헨리 흄(1696~1782)은 스코틀랜드 변호사(advocate)를 거쳐 최고법원 판사를 지냈다. 'Lord'는 최고법원 판사에게 부여하는 칭호다. 저명한 문필가로 철학에서 농업개혁에 이르기까지 다양한 활동을 펼쳤다. 에든버러 철학협회를 창립하고 명사회를 주도하면서, 제임스 보즈웰, 데이비드 흄, 애덤 스미스와 교류했다. 스코틀랜드 법률 전통에 관한 저술 외에, 특히 『인간의 역사 소고(*Sketches on the History of Man*)』(1734)로 주목을 받았다. 이 책에서 흄은 환경, 기후, 사회 상태로 인종적 차이를 설명할 수 없다고 주장한다. 인종은 본래적이고 별개의 요소라는 것이다.

했다.[15] 헨리 흄에 관해서는 비난의 강도가 약해, 다만 그의 저술이 불온한 사상을 전파하고 있다는 정도로 언급한다. 보너의 의도는 이 소책자를 통해 총회의 이름으로 두 사람을 비판하는 결의안을 채택하는 데 있었다. 그러나 정작 총회에서는 여러 참석자들이 유보적인 태도를 보여 특정인을 가리키지 않은 채 무신론과 부도덕을 반대한다는 내용의 결의안만을 통과시켰다. 당시 데이비드 흄은 친구 앨런 램지(Allan Ramsay)에게 보낸 편지에서 불편한 심경을 밝히고 있다. "저에 대한 비난은 열두 달 연기된 것이지요. 그렇지만 다음번 총회에서는 저를 몰아댈 게 분명합니다."[16]

정통 장로파 인사들은 데이비드 흄의 발언 가운데, 특히 개신교도의 종교적 열광이 교황제도보다 더 해롭다는 주장을 주로 겨냥해 비판했다. 그의 주장이 장로교의 토대에 나쁜 영향을 줄 것이라는 판단 때문이었다. 그러나 그 배후에는 데이비드 흄과 지적으로 교류하는 젊은 목회자들, 다시 말해 중도파라 불리는 젊은 목사들에 대한 반감이 숨어 있었다. 1750년대 초 중도파 모임의 중심인물은 휴 블레어였다. 그는 데이비드 흄과 헨리 흄을 비판한 존 보너의 팸플릿을 반박하는 문건을 작성해 사람들에게 돌렸다. 여기에서 탐구와 토론의 자유를 주장하고 이 자유야말로 프로테스탄트 종교개혁의 기본원리임을 밝혔다. 더 나아가 그는 표현의 자유와 행동의 자유를 구분한다. 사

15) John Bonar, *An Analysis of the Moral and Religious Sentiments Contained in the Writings of Sopho [Kames] and David Hume*(Edinburgh, 1755); Richard B. Sher, 앞의 책, pp. 65-66.

16) David Hume, *The Letters of David Hume*, ed. J. Y. T. Greig(Oxford: Clarendon Press, 1932), vol. I, 224.

회에 해로운 행위는 규제해야 하지만, 사상과 관념은 옳지 못하다는 의심을 받는다 하더라도 관용되어야 한다는 것이다.[17] 블레어는 목회 활동을 하면서도 인문적 소양에 깊은 관심을 기울였다. 1753년 스코틀랜드에서 최초로 셰익스피어 전집을 편집해 출판하기도 했다. 또한 윌리엄 로버트슨과 함께 '품위 있는(polite)' 장로교회의 이상을 실현할 수 있는 길을 모색했다. 블레어는 종교의 건설적 기능이 사회화와 인간화에 있다고 보았다.

> 종교는 사람들의 사회적 교제를 고양하고 그들이 공동선을 위해 서로 협조하도록 도와야 한다. 기독교는 사회를 위해 나타난 것이다. 그것은 인류를 문명화한다. 그것은 인간 열정의 사나운 면을 순화시키고 그들의 야만성을 벗기고 그 위에 예절(manor)을 입히는 것이다.[18]

그 후 보수적인 장로파 목회자와 중도파의 갈등은 존 흄의 비극 작품 공연을 둘러싸고 다시 나타났다. 전통적으로 교회는 극장을 타락의 온상으로 간주했다. 흄은 자신의 작품 『더글러스(*Douglas*)』의 런던 상연을 희망했으나 결국 에든버러에서 공연하기로 계획을 세웠다. 공연 당시 배역으로는 바로 흄 자신은 물론 블레어, 로버트슨, 퍼거슨, 칼라일 등이 정해졌다. 이 작품은 복음주의자들의 반대에도

17) Hugh Blair, *Observations upon a Pamphlet, entitled, An Analysis of the Moral and Religious Sentiments Contained in the Writings of Sopho and David Hume*(Edinburgh, 1755), pp. 14-15; Richard B. Sher, 앞의 책, p. 68.

18) Hugh Blair, *Importance of Religious Knowledge to the Happiness of Mankind* (Edinburgh, 1750), p. 26; Richard B. Sher, 같은 책, p. 63.

1756년 에든버러에서 상연해 커다란 반향을 불러일으켰으며 이듬해에는 런던에서도 공연을 성공적으로 마쳤다. 그러나 이 과정에서 존 흄에 대한 복음주의자들의 반대가 너무 격렬해서, 흄은 자신이 사역하던 교회 목사직을 사임하고 전문적인 극작가로 활동하게 되었다.[19]

종교와 계몽운동

중도파 목회자들의 기본적인 태도는 종교와 사회의 화합이었다. 이들은 인간이 사회적 존재이며 종교는 인간의 사회적 조건과 그 통치에 필수적인 제도라고 생각했다. 교회와 사회의 불가분 관계를 강조하면서도, 사회를 위한 교회의 역할을 더 중시했다. 특히 중도파가 1750년대 새롭게 장로교 총회의 주류로 떠오르게 된 것은 윌리엄 로버트슨의 역할이 컸다. 그는 1762년 에든버러대학 학장직을 맡은 데 이어 이듬해에 장로교 전국총회장으로 선출되었다. 그는 에든버러대학의 개혁에도 탁월한 능력을 발휘했지만, 교계에서도 뛰어난 지도력을 보여주었다. 로버트슨이 중도파와 계몽운동을 잇는 연결점이었다고 해도 지나친 말이 아니었다. 스코틀랜드 계몽운동이 종교적으로 중도노선을 따르고 정치적으로 보수적 성격을 띠게 된 것도 그의 영향력과 관련된다. 이러한 속성은 사실 그 자신의 정신세계이기도 했다.

19) 『더글러스』의 에든버러 공연을 둘러싼 갈등은 다음을 볼 것. A. C. Chitnis, 앞의 책, pp. 53-54; Richard B. Sher, 같은 책, pp. 76-89.

로버트슨, 휴 블레어를 비롯한 중도파 인사들은 세련되고 계몽된 가치, 종교적 중도와 관용, 과학 및 문학 분야의 성취 등을 존중했는데, 이는 바로 스코틀랜드 계몽운동의 기본정신과 일치하는 것이다.[20] 이제 교회는 일상생활에 대한 간섭을 포기했다. 이는 교회가 종래 장로교회의 전통을 넘어서 세속생활의 자율권을 인정했음을 의미한다. 젊은 목회자들은 세계가 설교와 신의 징벌 때문이 아니라 일반 사회의 지적 진보 때문에 나아진다고 생각하기 시작했다. 겉으로 보면 종교와 계몽운동이 서로 수렴된 것이다. 이 변화의 중심에 로버트슨과 블레어가 있었다. 적어도 이 시기에 교회와 계몽운동을 분리하기 어려운 이유가 여기에 있다.

> 계몽운동의 급진적 성격은 실제로 보면 스코틀랜드 중도파 목회자들에 의해 순화되고 내국화되었다. 비록 그 초기 연간에 중도파운동은 다수 정통주의자들에게 불온한 신앙의 원천으로 보였겠지만, 그것은 궁극적으로 여러 종파들의 시각에서도 계몽운동의 사상과 관심사를 합법적으로 보이도록 만들고 계몽운동에서 분명하게 나타난 스코틀랜드적인 표현에 대해 지지를 넓히는 결과를 가져왔다.[21]

스코틀랜드 교회에서는 특히 중도파가 세속화의 문제에 전향적으로 접근하고 있었다. 이들은 당시 문필가들의 저술에 깊은 관심을 가졌고, 세속화현상에서 오히려 긍정적인 측면을 찾으려 했으며, 교회

---

20) Richard B. Sher, 같은 책, p. 57; A. C. Chitnis, 같은 책, p. 59; Michael Fry, *Edinburgh: A History of the City*(London: Macmillan, 2009), pp. 258-259.

21) Douglas Sloan, 앞의 책, p. 14.

가 그 긍정적인 면을 확대하는 데 기여해야 한다고 생각했다. 특히 로버트슨과 블레어는 문명사회에서 기독교의 적극적 역할을 강조한다. 이들은 기독교 교리와 계몽운동의 화해를 추구했다. 예를 들어, 블레어는 종교의 건설적 기능이 사회화와 인간화에 있음을 강조한다. "종교는 사람들의 사회적 교제를 늘리고 그들이 공동선을 위해 협조하도록 유도한다." 그가 보기에, 종교 특히 기독교는 사회를 위해 나타난 것이다. 블레어를 비롯한 중도파 목회자들의 설교는 자주 인쇄되어 동시대 사람들 사이에 널리 읽혔다. 리처드 셰어(Richard B. Sher)가 강조했듯이, 프랑스에서는 "기성종교와 계몽운동 사이의 괴리"가 18세기 후반에 갈수록 심화된 반면, 스코틀랜드에서는 기성 교회가 계몽운동과 궤적을 함께했던 것이다. 1750년대 장로교 총회 논란에서 중도파 목사들이 승리한 것은 결국 계몽정신의 승리였다.[22]

여기에서 젊은 세대의 목사들이 신학교육과 함께 인문적 소양을 닦는 여러 교과목을 이수했다는 것도 중요하겠지만, 목회자 생활의 물질적 조건 또한 현실을 긍정하고 그 생활에 적극 참여하도록 유도했다고도 볼 수 있다. 18세기 중엽 스코틀랜드 교회 전국총회는 목사의 급여수준을 보여주는 자료를 작성한 바 있다.[23] 이 자료는 800여 교구에 산재한 교회들의 담임목사 급여 분포를 보여준다([표 2-1]). 다수 교구가 연 40~70파운드의 급여를 지급했으며, 교구목사 1인당 평균 급여액은 62파운드로 나타났다. 당시 교구학교장의 급여가 연 14파운드 수준이었음을 고려하면, 이는 결코 낮은 수준이 아니다.

---

22) Richard B. Sher, 앞의 책, p. 64.

23) John Cunningham, *The Church History of Scotland*(Edinburgh, 2nd ed., 1882), p. 323.

[표 2-1] **교구별 담임목사 급여수준**

연 급여수준(파운드)	교구 수
30 미만	4
30~40 미만	37
40~50 미만	232
50~60 미만	203
60~70 미만	213
70~80 미만	65
80~90 미만	29
90~100 미만	21
100 이상	5
불명	1
계	**810**

실제로 19세기 초에 존 흄의 전기를 집필한 헨리 매켄지(Henry Mackenzie)에 따르면, 18세기 중엽 스코틀랜드에서 성직은 가장 존경받고 행복한 직업이었다. 교육수준은 교구에서 가장 뛰어난 편에 속하고 그 영향력도 컸으며 수입도 적절했다는 것이다. 또한 매년 열리는 장로교 전국총회에 참석하면 당시 저명한 명사들과 함께 어울릴 기회가 있었고, 여러 차례에 걸친 만찬 등을 통해 상류사회의 이점을 즐길 수 있었다는 것이다.[24] 알렉산더 칼라일의 자서전도 이와 비슷한 사례를 알려준다. 에든버러의 유력 인사와 귀족들은 총회에 참석한 목사들의 환심을 사려고 노력했다. 그들은 종종 지방에서 올라온

24) Henry Mackenzie, *A Account of the Life and Writings of John Home* (Edinburgh, 1822), pp. 8-10.

목회자들을 대접하는 자리를 만들기도 했다. 1756년 더글러스 공작(Archibald Douglas, 1st Duke of Douglas, 1694~1761)은 칼라일과 그의 동료 20여 명을 대접하는 만찬을 열기도 했다. 1762년 칼라일과 그의 동료 목사들이 '포커 클럽(Poker Club)'이라는 정기모임을 만들었을 때 이들의 만찬은 오후 2시부터 시작했다. 비용은 1인당 1실링이었지만, 포도주며 다른 여러 비용을 에든버러 명사들이 부담했다.[25]

교회와 초등교육

스코틀랜드 장로교회와 관련해 유념해야 할 것은 교회가 초등교육과 대학교육의 발전에 크게 기여했다는 점이다. 16세기 후반 종교개혁가들은 교육 확산의 소망을 공유했다. 인문주의자들은 교육 자체를 가치 있게 바라보았지만, 개혁가들은 신앙을 지키고 전파하며, 교회와 국가에 필요한 능력 있는 신자들을 배출하는 데 더 관심을 가졌다. 종교적 동기에서 비롯했다고 하더라도 이에 힘입은 스코틀랜드 초등교육은 17세기에 획기적 전환점을 맞는다. 여러 차례에 걸쳐 개정된 국민교육 관련 입법으로 이른바 교구학교 체제가 완성되었기 때문이다. 즉 교구별로 지주와 자영농민을 중심으로 하는 지역민이 의무적으로 학교를 설립하고 그 건축비용과 교사 급여를 보조하는 제도가 완비되었다.[26] 1696년 당시 저지대(Scottish Lowlands)의 학교 설

25) Alexander Carlyle, 앞의 책, p. 239, 324, 440-441.

26) 1616년 법은 각 교구에 1개 학교 설립 원칙을 규정하고, 1633년 법은 지방 토지 소유자가 학교 및 교사 급여 지원을 할 수 있도록 이들에게 과세하는 내용을 담고

립 실태를 살펴보면, 웨스트로디언 주 65개 교구에 61개교, 미들로디언 65개 교구에 57개교, 이스트로디언 44개 교구에 42개교가 운영되고 있었다. 교구별 학교설립 비율은 총 174개 교구에 160개교, 92퍼센트 수준에 이르렀다.[27]

스코틀랜드 초등교육 체계는 교구별로 지역민이 건축비와 교사 급여를 부담한 만큼, 학비 자체가 매우 저렴했다. 이 같은 제도는 좀 더 다양한 계층의 아동에게 교육 기회를 확대하는 결과를 가져왔다. 지역민의 교부금 제도가 하층민 가정의 교육비 부담을 덜어주었기 때문이다. 교구교회는 이와 별도로 극빈층 자녀의 학비를 보조하거나 빌려주었다. 이는 근대 유럽 최초의 전국적인 교육제도라고 할 수 있다. 물론 여기에는 여러 한계가 있었다. 고지대(Scottish Highlands)에서는 학교 설립이 부진했으며, 한 교구당 1개교 원칙을 강조한 까닭에 면적이 넓은 교구에서는 여러 문제가 발생하기도 했다.[28] 이런 한계가 있었음에도, 이 제도의 확산으로 17세기 스코틀랜드 사람들의 문자해독률이 높아졌다. 1638년 '국민서약'이 대규모로 이루어질 수 있었던 것도 높은 문자해독률에 힘입은 것이다. 1750년대에 스코틀랜드에서는 성인 남성의 65퍼센트가 글을 읽을 줄 알았는데 이는 잉글랜드보다 더 높은 수준이었다.[29]

있다. 1646년 법은 토지 소유자의 학교 보조금 지원 의무, 1696년 법은 이들 내용을 모두 의무규정으로 바꿨다. A. C. Chitnis, 앞의 책, p. 127.

27) T. C. Smout, *A History of the Scottish People 1560-1830*(London: Collins-Fontana, 1972), p. 82, 424.

28) R. A. Houston, "Scottish Education and Literacy, 1600-1800: an International Perspective," *Improvement and Enlightenment*, ed. T. M. Devine(Edinburgh: Donald, 1989), pp. 45-46.

17세기 대학교육의 실제

스코틀랜드 대학 가운데 세인트앤드루스, 글래스고, 애버딘 대학은 15세기 교황의 칙서에 근거해 설립되었다.[30] 그러나 에든버러대학은 시의회(city council)의 주도 아래 가장 늦게 1583년에 세워졌다. 이들 대학은 모두 중세 대학의 전통을 그대로 따랐다. 17세기에 대학의 교과과정에서 가장 중요한 것은 아리스토텔레스였다.[31] 특히 철학에 관한 텍스트는 대부분 아리스토텔레스의 저술을 중심으로 구성되었고, 그 방법론을 신학에 적용했다. 그러나 내란기의 종교적 혼란을 거쳐 왕정복고 이후 주교파가 득세하면서 대학에 대한 교회의 간섭이 강화되었다. 교회를 대표하는 학감(regent)이 머물면서 교과내용 및 학생들의 교육 전반을 감독했다. 학감은 교재 채택 여부까지 자의적으로 결정할 권한을 가지고 있었다. 이런 가운데서도 교육과정에 점차 변화의 물결이 일었다. 새로운 학문과 지식의 자극 때문이었다. 특히 아이작 뉴턴(Isaac Newton, 1642~1727)의 과학에 대한 관심이 높아졌다. 1668년 세인트앤드루스대학은 제임스 그레고리(James Gregory, 1638~1675)를 최초의 수학 흠정교수(regius professor)에 임명했는데, 그는 뉴턴의 학문과 방법론을 주로 소개하였고 1674년에는 에든버

---

29) R. A. Houston, 같은 글, pp. 51-52.

30) 설립연도는 각기 세인트앤드루스대학 1413년, 글래스고대학 1451년, 애버딘대학 1495년이다.

31) 17세기 전반 대학의 교과과정은 대부분 비슷했다. 1학년은 희랍어, 라틴어 문법, 문헌 읽기, 라틴어·영어 번역, 2학년은 논리학, 형이상학, 3학년은 형이상학, 윤리학, 4학년은 형이하학이었다. 특히 2학년부터 편성된 교과목의 교재는 대부분 아리스토텔레스의 저술이었다.

러로 옮겨 학생들을 가르쳤다. 그의 노력으로 이 무렵 에든버러는 뉴턴의 저술 『자연철학의 수학적 원리(*Philosophiae Naturalis Principia Mathematica*)』를 공개적으로 가르치는 첫 번째 대학이 되었다.[32] 자연과학의 자극을 받아 다른 분야 교수들도 뉴턴의 탐구방법을 수용하는 분위기가 나타났다.

18세기 이전 대학교육은 장로교 엄숙주의의 영향을 받아 선생과 학생의 의무를 세밀하게 규정했다. 일반적인 규정에 따르면, 교수는 선한 사람이어야 하며 숙련된 교수법을 지녀야 한다. 학생들에게 부모와 같은 관심을 기울이고 그들의 다양한 능력에 맞추어 인내로서 훈육해야 한다. 또한 학생들도 기독교인에 걸맞은 삶을 영위하고, 오직 공부에 매진하고, 스승을 존경하며 스승의 지시에 복종해야 한다. 교수와 학생 모두 가장 중요한 것은 도덕적이고 기독교적인 삶이었다.[33]

[표 2-2] **17세기 스코틀랜드 대학 과목별 구술고사 합격자 수(명)**

과목 \ 대학	애버딘대학	에든버러대학	글래스고대학	세인트앤드루스대학	계
논리학(1611~1723)	16	25	29	13	**83**
형이상학(1637~1723)	7	16	21	10	**54**
윤리학(1612~1723)	11	24	15	11	**61**
자연철학(1613~1704)	14	37	17	8	**76**
합계	**48**	**102**	**82**	**42**	**274**

32) 이상은 A. C. Chitnis, 앞의 책, pp. 128-129 참조.

33) Christine Shepherd, "University Life in the Seventh Century," in *Four Centuries: Edinburgh University Life(1583~1983)*, ed. Gordon Donaldson(Edinburgh: Edinburgh University Press, 1983), p. 4.

17세기 대학생들의 학교생활은 어떠했는가. 입학시험과 졸업식 학생 명단을 제외하고는 그들의 생활기록 가운데 남아 있는 자료가 거의 없다. 다만, 에든버러 시의회와 대학 관련 위원회 기록에서 관계 당국이 학생과 대학에 요구하는 내용을 통해 당시의 학교생활을 간접적으로 살필 수 있다. 에든버러대학의 경우 본고사는 매 학년 초에 치렀다. 학생들은 이전 학년에서 배운 교과내용에 관한 시험을 보았다. 3학년은 학사시험을, 4학년은 석사시험을 치렀다. 불합격자에게는 재시험 기회를 주었고, 그래도 통과하지 못한 학생에게는 특별 심사를 거쳐 3차 시험 자격을 부여했다.[34] 17세기 교과과정 가운데 논리학, 형이상학, 윤리학, 자연철학은 에버딘, 에든버러, 글래스고, 세인트앤드루스 4개 대학이 공유하는 교과목이었다. [표2-2]는 이들 철학 교과목의 구술고사 합격생 수를 각 대학별로 확인한 결과다.[35] 기존의 저학년 과목인 논리학 못지않게 자연철학 합격생이 증가한 것은 17세기 자연에 관한 지식과 관심을 반영한다. 대학별로 에든버러와 글래스고의 합격생이 다른 대학에 비해 많다. 실제로 18세기에 스코틀랜드 대학개혁의 중심은 이들 두 대학이었다.

17세기 에든버러대학의 경우 시의회는 대학의 재정 상황, 교직원 채용 및 교육정책 등을 간섭하고 엄격한 통제권을 갖고자 했다. 10월 1일 개학 이후 결석하는 학생들은 1회당 2실링의 벌금을 물었다. 입학시험을 치르기 전 수험생은 대학과 교수의 지시에 복종할 것을 서약했다. 모든 강의와 예배에 의무적으로 참석하고 공식 모임에서도 다른 학생

---

34) Christine Shepherd, 같은 글, p. 3.

35) Eric G. Forbles, "Philosophy and Science Teaching in the Seventeenth Century," in *Four Centuries: Edinburgh University Life(1583~1983)*, p. 29.

을 밀치고 의자를 차지하거나 자신의 의자를 미리 주장해서는 안 되며, 다만 입장할 때 자기 앞의 빈 의자에 차례로 앉아야 했다. 누구도 대학 직원의 허가를 얻지 않고서는 수위가 교문을 잠근 후에 밖으로 외출할 수 없었다. 학생들은 수업시간 도중에 강의실을 출입할 수 없었고 방과 후에는 곧장 자신의 숙소로 돌아가야 했다. 학생들의 하루 일과는 겨울철에는 오전 여섯 시, 여름철에는 오전 다섯 시에 시작되었다. 17세기 후반에 이르러 이 관행은 한 시간씩 늦춰졌다. 교수와 학생은 아침 예배 후에 오전 강의에 참여하고, 오후에는 오전 강의내용을 이해했는지 확인하기 위해 질의응답 시간을 가졌다. 토요일 오전은 토론회를 열었고 일요일에 학생들은 두 차례 교회에 출석해 설교를 들었다. 매일 수업 외에도 학생들은 신학과 수학 공개강의를 청강해야 했다.[36]

대학개혁

전통적으로 스코틀랜드 귀족과 지식인들은 친프랑스적 태도를 보였다. 그들 가운데 상당수는 파리를 비롯해 프랑스에서 공부하거나 장기 체류 하기도 했다. 그러나 종교개혁 이후 이러한 관행은 사라졌다. 프랑스가 가톨릭 국가였기 때문이다. 17세기 내란과 종교갈등기에 스코틀랜드 대학에 영향을 준 나라는 네덜란드와 독일이었다. 많은 지식인들이 네덜란드의 레이던(Leiden)대학이나 독일 하이델베르크대학에서 공부한 후 스코틀랜드에 돌아와 대학에서 학생들을 가르

36) 이상은 Christine Shepherd, 같은 글, pp. 1-2 참조.

쳤다. 특히 레이던대학이 자연과학·수학·의학 분야에 미친 영향이 컸다. 18세기 초에 스코틀랜드 대학들은 대학조직과 교과과정 및 교수방법 등에 걸쳐 커다란 변화를 겪는다. 변화를 선도한 곳은 에든버러대학이었다. 1708년 에든버러 시의회는 에든버러대학의 학감제도를 폐지하고 6개 분야의 전임교수직을 신설했으며, 모든 학생들이 인문(arts) 교과과정을 의무적으로 이수하도록 했다. 수업방식도 영어로 진행하는 것을 허용했는데, 다른 대학들도 이를 뒤따랐다.[37]

대학개혁에서 가장 중요한 변화는 학감제도 폐지 이후 전임교수제도를 대폭 확대했다는 점이다. 에든버러대학 신학부는 오래전부터 전임교수를 충원해왔다. 그 후 17세기 말에 수학(1674), 식물학(1676), 의학(1685) 전임교수를 잇달아 충원했다. 그러나 본격적인 변화는 18세기 초 학감제 폐지와 거의 동시적으로 이루어졌다. 에든버러대학은 1707~1726년 사이에 8개 교수직을 신설했는데, 구체적으로 해부학(1705), 공법(1707), 자연법(1707), 시민법(1710), 화학(1713), 보편사(1719), 스코틀랜드법(1722), 산부인과(1726) 분야 전임교수를 초빙했다. 같은 세기 후반에는 수사학, 역사, 농학, 천문학, 도덕철학, 외과학 등에도 새로운 교수들이 임용되어 학생들을 가르쳤다.[38] 이런 추세는 글래스고대학도 비슷했다.

전임교수의 충원과 함께 모든 학생들이 인문교과 과정의 일부를

37) 학감제도의 경우 1727년 글래스고대학, 1747년 세인트앤드루스대학, 1753년 애버딘대학에서 잇달아 폐지된다. 학감은 학생들의 전공과 관련이 없는 비전문가였고, 학생들의 생활과 수업을 통제했으며 수업은 주로 받아쓰기 위주로 진행했다.

38) A. C. Chitnis, 앞의 책, p. 136. 토머스 리드, 애덤 스미스, 휴 블레어, 윌리엄 로버트슨, 애덤 퍼거슨, 듀갈드 스튜어트 등 계몽운동의 중심인물들이 18세기 후반에 글래스고나 에든버러 대학에 교수로 초빙되었다.

필수적으로 이수하도록 했다. 이 교과과정에서 특히 중요한 것은 논리학, 자연철학, 도덕철학 과목이었다. 수학과 고전어는 과목 자체보다 철학적 소양을 향상시키는 토대라는 점에서 중시했다. 인문교과과정은 "다방면에 조예가 있고 기독교 휴머니즘의 가치를 흡수하고 품격 있는 지식의 여러 분야에 정통한 젊은이"를 양성하는 데 목적을 두었다.[39] 저학년에 개설된 인문교과목에 대해서는 학생뿐 아니라 일반 시민의 수강도 허용했다. 스코틀랜드 계몽운동의 토양은 바로 이 인문교육의 강화와 밀접하게 관련된다. 학생들은 10대에 대학에 입학해 1~2년 인문교과목을 주로 수강한 후에 학교를 떠났다가 다시 복교해 신학·의학·법학 등을 공부하는 경우가 일반적이었다.

에든버러대학은 인문교과 과정을 강화함과 동시에 이들 강의에 수강료제도를 도입했다. 여기에는 교수들의 경쟁을 통해 강의의 질을 향상시키고 아울러 학생들의 참여도를 높이려는 의도가 들어 있었다. 물론 이 방식을 둘러싸고 논란도 있었지만, 상당수는 제도 도입에 찬성했다. 교수의 수입이 강의의 질과 인기에 좌우된다면, 그들이 이전보다 강의에 관심을 기울일 것은 당연하다. 애덤 스미스는 경쟁제도의 이점을 분명하게 강조한다.

> 자유롭게 경쟁이 이루어지고 경쟁관계가 맺어지는 경우에는, 모두가 서로 실직하지 않으려고 겨루며 모두가 어느 정도 정확하게 자신의 일을 수행하려고 노력할 것이다. …… 그렇지 않으면 인간은 대부분 가능한 한 대충대충 살아가려고 한다.[40]

39) Richard B. Sher, 앞의 책, pp. 29-30.

토머스 리드(헨리 레이번 작).
리드는 데이비드 흄의
회의적 경험론을 거부하고
'상식철학'을 옹호했다.

스미스가 시장과 경쟁을 경제의 가장 중요한 기반으로 생각했다는 점을 고려하면 이는 당연한 언급이다. 스미스는 옥스퍼드에서 한 경험을 소개하기도 한다. 자신의 옥스퍼드대학 시절에 강의에 관심을 가진 교수를 찾아보기 어려웠다는 것이다. 그러나 이에 대한 반론도 있었다. 수강료제도 도입이 오히려 새로운 부작용을 낳는다는 지적이다. 글래스고대학의 철학자 토머스 리드(Thomas Reid, 1710~1796)에 따르면, 교수들이 너무 많은 강의를 맡으려고 하기 때문에 모든 교과목의 특색이 없어졌다는 것이다.[41]

---

40) Adam Smith, *The Wealth of Nations*, ed. E. Cannon(London: Methuen, 1930), vol. 2, p. 249.

41) Thomas Reid, "A Statistical Account of the University of Glasgow," *The Works of Thomas Reid*(Edinburgh, 1880), vol. II, p. 733. 리드는 에버딘의 킹스칼리지 교수를 거쳐 글래스고대학 도덕철학 교수를 지냈다. 흔히 상식학파로 불린다. 주요 저서는 다음과 같다. *An Inquiry into the Human Mind on the Principles of*

수강료제도가 교수 간 경쟁, 강의 수준 향상, 교육 효율성 제고로 이어지는 선순환구조를 가져왔는지는 확실하지 않지만, 19세기 초 스코틀랜드 대학의 평판은 잉글랜드에서도 매우 높았다. 1826년과 1830년 영국 의회의 한 왕립위원회(Royal Commission)는 이들 대학의 실태에 대해 조사활동을 벌였다. 위원회 보고서에서 특히 수강료에 관련된 내용이 흥미롭다. 에든버러대학의 수강료 실태는 다음과 같다. 인문교과목 가운데 라틴어·희랍어·논리학 수강료는 각각 3기니, 수사학·수학·도덕철학·자연철학은 각각 4기니, 전문과정의 법학부 및 의학부 과목은 대부분 각각 4기니, 신학부 과목은 무료였다.[42] 글래스고대학은 1816~1826년 간에 수강료를 1기니 인상했는데, 당시 의학부를 제외하고 교과목당 수강료는 대부분 3기니였다.[43]

그렇다면, 수강료제도가 교수의 소득에 어느 정도 도움을 주었을까. 1826년 조사를 보면, 에든버러대학 교수의 연간 소득은 대학당국의 급여와 수강료 수입의 일부로 구성된다. 과목별 전임교수의 급여는 논리학 52파운드, 도덕철학 102파운드, 자연철학 52파운드, 자연사 100파운드, 식물학 128파운드였다. 수강료 수입에 따른 소득 변화를 좀 더 구체적으로 살펴보자. 도덕철학의 수강생은 1794~1795년

Common Sense(1764); *Essays on the Intellectual Powers of Man*(1785); *Essays on the Active Powers of the Human Mind*(1788).

42) "Report of the Royal Commission on the State of the Universities of Scotland," *Parliamentary Papers*, 1831, vol. 11, pp. 51-57. 1기니(guinea)는 금화로 21실링에 해당한다. 당시 화폐체계는 1실링 = 12펜스, 20실링 = 1파운드다. 과목당 수강료를 평균 3기니로 가정하면 구매력 기준으로 그 가치는 오늘날 217파운드에 해당한다.

43) 같은 보고서, p. 35, 312.

116명, 1796~1797년 95명, 1798~1799년 100명이었다. 이 과목의 수강료는 3기니이므로 수강료 수입은 각 연도별로 348기니, 285기니, 300기니였다. 1798~1799년 소득은 급여 102파운드에 수강료 수입 45파운드, 합계 147파운드로 나타난다. 소득의 약 30퍼센트가 수강료 수입이었던 것이다. 이런 식으로 계산하면, 1798~1799년 논리학 담당교수의 소득(75.7파운드) 가운데 수강료 수입의 비중은 30.7퍼센트로 나타난다.[44]

18세기 대학개혁과 함께 학생 수도 증가했다. 1700~1820년 사이에 스코틀랜드 대학 재학생 수는 1,000명에서 4,000명 규모로 늘었다.[45] 같은 기간 스코틀랜드 인구증가율의 2배를 상회한다. 이러한 학생 증가가 대학개혁으로 나타난 결과인지 아니면 대학교육의 원인으로 작용했는지는 불분명하다. 어쨌든 에든버러대학은 17세기 후반 400명 규모에서 한 세기 후 1,300명으로, 1824년에는 2,300명 규모로 학생 수가 증가했다. 글래스고대학은 1696년 250명, 1824년 1,240명, 애버딘대학은 1776년 257명, 1824년 736명에 이른다. 여기에서 특기할 만한 것은 세인트앤드루스대학의 침체다. 이 대학 재학생 수는 1730년 150명에서 1824년에는 오히려 68명으로 줄어들었다.[46] 세인트앤드루스대학은 스코틀랜드에서 전통이 가장 오래된 대학일 뿐만 아니라 존 녹스나 앤드루 멜빌 같은 종교개혁가들이 가장 중시한 곳이기도 했다. 특히 신학교육이 높은 평판을 얻었는데, 1601~1650년 간 신규 임용 목사의 39.5퍼센트가 이 대학 출신이었다.

44) 같은 보고서, pp. 51-64에서 발췌.
45) R. A. Houston, 앞의 글, p. 49.
46) A. C. Chitnis, 앞의 책, p. 135 참조.

18세기 세인트앤드루스대학의 쇠락은 이 도시의 인구변화 추세와 관련된 것으로 보인다. 18세기에 걸쳐 에든버러, 글래스고, 애버딘의 도시인구는 급속하게 증가한다. 에든버러는 대략 4만 명에서 7만 명으로, 글래스고는 1만 5,000명에서 8만 명으로, 애버딘은 1만 명에서 3만으로 증가한다. 그러나 세인트앤드루스는 18세기 말에도 여전히 4,000명 수준이었다.[47] 여기에서 중요한 것은 스코틀랜드 대학교육의 확대가 상류계급에게만 국한되지 않았다는 사실이다. 1711년 옥스퍼드와 케임브리지 학생 가운데 73퍼센트는 부모가 귀족과 젠트리 계층이었다. 스코틀랜드 대학에서 이들 계층의 비율은 1740년대 32퍼센트, 1760년대에는 24퍼센트로 떨어졌다.[48]

대학과 계몽운동

18세기 중엽 스코틀랜드 대학 가운데서도 그 중심은 에든버러대학이었다. 이 대학의 평판은 유럽에서 매우 높았다. 대륙과 북아메리카 지역의 젊은이들이 에든버러 유학을 꿈꾸었다. 에든버러가 '북구(北區)의 아테네'라는 별칭은 헛소문이 아니었던 것이다. 에든버러대학은 특히 에든버러 시의회가 주체적으로 설립했을 뿐만 아니라 대학제도 감독 또한 시의회가 맡았기 때문에 그만큼 대학에 대한 일반 시민의 관심도 높았다. 에든버러 시민들은 대학의 높은 평판을 자랑스러워 했

47) 같은 책, pp. 133-134.
48) R. A. Houston, 앞의 글, p. 50.

고 대학도시의 시민이라는 자부심 또한 높았다. 대학의 저명교수 강의, 특히 인문교과목 강의는 일반 시민도 청강할 수 있었다. 듀갈드 스튜어트(Dugald Stewart, 1753~1828)의 도덕철학 강의가 특히 유명했다.[49]

그렇다면 스코틀랜드 사람들이 이와 같이 대학교육에 관심을 가졌던 까닭은 무엇인가. 이 지역은 18세기 중엽까지만 하더라도 농업과 목축에 의존하는 후진적인 경제였다. 그만큼 전문직종의 수가 한정되어 있었기 때문에 스코틀랜드인들은 전문지식의 소양을 갖추어야 삶의 질을 높일 수 있다고 생각했다. 여기에서 전문직종이란 교사, 목사, 법조인 등이었다. 물론 귀족층은 이런 절박감이 없었지만, 중간계급에 속하는 제조업자나 상인층, 또는 부유한 농민층은 자식의 대학교육에 각별한 관심을 기울였다.

18세기 잉글랜드에서 저명한 문필가와 계몽운동가는 옥스퍼드대학이나 케임브리지대학 외부에서 주로 활동했다. 그러나 스코틀랜드 계몽운동은 오히려 대학에 기반을 둔 지식인과 문필가들이 주도했다. 물론 데이비드 흄은 예외적인 사례에 해당한다. 그는 처음에는 에든버러대학의 도덕철학, 후에는 글래스고대학의 논리학 교수직을 맡기를 희망했으나 회의주의자라는 비판 여론 때문에 뜻을 이루지 못했다.

계몽운동의 활력이 대학을 기반으로 확산된 이유는 무엇인가. 먼저 스코틀랜드 대학의 성격이 초창기부터 잉글랜드 대학과 달랐다는 점을 지적할 수 있다. 스코틀랜드 대학은 설립 이래 사회 전 계층을 대상으로 고등교육 기회를 확대하는 방향으로 발전했다. 하층민 출신

49) A. C. Chitnis, 앞의 책, p. 147.

세인트앤드루스대학(1413년 설립). 세인트살바토르 채플(St Salvator's Chapel) 건물이다.

글래스고대학(1451년 설립). 길버트 스콧(Gilbert Scott) 건물이다.

애버딘대학(1495년 설립). 킹스칼리지(Kings College) 건물이다.

에든버러대학(1583년 설립). 올드칼리지(Old College) 건물이다.

이라도 개인의 자질과 능력이 있으면 대학교육을 받을 수 있었다. 특히 교구학교, 타운의 문법학교를 거쳐 대학으로 연결되는 교육제도 아래서 중간계급 부모들 사이에 대학교육을 존중하고 자식들을 대학에 입학시키려는 열기가 강했다. 중간계급 또는 그보다 더 하층 출신 젊은이들이 대학교육을 받고 목사, 교사, 법률가로 진출하는 사례가 흔했다. 특히 가난한 집안 젊은이라 하더라도 학습능력이 뛰어나고 문필가로서 자질이 돋보이면 환영받았다. 스코틀랜드 대학은 등록금과 기숙사비를 저렴하게 정했기 때문에 재능과 능력이 있는 인력을 양성해 사회에 공급하는 기능을 적절하게 맡아왔던 것이다.

다음으로, 18세기 중엽 계몽운동의 중심 역할을 한 여러 지식인들이 대학행정을 직접 담당하거나 또는 대학을 대표하는 위상을 갖게 되면서 계몽운동에 활력을 제공했다. 에든버러대학의 로버트슨, 블레어, 퍼거슨, 스튜어트, 글래스고대학의 스미스, 리드, 존 밀러(John Millar, 1753~1801) 등이 전형적인 사례다. 특히 윌리엄 로버트슨은 에든버러대학과 계몽운동을 잇는 연결축이었다. 그는 1752년경부터 중도파 목회자들의 지도자로 활동했으며, 1766~1780년 간에는 장로교 총회장으로 교계에 커다란 영향력을 행사했다. 성공적인 목회자이자 설교자로서 뿐만 아니라, 『스코틀랜드의 역사(*The History of Scotland*)』(1759)를 저술해 능력 있는 역사가로도 인정받았다. 1761년 로버트슨은 에든버러의 그레이프라이어즈 교회 담임목사를 맡아 에든버러 장로교회를 대변하는 위치에 올라섰고, 이듬해 에든버러대학 학장직이 공석이 되었을 때, 종교계와 시의회, 그리고 스코틀랜드 출신 정치가로 당시 총리를 맡고 있던 뷰트 백작(John Stuart, 3rd Earl of Bute, 1713~1792)의 지지를 얻어 학장에 임명되었다.[50]

휴 블레어와 애덤 퍼거슨 또한 18세기 중엽 에든버러대학을 대표하는 지식인이자 계몽운동의 중심인물이었다. 블레어도 목회 활동보다는 대학 내에서 지적 활동을 더 원했다. 1750년대 에든버러대학의 수사학 및 논리학 전임교수는 존 스티븐슨(John Stevenson)이었는데 그의 강의는 학생들 사이에 인기가 없었다. 당시 에든버러 중도파 목회자들은 수사학과 논리학 강의가 에든버러 문화운동에 매우 중요하다고 생각했다. 이들 강의를 통해 영어를 외국어로 인식하는 일반의 분위기를 바꿀 필요가 있었다. 중도파 인사들은 1748년 겨울과 이듬해 봄까지 글래스고의 애덤 스미스를 초청해 일반 시민을 대상으로 공개 수사학강의를 개설했다. 강의는 대성황이었다. 에든버러 학생은 물론, 문필가, 변호사, 젠틀먼, 일반 시민에 이르기까지 많은 사람들의 그의 강의를 청강했으며, 강의는 그 인기 때문에 3년간 지속되었다. 스미스가 1752년 글래스고대학 도덕철학 교수에 임명되어 강의를 계속할 수 없게 되자, 중도파 목사인 로버트 왓슨(Robert Watson)이 뒤를 이었고, 1759년 그가 세인트앤드루스대학 논리학 교수직을 맡아 에든버러를 떠난 후에는 블레어가 그 자리를 맡았다. 블레어의 수사학 강의 또한 대성공을 거두었다. 블레어도 스미스와 마찬가지로 수사학이야말로 모든 학문의 기초라고 생각했다. 이듬해 시의회는 에든버러대학에 무급 수사학 전임교수직을 신설해 블레어를 임명했다.[51]

퍼거슨 또한 목회 활동보다 대학에 몸담고 싶어했다. 군대 목회자로 활동했던 그는 에든버러로 돌아와 데이비드 흄과 마찬가지로 법

50) 로버트슨의 학장 임명 과정은, Richard B. Sher, 앞의 책, pp. 118-119를 볼 것.
51) 같은 책, pp. 108-109 참조.

률도서관 사서직에 종사했다. 한동안 뷰트 백작 차남의 튜터로 런던에 체류했는데 에든버러대학 교수직을 얻기를 열망했다. 그가 에든버러대학에 임용된 것도 함께 신학을 공부했던 중도파 목회자들의 도움 때문이다. 그는 실제로 자연철학에 관해 탁월한 지적 소양을 쌓지는 못했다. 그럼에도 자연철학 교수직이 비었을 때, 존 흄, 존 자딘, 로버트슨 등의 추천으로 1759년 7월 에든버러대학 교수로 임용될 수 있었다. 퍼거슨의 자연철학 강의 또한 학생들의 인기를 얻었고 그로부터 몇 년 후 그는 도덕철학 교수로 자리를 옮겼다.

듀갈드 스튜어트[52]는 퍼거슨의 뒤를 이어 에든버러대학 도덕철학 교수직을 맡은 인물로 18세기 후반 이 대학의 명성이 유럽 대륙과 북아메리카까지 널리 퍼지는 데 기여했다. 그의 강의가 너무 유명했기 때문이다. 그는 독창적인 사상가는 아니었지만, 저명한 사상가와 철학자들의 견해를 쉽게 해설하고 쉬운 비유를 써서 설명하는 데 뛰어난 능력을 보여주었다. 스튜어트가 1778년부터 도덕철학을 강의한 이래 그의 강의를 듣기 위해 수많은 학생들이 에든버러에 몰려들었다. 월터 스콧(Walter Scott, 1771~1832), 제임스 밀(James Mill, 1773~1836), 프랜시스 제프리(Francis Jeffrey, 1773~1850), 헨리 콕번(Henry Cockburn, 1779~1854), 프랜시스 호너(Francis Horner, 1778~1817), 헨리 브루엄(Henry Brougham, 1778~1868) 등이 모두 그의 수강생이었다.

이처럼 저명한 지식인과 문필가들이 대학에 자리를 잡는 일은 에

52) 스튜어트는 에든버러대학에서 수학 및 철학을 공부하고 옥스퍼드대학에서 영국국교회를 연구했다. 주저로는 *Elements of the Philosophy of the Human Mind*(1792); *Outlines of Moral Philosophy*(1793); *Dissertation Exhibiting the Progress of Metaphysical, Ethical and Political Philosophy*(1815-1821) 등이 있다.

든버러대학뿐만 아니라 글래스고대학에서도 마찬가지였다. 글래스고에서는 애덤 스미스 외에도 토머스 리드, 존 밀러 등 저명한 학자들이 학생들을 가르치고 있었다. 스코틀랜드 계몽운동이 대학과 밀접한 연관을 맺으면서 전개된 데는 바로 이런 배경이 있었기 때문이다. 우선 리드는 에버딘대학에서 공부한 후에 1752년부터 같은 대학 킹스 칼리지 교수를 지냈다. 그는 인간 상식의 중요성을 강조하면서 상식(sensus communis)이야말로 철학적 탐구의 기초가 된다고 주장했다. 그는 『상식원리에 입각한 인간 정신 탐구』(1764)[53]를 출간한 후에 식자층의 주목을 받았으며, 곧이어 글래스고대학 도덕철학 교수직을 맡게 되었다. 글래스고 시절 리드는 스미스·밀러 등과 친밀하게 지냈고, 당대에는 데이비드 흄보다도 더 널리 알려졌다. 상식이야말로 외부세계에 대한 인간 인식과 신념의 토대를 이룬다는 입장으로 흔히 상식학파로 불렸다.

존 밀러는 글래스고대학에서 공부한 후에 후일 같은 대학 시민법 교수가 되었다. 스미스의 절친한 동료였다. 스미스와 함께 자주 에든버러 명사회에 참석하기도 했다. 밀러는 일종의 경제결정론자였다. 경제제도가 모든 사회관계를 결정짓는 중요한 요소라는 것이다.[54] 심지어 성별까지도 경제제도의 영향을 받는다고 보았다. 밀러는 또한 영국 정부의 역사를 탐색한 역사가이기도 했다. 여기에서도 그의 경제 중심적 시각은 영국 정부의 구조와 변화를 이해하는 토대가 된다. 그는 무엇보다도 한 시대의 정치제도를 떠받치는 사회경제적 토대를

53) *Inquiry into the Human Mind on the Principle of Common Sense*(Edinburgh, 1764).

54) John Milla, *Observations concerning the Distinction of Ranks*(Edinburgh, 1778).

중시했다.[55]

글래스고대학은 산업혁명 초기 증기기관의 개량과 더불어 더욱 유명해졌다. 조지프 블랙(Joseph Black, 1728~1799)은 글래스고대학에서 화학을 가르쳤으며 그의 잠열(latent heat) 개념은 뒷날 제임스 와트(James Watt, 1736~1819)의 증기기관 개량을 자극한 것으로 알려졌다. 특히 블랙과 그의 동료교수 존 로빈슨(John Robinson)은 기계공인 와트가 글래스고대학 구내에서 증기기관 연구를 할 수 있도록 도움을 주었다. 와트는 대학의 증기기관을 수리해 실험을 계속했으며 후일 분리응축식 증기기관을 만드는 데 성공한다.[56]

---

55) John Milla, *An Historical View of the English Government*(Edinburgh, 1787).

56) 이에 관해서는 다음을 볼 것. D. S. Cardwell, *From Watt to Clausius: The Rise of Thermodynamics in the Early Industrial Age*(London: Heinemann, 1971), p. 41.

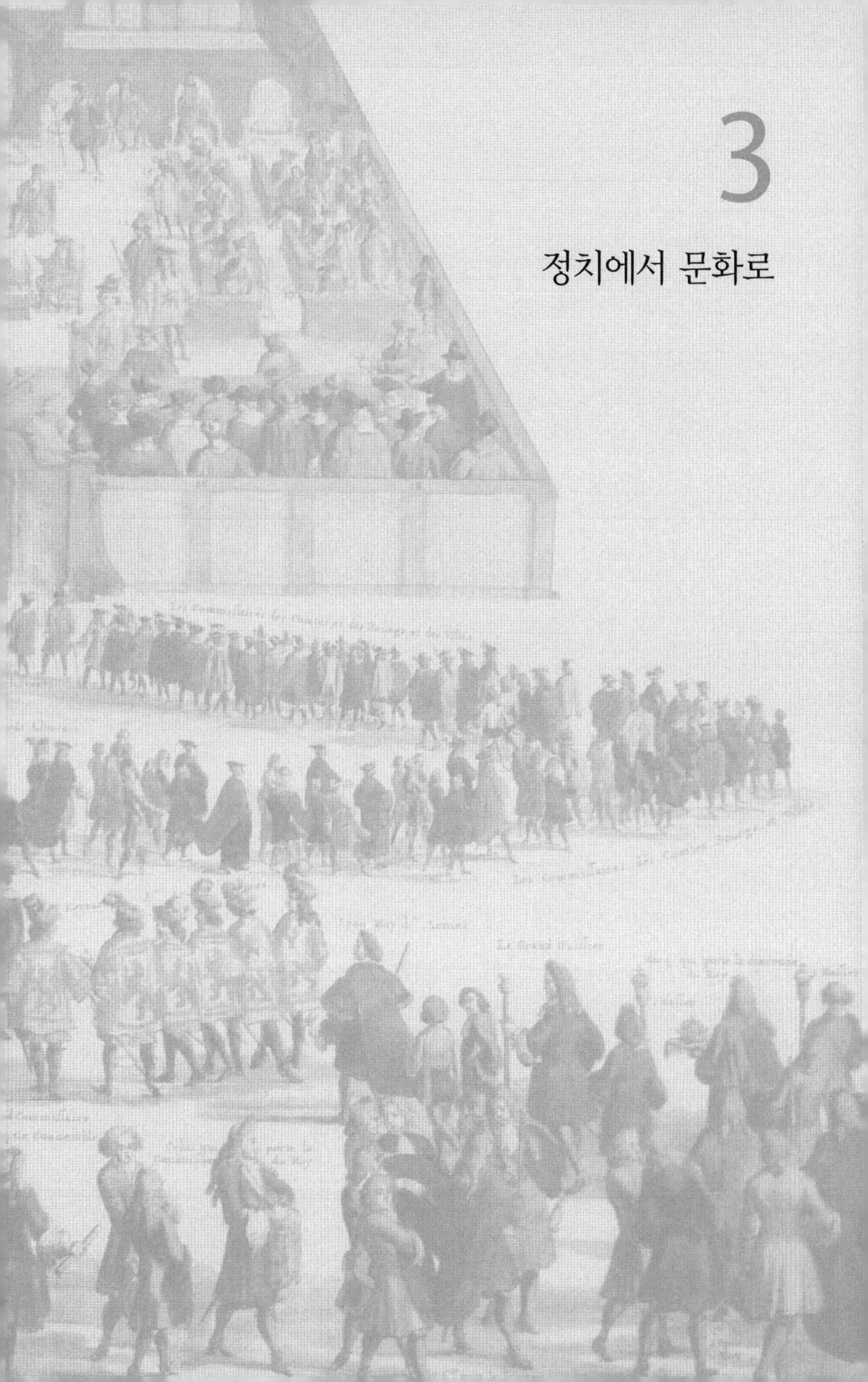

3

정치에서 문화로

근래 스코틀랜드 독립문제가 영국의 현안으로 떠올랐다. 1997년 노동당정부 아래서 주민투표를 통해 스코틀랜드의 폭넓은 자치를 허용한 이래, 스코틀랜드 분리 독립 문제는 대체로 해결된 것처럼 보였다. 그러나 현 스코틀랜드 집권당인 스코틀랜드국민당(SNP: Scottish National Party)이 스코틀랜드의 완전한 독립을 정치 슬로건으로 제시한 후, 이를 둘러싼 논란이 계속되고 있다. 사실, 1707년 합병 이후 스코틀랜드인들은 겉으로는 브리튼 정체성을 암묵적으로 인정한 것 같았다. 그들은 영국의 정치·경제·사회·문화 등 모든 분야에 적극 참여하였고, 영제국의 팽창과 함께 다수 스코틀랜드인들이 해외 제국으로 진출하기도 했다. 빅토리아 여왕(재위 1837~1901) 이후 영국 왕실에 대한 충성도 또한 오늘날까지 이어지고 있다. 그러면서도 한편으로, 스코틀랜드인들은 잉글랜드와 구별되는 자신들만의 독특한 제도와 법률체계, 전통과 문화, 일상생활의 관습을 보존해왔다.

국민 또는 국민정체성이란 실체로 존재한다기보다는 이야기과정

(story-telling process)을 통해서 그 의미가 만들어진다. 스코틀랜드인들이 보여주는 이중적 정체성은, 이들이 한편으로는 합병 이후 창출된 브리튼에 관한 국민적 서사에 호응하면서도, 다른 한편으로는 자기 고유의 민족적 서사를 지속적인 이야기과정을 통해 재생산해온 결과다. 그렇다면, 18세기 중엽 스코틀랜드 중도파 목회자들과 계몽운동가들은 이 과정에서 어떤 역할을 맡았는가. 그들의 활동은 궁극적으로 브리튼 정체성 형성에 이바지했는가, 아니면 스코틀랜드 정체성을 존속시키고 유지하는 데 기여했는가. 겉으로 보면, 휴 블레어, 애덤 퍼거슨, 윌리엄 로버트슨, 알렉산더 칼라일 등 계몽운동의 중심인물들은 스코틀랜드의 '영국화'에 호의적인 태도를 보였고, '스코틀랜드 정체성(Scottishness)'을 극복해야 할 대상으로 삼았다. 이들은 1745년 재커바이트(Jacobite) 봉기 당시 오히려 이를 반대해 재커바이트와 맞서 싸우기도 했다. 그럼에도 이들의 의식세계에는 스코틀랜드 민족감정 또는 정체성이 분명하게 자리 잡고 있었으며 스코틀랜드인들의 문화활동에 다양한 영향을 미쳤다.

스코틀랜드 민족정체성

잉글랜드와 스코틀랜드의 지리적 경계는 어쩌면 역사적, 정치적으로 이루어진 것이라고 할 수 있다. 기원후 1세기에 로마제국의 하드리아누스(Hadrianus, 재위 117~138) 황제 때 켈트인을 북쪽으로 몰아내고 이들을 막으려고 성을 쌓았는데, 이것이 그 후 두 지역의 경계로 굳어졌다. 스코틀랜드는 원래 칼레도니아(Caledonia)라고 불렸으며, 일찍부터 세 종족이 섞여 살았다. 기원이 확실하지 않는 픽트인(Picts), 아일랜드에서 이주한 스코트인(Scotts), 앵글로색슨인에게 쫓겨 남부에서 이동한 브리톤인(Britons)이 그들이다. 이들의 인종적 구분은 오랜 세월을 지나면서 희미해졌으며, 언어 또한 점차 스코트어가 주류를 이루게 되었다.

잉글랜드와 스코틀랜드가 자주 충돌한 것은 특히 11세기 이후의 일이다. 잉글랜드가 7왕국시대를 거쳐 통합왕국으로 발전하던 9세기에 스코틀랜드도 스코트인과 픽트인을 통합한 왕국으로 발전했으며, 당시 케네스 1세(Kenneth I, Kenneth MacAlpin)는 왕국의 수도를 스콘(Scone)으로 옮겼다. 중세 초기까지 독자적인 왕실 전통과 국가체제를 유지해온 스코틀랜드는 점차 잉글랜드의 직접적인 간섭과 위협에 처하게 되었다. 우선 11세기 후반 스코틀랜드는 잉글랜드의 정복왕 윌리엄(William the Conqueror, 윌리엄 1세)의 군대에 패배를 맛보았다. 이후 두 나라 사이에 갈등과 전쟁이 빈번하게 발생했으며, 특히 1296년 잉글랜드 에드워드 1세(Edward I)는 스코틀랜드를 직접 정복하기 위해 대규모 전쟁을 일으켰다. 스코틀랜드는 이후 수십 년간 잉글랜드의 에드워드 2세, 에드워드 3세의 침입에 대항하여 싸웠다.

이들 전쟁 승리와 패배의 무용담은 전설과 영웅설화라는 국민적 서사로 스코틀랜드인들의 기억에 새겨졌다. 이 시기의 영웅설화는 윌리엄 월리스(William Wallace, 1270경~1305)와 로버트 브루스(Robert the Bruce, 1274~1329)에 관한 것들이다. 월리스는 에드워드 1세 침입 당시 잉글랜드군에 끈질기게 대항했으며, 마지막 전투에서 사로잡혀 비극적인 최후를 맞는다. 그는 뛰어난 전술과 용력으로 적군을 괴롭혔다. 침입자의 전제에 맞서 영웅적으로 투쟁한 월리스의 무용담은 스

윌리엄 월리스 조각상(애버딘). 월리스는 영화 〈브레이브 하트(*Braveheart*)〉의 주인공으로 우리에게 알려진 인물이기도 하다.

코틀랜드인들의 영웅설화로 되살아났다. 월리스의 죽음 이후 새로운 지도자로 떠오른 인물은 브루스였다. 스코틀랜드의 유력 귀족가문 출신인 그는 침체에 빠진 스코틀랜드 군대를 결속시켜 잉글랜드 에드워드 2세의 군대와 싸웠다. 1314년 6월 24일 배넉번(Bannockburn) 전투는 스코틀랜드 역사에서 가장 중요하고 널리 알려진 전쟁이다. 브루스는 이 전투에서 잉글랜드군을 격파하고 결정적인 승기를 잡는다. 그 후 잉글랜드는 스코틀랜드 독립을 인정하게 되었고, 브루스는 스코틀랜드의 새로운 왕위에 올랐다(로버트 1세〔Robert I〕, 재위 1306~1329). 15세기 이후 스코틀랜드와 잉글랜드 사이의 군사적 충돌은 거의 없었지만, 두 지역의 관계는 매우 적대적이었다. 스코틀랜드 국왕과 귀족들은 잉글랜드와 경쟁하는 프랑스 왕실 및 귀족가문과

배넉번 전투에서 지휘하는 로버트 브루스(에드먼드 레이턴 작). 브루스는 스코틀랜드에 주둔한 잉글랜드군 최후의 요새인 스털링 성을 차지하기 위한 배넉번 전투에서 승리한다.

더 가깝게 지냈다. 스코틀랜드 대학들이 이 시기에 프랑스 아비뇽의 로마교황청 칙서에 근거해 설립된 것도 이런 상황에 힘입은 것이다.

잉글랜드 왕실에 대한 스코틀랜드인들의 적대감은 1603년 스코틀랜드의 제임스 6세(James VI, 재위 1567~1625)가 잉글랜드 왕위(James I, 재위 1603~1625)를 계승하면서 점차 완화되었다. 그 후 100여 년간 영국내란기를 제외하고는, 잉글랜드와 스코틀랜드는 스튜어트 왕실 출신을 공동의 국왕으로 옹립하면서도 각기 독자적인 국가로 남아 있었다. 이처럼 기묘한 관계는 1707년 두 나라가 통합될 때까지 이어졌다. 그러나 통합된 뒤에도 그 적대감이 완전히 사라진 것은 아니었다. 명예혁명 이후 재커바이트 운동이 일어난 것도 이를 반영한다.

잉글랜드와 일련의 갈등 속에서 스코틀랜드인들은 잉글랜드와는

스콘석(복제).
잉글랜드 왕이 잉글랜드만이 아니라 스코틀랜드의 왕위에도 오르게 됨을 상징하는 표상으로도 알려져 있다.

다른 자신만의 정체성을 형성한 것으로 보인다. 물론 이는 영웅설화 또는 국민적 서사의 재현과 학습을 통해 그들의 역사적 경험이 집단 기억 속에 뿌리 깊이 자리 잡은 데 힘입었을 것이다. 스코틀랜드인들은 자신의 종족적 기원을 잉글랜드인들과 마찬가지로 고대 지중해 세계에서 찾았다. 그러나 모든 브리튼 섬 사람들이 트로이의 장군 브루투스(Brutus of Troy)의 후예라는 잉글랜드 전설을 받아들이지 않고, 스코틀랜드인들은 자신들의 조상은 이집트 왕녀 스코티아(Scotia)라고 주장했다.

리아-페일(Lia-Fáil)도 이러한 신화 만들기의 산물이었을 것이다. 스콘석(Stone of Scone)으로도 불리는 이 돌은 「구약」에 나오는 야곱이 천사와 싸움을 하던 날 밤에 베고 자던 돌베개라고 알려져 있다. 이것이 이집트-에스파냐-아일랜드를 거쳐 스코틀랜드로 옮겨졌으며, 케네스 1세가 수도를 옮기면서 즉위식 때 사용했다고 전해진다. 어쨌든 스코틀랜드 왕국이 들어선 이래 이 신성한 돌 위에서 왕이 즉위식을 거행하는 관행은 오랫동안 이어졌다. 그러다가 영국 왕 에드워드 1세가 전쟁에서 탈취해간 후로, 이 돌은 오랫동안 웨스트민스터 사원에 보관되어 있었다. 리아-페일은 1950년 분리주의자들의 절도사건으로 유명해졌고, 1996년 스코틀랜드 자치에 관한 주민선거가 있기 전에 스코틀랜드에 공식 반환 되었다. 반환된 돌은 현재 에든버러 성에 있다. 리아-페일의 역사 자체가 민족적 서사와 국민정체성 형성에 중요한 역할을 해온 셈이다.

브리튼 정체성, 통합왕국을 보는 시각

잉글랜드 제임스 2세(James II of England, 재위 1685~1688, 스코틀랜드에서는 제임스 7세로 불림)가 대륙으로 망명한 명예혁명(Glorious Revolution, 1688~1689) 이후 그의 딸 메리(Mary II)와 사위 윌리엄(William III)이 1689년 공동으로 잉글랜드 왕위를 계승했을 때, 스코틀랜드인들은 이를 곧바로 인정하지 않았다. 스코틀랜드 의회는 영국 국교회로부터 독립된 장로교 신앙을 인정하는 것 등을 포함한 스코틀랜드 권리장전에 서명을 받고 나서야 이들을 스코틀랜드 국왕으로 인정했다. 1707년 합병법(Union Act)에 의해 스코틀랜드 의회 또한 잉글랜드 의회에 통합되었다.

스코틀랜드인들이 통합을 받아들인 것은 1680년대 이후 계속된 기근과 경제 불황에 따른 혼란을 타개할 수 있으리라는 기대감 때문이었다. 1690년대 경제 불황기에 중앙아메리카 식민지 건설 사업이 난관에 직면하면서 스코틀랜드의 사회불안은 더욱더 심화되었다. 사업을 주도한 회사 이름을 따서 다리엔 계획(Darien Scheme)이라 불린 이 사업은 파나마 지역에 스코틀랜드의 직할식민지를 건설하는 것이었다.

다리엔 하우스(Darien House). 에든버러에 있던 다리엔 컴퍼니 본사 건물이다. 다리엔은 파나마 동부와 파나마 지협 동쪽 끝에 있는 유서 깊은 지방명이기도 하다.

1690년대 초 스코틀랜드 유력 정치인과 상인들은 파나마에 '칼레도니아'라는 이름의 식민지를 개발하기 시작했다. 이들은 이곳이 세계적인 교역 중심지로 번영할 수 있으리라 생각했다. 그러나 계획도 철저하지 못했고 준비마저 부족해서 처음부터 어려움을 겪었다. 급기야 1700년 이 지역이 에스파냐군에 점령당함으로써 다리엔 계획은 실패로 끝났다. 당시 스코틀랜드 유통 화폐의 4분의 1을 투자할 만큼 대규모로 이루어진 이 계획이 실패하면서 수많은 스코틀랜드 귀족과 상인들이 파산했다.[1] 식민계획 실패 후 특히 저지대에서 이 무모한 시도에 대한 비판과 함께 잉글랜드와 합병을 주장하는 목소리가 커졌다.

1) 식민사업의 실패에 관해서는 다음 연구를 볼 것. John Prebble, *The Darien Disaster*(New York: Holt, Rinehart and Winston, 1968); John Prebble, *Darien: The Scottish Dream of Empire*(Edinburgh: Birlinn, 2000).

식민세력의 몰락은 합병에 반대할 마지막 명분마저 앗아간 셈이었다.

18세기 초 에든버러의 유력 귀족들은 경제 위기를 벗어날 수 있는 유일한 길이 합병에 있음을 설파했다. 그들은 그 후에 전개될 경제 번영과 교역 증대에 대한 기대감을 증폭시켰고 의회를 설득했다. 지식인과 중간계급 또한 합병에 호의적이었다. 에든버러 상공인들은 이미 북아메리카 무역에 힘입어 성장하기 시작한 글래스고의 번영을 눈여겨보고 있었던 것이다. 1707년 합병 이후, 스코틀랜드 유력 귀족들은 에든버러 중앙정치의 무대를 잃었지만, 그 대신 런던의 중앙 정계에 진출해 영향력을 이용할 수 있었다. 당시 스코틀랜드에 할당된 15석의 선거구는 그들이 장악하거나 조종했다. 지방정치의 시의회 또한 그 지방 유력 가문의 영향력 아래서 운영되었다.[2)]

스코틀랜드는 자신들이 기대했던 방향으로 경제적 변화를 겪기 시작했다. 북아메리카 무역이 활발해지면서 글래스고가 가장 먼저 그 혜택을 누렸다. 에든버러를 비롯한 동부지역은 오히려 농업개혁이 활발하게 진행되었다. 대귀족 출신이 아닌 지방의 지주들은 런던으로 진출할 만한 능력도 없었고 또 런던에서 환영받지도 못했다. 대신 그들은 자신의 고향에서 영농방법의 개량이나 토질 개선에 관심을 기울였다. 평판이 높은 귀족가문 인사들은 이와 반대로 런던의 중앙정치로 활동무대를 옮겼는데, 이 경우 지방의 영지를 대신 관리해줄 사람

---

2) 합병 후의 정치적 변화는 다음을 볼 것. L. J. Saunders, *Scottish Democracy, 1815-1840: The Social and Intellectual Background*(Edinburgh: Oliver and Boyd, 1950), 21; David Kettler, *The Social and Political Thought of Adam Ferguson*(Columbus: Ohio State University press, 1965), pp. 20-22; Douglas Sloan, *The Scottish Enlightenment and the American College Ideal*(New York: Columbia University Teachers College Press, 1971), pp. 5-6.

이 필요했다. 계약상의 여러 문제를 해결하고 자산을 위탁관리 할 법률가에 대한 사회적 수요가 늘었다. 최고법원의 위상이 높아진 것도 이 무렵이다. 18세기 중엽 스코틀랜드 변호사(advocate) 수는 합병 직전에 비해 두 배 증가했다.[3)]

한편, 재커바이트 난이 끝난 후, 브리튼 의회는 그 운동에 호의적이었던 고지대 부족(Highland clan) 전통을 없애기 위한 조치를 취했다. 부족장의 사회적 영향력은 쇠퇴하였고, 이제 그들은 자신의 토지에 대해서만 이전의 권리를 주장할 수 있게 되었다. 고지대나 저지대 모두, 농업개량과 함께 목초지를 종획하여 양모를 생산하는 데 주력했다. 이 과정에서 무수한 고지대 농민들이 토지에서 추방당했으며, 마르크스(Karl Marx)가 이른바 '토지청소'라고 불렀던 일련의 변화가 일었다.

18세기 이후 스코틀랜드에서 지역을 넘어선 브리튼 정체성이 자연스럽게 형성될 수 있었던 까닭은 무엇인가. 역사가들은 그 과정이 점진적이기는 했지만 어쨌든 19세기에 이르러 브리튼 정체성이 확고해졌으며, 그 무렵 분리문제는 시대착오적인 것으로 여겨졌다는 데 동의한다.[4)] 그러나 합병이 두 나라의 대등한 결합이 아니라 스코틀랜드가 잉글랜드에 귀속된 것에 지나지 않는다는 인식도 저변에 깔려 있었다. 이러한 인식을 넘어 스코틀랜드가 잉글랜드화에 호의적인 분위기를 고양하고 브리튼 정체성 형성을 가속시킨 것은 18세기 프랑스와

3) Michael Fry, *Edinburgh: A History of the City*(London: Macmillan, 2009), p. 231.

4) Keith Robbins, "The Identity of Britain," in idem, *Nineteenth Century Britain: Integration and Diversity*(Oxford: Oxford University Press, 1988), p. 6.

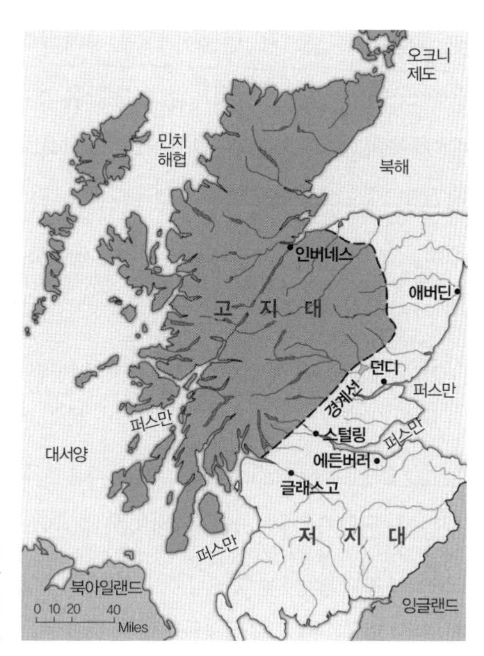

스코틀랜드의 고지대와 저지대. 스코틀랜드를 지형조건과 문화에 따라 나눌 때의 중요한 구분이다.

벌인 일련의 전쟁과 미국독립전쟁이었다.

당시 영국인들이 프랑스의 가톨릭에 적대적이었던 것은 종교적 관용이 부족해서가 아니라 프로테스탄티즘을 역사 속에서 자신의 위치와 가치를 일깨우는 힘이자 자신들의 자유 및 부의 원천으로 인식했기 때문이다. 이런 인식은 오히려 스코틀랜드인들이 더 강렬했다. 더 나아가 가톨릭 프랑스와의 대립은 제국의 문제와 관련된다. 영국의 식민지무역이 활발해질수록 유럽에서 무역적자를 해소하고 경제적 활력을 배가할 수 있으리라는 기대감이 있었다. 이 점에서도 스코틀랜드인들의 인식은 잉글랜드인들과 마찬가지였다. 미국독립전쟁도 종교적 대립구도는 아니었지만, 전쟁에 필요한 인력을 동원하고, 왕정주의자들이 북아메리카 대륙에서 새로운 백인정착지를 형성하는 과정에서 스코틀랜드인들이 대거 참여했다. 이러한 참여를 통해 스코틀랜드인들은 양국 지배계급의 통합을 이루고 통합 왕실에 대한 충성을 자극하는 데 성공을 거두었다는 것이다.[5] 스마우트(T. C. Smout)에 따르면, 18세기 민족정체성에 대한 스코틀랜드인들의 감정은 강력했지만, 그런 감정은 일시적 분출을 제외하고는 반(反)잉글랜드적인 것이 아니었다. 그것은 브리튼 민족주의와 충돌하기보다는 이를 오히려 강화하는 '구심력을 지닌 충성심(concentric royalty)'이었다.[6]

18세기 중엽 스코틀랜드 중도파 목회자와 계몽운동가들은 민족문제에 어떤 태도를 가졌을까. 한 세대 전에 스미스(J. A. Smith)는 계몽운동기 문필가들의 저술을 세밀하게 분석해 그들의 민족정체성을 구분하는 작업을 시도했다. 데이비드 흄과 알렉산더 칼라일은 스코틀랜드와 브리튼에 다 같이 강한 충성심을 가지고 있었다. 제임스 보즈웰은 브리튼 정체성을 고수하면서도 합병에 호의적 태도를 나타내지 않았다. 이에 비해 앨런 램지나 로버트 번스 같은 시인들은 강렬한 스코틀랜드 정체성을 강조한 것처럼 보였다. 스미스는 이들 중도파 목회자와 지식인들이 이와 같이 미세한 차이를 보여주면서도, 전반적으로는 잉글랜드를 전면 부정 하거나 통합 자체를 반대하지 않았다고 결론 내린다. 그들의 스코틀랜드 정체성은 민족주의라기보다는 애국적·지역적 차원에 지나지 않았다는 것이다.[7] 그러나 텍스트를 통한

---

5) 이에 관해서는, Linda Colley, *Britons: Forging the Nation 1707-1837*(New Haven: Yale University Press, 1992), ch. 1을 볼 것.

6) T. C. Smout, "Problems of Nationalism, Identity and Improvement in Later Eighteenth-Century Scotland," *Improvement and Enlightenment*, ed. T. M. Devine(Edinburgh: Donald, 1989), p. 19.

7) J. A. Smith, "Some eighteenth-century ideas of Scotlad," in N. T. Phillipson

이 같은 분석은 너무 단선적이다. 18세기 전반의 정치적 갈등, 특히 재커바이트 운동과 그 실패가 가져다준 영향을 염두에 두지 않으면 안 된다. 계몽운동과 스코틀랜드 또는 브리튼 정체성의 문제는 이 정치적 분열과 갈등을 고려하면서 분석할 필요가 있다.

재커바이트 운동

재커바이트(Jacobite) 운동은 명예혁명으로 왕위에서 물러난 제임스 2세와 그 직계 후손을 복위시키려는 일련의 운동을 가리킨다. 이 말은 제임스의 라틴어 표기 'Jacobus'에서 비롯한다. 글자 그대로 '제임스 지지자들'이라는 뜻이다.

오랫동안 재커바이트 운동과 스코틀랜드 계몽운동의 관계는 별 관심을 끌지 못했다. 재커바이트라는 반동적 운동과 계몽운동이라는 진보적 움직임 사이의 관계를 설정하기가 어려웠기 때문이다. 한 세대 전에 휴 트레버-로퍼가 처음 둘 사이의 관계를 주목한 바 있다. 그는 1715년 이전과 이후를 구분한다. 1715년 봉기 이전에는 스코틀랜드 식자층이 대체로 스튜어트왕조 복위운동에 호의적 태도를 보이고 있었다는 것이다. 그러나 이후 지식인들의 분위기가 달라진다. 특히 1745년 봉기를 전후해서는 상황이 스코틀랜드 고지대와 저지대의 지역적 갈등으로 전개되었다고 본다. 데이비드 흄을 비롯한 일부 지식

---

and R. Mitchison, eds., *Scotland in the Age of Improvement: Essays in Scottish History in the Eighteenth Century*(Edinburgh, 1970), pp. 107-124.

인들은 1715년 이후에도 재커바이트를 적대시하지 않았는데, 이는 스튜어트왕조에 대한 충성심보다는 프랑스를 비롯한 대륙과 폭넓은 교류를 지속해야 한다는 세계주의적 입장에서 비롯했다. 또한 1715년 이후 한 세대 동안 에든버러의 교회 지도자들이 더욱더 편협하고 보수적인 교의에 집착한 데 따른 반작용이기도 했다.[8)]

그렇다면, 재커바이트 운동은 어떤 궤적을 그리며 전개되었는가. 이 스튜어트왕조 복위운동은 1688~1745년 간 스코틀랜드 및 잉글랜드 정치에서 중요한 의미를 갖는다. 특히 윌리엄 3세(재위 1689~1702)와 앤(Anne) 여왕(재위 1702~1714) 치세 아래서 재커바이트는 왕권 교체의 가능성을 보여줄 만큼 강력한 세력을 형성했다. 프랑스에 망명한 제임스 2세 진영에는 하노버왕조와 휘그파 정치에 불만을 품은 군인과 정치인들이 빈번히 찾아들었다. 잉글랜드의 토리파는 명예혁명의 정통성에 의문을 품었고, 잉글랜드 및 아일랜드 가톨릭 세력은 찰스 2세의 아들 제임스 에드워드(James Edward Stuart, 1688~1766)와 손자 찰스 에드워드(Charles Edward Stuart, 1720~1788)에게 더 많은 기대를 하고 있었다. 재커바이트는 자신들의 활동기에 적어도 다섯 차례 왕권을 되찾으려고 시도했다. 그 가운데 1715년과 1745년의 봉기는 브리튼의 존립에 타격을 줄 만큼 위협적이었다.

1715년의 재커바이트 봉기는 원래 명예혁명 지지자였던 존 어스킨(John Erskine, 22nd/6th Earl of Mar, 1675~1732)이 제임스 에드워드를 잉글랜드와 스코틀랜드 국왕으로 옹립하려다 실패한 사건이다. 원래

8) Hugh Trevor-Roper, "The Scottish Enlightenment," *Studies on Voltaire and the Eighteenth Century*, vol. 58(1967), pp. 1645-1646.

존 어스킨(1845).
마 백작 6세이며, 정치적으로
자주 변신했기 때문에 '변절자 존'
이라는 별명도 있기도 하다.

어스킨은 앤 여왕 재위 기간 스코틀랜드 담당장관을 지낸 인물이었다. 1714년 하노버왕조 성립과 더불어 관직에서 물러나게 되자 이에 불만을 품고 재커바이트 운동에 가담했다. 그는 1715년 8월 스코틀랜드 고지대에 잠입해 봉기를 준비했으며, 같은 해 9월 6일 제임스 에드워드가 잉글랜드 및 스코틀랜드 국왕임을 선포했다. 그러나 어스킨의 군대가 11월 13일 아가일 공작(John Campbell, 2nd Duke of Argyll)이 이끄는 진압군에 패배함으로써 봉기는 일단락되었다. 이 봉기에 1만 명이 넘는 스코틀랜드인이 가담한 것은 앤 여왕 사거 후 왕위계승법(Act of Settlement, 1701)[9]에 따라 독일 계통의 하노버왕조가 성립된 데 따

9) 윌리엄 3세와 메리 공동왕, 그리고 그 뒤를 이은 앤 여왕 모두 후사가 없었다. 그렇게 될 경우 왕위 계승은 친가톨릭 태도를 지닌 찰스 2세의 후손에게 돌아갈 가능성이 있었다. 이를 막기 위해 영국 의회는 하노버 선제후와 혼인한 제임스 2세의 딸 소피아(Sophia)의 후손이 앤 여왕의 왕위를 계승한다는 법을 통과시켰다. 이에 따

른 스코틀랜드인들의 반감과 불만이 심각한 경제 불황으로 증폭되었기 때문이다.

1715년 9월 6일 재커바이트 봉기 당일 스코틀랜드 최고법원 부원장(Lord Justice Clark)이자 합병파인 애덤 콕번(Adam Cockburn)은 누이에게서 봉기 음모에 대한 소식을 들었다. 그 누이는 별거 중인 남편 윌리엄 아서(Dr. William Arthur)가 그날 밤 봉기에 가담할 예정이라는 사실을 콕번에게 알려주었다. 콕번은 곧바로 지역 치안판사와 군대에 그 사실을 전했다. 치안판사들은 에든버러 방위군을 소집하고 성의 경계를 강화했다. 재커바이트 군대는 야밤에 에든버러 성을 공략하려는 계획을 세웠는데, 해자(垓子)를 건넌 후 줄사다리를 이용해 성벽을 오를 계획이었다. 그러나 그들은 아서가 구입해준 줄사다리가 너무 짧아 성벽을 오를 수가 없었다. 새 줄사다리를 기다리는 동안 방위대가 재커바이트를 공격했고, 사건은 일단락되었다. 물론 동쪽 해안에서는 반군이 진압군과 교전했지만, 결국 재커바이트 군대는 모두 퇴각했다.[10]

그로부터 한 세대가 지난 후 재커바이트 운동은 프랑스에 머물고 있던 찰스 에드워드를 중심으로 다시 되살아났다. 1745년 찰스 에드워드와 재커바이트는 스코틀랜드 침공 계획을 수립해, 그해 여름 에든버러를 공략했다. 그 후 일련의 전투에서 승리를 거둬 사실상 스코틀랜드를 지배하기에 이르렀다. 그러나 재커바이트군은 이듬해인

라 1714년 하노버가문의 조지 1세(George I, 재위 1714~1727)가 영국 왕에 즉위한 것이다. 당시 재커바이트는 이 법의 정당성이 없으며 따라서 제임스 에드워드가 왕위를 계승해야 한다고 주장했다.

10) 이상은, Michael Fry, 앞의 책, pp. 206-207 참조.

〈1746년 봉기 사건(*An Incident in the Rebellion of 1746*)〉(데이비드 모리어 작). 스튜어트왕조를 잉글랜드 왕위에 복귀시키려던 재커바이트들의 여러 차례 시도에 종지부가 찍힌 컬로든 전투 장면이다.

1746년 4월 16일 컬로든(Culloden)에서 잉글랜드군과 전투를 벌여 패퇴한다. 이 전투에서 재커바이트군 수천 명이 전사했고, 봉기 주도자들은 끝까지 추적당해 80여 명의 가담자가 그 후에 처형당했다.[11] 몇 개월 동안 추적을 받던 찰스 에드워드는 간신히 프랑스로 탈출했다. 이후 위협적인 정치세력으로서 재커바이트 운동은 종지부를 찍었다.

재커바이트와 계몽운동

1745년 8월 재커바이트 봉기 당시 흥미로운 것은 에든버러의 젊은 중도파 목회자와 지식인들이 재커바이트 군대에 맞서 싸우기 위해 시

11) 같은 책, pp. 211-222.

민군에 가담했다는 점이다. 이러한 사실은 특히 존 흄과 알렉산더 칼라일의 기록에서 확인할 수 있다. 그들이 가담한 것은 물론 종교적 신념 때문이었다. 장로교회 목회자로서 친가톨릭적인 반란군에 적대적 태도를 갖는 것은 당연했다. 그러나 에든버러가 재커바이트 군대에 포위되었을 때 이들이 시민군으로 참전한 것은 쉬운 일이 아니었다. 로버트슨, 퍼거슨, 존 흄, 칼라일 등 젊은 목회자들은 시 외곽에서 재커바이트 군대와 조우했다.[12] 그들은 대담한 용기와 열정으로 봉기를 비판했지만, 수적으로 열세인 그들이 재커바이트에 맞서 싸우는 것은 불가능했다. 자원병이 12~13명에 지나지 않았기 때문이다. 그들은 무기를 반납하고 해산하라는 명령을 받았고, 그대로 뒤따를 수밖에 없었다.[13]

중도파 목회자들이 에든버러 시민군에 자원한 것은 자신들의 신앙을 지키기 위한 행위였지만, 한편으로는 향후 스코틀랜드 사회변화에 대한 자신들의 전망이 좌절되는 것을 방관할 수 없다는 참여의식 때문이기도 했다. 로버트슨과 그의 동료들은 기존 장로교회의 편협하고 보수적인 신앙생활을 비판하면서도, 프로테스탄트 신앙의 절대성을 의심하지 않았다. 그들은 편협한 장로교를 넘어서 세련되고 계몽된 가치, 점잖은 생활태도와 종교적 관용, 과학 및 문예의 성취에 대한 존중 등을 중요시했다. 무지하고 보수적인 성직자가 아니라, 인

12) Alexander Carlyle, *The Autobiography of Dr. Alexander Carlyle of Inveresk, 1722-1805*, ed. John H. Burton(London, 1910), p. 128.
13) 같은 책, p. 130. 그러나 존 흄은 시민군 가담자를 20명 선으로 기술하고 있다. John Home, *The Works of John Home*, ed. Henry Mackenzie(Edinburgh, 1822), vol. 3, pp. 53-54.

문 진화를 수용하면서 사회변화를 주도하는 성직자상을 추구했던 것이다. 이런 점에서 보면, 재커바이트는 시대착오적인 운동이었다. 실제로 재커바이트 운동에 대거 가담한 고지대 출신들에 대한 지역적 혐오감도 작용했을 것이다. 알렉산더 칼라일은 재커바이트에 대해 이렇게 비난한다.

> 그들은 작은 키에 더럽고 보기 흉한 용모를 하고 있었다. 내가 반군에 대해 갖게 된 이런 생각은 우리 쪽의 가장 '허약하고 이상한 행위'가 결국 그들에게 승리를 가져다주었다는 나의 확신을 더 강화해줄 뿐이었다.[14]

그러나 경멸감과 별도로, 왜 이 같은 시대착오적인 운동에 저지대 사람들이 허약하게 패배했는가를 성찰하는 일이 더 중요했다. 칼라일이 언급한 "허약하고 이상한 행위"는 결국 에든버러 시민이 전통적 덕목을 상실했기 때문에 비롯된 것이다. 함께 시민군에 가담했던 존 흄은 재커바이트 운동 패배의 역사적 뿌리를 1603년 스튜어트왕조의 성립에서 찾는다. 그 이전에는 저지대 주민 또한 고지대 못지않게 호전적인 상무정신을 가지고 있었다. 16~60세 사이의 성인 남성 모두가 무기 사용법을 훈련을 받고 자신의 무장을 갖추도록 했던 것이다. 그러나 1603년 이후 잉글랜드의 위협이 사실상 사라졌다는 것을 구실로, 저지대의 시민군 전통은 "완전히 무시"되었으며 무기 사항도 "거의 무시"되었다. 저지대 사람들은 고지대 사람에 비해 당연히 열세에 놓일 수밖에 없었다.[15]

14) Alexander Carlyle, 같은 책, pp. 156-157.

후일 애덤 퍼거슨은 재커바이트 운동 패배의 경험을 성찰한 바 있다. 그는 "위험에 처했을 때 조국을 지키는 것이 모든 시민의 의무"라는 데 초점을 맞춘다. 인간은 모두가 자신이 속한 사회를 방어할 책임이 있다. 이 기본 전제들은 퍼거슨이 후에 펴낸 책 『시민사회의 역사(*An Essay on the History of Civil Society*)』(1767)를 읽은 사람에게는 익숙한 표현이다. 인간은 전적으로 사회적 존재다. 장로교의 도덕적 설교언어로 표현하면, "사회는 섭리와 신성한 자연을 적합하게 맞춘 상태다." 사람은 누구나 자신이 누리는 모든 혜택에 대해 사회에 빚을 지고 있기 때문에, 각 구성원은 자신과 공공의 복지를 위해 그 혜택을 받은 공동체를 유지해야 하는 것이다.[16] 실제로 뒤에 전개될 퍼거슨의 사회이론은 칼뱅주의 신학과 깊게 관련된다. 신의 섭리는 개인이 아니라 그 개인이 속한 사회에 작용한다. 개인에게는 알려지지 않은 신성한 목적을 위해 신은 개인을 이용한다.[17] 일종의 예레미야적 예견이다. 이는 타락과 갱신과 구원의 변증법을 1745년의 경험 이후에 재구성한 것이다.

한편, 시민군에 대한 퍼거슨의 지속적인 관심은 학문적 차원을 넘어 그의 삶의 경험과 관련된다. 재커바이트 전투에서 패배한 후에 그는 한동안 군목으로 복무한다. 그는 애덤 스미스의 『국부론』에 상찬을 보내면서도, 시민의 자발적 참여에 바탕을 둔 시민군제도를 바꿔

15) John Home, 앞의 책, vol. 3, pp. 396-398.

16) Adam Ferguson, *An Essay on the History of Civil Society*, ed. Duncan Forbes(Edinburgh: Edinburgh University Press, 1966), pp. 1-16 참조.

17) Richard B. Sher, *Church and University in the Scottish Enlightenment: The Moderate Literati of Edinburgh*(Edinburgh: Edinburgh University Press, 1985), p. 44.

야 한다는 주장에는 동의할 수 없다고 밝히기도 했다. 스미스가 전사(戰士)로서의 개인적 기술(技術)은 근대 국가에서 더는 필요하지 않다고 주장했기 때문이다.[18] 반면, 퍼거슨에게 시민군제도는 군사적 덕목을 함양할 수 있는 최상의 수단이었다. 이를 통해 개별 시민은 규율, 고된 훈련, 복종, 용기, 공동체에 대한 헌신의 태도를 기를 수 있다는 것이다.[19]

1745년의 경험, 다시 말해 고지대 사람들에게 굴욕적으로 패배당한 저지대 사람들의 경험은 후일 에든버러의 중도파 목회자와 문필가들에게 커다란 영향을 미쳤다. 우선 그들이 중도파 목회자 그룹을 결성한 것도, 1750년대 시민군제도를 복원하기 위해 '포커 클럽(Poker Club)'이라는 모임을 만든 것도 이와 관련된다. 시민군제도에 관한 그들의 태도는 시민적 전통보다는 오히려 종교적 수사로 표현된다. 리처드 셰어(Richard B. Sher)는 그들의 태도에 관해 다음과 같이 말한다.

> 그들의 목적은 공적 덕목과 사회의 복지이다. 그러나 한편으로는 세속적이고 정치적인 이데올로기, 그리고 적절한 제도적 구현체를 통해 그 목적에 다가서려고 한 데 비해, 다른 한편으로는 종교적으로 분출된 행위 속에 내재하는 자신들의 신앙을 신의 섭리의 방식에 대한 이해에서 비롯되는 어떤 도덕률에 맞추는 것이었다.[20]

18) Adam Ferguson, 앞의 책, p. 230.

19) 이에 관한 논의는 다음을 볼 것. Bruce Buchan, "Civilisation, Sovereignty and War: The Scottish Enlightenment and International Relations," *International Relations*, vol. 20, no. 2(2006), pp. 181-182.

20) Adam Ferguson, 앞의 책, p. 40.

스코틀랜드 정체성을 넘어서

1745년의 사건은 스코틀랜드 중도파 목회자와 지식인들에게 두 방향으로 영향을 끼쳤다. 첫째, 그들이 보기에 시대착오적인 재커바이트 운동은 오히려 문명화에 대한 당위성을 더욱더 강화시켜주었다. 존 흄과 윌리엄 로버트슨은 문명화과정이 사회의 안정과 평화를 가져다준다고 믿었다.[21] 여기에서 문명화는 '영국화'와 거의 같은 의미다. 문명화 역사의 근저에는 강력한 주권국가의 형성이 있다. 그런 면에서 1707년의 합병은 역사적 정당성을 갖는 것이었다. 둘째, 재커바이트 운동의 실패는 종교적으로는 가톨릭뿐 아니라 주교파와 장로교회 기존 교권주의자들 모두의 종언을 의미했다. 그 사건은 스코틀랜드 교회의 갱신이 이제 시대 변화의 본질을 이해하고 그 과정에 적극 참여할 준비가 되어 있는 젊은 목회자들의 노력에 달려 있다는 확신을 심어주었다. 그것이 바로 신이 부여한 섭리였다. 중도파 목회자들의 계몽운동은 바로 이런 확신에서 비롯한 것이다.

그러나 중도파 목회자와 지식인들이 단순히 스코틀랜드 정체성을 넘어서 '영국화'를 대안으로만 삼았다고는 생각할 수 없다. 1745~1746년 사건의 비극적 종말은 한편으로는 이들에게 스코틀랜드 정체성을 다시 성찰할 계기를 마련해주었다. 수천여 희생자가 발생하고 다수 스코틀랜드인들이 패퇴한 그 사건에서 스코틀랜드 중도파 목회자와 지식인들은 그 비극을 다른 형태로 승화해나갈 수 있는 길을 모색하기 시작한 것이다. 이제 스코틀랜드는 더 이상 잉글랜드와 정치

---

21) Bruce Buchan, 앞의 책, p. 176.

적으로 대결할 수 없게 되었다. 그렇다고 해서 이들에게 영국과 영국문명이 바람직하고 뒤따를 만한 이미지로 다가온 것은 아니었다. 그 문명은 물질적 진보의 길로 나아가면서도 바탕을 이루어야 할 도덕과 새로운 가치체계 및 문화를 갖추지 못한 불완전한 상태에 있었다. 스코틀랜드 지식인들이 기여할 수 있는 지점은 바로 이곳이었다. 잉글랜드의 문명화에 적극 참여함으로써 오히려 그 문명을 한 차원 더 높게 고양하겠다는 열망이 있었던 것이다. 여기에는 정치적으로 브리튼에 통합되고 영국문명을 추구하면서도 그것을 넘어서려는 스코틀랜드 지식인들의 이중감정이 깃들어 있다. 에든버러 시민들은 1767년 새로운 도시계획에 따라 뉴타운을 조성해나갔다. 이들은 에든버러에 수도 런던과 같은 쾌적한 분위기를 재현했지만, 이는 단순한 모방이 아니라 런던의 대안으로서 독자적인 도시문명의 외관을 나타내려는 시도였다. 스코틀랜드 계몽운동 또한 비슷한 지향점을 보여준다. 정치에서 문화로의 전환이 시작된 것이다.

4

중심과 주변

에든버러 지식인들은 잉글랜드의 사회경제적 변화를 잘 알고 있었다. 그들은 잉글랜드에 장기간 체류하거나 런던을 비롯한 대도시를 방문할 기회가 자주 있었고 또 그곳 지인들과 교류하기도 했다. 18세기 중엽 영국은 모든 면에서 새로운 변화를 주도했다. 하노버왕조기의 정치적 안정과 함께, 해외 식민지 경쟁과 국제무역에서 주도권을 장악했다. 이에 따라 소비문화와 세속화 현상이 전 사회계층에게 확대되었다. 생활수준의 향상과 물질적 진보는 시대의 추세였다.

여기에서 중심과 주변의 관계를 다시 검토해야 한다. 스코틀랜드 지식인들에게 런던으로 대표되는 잉글랜드는 중심부였다. 에든버러를 비롯한 그들의 거주지는 중심에서 떨어진 주변부였다. 그렇더라도 아주 먼 곳이 아니라 중심에 일어나는 변화의 물결을 분명하게 관찰할 수 있을 만한 거리에 있었다.

달리 생각하면, 상업혁명과 산업화의 태동기에 스코틀랜드는 그 주된 흐름에 포함되면서도 동시에 떨어져 있었다. 스코틀랜드는 조만간 새로운 산업질서의 진원지가 될 잉글랜드에 가까우면서도 한동안은 잉글랜드가 겪었던 그 경제적 충격에서 벗어나 있었던 것이다. 중심에서 나타나는 새로운 변화는 대체로 중심보다는 변경에서 가장 빨리 발견되고 분명하게 인식할 수 있다. 그렇다면, 18세기 중엽 잉글랜드의 사회경제적 변화는 어떠했는가. 스코틀랜드 지식인들은 이 변화를 어떻게 바라보았는가.

중심의 변화, 해외무역과 상업

1983년에 수중탐사 전문가 마이클 해처(Michael Hatcher)는 네덜란드 동인도회사 무역선을 인양해 사람들의 관심을 끌었다. 영어권에서 '난징 화물선(Nanking Cargo)'으로 알려진 이 배에는 명나라 도자기 6만 점 이상이 실려 있었다. 이 화물선은 중국과 바타비아(Batavia, 지금의 자카르타)를 왕래하면서 중국의 도자기와 면직물을 실어 날랐는데, 1640년대 중엽에 침몰된 것으로 밝혀졌다.[1] 같은 세기 중엽 이래 영국은 대서양 무역은 물론 네덜란드와 함께 아시아 무역까지 주도해 나갔다. 중국과 인도 등지의 상품들이 두 나라 동인도회사의 중개로 암스테르담과 런던을 거쳐 다른 지역으로 퍼져나갔다. 다음 세기에 런던은 국제무역의 상품저장소이자 어음교환소가 되었다.

사실 16~17세기 유럽인의 대양 진출이 활발해지고 그 결과로 유럽

1) Maxine Berg, "In Pursuit of Luxury: Global History and British Consumer Goods in the Eighteenth Century," *Past and Present*, no. 162(2004), p. 85.

경제권이 확대되었을 때 영국만이 아니라 에스파냐, 포르투갈, 네덜란드 등 여러 유럽 나라들이 해외무역을 주도해나갔다. 여기에서 영국이 다른 나라와 달랐던 점은 이 나라만이 신대륙 무역과 동방 무역을 적절하게 서로 연결할 수 있었다는 데 있다. 에스파냐는 주로 신대륙 무역에, 포르투갈과 네덜란드는 인도 및 동아시아를 포함하는 동방 무역에 집중했다. 오직 영국만이 두 무역 네트워크를 연결할 수 있었다. 영국인들은 서인도제도와 신대륙에서 플랜테이션 농업 경영을 확대함과 동시에 아프리카 노예무역을 통해 그 노동력을 공급했다. 인도산 면직물의 경우 이들 노예의 의생활 수요에 충당하기 위해 수입한 것이었다. 그 후 인도산 면직물 수요가 유럽 전역에서 증가하면서 노예무역과 관계없이 면직물 수입이 급증했다.[2)]

두 무역로의 연결을 중시하는 견해는 동시대인의 서술에서도 분명하게 나타난다. 상인으로서 도제수업을 거친 대니얼 디포(Daniel Defoe, 1660~1731)는 1680~1692년 간 잡화류·포도주·담배 등 여러 해외상품을 취급하다가 결국 파산한 후에 문필가의 삶을 살았다. 그는 인도산 캘리코(calico) 면직물과 리넨(linen)류 수입을 우려했다. 이를 금지하지 않으면 귀금속이 계속 유출되어 유럽이 경제적 지배권을 유지하기 어려울 것이라고 생각했다. "유럽은 따뜻한 욕조 안에서 정맥이 터져서 피를 흘리며 죽어가는 육체와 같다. 유럽의 귀금속은 그 무역의 생명이자 혈액이다. 그 귀금속이 인도로 모두 흘러가는 것이다."[3)] 그

2) 이에 관해서는 다음을 볼 것. 이영석, 『산업혁명과 노동정책: 19세기 영국의 공장법 연구』(한울, 1994), 22-23쪽.

3) Daniel Defoe, "The trade to India Critically and Calmly Considered(1720)," in *Political and Economic Writing of Daniel Defoe, Vol. 7: Trade*, ed. John

대니얼 디포.
『로빈슨 크루소(*Robinson Crusoe*)』(1719~22)와 『몰 플랜더스(*Moll Flanders*)』(1722)로 유명한 소설가이기도 하다.

러나 인도산 면직물이 유럽인의 의생활에 필수품으로 등장했기 때문에 그 수입을 인위적으로 막기도 곤란했다. 그렇다면 이러한 상황에 어떻게 대응할 것인가. 디포는 당대의 세계사적 시각에서 영국의 번영을 가져올 수 있는 무역 네트워크를 제안한다. 아메리카 식민지 및 카리브 해 연안을 영국의 시장 확대를 위한 텃밭으로 활용해야 한다는 주장이다.[4] 이러한 네트워크는 이미 디포의 시대에 출현했다.

디포가 보기에, 두 무역 네트워크의 연결(신대륙 무역과 동방 무역)은 단순히 중개무역과 상품시장의 확대로 끝나지 않고, 영국의 재정과

McVeah(London: Pickering and Chatto, 2000), p. 101.

4) Daniel Defoe, "A Plan of the English Commerce(1728)," in *Political and Economic Writing of Daniel Defoe, Vol. 7: Trade*, pp. 67-69. 이 밖에 디포의 상업관에 관해서는 다음을 볼 것. 이영석, 「근대 초 '런던 상인'의 생활 세계」, 『역사가가 그린 근대의 풍경』(푸른역사, 2003), 55-60쪽.

국부 문제를 직간접으로 해결하는 대안을 제공할 수도 있었다. 그는 다른 논설에서 새로운 '남해회사(South-Sea Company)'를 설립해 국채(national debt)를 상환하는 계획을 적극 추천한다. 회사를 설립하고 투자자를 모으기만 하면, 20여 년간 영국 정부를 짓눌러온 재정 지출 문제를 해결할 수 있다는 것이다. 그의 예견대로, 18세기 영국 정부는 일련의 전쟁에 따른 재정 부담을 이와 같은 방식으로 해결할 수 있었다. 전시(戰時) 부채를 회사의 주식으로 전환한 것이다. 이를 위해 다른 나라 식민지를 점령하는 것도 정당화된다. 디포는 이렇게 말한다.

> 남해 무역과 관련해서 우리는 아메리카 항구와 어떤 지역의 점령을 이해해야 한다. 이미 소유했든지 그렇지 않든지 간에 합당하다는 생각이 들면 앞에서 주목한 조약을 통해 〔그곳을—인용자〕 우리 자신의 소유로 만들어, 식민지와 똑같이 정착하고 식민하고 거주해야 한다. 그리하여 에스파냐 또는 다른 나라, 인접한 국가들과 교역을 활성화하며, 그곳 고유의 생산물을 가능한 한 많이 이용해야 한다.[5]

소비도시 런던

17세기 후반 이래 런던은 신대륙과 아시아 두 무역 네트워크의 접점이었다. 그에 따라 국내 생산기반과 관련이 없는 수입상품 판매점

---

5) Daniel Defoe, "An Essay on the South-Sea Trade(1712)," in *Political and Economic Writing of Daniel Defoe, Vol. 7: Trade*, p. 50.

이 도심가 이곳저곳에 들어서기 시작했다. 이 무렵이 되면 해외 수입 상품 거래에도 무역상인(merchant), 도매상(drapper), 소매상(retailer)으로 이어지는 상인 연결망이 정착된 것으로 보인다. 이들 상인연결망의 맨 윗자리를 차지하는 상인층은 종래의 무역상인뿐 아니라 국채, 주식투자, 보험, 해운, 금융 등 새롭게 특화된 분야에 진출한 사람들까지 포함했다. 이들 이른바 '금전적 이해관계(moneyed interest)'를 가진 사람들은 직접 화폐신용 업무를 취급하기도 하고 운송 중인 화물과 선박의 보험 업무에도 뛰어들었다. 이들 외에도 해운, 보험, 금융 분야의 중간단계와 관련이 있는 다양한 직종들이 분화해나갔다. 대리인(agent), 팩토링업자(factor), 화물감독(supercargo), 주식중개인(broker), 채권매입업자(negotiator), 보험업자(insurer), 할인업자(discounter), 주식매매업자(subscriber), 주식공모 청부업자(ontractor), 어음발행인(remitter), 주식매매업자(stock-jobber) 등의 직종이 동시대 문헌에 나타난다.[6]

런던 시티[7]와 그 밖의 도심에서 활동하는 상인층과 도매상 다음 반열에 광범위한 소(小)상점주 집단이 있었다. 이전 세기에 이들의 주류는 길드 전통과 관련된 점포경영 수공업자였지만, 16세기 후반 이래

---

6) 다음을 볼 것. Jack Linsay, *The Monster City: Defoe's London 1688-1730* (New York: At Martin Press, 1978), p. 173; Roy Porter, *London: A Social History*(Cambridge, Mess.: Harvard University Press, 1994), p. 146. factor는 상인의 위임장을 가지고 해외 점포에서 거주하면서 상품의 매매·우송·교환 업무를 맡는 상인 대리인이고, supercargo는 상인의 화물을 해외에 판매하기 위해 선박 운송 업무를 맡는 대리인이었다.

7) 공식 이름은 The City of London이다. 흔히 구 런던시로 불린다. 1제곱마일의 좁은 면적에 지나지 않지만, 롬바드가(街), 킹윌리엄가를 중심으로 상업은행, 투자은행 본사, 외국계 금융기관들이 밀집해 있는 세계적인 금융 중심지로 유명하다.

순수한 소매상들이 급증하면서 소매업종을 주도하기 시작했다. 소매상 분야의 정점에는 해외 수입상품점이, 그 아래에는 개업비용이 많이 들어가는 순서대로 다양한 업종이 자리 잡았다. 포목점, 서점, 비단상점, 곡물점을 비롯해 잡화점, 치즈상점 등의 소매점들이 도심 지역에서 영업하게 되었다.

대화재(Great Fire)[8] 이후 순수 소매업의 영업권을 규제하는 조치가 완화되면서 런던에서 가장 흔하게 볼 수 있는 소매 점포는 잡화점이었다. 이들은 주로 의류, 실, 리본, 생활용품 등을 진열해놓고 팔았다. 이 밖에 견직물점, 종이점, 곡물상, 귀금속점 등이 분화해 나타났다. 런던에 이주한 사람들 가운데 도제 생활을 거쳐 점포경영 수공직종보다는 순수한 소매업 분야에 진출하려는 젊은이가 늘어났다. 소액의 자본으로 영업이 가능할 뿐만 아니라 영업의 자유가 확대된 이후 가장 진입하기 쉬운 분야였기 때문이다. 새로 지은 도로변 건물에 들어선 소매점은 대부분 고객을 위한 진열장을 설치했다. 사람들은 진열장을 거쳐야 점포에 들어갈 수 있었다. 런던 시티는 물론 웨스트민스터 시구(市區)에도 도로변에 소매점들이 들어섰다. 그 결과 18세기 초에 이르면, 소상점주가 시티 주민 가운데 가장 대규모 집단이 된다. 소매점의 증가는 "시장의 성장과 그리고 제조업과 소매업의 분리, 이 둘 사이의 함수"로 이해할 수 있다.[9]

8) 대화재는 1666년 9월 2일부터 5일간 런던에서 지속된 화재를 말한다. 제빵작업장에서 발생한 불길이 때마침 불어온 강풍을 타고 사방으로 번져 런던 시티와 웨스트민스터 등 템스 강 북부지역 주택의 80퍼센트가 소실되었다. 화재 피해가 컸던 것은 시내 주택 대부분이 목조 가옥이었기 때문이다.

9) Peter Earle, *The Making of the Eglish Middle Class: Business, Society and Family Life in London 1660-1730*(London: Methuen, 1989), p. 45. 이하 18세기

수입상품점은 시티 즉 구 런던시의 스트랜드가(Strand Street), 치프사이드가(Cheapside Street)는 물론, 레전트가(Regent Street), 코벤트가든(Covent Garden), 런던 브리지(London Bridge) 근처에 집중적으로 들어섰다.[10] 이들 상점가는 수공업자의 점포와 달리 런던 도시문화를 주도했다. 상점가는 "시간을 보내고 여흥을 위해 돈을 쓰도록 계획된 사회문화적 중심지"였다. 상품별로 전문화된 해외무역 상인은 수입품을 처리하기 위해 최종소비자와 직접 만나는 공간을 별도로 마련하지 않았다. 그들은 해당 분야 도매상에게 상품을 넘겼고, 전문 도매상들이 그 분야의 소매상들에게 소량으로 팔았다. 18세기 초 레전트가에는 커튼점, 장갑상점, 금은방, 서점, 지도상점, 악보점, 양복점, 여성용 모자점, 향수상점, 보석상점, 식품점, 커피상점, 주류판매점, 중국상품점, 카펫상점, 모피상점, 담배판매점 등 다양하면서도 화려한 상점들이 연이어 자리 잡았다. 같은 세기 중엽 밀크가(Milk Street)에서 비단포목점을 운영했던 조지프 플로이드(Joseph Floyd)는 점포 안에 고객용 가죽의자, 거울, 붙박이 옷장과 양복걸이 등을 갖추어놓았다. 이는 모두 고객의 기호에 따른 것이었다. 고객을 맞는 계산대에는 값

런던 소매점에 관한 서술은 다음을 축약했다. 이영석, 〈근대 초 런던 소매업의 재검토〉, 《도시연구》 제7호(2011.12), 28-53쪽.

10) 예를 들어, 런던 브리지는 템스 강 남쪽에서 시티로 들어가는 유일한 다리였다. 1633년 당시 다리 근처에 41개 소매점이 영업하고 있었다. 직종별 분포를 보면, 장신구점 13개, 양말 또는 장갑 상점 8개, 포목점(비단, 리넨, 모직) 7개, 식품점 2개, 이 밖에 모자점, 띠 제조점, 소금판매점, 바늘점, 공증소 등 잡다한 소매점포들이 자리 잡았다. Richard Thompson, *Chronicles of Old London Bridge*(London, 1839), p. 294; Dorothy Davis, *Fairs, Shops and Supermarkets: A History of English Shopping*(Toronto: University of Toronto Press, 1966), p. 110 참조.

비싼 금고와 선반을 설치했다.[11] 상점의 실내장식은 소매상의 평판을 좌우하는 중요한 문제였기 때문이다.

시티와 웨스트민스터 시구에 새롭게 등장한 상점들은 대부분 순수하게 '기성품을 진열한 소매점', 특히 해외 수입상품점이었다. 이 소매점들은 런던 시민이나 도시를 찾은 외국인에게는 신기하면서도 매력적인 공간이었다. 소설가 제인 오스틴(Jane Austen, 1775~1817)은 남동생 헨리와 함께 런던에 머무는 동안에는 쇼핑을 즐겨 했다. 헨리는 코벤트가든 근처 은행건물 사무실 위층에 살고 있었다. 오스틴은 가끔 상점가를 거닐다가 포목점에 들러 비단, 공단, 무늬 놓은 직물, 인도산 면포, 모피의류 등을 고르곤 했다.[12] 문필가 로버트 사우디(Robert Southey, 1774~1843)는 런던의 삶을 자랑스럽게 생각했다. "런던에서 내 여생을 보내야 한다면, 나는 상점들로 계속 즐거움을 만끽하리라고 생각한다. 상점들에서 경이롭거나 아름다운 그 무엇인가를 언제나 볼 수 있기 때문이다."[13] 1789년 런던을 방문한 독일 여성 마리아 소피(Maria Sophie)는 구 런던시 쇼핑가를 거닐던 경험을 다음과 같이 회상한다.

> 모든 진열품이 파리나 다른 도시보다도 더 사람들의 눈에 매력적으로 보인다. 유리진열장 뒤에 우리가 생각할 수 있는 거의 모든 것들이 정결하고 매력적으로 진열되어 있는데, 우리 욕심에 걸맞게 선택의 폭이 너무나

---

11) Peter Earle, 앞의 책, p. 45 참조.

12) Roy Porter, *London: A Social History*(Cambridge, Mess.: Harvard University Press, 1994). p. 145.

13) 같은 책, p. 146에서 재인용.

스트랜드가(19세기 초). 오른편은 1786년 윌리엄 챔버스 경이 설계한 서머싯하우스(Somerset House)다.

치프사이드가(19세기 초). 보 교회(Bow Church)가 보인다.

레전트가(19세기 초). 피카딜리 서커스(Piccadilly Circus) 교차로에서 바라본 모습이다.

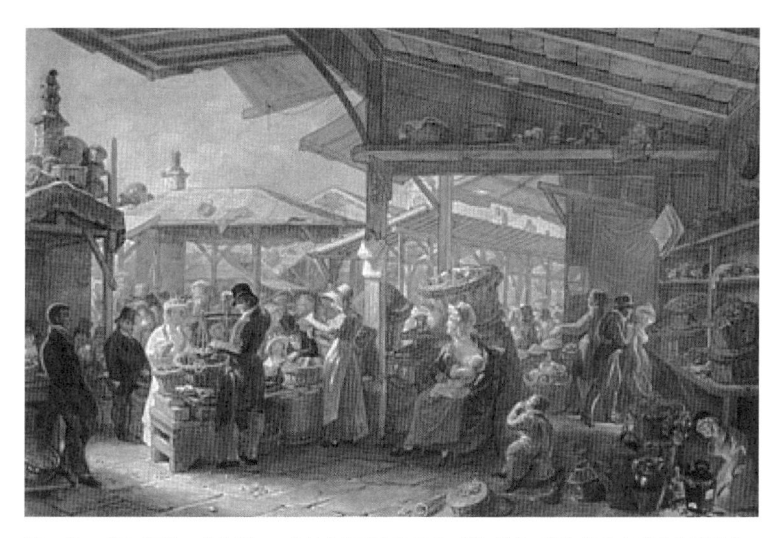

옛 코벤트가든 시장(19세기 초). 300년 넘게 런던의 주요 과일·화초·야채 시장이 이곳에 있었다.

제인 오스틴(1810년경). 오스틴의 언니 카산드라 오스틴(Cassandra Austen)가 그린 초상화다.

넓다. …… 우리는 특히 여성용 상품을 보여주는 세련된 진열장을 주목했다. 비단이나 또는 인도면(친츠와 모슬린)이 화려하고 높은 유리 뒤에 접힌 채로 걸려 있어서, 마치 원래 여성 의상 진열대에서 그렇게 했듯이 원단을 꼼꼼히 살필 수 있다.[14]

다른 한편, 근대 초 런던 상업세계에서 새롭게 주목해야 할 것은 건물 내 매장(shopping gallery)의 출현이다. 근대 도시의 발전에 관한 한, 우리는 도로변에 상점들이 연이어 들어선 경관에만 익숙해 있다. 그러나 이러한 경관이 나타나던 시기 또는 그 이전에 건물 내 매장을 구축하려는 시도가 있었고, 이 또한 런던의 상업세계에 적지 않은 영

14) Clare Williams, ed., *Sophie in London, 1786, Being the Diary of Sophie von La Roche*(London: Jonathan Cape, 1933), p. 87.

로버트 사우디(1800, 존 제임스 마스커리어 작). 1813년 월터 스콧의 추천으로 계관시인이 되었다.

향을 미쳤다. 큰 건축물 안에 조성된 매장은 일반 소매점들에 비해 월등하게 인기가 높았다. 갤러리가 들어선 건축물의 외관과 상가 전체의 디자인에 많은 사람들이 매료당한 때문이다. 실제로 갤러리 운영자들의 영업방식이 독특한 경우도 있었다. 건물 내 상가는 근대 초기 소비자들의 사교와 활동의 중심지이기도 했다.[15]

17세기에 구 런던시와 웨스트민스터 시구에는 왕립거래소(Royal Exchange), 웨스트민스터 홀(Westminster Hall), 신증권거래소(New Exchange), 엑서터거래소(Exeter Exchange), 중부거래소(Middle

15) 이 주제에 관한 연구는 별로 축적되어 있지 않다. 왕립거래소 매장 관련 연구로는 다음을 볼 것. Claire Walsh, "Social Meaning and Social Space in the Shopping Galleries of Early Modern London," in John Benson and Laura Ugolini, eds., *A Nation of Shopkeepers: Five Centuries of British Retailing*(London: I.B. Tauris, 2003), pp. 52-79.

런던 왕립거래소. 타워42(Tower 42) 건물에서 바라본 모습이다.

엑서터거래소(1829). 런던 스트랜드가 북쪽에 있었다.

Exchange) 등의 건물 내에 화려한 매장이 자리 잡고 있었다. 최초의 매장은 왕립거래소 건물 안에 들어섰다. 이 거래소는 1568년 재무장관 토머스 그레셤(Thomas Gresham)의 주도로 세워졌으며, 이미 튜더시대에 건물 내 매장을 열었다고 전해진다. 대화재 후 재건축되면서 1671년 1~2층 중앙 홀에 대규모 갤러리를 조성해 점포를 분양했다. 웨스트민스터 홀에는 주요 법정이 자리 잡고 있었다. 이 건축물 중앙 홀에도 상점가가 있었지만, 다섯 곳 갤러리 가운데 가장 규모가 작았다. 1609년 건축된 신증권거래소, 1676년 개장한 엑서터거래소, 1676년 건립된 중부거래소의 매장들은 18세기에 이르러 문을 닫는다.[16] 따라서 대표적인 갤러리는 왕립거래소와 웨스트민스터 홀이라고 할 수 있다. 구 런던시 중심가에 있는 왕립거래소를 비롯해 나머지 거래소 건물들은 모두 시티와 웨스트민스터 시구를 연결하는 간선도로인 스트랜드가에 밀집해 있었다. 스트랜드가가 오랫동안 런던 상점가의 중심지로 여겨졌던 것도 아마 이 때문일 것이다.

산업혁명

'산업혁명(Industrial Revolution)'은 1760년대 이래 수십 년간 영국에서 전개된 공업생산의 증가와 이에 따른 경제적·사회적 변동을 가리킨다.[17] 이러한 변화는 영국을 비롯해 19세기 유럽의 주요 국가들이

16) 매장이 문을 닫은 것은 소매업 쇠퇴 때문이 아니라 이들 신설 거래소들이 폐쇄되었기 때문이다. Walsh, 같은 글, pp. 52-53.

17) 이하 잉글랜드 산업화·기계화 및 면공업 발전에 관해서는, 이영석, 『공장의 역사:

연이어 겪었기 때문에, 한 나라가 산업사회로 나아가는 결정적인 단계로 인식되고 있다. 기술적 측면에서 보면 영국 산업혁명은 세 가지 특징을 지닌다. 사람의 손 기술에서 기계로, 인력이나 축력에서 증기력 같은 새로운 형태의 동력으로, 식물과 동물성 원료에서 광물성 원료로의 변화가 바로 그것이다.[18] 여기에서 특히 증기력이 중요하다. 증기기관의 이용에 힘입어 기계와 공장제도가 생산에서 중요성을 갖게 된 때문이다.

영국 산업혁명과 관련해 가장 먼저 제기되는 질문은 '왜 영국에서 처음 산업화의 물결이 일었는가'라는 점이다. 그동안 역사가들은 18세기 영국 경제와 사회에 나타나는 여러 특징들에서 원인을 찾으려고 노력했다. 우선, 18세기 영국의 정치적 안정을 강조한다. 1688년 명예혁명 이후 영국은 입헌군주제 아래 의회정치가 발전하면서 정치적으로 안정을 누렸다. 영국은 이러한 안정을 바탕으로 국제무역의 주도권을 잡았으며, 금융혁명으로 부를 축적한 상인층이 후일 산업화 과정에서 자본 투자를 담당할 세력으로 자라난다. 특히 18세기에 영국을 중심으로 새롭게 전개된 삼각무역은 아프리카-영국-신대륙을 연결하는 무역 루트를 가리키는 것으로서, 영국의 경제적 번영에 밑거름이 되었다.

더욱이 영국은 유럽의 다른 나라보다 산업화를 주도할 중간계급의

근대 영국사회와 생산, 언어, 정치』(푸른역사, 2012), 52-80쪽에서 발췌했음을 밝힌다.

18) D. S. Landes, *The Unbound Prometheus: Technical Change and Industrial Development in Western Europe from 1750 to the Present*(Cambridge: Cambridge University Press, 1969), p. 4.

층이 두터웠다. 종래 도시의 상공업자뿐만 아니라, 농촌에서 상승한 부농을 포함하여 귀족의 자제까지 중간계급의 활동영역으로 진출하는 데 여념이 없었다. 영국에서 부르주아의 성장은 17세기 후반 이래 국제무역의 발전 및 금융혁명과 밀접하게 관련된다. 18세기 영국 경제에서 두드러진 현상은 화폐 자체를 운용하는 새로운 제도가 도입되고 그와 함께 '금전적 이해관계'가 중요해졌다는 점이다. 부르주아의 성장에서 귀족 출신의 역할 또한 중요한 의미를 갖는다. 영국은 장자상속제가 지배하고 있어서, 귀족의 차남 이하 자녀들은 귀족의 작위를 받지 못하고 중간계급의 경제활동 분야에 진출할 수밖에 없었다. 그렇지만 귀족 지위가 무조건 폐쇄적이었던 것은 아니다. 중간계급의 경제활동 영역에서 부를 쌓은 사람은 그 부를 이용하여 영지를 사들임으로써 스스로 귀족의 반열에 올라설 수 있었다.

18세기 농업의 변화도 영국의 산업화에 유리한 조건을 만들었다. 노퍽(Norfolk) 농법으로 알려진 이 방식은 17세기 말에도 이미 나타났었지만, 영국의 동남부 지방을 중심으로 널리 전파된 것은 다음 세기의 일이었다. 노퍽 농법은 밀과 보리 경작 중간 시기에 순무를 재배하고 보리를 파종할 때에 클로버를 함께 뿌리는 윤작(밀, 순무, 보리, 클로버)방식을 뜻했다. 이 윤작방식에서는 순무가 잡초의 성장을 가로막고 클로버가 질소를 흡착했기 때문에 땅을 놀릴 필요가 없었다. 이에 따라 이전보다 농업 생산량이 늘었다. 18세기 내내 영국의 인구증가율이 유럽 다른 나라에 비해 더 높았던 것은 이러한 생산 증가에서 비롯했다.

새로운 농법의 보급과 함께 농촌사회의 토지경영에서도 커다란 변화가 일어났다. 지주와 부유한 농민이 소작지로 내주었던 토지를 회수하여 대단위 농지로 조성했을 뿐만 아니라 황무지도 개간하는 경향이 두드러졌다. 대단위 농경지를 조성할수록 새로운 농경방식을 도입하는 데 유리했기 때문이다. 이에 따라 소토지에서 농사를 짓던 많은 농민들이 토지를 잃어버리고 다른 지역이나 도시로 떠났다. 이 변화는 농촌인구의 감소와 함께 공업 분야에 필요한 인력을 제공하는 데 이바지했다고 보아야 한다.

한편, 18세기 영국은 기술적 잠재력이 높은 사회로서 개량과 혁신에 관심을 가진 다수의 기술공들이 활동하고 있었다. 본격적인 전문 기술자로 활동한 존 스미턴(John Smeaton, 1724~1792), 수력을 이용한 조지프 브라마(Joseph Bramah, 1748~1814), 솜씨 좋은 기계공 리처드 로버츠(Richard Roberts, 1789~1864)는 일부 사례에 지나지 않는다. 이들은 대륙에서 개발된 기술이라고 하더라도 이윤을 창출하는 데 긴요하다고 여겨질 경우 주저하지 않고 그 기술을 활용하려는 적극적인 태도를 보였다.

이에 덧붙여, 석탄의 중요성을 고려해야 한다. 영국이 다른 나라보다 더 일찍부터 석탄을 연료로 사용했다는 것은 잘 알려져 있다. 특히 랭커셔 페나인(Pennines) 산지의 탄전은 매장량이 풍부했고, 깊이 파들어 가지 않고도 쉽게 석탄을 채굴할 수 있었다. 석탄이 본격적으로 사용된 것은 16세기의 일이다. 목재 가격이 오르면서 가정뿐만 아니라 공업 분야에서도 석탄을 이용하기 시작했다. 연간 석탄 생산량을 보면 1550년경은 17만 톤에 지나지 않았지만, 1700년에는 250만 톤 이상에 이르렀다. 산업혁명기에 이르러 석탄은 제철업과 증기기관 원료로 널리 이용되었고, 산업혁명의 동력을 제공했다.

그러나 산업혁명의 원인을 영국 사회 자체에서만 찾는 데에는 한계가 있다. 다른 나라들 또한 산업화에 유리한 나름의 요인들을 갖추고 있었던 것이다. 그런 요인은 산업화에 필요한 조건이기는 하지만, 직접적 원인이라고 할 수 없다. 영국, 더 나아가서 유럽의 산업화는 16세기 이후 전개된 국제무역망이라는 세계사적 시각에서 살피지 않으면 안 된다. 유럽인의 대양 탐험 이후 서유럽을 중심으로 아메리카 대륙과 아시아를 연결하는 국제무역망이 형성되었지만, 이 네트워크에서 서유럽의 몇몇 국가들만 혜택을 본 것은 아니다. 중국, 인도, 인도네시아 경제권 또한 유럽과의 무역을 통해 경제적으로 성장 궤도에 들어섰다. 당시의 인구 증가는 이를 반영한다. 세계사적 시각에서 보면, 적어도 18세기 후반까지 중국이나 인도는 오히려 유럽을 능가하는 경제력을 갖추고 있었다. 이들 지역에는 높은 농업생산성과 집약 농업을 통해 유럽보다 훨씬 더 많은 인구가 거주하고 있었다.

일부 역사가들은 유럽의 특이성을 내부요인보다는 외부요인, 즉 유럽인들이 아메리카 대륙을 전유할 수 있었다는 사실에서 찾아야 한다고 본다. 16세기 이래 아메리카 대륙이 유럽인들에게 사실상 '횡재'로 작용했다는 인식은 '콜럼버스의 교환(Columbian Exchange)'이라는 말에 함축되어 있다. 18세기의 급속한 인구 증가에 따라 유럽, 인도, 중국, 일본 등 여러 지역경제권은 생태적 한계에 직면했다. 특히 아시아 여러 나라에서는 인구 대비 토지 부족의 위기를 노동집약적 방식을 통해 벗어나려고 했다. 그러나 이러한 노력이 있었음에도 동아시아는 토질 악화와 노동의 한계생산성 저하라는 악순환 구조에 빠지고 말았다.

이에 비해, 유럽은 신대륙을 배타적으로 이용했을 뿐만 아니라, 기계와 같은 토지 절약적 기술에 의존하는 전략을 시행할 수 있었다. 그

선두에 선 나라는 영국이었다. 산업혁명이 우연의 산물이라는 주장은 바로 이를 두고 말하는 것이다. 토지 절약적 방식이 필요한 시기에 영국은 값싼 석탄을 쉽게 이용할 수 있었고 증기동력과 연결된 기계에 의존해 생태적 한계를 벗어날 수 있었다는 주장이다.[19)]

기계와 공장

산업화의 핵심은 기계와 공장이다. 옛날부터 사람들은 물건을 만들 때 도구를 이용했다. 도구를 가지고서 사람들은 능숙한 솜씨로 일상생활에 필요한 물건뿐만 아니라 사치품이며 또는 예술작품까지 만들었다. 도구는 사람의 손이나 팔의 연장이라고 할 수 있다. 한편, 기계는 자신의 몸체에 도구를 가지고 있다. 재봉틀에는 위아래로 움직이는 바늘이, 방적기에는 방추와 같은 도구가 달려 있다. 기계가 도구와 다른 점은, 그것이 사람의 손과 마찬가지로 그 자신의 도구를 가지고 작업한다는 사실에 있다.

기술혁신과 더불어 기계는 좀 더 정교하고 강력하며 가짓수가 많은 자신의 도구를 달게 된다. 이 경우 사람의 힘이나 가축의 힘만으로는 더 이상 기계를 돌릴 수 없다. 이제 기계를 돌리기 위해서는 전보다 더 강력한 동력이 필요하다. 영국의 산업화 과정에서 새롭게 나타난 동력은 증기력이었다. 증기기관이야말로 산업혁명의 꽃이었다. 증기

19) 이 같은 견해에 관해서는 다음을 볼 것. Kenneth Pomerantz, *The Great Divergence: China, Europe and the Making of the Modern World Economy*(Cambridge: Cambridge University Press, 2000), ch. 5.

기관이 출현했을 무렵 기계는 적어도 세 가지 부분으로 구성되어 있었다. 1830년대에 의사 출신으로 공장에 관한 저술을 남긴 앤드루 유어(Andrew Ure, 1778~1857)는 이들 부분을 각기 작업기, 동력기, 전동기로 구분했다. 작업기는 자신의 도구를 가지고 일하는 기계, 동력기는 기계를 돌릴 힘을 만들어내는 기계이고, 전동기는 그 동력을 변화시켜 기계에 전달하는 장치였다.[20)]

한편, 공장은 이러한 기계를 집중적으로 배치한 작업장을 뜻했다. 그러나 공장은 단순히 기계만을 설치한 것이 아니라, 공정을 나누고 그 공정별로 노동자들을 조직적으로 배치하며, 기계적 동력을 사용한다는 점에서 이전의 작업장과 구별되었다. 공장제 출현 이전에 생산은 주로 가내수공업이나 수공업 작업장(매뉴팩처)에서 이루어졌다. 과거의 작업장은 주로 사람의 숙련에 의존하고 도구를 사용했다. 사실 영어 팩토리(factory)는 원래 기계와 직접 관련된 말이 아니었다. 그것은 '만드는 장소' 또는 '설비'라는 뜻을 가진 라틴어 '팍토리움(*factorium*)'에서 나왔다. 그 말은 산업혁명기에 이르러 비로소 '기계에 의한 생산(machinofacture)'이라는 의미를 갖게 된 것이다.

증기기관에 여러 작업기를 연결하여 한 치의 오차도 없이 움직이는 작업장을 바라보면서 앤드루 유어는 공장을 다음과 같이 정의했다. "공장이라는 말은 기술상으로는, 한 중심동력에 의해 끊임없이 추진되는 생산적 기계체제를 근면한 숙련으로 다루는, 갖가지 성인 및 연소 노동자들의 결합작업(combined operation)을 가리킨다." 여기에서

---

20) Andrew Ure, *The Philosophy of Manufactures or an Exposition of the Scientific, Moral, and Commercial Economy of The Factory System of Great Britain*(London: C. Knight, 1835), p. 27.

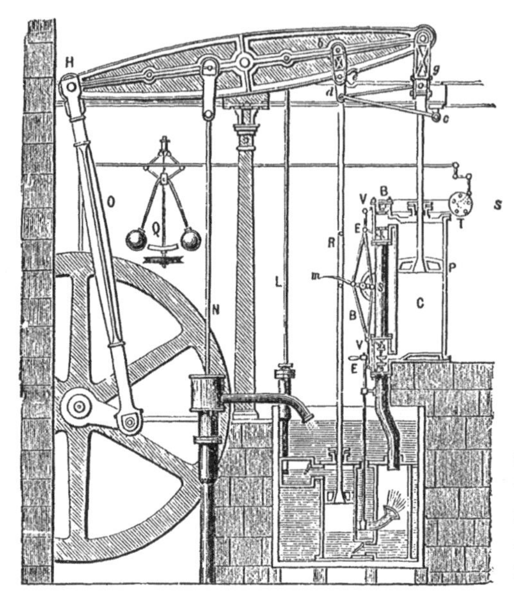

증기기관.
1784년 제임스 와트와
매슈 볼턴(Matthew Boulton)이
설계한 증기기관의
판화 그림이다.

는 기계보다 그 기계 옆에서 일하는 사람들의 집중과 결합을 강조한다. 그러나 더 나아가서 유어는 기계의 집중적 배치에 관심을 기울이면서 이렇게 말하기도 한다. "공장이라는 이름은 가장 엄격한 의미에서는, 동일한 대상을 생산하기 위하여 끊임없이 협조하며 작용하는 다양한 기계적·지적 기관으로 구성된, 그리하여 그 기관들 모두가 자율적으로 운동하는 동력에 종속되어 있는, 거대한 자동장치(autocrat)의 개념을 내포한다."[21]

21) 같은 책, pp. 13-14.

면공업의 사례

18세기 중엽까지 영국의 전통적인 산업은 모직물공업이었다. 그러다가 상황이 바뀌어 면공업이 영국의 산업화를 이끄는 기관차 역할을 맡게 되었다. 왜 이런 변화가 일어났을까? 우선 북아메리카에서 면화를 재배하면서 원료를 쉽게 구할 수 있었고, 또 솜에서 실을 잣거나 실을 가지고 천을 짜는 공정이 기계화에 적합했기 때문이다. 면공업은 모직물공업과 달리 생산방식 면에서 오랜 전통이 없었던 만큼 오히려 새로운 혁신이 가능했다. 그러나 무엇보다도 중요한 점은 18세기에 면제품시장이 급속하게 확대되었다는 사실이다.

17세기 후반에 이전의 신대륙 무역이나 동방 무역과 달리 영국의 런던과 리버풀을 중심으로 아프리카와 아메리카 대륙을 연결하는 새로운 무역이 발전했다. 이 삼각무역에서는 주로 아메리카 대륙의 농산물인 설탕, 면화, 담배, 아프리카의 흑인 노예와 상아, 인도의 면직물이 거래됐다. 흑인 노예는 아메리카 대륙의 백인 농장에서 일하는 노동력으로 팔렸고, 인도의 면직물은 처음에는 이들의 의류로 사용하려고 거래된 상품이었다. 그러다가 면제품이 값싸고 질기며 부드럽다는 사실이 널리 알려지면서, 유럽인들도 면직물을 좋아하게 되었다. 이에 따라 인도 면직물은 그때까지 해외무역에서 영국의 가장 중요한 수출품이었던 모직물의 지위를 위협하기에 이르렀다. 위기는 또한 기회를 낳기도 한다. 국내의 면제품 수요가 높아지자, 질 좋은 면직물을 만들어 공급하려는 노력도 지속적으로 이루어졌기 때문이다.

요컨대 18세기 후반 면공업의 산업화는 국제무역의 새로운 네트워크 창출과 더불어 수요 증대의 한계에 직면한 영국 모직물공업의 위기와 밀접하게 연결되어 있다. 여기에서 '산업혁명'은 18세기 국제무역의 변화라는 세계사적 맥락을 고려하지 않으면 안 된다. 면방적업 분야에서 기술 개량이 먼저 시작된 것은, 해외 면제품시장에서 영국의 퍼스티언포(fustian) 직물이 인도산 면직물—모슬린(muslin), 캘리코(calico), 친츠(chintz) 등—[22]에 비해 경쟁이 되지 않는 현실을 타개하기 위한 필요성에서 비롯되었다고 할 수 있다.

면공업의 기술혁신은 어떻게 전개되었는가. 산업혁명 직전 영국의 면공업 분야는 중대한 위기에 빠져 있었다. 우선 면제품시장의 수요가 늘어나는 상황에서 영국산 면직물은 손 기술로 생산된 인도산 면직물(모슬린, 캘리코)에 비해 품질이 떨어졌다. 국내 및 해외의 면제품시장에서 경쟁력을 갖추기 위해서는 인도산에 못지않은 훌륭한 천을 짤 수 있는 실이 필요했다. 다음으로, 1730년대에 자동북(flying shuttle)의 보급으로 베틀(직기)의 생산성이 높아질수록 실이 부족하게 되었다. 면공업 분야의 기술혁신이 천을 짜는 직조(weaving)보다는 실을 뽑는 방적(spinning) 부문에서 먼저 비롯된 것은 이 때문이다. 1761년 한 기술협회(Society of Art)가 한 번에 여덟 가닥의 실을 뽑을 수 있는 기술을 공모하면서 상금을 내걸었던 것은 당시의 절박한 상황을 말해준다. 이처럼 새로운 발명은 실의 품질을 높이고 생산량을 늘려야 하는 그 시대의 요구를 해결하기 위한 노력의 산물이었다. 이는 경험적으로 해결의 길을 찾고 시대의 필요를 예민하게 느끼고 있던 현실적 인간

22) 모슬린은 인도면포 중에서도 날실과 씨실이 모두 단사(單絲)인 평직(平織)이나 또는 능직(綾織)을 가리킨다. 캘리코는 인도산 평직의 일종으로 흔히 옥양목이라 불린다. 가볍고 부드러우며 날염된 점이 특징이다. 친츠는 두껍고 조직이 거친 면포로서 가구용으로 사용되었다.

들의 노력 때문에 가능했다. 실제로 방적기를 발명한 사람들은 대부분 면공업 분야에 종사한 경험이 있었다.

신형 방적기의 제1세대라고 할 수 있는 제임스 하그리브스(James Hargreaves, 1720/21~1778)의 제니방적기(spinning jenny)와 리처드 아크라이트(Richard Arkwright, 1732~1792)의 수력방적기(water-frame)는 거의 같은 시기에 만들어졌다. 이 두 기계의 움직이는 원리는 대조적이었다. 제니기는 방차로 방추를 회전시켜 실을 잣는 종래의 물레 방식을 개량한 것이었다. 이전의 방차에는 방추가 한 개만 연결되어 실 한 가닥을 뽑을 수 있었지만, 제니기는 손으로 돌릴 수 있는 회전바퀴에 방추를 여러 개 연결하여 여러 가닥의 실을 한 번에 자아냈다. 반면에 수력방적기는 두 개씩 서로 맞물려 회전하는 여러 쌍의 롤러 사이로 솜을 집어넣고 롤러의 회전속도를 달리하여 잡아 늘이는 과정을 반복함으로써 질 좋은 실을 잣는 방식이었다. 앤드루 유어는 수력방적기의 중요성을 다음과 같이 말했다.

> 크롬퍼드(Cromford)에 최초의 면 방적용 수력방적기가 만들어졌을 때, 인류는 영국사회뿐만 아니라 대체로 세계의 운명 속에서도 신의 섭리에 의해 새로운 작업체계를 성취하도록 예정된, 예의 그 엄청난 혁명을 알지 못했다. 지칠 줄 모르고 물리적인 힘에 의해 매우 빠르게 규칙적으로 추진되는 기계손과 기계팔의 작업을 인도하는 일로만 인간의 작업이 이루어질 때 그것은 얼마나 생산적일 것인가. 오직 아크라이트만이 그것을 식별할 수 있는 명민함과, 그리고 열렬한 말로 그것을 예견할 수 있는 담대함을 지니고 있었다.[23]

제니기와 수력방적기에 뒤이어 나타난 것이 뮬 방적기(spinning mule)이다. 뮬기는 제니기의 물레식과 아크라이트 방적기의 롤러 시스템을 결합한 방적기로서 '잡종(mule)'이라는 이름 자체가 이 같은 기계적 특징을 가리킨다. 그만큼 뮬기는 생산성도 높았고 또 질 좋은 실을 뽑을 수 있었다. 그러나 처음 출현했을 때에는 충분히 제 기능을 발휘할 수 없었다. 자주 고장 나고 특히 실이 끊어지는 단점이 있었다. 그래서 방적기 옆에서 여러 보조공들이 작동을 지켜보다가 실이 끊어지면 재빨리 실을 이어주어야 했다. 1790년대에 증기기관과 결합된 동력 뮬 방적기가 나타나지만, 이러한 기계적 결함은 여전히 남아 있었다. 자동 뮬 방적기는 이들 결함을 없앤 새로운 기계이다. 유어는 자동 뮬 방적기의 출현이 노동자 파업과 밀접하게 관련된다는 것을 분명하게 지적하고 있다.

> 하이드(Hythe), 스탤리브리지(Stalybridge) 및 인근의 공장도시에서 파국적인 소요가 발생하고 있는 동안, 면업 분야가 프랑스, 벨기에, 미국의 추격을 받게 될 것을 우려한 몇몇 자본가들은 일류 기계회사인 맨체스터 샤프-로버츠사(Messrs. Sharp, Roberts and Co. of Manchester)에 면업이 괴로운 노예제와 절박하고 급박한 파멸에서 벗어날 수 있도록, 자신들의 동업자 로버츠 씨의 창조적 재능을 발휘하여 자동 뮬기를 제작케 해달라고 간청했다. 당시 방적기에 그다지 정통하지 못했던 로버츠 씨는 자기의 발명을 채용하려고 하는 아주 자유롭고 고무적인 분위기를 확인한 후 기술자로서 전문적으로 탐구하던 것을 중단하고는 자동 뮬기를 제작하는 일에

23) Andrew Ure, 앞의 책, p. 15.

아크라이트 수력방적기(1775).
이 기계를 발명한 리처드 아크라이트 경
(Sir Richard Arkwright, 1732~1792)은
잉글랜드 출신의 직물제조업자이자
발명가다.

뮬 방적기 샘플. 1779년 잉글랜드 출신의 새뮤얼 크럼프턴(Samuel Crompton, 1753~1827)이 양질의 실을 대량으로 생산할 수 있게 만든 방적기계다.

자신의 뛰어난 재능을 쏟았다. (중략) 간단없이 자주 방문하여 그의 노고를 격려한 면공장주에게는 기쁘게도, 로버츠 씨는 몇 달의 연구과정 끝에 분명히 숙련노동자의 사고, 감정, 솜씨를 지닌 기계를 만들었다. 그 기계는 처음 제작된 때부터 이미 원숙한 상태에서 마무리 방적공의 기능을 수행할 수 있는 새로운 조절원리를 보여주었다. 이리하여 방적공들이 적절하게 명명한 대로, 예의 그 철인(iron man)은 미네르바의 분부에 따라 현대의 프로메테우스의 수중에 넘겨진 것이다.[24]

기계의 보급과 확산에 결정적으로 중요한 것은 그 일을 가능케 하는 동력의 출현이다. 영국 산업혁명, 특히 면공업의 발전에서 결정적인 것은 기계보다는 오히려 증기기관의 개량과 응용이다. 원래 증기기관은 새로운 방적기의 출현과 관련이 없었다. 18세기 초에 토머스 뉴커먼(Thomas Newcomen, 1663~1729)이 개량한 증기기관은 주로 탄광에서 물을 빼는 데 사용되었다. 그 후 제임스 와트(James Watt, 1736~1819)가 좀 더 효율성이 높은 분리응축식 증기기관을 개발하면서, 증기기관은 곧바로 면공업 분야에 이용되기 시작했다. 그 이전까지 면방적공장은 수력을 이용해 물레방아를 돌릴 수 있는 산간지방에 세워졌다. 여기에는 여러 불리한 조건이 뒤따랐다. 공장에 필요한 노동력을 확보하기도 어려웠고, 노동자들을 위해 새로 주거지를 건설해야 했다. 더욱이 수량이 일정하지 않아서 공장 가동을 중단하기 일쑤였다. 그러다가 1790년대에 수차 대신 증기기관을 방적기에 연결한 공장이 출현하기 시작했다.

---

24) 같은 책, pp. 366-367.

19세기 영국 면공업의 발전은 놀라운 것이었다. 이전에 미미한 수준에 지나지 않았던 면직물 수출은 19세기에 들어와 영국의 공산품 수출을 주도했다. 원면 소비량은 1779~1781년에 500만 파운드에서 1839~1841년 간에는 4억 2,600만 파운드로, 1815년 당시 전체 수출액에서 면제품이 차지하는 비율은 무려 52퍼센트에 이르렀다.[25] 이와 함께 면직물 공업은 다른 관련 분야, 예컨대 탄광, 염료 및 표백, 기계제조, 제철 등의 발전을 자극했다. 면직물 공업에서 시작된 산업화의 물결이 다른 산업부문으로 급속하게 퍼져나간 것이다.

잉글랜드, 신앙의 변화와 세속사회

중세 기독교 전통에서 진정한 행복은 인간과 신의 관계, 즉 인간이 신의 뜻에 따라 지음 받은 존재임을 인식하는 데에서 비롯한다. 아우구스티누스(Aurelius Augustinus)는 이성적 영혼이라는 개념을 기독교에 적용한다. 여기에서 인간은 본질적으로 영혼이 있는 존재이고 그의 육체는 오직 영적 목적을 이루는 수단으로만 이용된다. 중세 기독교는 원죄 때문에 행복의 완성이 지상에서 불가능하다고 가르쳤다. 인간의 궁극의 목적이 행복이라 하더라도, 그 완전한 행복은 육체가 죽은 후에 영혼과 신의 합일을 통해서만 이루어질 수 있다는 것이었다. 더욱이 예수 자신이 수난을 통한 구원의 메시지를 전했고, '산상

25) B. R. Mitchell, *Abstract of British Historical Statistics*(Cambridge: Cambridge University Press, 1980), pp. 355-358.

수훈(山上垂訓)'의 가르침[26] 또한 현실의 가난, 애통, 박해 등에 대한 천국의 보상을 약속했다. 지상의 고통과 천국의 행복이라는 이미지가 현세의 고난을 정당화했으며, 이른바 "젖과 꿀이 흐르는 땅"이라는 『구약』의 약속이 천국으로 옮겨진 셈이었다. 현재의 행복을 즐기기보다는 미래의 행복을 추구하라는 메시지에는 "인생이라는 사막을 방랑하는 순례자로서의 인간상"을 제시하려는 의도가 들어 있었다.[27]

여기에 기독교적 행복관의 아이러니가 있다. 기독교는 한편으로는 그리스 고전철학 전통의 일부를 이어받아 덕의 완성에서 행복을 찾고, 완전한 행복을 위해 헌신과 희생을 감수해야 한다고 가르쳤다. 그러나 다른 한편으로는 현세의 고통과 천국의 보상을 연결함으로써 행복의 내용에 세속적 요소를 포함시켰다. 중세 기독교 설교자들의 메시지는 분명했다. "덕을 위해 고통을 겪는다면 그대는 천국에서 영원한 기쁨의 보상을 얻을 지니라." 이 영원한 기쁨이야말로 지고의 행복이 아니겠는가.

잉글랜드에서 행복에 대한 기존의 인식이 근본적으로 변화를 겪기 시작한 것은 르네상스시대의 일이다. 르네상스 지식인들의 상상력은 지금 이 순간의 기쁨을 더 소망하는 태도를 낳았다. 르네상스시대 유토피아 사상가들에게서 공통으로 나타나는 특징은, 그들이 유토피아는 아무 데도 존재하지 않는 세계라고 하면서도 어디까지나 현실의 시간적·공간적 연장선에서 자신들의 기대를 표현하고 있다는 점이다. 요컨대, 현세는 더 이상 '눈물의 골짜기(vale of tears)'가 아니며

26) 「마태복음」, 제5장 제3-11절.

27) Darin M. McMahon, "From the Happiness of Virtue to the Virtue of Happiness: 400 B.C.~A.D. 1780," *Daedalus*, vol. 133, no. 2(2004)," p. 11.

존 로크.
로크는 사회계약설, 삼권분립을 바탕으로 의회제, 민주주의 사상의 발전에 이바지했다.

따라서 지상의 삶도 중요하다는 인식이 확산된 것이다.[28] 어떤 점에서 보면, 종교개혁가 특히 칼뱅주의자들의 의도는 이처럼 현세에서 기쁨을 추구하는 경향에 제동을 걸려는 데 있었다.[29]

18세기 행복론에 큰 변화를 가져온 계기는 존 로크(John Locke, 1632~1704)의 저술이다. 그는 내란기에 크롬웰을 지지했으나, 정통 칼뱅주의자가 아니었다. 그가 『인간오성론(*An Essay Concerning Human*

28) 같은 글, p. 12.

29) 17세기 영국내란기에 오히려 세속적 행복에 대한 팸플릿이 다수 나타났다는 것도 의미심장하다. Robert Crofts, *The Way to Happiness on Earth Concerning Riches, Honour, Congall Love, Eating, Drinking*(London, 1641); Richard Holdsworth, *The Peoples Happinesse*(Cambridge, 1642); Thomas Brooks, *Heaven on Earth*(London, 1657). 이하 18세기 영국인들이 세속적 행복을 추구하는 경향에 관해서는 다음을 볼 것. 이영석, 〈근대성으로서의 행복: 역사적 접근〉, 전남대학교 호남학연구원, 《호남문화연구》 제45권(2009. 9), 29-64쪽.

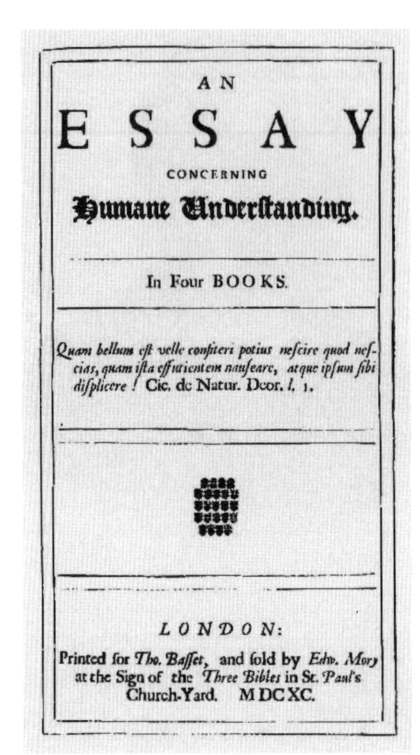
AN
ESSAY
CONCERNING
Humane Understanding.
In Four BOOKS.
Quam bellum est velle confiteri potius nescire quod nescias, quam ista effutientem nauseare, atque ipsum sibi displicere! Cic. de Natur. Deor. l. 1.
LONDON:
Printed for Tho. Basset, and sold by Edw. Mory at the Sign of the Three Bibles in St. Paul's Church-Yard. MDCXC.

『인간오성론』 초판(1689) 속표지.
로크는 책에서 인간의 오성(悟性)은 공백의 칠판과 같은 것으로, 관념은 타고나는 게 아니고 외적 경험으로서의 감각과 내적 경험으로서의 내성으로 얻어진다고 주장하였다.

Understanding)』(전 4권,1689)에서 제시한 메타포 '백지장(*tabula rasa*)'은 원죄의 타락을 인정하지 않는다는 전제를 깔고 있다. 인간의 정신이란 원죄와 관련이 없이 기쁨과 고통의 지각에 의해 형성된다는 것이다. 로크는 이 책 제2권에서 '행복의 추구(pursuit of happiness)'라는 표현을 쓰고 있다. 과학지식에 익숙해 있던 그는 자신의 서술 곳곳에서 뉴턴적인 메타포를 사용한다. 인간이라는 존재는 낙하하는 돌이나 큐로 맞힌 당구공과 마찬가지로 자기 삶의 공간을 뚫고 앞으로 나아가는 추진체다. 로크는 그 추진력을 행복에의 열망에서 찾는다. 행복의 열망이 고통과 기쁨을 중력처럼 밀고 당기는 작용을 한다. "우리

안의 기쁨이 우리가 선이라고 부르는 것이고, 우리 안의 고통은 우리가 악이라고 부르는 것이다."[30] 여기에서 완전한 행복이란 결국 인간이 지상에서 누릴 수 있는 지고의 기쁨과 동의어가 된다. 로크는 인간이 이성의 인도를 받아 행복을 합리적으로 추구할 수 있다고 본다.

> 나는 내 자신에게 추천하는 그 행복, 온갖 순수한 유희와 쾌락을 성실하게 추구할 것이다. 그것이 내 건강에 도움이 되고 나의 자기계발과 나의 상태와 나의 다른 진짜 기쁨인 지식과 평판에 어긋나지 않는 한, 나는 그것들을 즐길 것이다.[31]

일단 삶의 기쁨과 쾌락을 지고의 선이자 행복으로 여기기 시작한 후에 18세기 잉글랜드의 지식인들은 그 기쁨에 이르는 수단이 무엇인가를 둘러싸고 논란을 벌였다. 이제 행복과 덕이 반드시 일치해야 할 필요는 없었다. "왜 도덕적이어야 하는가? 그것이 행복에 이르는 유일한 길이기 때문이다." 이전 시대에 자명했던 이 같은 질문과 대답은 이제 더는 당연하게 여겨지지 않았다. 삶의 욕구와 그 욕구의 충족이라는 관점에서 행복을 인식하기 시작한 것이다.

18세기 주목할 만한 사회 분위기의 하나로 종교적 감수성의 변화가 있었다. 17세기까지만 하더라도 이성과 신앙은 하나이며 함께 있어야 한다는 주장이 강했다. 영국국교회 중심의 전통에서 종파적 균열 또한 용납하기 어려웠다.[32] 1646년 국교회 주교 토머스 에드워즈

30) Darin M. McMahon, 앞의 글, p. 11에서 재인용.
31) Maurice Cranston, *John Locke: A Biography*(London: Longmans, 1957), p. 124 참조.

(Thomas Edwards)는 이렇게 말했다. "종교적 관용은 모든 악덕 가운데 가장 악한 것이다. 그것은 처음에는 교리에 대한 회의와 인생의 도피를 낳고 다음에는 무신론을 낳을 것이다."[33] 그러나 18세기에 종교와 신앙은 이성을 통해 분석해야 할 대상이 되었다. 이러한 객관화 또는 객체화야말로 종교적 관용과 다원주의로 나아가는 길을 닦았다. 국교회 중심주의에 대한 비판이 이전보다 더 설득력을 갖게 되었다. "만일 종교가 합리적이고 그 근본 진리가 명백하다면 그것을 정당화하기 위해 강제할 것이 있겠는가." 종교적 관용을 주장하는 측에서는 이 같은 의문을 가졌고, 그 의문은 곧바로 많은 사람들 사이에 널리 퍼졌다. 1689년 관용법(Toleration Act)도 이런 분위기와 태도를 반영한다.[34] 이와 함께 로크를 비롯한 지식인들은 성서의 권위에 직접 도전하지는 않았지만, 이성에 입각해 성서를 해석하려고 했다. 이 또한 성경의 모든 말이 성령의 계시에서 비롯한다는 프로테스탄트 성서주의에 대한 회의론으로 연결되었다.

32) 영국국교회(Church of England)는 1534년 헨리 8세(Henry VIII)의 수장령(Act of Supremacy)과 1559년 통일령(Act of Uniformity)〔공동기도서 채택 및 주일예배 참석에 관한 칙령〕 이후 성립된 잉글랜드 및 웨일스 교회를 가리킨다. 흔히 성공회(Anglican Domain)라 불린다. 비국교도(Non-conformists)는 내란 후 1662년 통일령에 반발해 국교회를 탈퇴한 2,000여 성직자들을 가리키는 말이다. 이전에는 잉글랜드에서 국교회에 반대한 측을 Dissenters라 불렀다. 이후 비국교회로 분류되는 종파로는 장로파(Presbyterians), 회중파(Congregationalists), 침례파(Baptists), 퀘이커파(Quakers), 감리교파(Methodists), 유니테리언(Unitarian), 구세군(Salvation Army) 등이 있다.

33) Roy Porter, *Enlightenment: Britain and the Creation of the Modern World* (London: Penguin Books, 2000), p. 105 재인용. 이하 18세기 잉글랜드 사회의 세속화에 관해서는 주로 포터의 이 책에 크게 힘입었다.

34) 같은 책, p. 99. 참고. 관용법은 비국교도 신앙의 자유를 인정했지만, 가톨릭과 유니테리언파는 이 법의 적용 대상에서 제외되었다.

그 다음으로, 중요한 변화는 역사가들이 '감성적 개인주의(affective individualism)'라고 부르는 새로운 삶의 태도의 출현이었다. 명예혁명 이후 인신보호율(Habeas Corpus Act, 1679) 같은 새로운 법령의 제정과 함께 개인의 자유, 법의 지배, 종교적 관용 등의 새로운 질서가 정착되었다. 여기에서 개인의 자유로운 삶이 중요한 의제(agenda)로 등장한다. 완고한 전통과 연장자의 권위, 가부장적 가족의 규제, 귀족의 지배 등에서 개인의 해방을 추구하는 경향이 시대 조류로 점차 뚜렷하게 나타났다.[35] 개인의 감성과 그것에 기초를 둔 자유로운 삶의 추구야말로 '감성적 개인주의'와 밀접하게 관련되어 나타난 것이다. 그리고 이런 풍조를 선도한 집단은 지식인 외에 아무래도 해외무역과 상업 분야에 진출해 부를 축적하고 새로운 세계에 눈을 뜬 상인들이었다.

물론 개인주의와 자유로운 일탈에 대한 두려움도 여전히 강했다. 개인주의가 자신의 무덤을 파지 않을까 염려하는 사람들도 있었다. 소돔과 고모라, 바빌론과 로마, 이 모두는 급기야 멸망으로 이르지 않았는가. 계몽주의시대 영국 지식인들은 "자아해방과 쾌락 추구"가 "도덕적 폐해와 사회적 혼란"을 초래하지 않고도 얼마든지 시도할 수 있음을 입증할 필요가 있었다.[36] 명예혁명이야말로 군주의 전제로부터 개인의 권리를 보장받은 정치적 기제이며, 시장경제 또한 혼란을 미연에 방지할 조화의 원리에 기초를 두고 있었다. 이들은 나아가 인간의 본질이 기쁨과 쾌락을 추구하고 고통을 피하려고 작동하는 기계

35) 같은 책, pp. 14-15.
36) 같은 책, p. 18.

와 같다는 기계적 모델을 제시하기도 했다. 버나드 드 맨더빌(Bernard de Mandeville)은 이렇게 말했다. "모든 사람은 이기적 쾌락을 추구한다." 이기심이 공공의 덕에 바람직하다는 역설은 맨더빌 이후 데이비드 흄과 애덤 스미스에게까지 그대로 이어졌다.[37)]

마지막으로, 18세기 잉글랜드에는 감성적 개인주의를 소비나 쾌락의 정당화와 연결 짓는 지적 계보가 있었다. 이 같은 정당화를 통해 세속적 행복이 바로 '지고의 선(*summum bonum*)'이라는 등식이 널리 퍼져나갔다. 사실 계몽주의 시대 이전까지만 하더라도 쾌락주의(hedonism)는 금욕주의(asceticism)의 위세에 눌려 사회 분위기의 주류로 떠오를 수 없었다. 쾌락주의는 고전고대의 전통에서 에피쿠로스 학파나 박쿠스 축제(Bacchanalia, 바카날리아)를 통해 명맥을 유지했지만, 플라톤주의자와 스토아학파에 의해 비판의 대상이 되었다. 이들은 오직 진정한 축복은 절제와 금욕에서 나온다고 말했다. 중세 교회도 현세의 욕망이 에덴동산의 추방, 즉 원죄에서 비롯했다는 점을 암암리에 주입시켰고, '죽음의 무도(*danse macabre*)'나 '죽음을 기억하라(*memento mori*)' 같은 문구를 통해 현세에서는 노동은 타락의 저주를 환기하는 것이고 이기주의란 악덕이며 스스로의 자존심을 벗어던져

37) 같은 책, pp. 262-263. 이러한 생각은 18세기 문필가 일반에게 광범하게 퍼져 있었다. 조사이어 터커(Josiah Tucker)에 따르면, "자기애(self love)란 인간본성의 가장 큰 동인이다." 제임스 스튜어트(James Stuart)는 이렇게 말했다. "이기심의 원리는 인간 활동의 보편적 분출이기 때문에, 사회를 지배하고 누구나 다 하나의 계획에 따라 스스로 행동하도록 만드는 최선의 길은, 정치가들이 모든 개인의 이해를 가장 잘 반영한 행정체계를 만드는 데 있다." 이상의 인용은 다음을 볼 것. Stephan Copley, ed., *Literature and the Social Order in Eighteenth-Century England*(London: Croom Helm, 1984), p. 121, 115.

야 한다고 가르쳤다. "사망의 음침한 골짜기에서는 육신의 고행과 금욕만이 정신의 해방을 가져온다."[38]

그러나 이제 사람들은 청교도적 엄숙주의를 조롱하는 분위기에 점차 익숙해졌다. 소비와 쾌락에 관해서 가장 합리적인 해결책은 중도의 길을 택하는 것이었다. 청교도 엄숙주의에 못지않게 쾌락에 대한 지나친 탐닉도 경계 대상이 되었다. 사회 속에서 합리적 쾌락을 적절하게 추구하는 것이 지속적인 기쁨을 가져다준다. 문필가 조지프 애디슨(Joseph Addison, 1672~1719)의 이름에서 따온 이른바 애디슨주의(Addisonianism)는 런던을 비롯해 번영하는 상업도시를 중심으로 "도회성, 예절, 합리성, 온건함" 등을 강조하는 경향을 일컬었다. 애디슨주의자들은 가벼운 독서, 차 마시며 환담하기, 도시에서 누리는 적절한 향락 등이 사회 전체의 조화와 연결되리라고 믿었다. 세련된 스타일과 멋 또한 삶에서 긴요한 요소로 자리 잡았다.[39]

사람들은 소비와 쾌락을 통해 행복에 이를 수 있다고 믿었다. 이제 영국의 시장경제는 개인주의와 소비주의에 힘입어 더욱더 탄력을 받게 되었다. 런던뿐 아니라 지방 소도시들의 재흥과 번영, 교통 및 서비스산업의 발전, 정보 및 레저의 산업화와 더불어 이전보다 한층 더 늘어난 소비자들이 전통적으로 엘리트에게만 허용되었던 여흥에 참여했다. "행복이란 살아 있는 인간에게 오직 유일하게 가치가 있는 것이다. 부도 권력도 지혜도, 지식과 강함도, 아름다움과 덕과 종교와 하물며 삶 그 자체도 행복을 낳는 데 기여하지 않는다면 전혀 중요하

---

38) Roy Porter, 같은 책, pp. 258-259.
39) 같은 책, p. 265.

지 않다."[40] 요컨대, 시인 알렉산더 포프(Alexander Pope, 1688~1744)의 다음과 같은 선언이 전혀 낯설지 않게 들리는 시대에 접어들었던 것이다.

> 오, 행복이여. 우리 인간의 궁극의 목적이여.
> 선, 쾌락, 편리, 만족! 그 무엇이든 그대의 이름일진저.[41]

실제로 18세기 서민이 행복을 추구하는 세속적 경향은 가정, 부모와 자녀 관계, 사교, 각종 여흥행위 등을 통해 확인할 수 있을 것이다. 먼저 가족형태 또는 가정생활에 관해서는 로런스 스톤(Lawrence Stone)의 고전적 연구가 있다.[42] 그가 제시하는 영국인의 가족 변화는 단선적 진화 모델이다. 개방적 친족가족(open lineage family)에서 가부장적 핵가족(patriarchal nuclear family)을 거쳐 가정 중심 핵가족(closed domesticated nuclear family)으로 변모했다는 것이다. 18세기에 주류가 된 세 번째 형태는 바로 감성적 개인주의에 바탕을 둔 가족이었다. 스톤에 따르면, 그 형태는 개인 자율의 원리에 기반을 두었고 강한 애정적 결합으로 묶여 있었다. 남편과 아내는 스스로 배우자를 선택했으며 자녀 양육에 이전보다 더 시간과 정력과 돈과 사랑을 쏟았다.

---

40) Soame Jenyns, *A Free Inquiry into the Nature and Origin of Evil*(London, 1757); Porter, 앞의 책, p. 265에서 재인용.

41) John Butt, ed., *The Poems of Alexander Pope*(London: Muthuen, 1965), p. 536.

42) Lawrence Stone, *The Family, Sex and Marriage in england, 1500-1800*(New York: Harper & Row, 1977).

스톤의 견해는 귀족 편향성, 선별적 자료 예시, 지나친 단순화 때문에 많은 비판을 받고 있다.[43] 그러나 18세기에 부부 사이의 결합이 더 굳어지고 부모와 자녀 관계도 보호와 애정에 토대를 두기 시작했다는 증거는 많다. 특히 도제수업을 마친 젊은 상인들은 자신의 선호에 따라 배우자를 고르는 경향이 짙어졌다. 18세기 런던 도심에는 전람회, 박물관, 인형극, 서커스 등 어린이의 흥미를 자아내는 시설물과 행사가 곳곳에서 세워지거나 열렸는데, 이 또한 당시의 새로운 변화를 반영한다. 18세기 복음운동(evangelicalism)도 새로운 가족의 출현에 적지 않은 영향을 미쳤다. 이 운동은 가정의 평화와 구원을 연결했다. 남편과 아내, 부모와 자녀 사이의 애정과 유대야말로 기독교인이 받는 축복의 징표였다. 구원의 적(敵)은 가족 사이의 증오와 질시, 가정의 평화를 깨뜨리는 바깥의 온갖 유혹이었다. 복음운동가들은 외부의 유혹에서 멀리 떨어진 가정, 애정이 충만한 그 가정의 수호자로서 아내의 모습을 내세웠다.[44]

애정에 바탕을 둔 가정의 출현에 관해서는 특히 로크의 영향이 컸다. 17세기까지만 하더라도 주로 귀족층 집안에서 어린이에 대한 태도는 아주 전제적이고 난폭했다. 부모와 자식 간 애정의 증거도 찾기 어려웠다. 하지만, 로크의 팸플릿 『교육에 관한 성찰(*Some Thoughts Concerning Education*)』(1693)이 출간된 이후 적지 않은 변화가 나타

43) 스톤에 대한 종합적인 비판은 다음을 볼 것. Alan Macfarlane, "The Family, Sex and Marriage in England," *History and Theory*, vol. 18, no. 1(1979), pp. 103-126.

44) P. H. Plumb, "The New World of Children in Eighteenth-Century England," *Past and Present*, no. 67(1975), p. 69, 80 참조.

나기 시작했다. 로크는 무엇보다도 인간을 유연한 존재, 그리하여 특정한 방향으로 변화할 수 있는 존재로 파악했다. 인간의 형성은 학습 경험의 산물이라는 것이다. 로크는 이렇게 말한다.

> 우리가 만나는 사람의 열에 아홉은 선하거나 악하거나, 유익하거나 그렇지 않거나 간에 교육에 의해 그렇게 된 것이다. 사람들 사이에 커다란 차이를 낳는 것은 바로 이 교육이다.[45)]

로크는 어린이의 정신이야말로 자신의 메타포 '백지장'의 전형적인 사례라고 생각했다. 어린이야말로 자기 자신이 원하는 대로 주조하고 형성할 수 있는 존재가 아니겠는가. 그런 만큼 무엇보다도 부모의 역할이 중요했다. 부모는 아이의 소유자가 아니며 신이 요구한 대로 그 아이를 합리적이고 책임감 있는 기독교인으로 양육할 책무가 있다는 것이다.[46)] 로크는 특히 어머니의 역할을 강조한다. 그렇다고 그가 어린이의 순수성을 절대시한 것은 아니다. 그는 후일 낭만주의자들의 어린이 숭배와는 견해를 달리했다. 포터에 따르면, 로크의 『교육에 관한 성찰』은 유럽 각국에서 열광적인 관심을 불러일으켰다. 처음 발간 후 70년 사이에 로크의 책은 영국에서 25쇄, 프랑스에서 16쇄, 독일 3쇄, 이탈리아 6쇄, 네덜란드 2쇄 등 판을 거듭했다. 1762~1800년 간 영국에서 출간된 교육에 관한 팸플릿과 책자는 200종에 이르렀는데, 대

---

45) James Axtell, ed., *The Educational Writings of John Locke*(Cambrdige: Cambridge University Press, 1968), p. 114; Roy Porter, 앞의 책, p. 340.
46) James Axtell, 같은 책, p. 148.

SOME
THOUGHTS
CONCERNING
Education.

LONDON,
Printed for *A.* and *J. Churchill*, at the *Black Swan* in *Pater-noster-row*, 1693.

『교육에 관한 성찰』 초판(1693) 속표지. 친구[또는 대학 후배]인 에드워드 클라크(Edward Clarke)가 자신의 아들 양육에 대해 물어온 것에 로크가 일련의 편지로 조언을 했는데, 이들 편지가 책의 기초가 되었다.

부분이 로크의 교육관을 언급하고 있다.[47)]

이제 18세기 런던을 중심으로 세속사회의 행복 추구가 사교, 여흥, 여가의 상업화로 곧바로 이어졌음을 확인할 수 있다. 18세기 문필가들은 식사와 사교파티에서 맛과 멋에 대한 관심, 성애소설을 비롯한 에로틱문화의 확산, 자유연애, 정원에 대한 애호 열기 등을 다양하게 소개한다. 이를테면, 식사에서 즐거움은 파인애플 같은 이국의 산물이 싼 가격으로 들어오면서 배가되었다. 식탁에서 도수 높은 술을 마

47) Roy Porter, 앞의 책, p. 343.

시는 것 또한 새롭게 등장한 흥취였다. 실제로 영국의 시인이자 사전 편찬자인 새뮤얼 존슨(Samuel Johnson)은 식탁에서 음주야말로 인생의 두 번째 즐거움이라고 자랑한 바 있다.[48] 이들 여흥은 주로 새롭게 조성된 정원에서 이루어졌다. 18세기의 이른바 잉글랜드풍 정원은 이 다양한 행복 추구 방식을 종합한 무대인 셈이었다. 같은 세기 중엽 런던만 하더라도 휴식과 여흥을 즐길 수 있는 정원이 200여 곳에 이르렀다. 넓은 정원과 유원지는 양어장, 불꽃놀이, 음악회, 가면무도회, 밀회장소이기도 했다.[49] 복스홀(Vauxhall)은 아마 최초의 상업적 유흥지였을 것이다.

한편, 정원 못지않게 여흥의 중심지가 된 곳은 극장이었다. 근대성의 제단 가운데 전형이 극장이다. 영국내란기에 극장은 신의 질서를 위협한다는 비난 아래 잠시 폐쇄되기도 했다. 왕정복고(1660) 후 런던의 유서 깊은 극장들은 주로 왕실 및 귀족의 후원으로 운영되었으나, 18세기에 들어와 눈에 띄게 확장되었다. 수요 증가에 따라 공연장을 넓혔으며 그와 더불어 더 광범하고 다양한 관객의 취향을 고려하기 시작했다. 18세기 후반 대표적인 극장 중 하나인 드루어리레인(Drury Lane) 극장은 3,611석을 갖추었고 헤이마켓(Haymarket) 극장도 그 규모에 못지않았다.[50]

여가의 상업화는 한번 물꼬가 터지면서 시대적 추세가 되었다. 일부 비판이 있었음에도 "사회변동과 상업적 편의주의"가 도덕론을 앞질렀다. 새로운 여흥 양식은 싫든 좋든 유행을 타게 마련이었다. 극

48) 같은 책, p. 271.
49) 같은 책, p. 269.
50) 같은 책, p. 38.

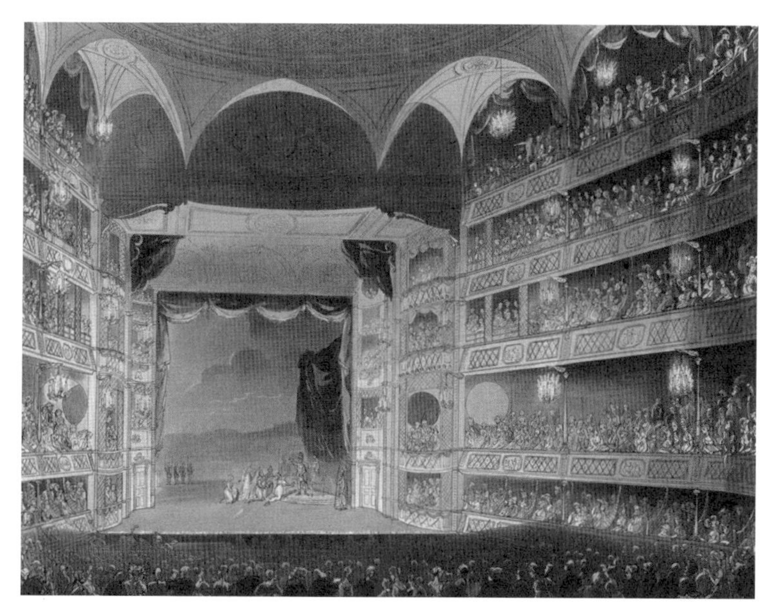

드루어리레인 극장의 내부(1808). 극작가 토머스 킬리그루(Thomas Killigrew)가 찰스 2세의 인가를 받아 자신의 극단 배우들을 위해 세운 왕립극장이다.

장, 크리켓 경기, 상금 걸린 격투기, 온천장에 열광하면서 사람들은 떼를 지어 몰려다녔다. 전문배우, 극장 관리인, 화가, 운동가, 예술품 거래인, 비평가들이 주도하는 여흥산업이 나타났으며 그것을 일단의 문화상인들이 뒷받침해주었다.[51] 이 모든 변화의 배경에 시장이 있었다.

51) 같은 책, p. 268.

합병 이후 주변부 사회변화와 에든버러

잉글랜드 사회의 급속한 변화에 비하면, 스코틀랜드는 여전히 정체되고 후진적인 사회였다. 그러나 합병 이후 스코틀랜드는 수 세기 동안 계속된 만성적 빈곤과 후진성에서 벗어날 호기를 맞았다. 영국과의 교역에서 관세 장벽이 사라지고 더는 항해법 적용도 받지 않게 되었다. 합병의 효과는 1720년대부터 뚜렷하게 나타난다. 이 시기에 대외 무역량이 급속하게 증가한다. 북아메리카 지역과 대외무역이 스코틀랜드 경제번영의 자극제였다. 글래스고의 담배 수입량은 1715년 250만 파운드, 1765년 3,300만 파운드, 1771년 4,700만 파운드로 급증했다.[52] 글래스고와 그 배후 지역에 섬유업과 조선업이 발전하기 시작했다. 잉글랜드의 모방효과가 나타난 것이다. 18세기 전반에는 도로와 운하망을 정비하는 등 사회간접자본 투자도 증가했다. 투자 자본은 주로 잉글랜드에서 유입되었다.

에든버러를 비롯한 동부 저지대는 글래스고의 상황과 상당히 달랐다. 이 지역에서는 대외무역과 상공업의 변화를 가져올 계기가 적었다. 결국, 합병의 혜택은 서부지역에 돌아간 셈이었다. 다만, 17세기 말 농업 분야에서 변화의 바람이 일었다. 왕령지를 제외하고 모든 공동지의 인클로저(enclosure)를 허용한 1695년 의회입법이 중요한 계기였다. 그전에 경지의 인클로저를 촉진한 1669년과 1685년의 입법도 긍정적으로 작용했을 것이다.[53] 특히 합병과 함께 의회가 폐지되면서

52) Douglas Sloan, *The Scottish Enlightenment and the American College Ideal(New York: Columbia University Teachers College Press, 1971)*, p. 4.

중앙정치로 진출하지 못한 지주들이 다투어 농업 개량에 관심을 쏟았다. 그 결과 지주층의 소득 증가와 소비가 급속하게 늘었다. 농업 개량은 다른 부문의 발전을 자극했다. 지주층은 경제적으로 이전보다 부유해진 반면, 합병에 따라 국가 차원의 정치적 책임은 줄어들었다. 대신에 그들은 시의회의 상공업자, 교회 지도자, 변호사집단과 함께 계몽운동의 후원자 또는 독자층을 형성할 수 있었다.

사실, 에든버러는 북아메리카 교역이나 상공업 발전에서 글래스고와 경쟁할 수 없었다. 영국의 북서 공업지대와 지근거리에 있는 글래스고야말로 스코틀랜드 산업의 중심지였고, 이러한 특징은 오늘날까지 이어지고 있다. 대신 에든버러는 전통적으로 스코틀랜드의 정치와 문화의 중심지였다. 에든버러는 런던과 인적·문화적 교류도 활발했다. 스코틀랜드 전역을 잇는 교통 중심지는 여전히 에든버러였다. 1763년경에는 한 달에 한 번 꼴로 3~4대의 마차가 에든버러에서 런던을 향해 떠났다. 그러던 것이 1783년에는 일주일마다 한 번에 15대가 런던으로 출발했다. 스코틀랜드 각지로 향하는 마차는 30분 간격으로 떠났다.[54] 1760~1793년 사이에 에든버러에서 발행되는 신문 수는 3배 증가했다.[55]

존 싱클레어(John Sinclair)는 18세기 말 스코틀랜드 장로교 총회 속인대표로 활동했다. 그는 1790년부터 지방의 목회자들에게 부탁해 스코틀랜드의 경제 및 사회 상황을 조사했다. 20여 년 후에 조사 결과

53) A. C. Chitnis, *The Scottish Enlightenment: A Social History*(London: Croom Helm, 1976), p. 14.
54) 같은 책, p. 34.
55) 같은 책, 같은 곳.

가 출판되었는데, 여기에서 싱클레어는 문필 관련 업종이 스코틀랜드 특히 에든버러의 중요한 산업 가운데 하나이며 부의 축적원이라고 강조했다. 우선 18세기 말 스코틀랜드에서 제지 인쇄업·출판업은 가장 중요한 산업 가운데 하나였다. 다음으로, 교육과 문필을 비롯한 지적 활동 자체가 중요한 경제활동인 셈이었다. 1795년 당시 150만 인구 중에서 5,000가구가 문필업종에서 소득을 벌어들였고, 3,500가구의 수입원은 교사직이었다. 리넨, 아마, 양조 산업만이 이보다 비중이 높을 뿐이었다.[56]

이와 같이 에든버러는, 중앙정치권력은 실종된 도시였지만, 최고법원과 전통 있는 교회들이 있고 에든버러대학의 평판이 갈수록 높아졌기 때문에 합병 이후에 전문가집단이 급속하게 증가했다. 18세기 중엽 법률가 수는 같은 세기 초보다 2배 늘었고, 중앙정치 무대로 진출하지 못한 채 영지에서 농업 개량에 몰두했던 지주들도 농한기를 비롯해 수시로 에든버러에 모습을 드러냈다. 목회자, 법률가, 교수 등 전문가집단의 증가가 앞서 언급했듯이 계몽운동의 온상이었다. 그들이 직접 문필 활동을 하거나 문필가 주위를 에워싼 독서층 또는 청중을 형성했다.

에든버러의 문필가집단에서 변호사, 대학교수, 교구목사들은 대다수가 지체 높은 가문 출신이 아니었다. 문필가들은 대토지나 부를 소유하지 못했다. 그럼에도 학연과 지연을 이용하거나 또는 법조인 친구들을 통해 유력 가문과 교류가 가능했고 이러한 지적 능력과 문필

---

56) John Sinclair, *Analysis of the Statistical Account of Scotland*(Edinburgh, 1826), Part I, p. 149, 212-213, 219, 321.

활동을 기반으로 사회적 권위를 갖게 되었으며, 유력 가문 인사 역시 그들을 존중했다. 문필가들을 존중하는 분위기가 또한 그들의 문필 활동을 자극하고 그 활동을 많은 시민들이 감지할 수 있도록 만드는, 일종의 선순환구조가 나타났다. 문필가와 유력 가문의 연결망은 18세기 계몽운동을 융성케 하는 데 기여했다.

주변부 지식인의 성찰

에든버러라는 주변에서 스코틀랜드 문필가들은 잉글랜드의 변화를 어떻게 바라보았을까. 전통적 상태에 머물러 있는 스코틀랜드와 상업사회를 이룩한 잉글랜드는 근본적으로 다른 사회였다. 데이비드 흄, 퍼거슨, 스미스의 저술에서 스코틀랜드 자체를 성찰하는 내용은 찾기 어렵다. 이 때문에 그들은 스코틀랜드 정체성보다는 영국화에 더 깊은 관심을 기울였다는 평가를 받기도 한다. 그러나 이는 그들이 스코틀랜드 상황을 직시하지 않았기 때문보다는 그러한 집착이 자칫 "편협한 지방주의"로 왜곡되지 않을까 하는 우려감 때문이었다.[57] 그들 또한 합병 후 스코틀랜드의 경제 발전과 사회 진보에 주목했으며, 그러면서도 지역정체성을 지키기 위한 방편으로 독자적인 방위를 주장했다. 그들의 사상적 기반은 스코틀랜드 고유의 제도, 법률·대학·교회라는 제도의 창을 통해 여과되어 나타난 것이다. 실제로 계몽운동기에 문필가들은 스코틀랜드의 물질적·문화적 진보를 이끌고 이룩한

57) A. C. Chitnis, 앞의 책, pp. 91-92.

다는 뚜렷한 목표를 공유하고 있었다. 한 역사가의 말대로, "그들은 계몽된 이념과 이상을 대중을 통해 전파하고 나아가 여타 세계 앞에서 스코틀랜드를 계몽운동의 중심지로 앞세우겠다는 과업을 스스로 표명했다."[58)]

18세기 중엽 스코틀랜드 문필가들은 잉글랜드와 그 나라에서 이루어지고 있는 거대한 사회경제적 변동을 어떻게 바라보았는가. 칸트는 「계몽이란 무엇인가에 대한 답변(Beantwortung der Frage: Was ist Aufklärung?)」(1784)에서 이렇게 말한다. "우리가 현재 계몽된 시대(in einem aufgeklarten Zeitalter)에 살고 있느냐는 질문을 받는다면, 대답은 '아니오'다. 그렇지만 우리는 '계몽의' 시대(in einem Zeitalter der Aufklarung)를 살고 있다."[59)] 이는 칸트와 동시대인이라고 할 수 있는 스코틀랜드 계몽운동가에게도 그대로 해당된다. 주변부 지식인의 한계다. 그러나 중심과 주변을 비교할 수 있을 경우에만 '계몽된'과 '계몽의'라는 두 말의 차이를 식별할 수 있다. 스코틀랜드 문필가들에게 중심인 잉글랜드의 변화는 곧 미래에 나타날 보편적 변화였다. 데이비드 흄에 따르면, 대륙은 단일한 또는 지배적인 정치·사회·종교 형태를 가지고 있다. 이와 달리 잉글랜드는 그렇지 않다. "같은 말을 쓰고 같은 정부가 통치하는 하나의 국가에서 사람들의 태도와 기질은 놀라우리만큼 복합적이다."[60)] 영국인은 국민성을 가지고 있지 않다.

---

58) Douglas Sloan, 앞의 책, p.9.

59) I. Kant, "Beantwortung der Frage: Was ist Aufklärung?"(1784); Roy Porter, *Enlightenment: Britain and the Creation of the Modern World*(London: Penguin Books, 2000), p. 1에서 재인용.

60) Keith Robbins, "The Identity of Britain," in idem, *Nineteenth Century Britain: Integration and Diversity*(Oxford University Press, 1988), p. 11에서 재인용.

오늘날 중심과 주변은 경제적 맥락에서, 그리고 중심부 시각에서 주로 인식된다. 그러나 주변부에서 보면 중심은 언제나 따라잡기의 무대이자 대상이다. 더 나아가 중심의 변화를 객관적으로 관찰할 수 있는 계기가 부여된다.[61] 스코틀랜드 계몽운동의 성취는 이런 측면에서 설명할 수 있다. 중심인 잉글랜드의 변화를 분석하기 위해서는 새로운 학문이 필요했다. 그것은 도덕철학이라는 이름으로 불렸지만 후일의 경제학과 사회학이었다. 이들 학문은 유럽사의 근대 국면, 그리고 산업혁명 직전까지 유럽 지식인과 정부의 정신세계를 지배했던 중농주의와 중상주의의 개념을 밀어내고 그 자리를 대신했다. 말하자면, 이 새로운 학문에 기반을 둔 개념들이 상업화와 산업화의 중심부에 편입되어 있으면서도 그 외부지역이었던 스코틀랜드에서 생성된 것은 결코 우연한 일이 아니다. 스코틀랜드는 넓게 보면 변화의 도도한 흐름에 속해 있으면서도 동시에 분리되어 있었다. 여전히 전통의 지배를 받고 있었고, 물질적으로나 사회적으로 새로 떠오르는 산업질서의 진원지인 잉글랜드에 가까우면서도 그 변화의 충격에서는 떨어져 있었던 것이다. '중심'에서 나타나는 변화와 새로운 경향은 대체로 그 중심에서 가까운 '주변' 또는 '변경'에서 가장 빨리 발견되고 또 가장 분명하게 식별할 수 있다. 문명 중심의 외곽에 자리 잡고 있다는 것은 중심에서 벌어지고 있는 현상을 분명하게 관찰할 수 있을 만큼 가깝지만, 한편으로 그 현상을 '객관화'함으로써 인식한 것들을 개념으로 주조하고 응축해낼 수 있을 만큼 어느 정도 거리를 두고 있음을

---

61) Christopher Smout, "Centre and Periphery in History: with Some Thoughts on Scotland as a Case Study," *Journal of Common Market Studies*, vol. 18, no. 3(1980), p. 256.

뜻하기도 한다. 이런 점에서 예를 들어 애덤 스미스가 노동에서 부가 나오기 때문에 노동이 부의 첫 번째이자 거의 유일한 원천이라는 견해를 표명한 것은 단순한 우연이 아니다.

스코틀랜드 문필가들은 잉글랜드의 정부, 사회, 과학, 여론에서 자신들이 지향하는 새로운 사회의 원형을 발견했다. 이를 포착하고 관찰함으로써 상업(산업)사회의 본질을 재구성할 수 있었다. 가설과 검증이라는 뉴턴의 방식이 사회 관찰에서도 그대로 적용된 것이다. 그들은 이러한 현재의 변화가 어떤 추동력에 힘입어 과거에서 비롯했는가를 탐색했다. 본질적으로 스미스, 퍼거슨, 데이비드 흄의 문제 제기는 역사적 방법에 의존한다. 스코틀랜드 문필가들은 다투어 과거 인간사회의 인류학적, 환경적, 사회경제적 조건들을 추출해 이 조건들 가운데 무엇이 후일 상업사회 변화의 동인으로 작용했는지를 살폈다. 사회발전을 단계론적으로 인식하는 것은 이러한 탐색의 결과다. 사회 및 사회변화의 역사에 대한 이론적 통찰을 바탕으로 그들은 '추론적 역사(conjectural history)'라는 독특한 서술방식을 개척했는데, 이것이 19세기 사회이론의 선구가 되었다.[62] 다시 말해 스코틀랜드 문필가들의 작업은 다음 세기 근대 사회과학과 역사학의 토대를 형성했다.

62) Martin Schmidt, "Dugald Stewart, 'Conjectural History', and the Decline of Enlightenment Historical Writing in the 1790s", in U. Broich et al., eds., *Reactions to Revolutions: The 1790s and Their After*(Berlin: Lit, 2007), p. 232. 이들의 역사적 사회철학에 관해서는 다음을 볼 것. John D. Brewer, "Conjectural History, Sociology and Social Change in Eighteen-Century Scotland: Adam Ferguson and the Division of Labour" in David McCrone, Stephen Kendrick and Pat Straw, eds., *The Making of Scotland: Nation, Culture and Social Change*(Edinburgh: Edinburgh University Press, 1989), pp. 13-30.

그뿐만 아니라, 스코틀랜드 문필가들의 지적 활동은 자신들 주위에 포진한 다수 독서층과 식자층에게 영향을 주었다. 그들은 다양한 문필활동을 통해 자신의 견해를 전파하고 정책에 영향력을 행사했다. 당시 스코틀랜드 지배세력과 교류하면서, 이들에게 문명의 진보, 사회 관계 및 제도, 권력의 합리화, 합리적 인간의 윤리와 종교 등 다양하면서도 현실적 주제들에 관해 자신의 견해를 전해준 것이다. 요컨대 데이비드 흄, 윌리엄 로버트슨, 애덤 퍼거슨, 애덤 스미스 같은 학자들이 주도한 스코틀랜드 계몽운동은 기존 교회와 대학에서 그들이 가졌던 지위와 권위에 힘입어 스코틀랜드인들에게 일종의 지적·문화적 표준을 제공하고 지배층에게는 사회적 의무와 책임성을 가르쳤다.

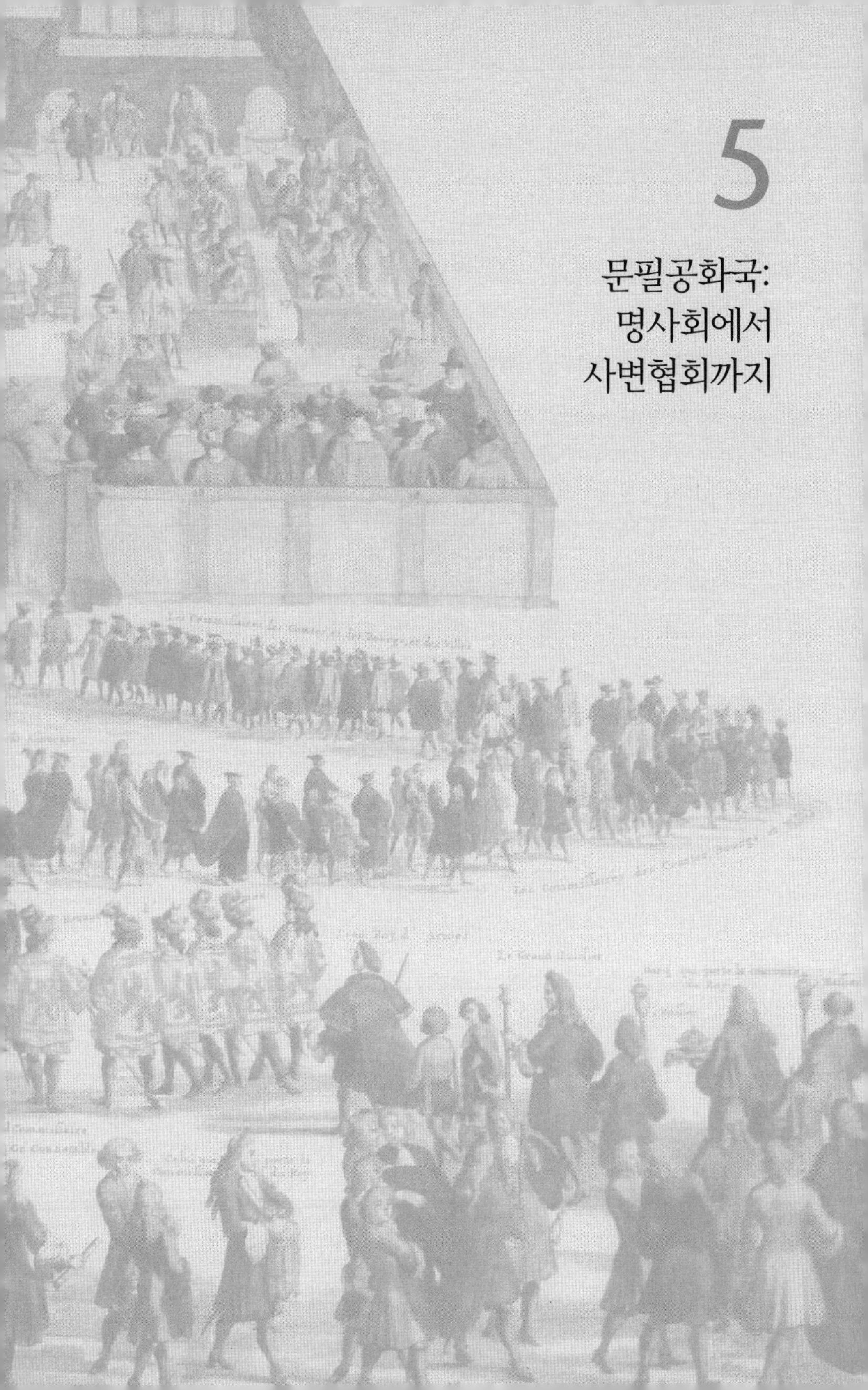

5

문필공화국: 명사회에서 사변협회까지

애덤 스미스가 글래스고대학에서 도덕철학 교수로 재직하던 18세기 중엽, 그 당시에는 일요일만 제외하고 매일 아침 에든버러행 우편마차가 글래스고를 출발했다. 마차는 우편물과 승객을 가득 싣고 에든버러로 향했다. 1760년경 이 마차여행은 하루 반나절 걸리는 여정이었다. 스미스는 자주 이 마차 편을 이용해 에든버러를 찾았다. 그는 출발 다음 날 정오께 에든버러에 도착해서 그곳 지인들과 오후 시간을 함께 보낸 다음, 글래스고로 돌아왔다.[1] 같은 대학 동료인 조지프 블랙(Joseph Black), 존 밀러(John Millar) 등과 함께 여행을 떠나기도 했다.

스미스가 자주 에든버러를 방문한 것은 지식인 토론모임인 '명사

1) 스미스의 에든버러 여행에 관해서는 다음을 볼 것. Arthur Herman, *How the Scots Invented the Modern World: The True Story of How Western Europe's Poorest Nation Created Our World & Everything in It*(New York: Crown Publisher, 2001), p. 163.

회(Select Society)'[2]의 정기회의에 참석하기 위해서였다. 18세기 중엽 에든버러에는 일단의 문필가와 예술인, 목사, 그리고 중간계급 출신 지식인들이 한데 어울려 벌이는 토론문화가 발전하고 있었다. 당시 에든버러에는 명사회와 비슷한 지식인 모임이 여럿 있었다. 예를 들어 명사회보다 2년 늦게 결성된 '포커 클럽(Poker Club)'도 성격은 비슷했다. 포커 클럽의 회원 가운데 명사회 인사로는 윌리엄 로버트슨, 휴 블레어, 알렉산더 칼라일, 애덤 퍼거슨 등이 있었다. 이들 모임 외에 사법협회(Speculative Society), 왕립물리학회(Royal Physical Society), 변증학회(Dialectic Society), 문학회(Literary Society), 철학협회(Philosophical Society) 등이 활동 중이었다.

이들 모임은 일종의 담론공동체였는데, 1750년대 이후 활발하게 결성되었다. 이는 이전에 지연과 학연 또는 자연스럽게 형성된 관계망을 통해 비정기적으로 이루어지던 지식인들의 토론문화가 좀 더 공식적이고 정기적인 활동으로 변모하고 있음을 나타낸다. 이 시기의 토론문화와 담론공동체는 계몽운동의 산물이자 동시에 계몽운동을 낳은 바탕이기도 했다. 저명한 문필가뿐만 아니라, 직접 문필 활동을 펼치지 않더라도 지식과 인간의 문제에 관심을 가진 목사·교수·의사·변호사 등 에든버러 식자층이 모임의 회원이었다. 이러한 정규모임은 엄격한 회원 자격을 부여한다는 점에서 폐쇄적이었다. 그러나 일부 모임은 자주 공개토론이나 공개강연을 개최했다. 공개토론과 공개강연은 에든버러 시민 누구나 방청할 수 있었다. 계몽운동이 문필

2) Select Society란 회원 자격을 까다롭게 해 소수의 인사만이 가입할 수 있는 모임이라는 의미를 갖는다. 적절한 번역어를 찾지 못해 '명사회'라 표기했다.

가와 그 주위를 둘러싼 독자층의 상호 관계망을 통해 전개된다고 한다면, 18세기 중엽 에든버러야말로 그 전형적인 공간, 즉 '문필공화국'이었다.

계몽지식인

이미 앞에서 단편적으로 거론했지만, 스코틀랜드 계몽운동기 주요 문필가들을 간략하게 소개하면 다음과 같다.[3] 에든버러 중심의 계몽운동을 선도한 데이비드 흄(David Hume, 1711~1776)은 1734년 자신의 원래 이름 'Home'을 'Hume'으로 바꿨다. 이름이 '흄'으로 발음되는데도, 영어식 발음으로는 그렇게 불리지 않는다는 이유 때문이었다. 그는 상대적으로 이른 나이인 12세 때 에든버러대학에 등록해 법학과 철학을 공부했으며, 특히 키케로와 베르길리우스를 탐독한다. 학생 시절 흄은 교수직에 매력을 느끼지 못했다. 그는 한 친구에게 이렇게 말했다고 전해진다. "책으로 만나지 않고 교수한테서 배울 것은 거의 없어."[4] 흄은 정신적으로 매우 조숙한 소년이었다. 어느 순간 철학의 본질적 문제에 눈을 뜨고 철학을 일생의 업으로 삼겠다는 열망에 사로잡혔다. 10여 년간 독서와 글쓰기에 전념하면서 세속적

3) 이하 이 책에서 소개하는 인물 이력은 다음을 참조했으며, 특별한 경우를 제외하고는 구체적인 전거를 밝히지 않았다. H. C. G. Matthew and B. Harrison, eds., *Oxford Dictionary of National Biography*(Oxford: Oxford University Press, 2004), 66 vols.

4) Ernest C. Mossner, *The Life of David Hume*(Oxford: Clarendon Press, 1970), p. 626.

A

TREATISE

OF

Human Nature:

BEING

An ATTEMPT to introduce the experimental Method of Reasoning

INTO

MORAL SUBJECTS.

Rara temporum felicitas, ubi sentire, quæ velis; & quæ sentias, dicere licet. TACIT.

VOL. I.

OF THE

UNDERSTANDING.

LONDON:

Printed for JOHN NOON, at the *White-Hart*, near *Mercer's-Chapel*, in *Cheapside*.

MDCCXXXIX.

『인성론』 제1권 초판(1739) 속표지. 흄은 뉴턴의 자연과학적 방법론에 의거하여 모든 학문의 기초학으로서 인간학을 수립하고자 하였다.

인 욕망과 일들을 멀리했다. 흄은 이러한 극단적인 결단 때문에 급기야 신경쇠약증에 걸렸다.[5] 건강을 회복한 뒤로 그는 여러 곳을 여행하면서 가정교사를 할 것인지 아니면 상인 도제수업을 받을 것인지 고민하다가 상인의 길을 선택한다. 그러나 브리스톨에서 몇 개월간 상인 도제수업을 받다가 1734년 프랑스 여행을 떠났다. 이후 그는 몇 년간 빈곤과 싸우며 26세의 젊은 나이에 『인성론(*A Treatise of Human Nature*)』(전 3권, 1739~1740)을 펴냈다.

5) 같은 책, p. 193.

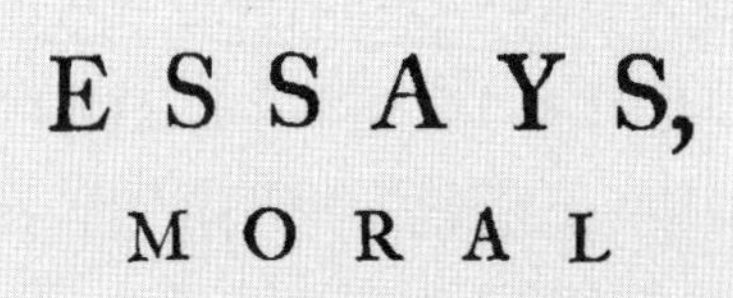

ESSAYS,
MORAL
AND
POLITICAL.

By DAVID HUME, Efq;

The THIRD EDITION, Corrected, with Additions.

LONDON:
Printed for A. MILLAR, over againft *Catharine Street* in the *Strand*; and A. KINCAID in *Edinburgh*.
M.DCC.XLVIII.

『도덕 및 정치 논고』 제3판(1748) 속표지.
흄의 야심에 찬 첫 저서『인성론』은
출판 당시 주목을 받지 못했으나,
이 책은 얼마간 성공을 거둔다.

흄은『도덕 및 정치 논고(*Essays, Moral and Political*)』(1744)를 저술한 후에 에든버러대학의 기체역학 및 도덕철학 교수직을 지원했지만, 그를 무신론자로 의심한 장로교 목사들이 시의회에 교수 임용을 반대하는 청원서를 제출함으로써 뜻을 이루지 못했다.[6] 1752~1761년 그는 에든버러에 체류하면서『잉글랜드의 역사(*The History of England*)』

6) 이 때문에 윌리엄 클렉혼(William Cleghorn)이 교수로 임용되었다. 흄의 에든버러대학 임용에 관해서는 다음을 볼 것. Douglas Nobbs, "The Political Ideas of William Cleghorn, Hume's Academic Rival," *Journal of the History of Ideas*, vol. 26, no. 4(1965), pp. 575-586. 흄은 글래스고대학에서도 비슷한 일을 겪는다.

를 저술했다. 그가 블레어, 로버트슨, 스미스 등과 친밀하게 교류한 것은 이 시기의 일이다. 1763년 그는 프랑스로 건너가 대사관에서 외교관으로 일했으며, 한때는 정부 스코틀랜드담당 부서의 차관보를 지내기도 했다.

윌리엄 로버트슨(William Robertson, 1721~1793)은 미들로디언 출신으로 1733~1741년 간 에든버러대학에서 신학을 공부했다. 대학 졸업 후 지방 교회에서 사역하다가 에든버러의 대표적인 장로교회인 그레이프라이어즈(Grey Friars) 교회 담임목사를 맡았다. 앞에서도 언급했듯이, 로버트슨은 스코틀랜드 계몽운동의 역사에서 핵심 인물이다. 일련의 역사서를 집필해 계몽운동을 주도했으며,[7] 아울러 계몽운동의 전개와 밀접하게 관련된 두 제도의 중심 역할을 맡았다. 1750년대에 중도파그룹의 지도자로서 1766~1780년 간 스코틀랜드 장로교회 총회장을 맡았으며, 다른 한편으로는 1762년 이래 오랫동안 에든버러대학 학장을 지내면서 이 대학을 스코틀랜드는 물론 유럽에서 가장 두드러진 고등교육기관으로 육성하는 데 힘을 쏟았다. 이처럼 18세기 후반 에든버러를 중심으로 이루어진 계몽운동의 중심에는 로버트슨이 자리하고 있었다.

애덤 스미스(Adam Smith, 1723~1790)는 스코틀랜드 계몽지식인 가운데 오늘날까지 가장 대중적인 명성을 지닌 인물이다. 2009년 스코

---

7) *The History of Scotland*(1759), 2 vols.; *The History of the Reign of the Emperor Charles the Fifth*(1769), 4 vols.; *The History of America*(1792), 2 vols. 이들 전집은 모두 로버트슨 전집에 재수록되어 있다. William Robertson, *The Works of William Robertson*(London: Routledge, 1996), 11 vols. 『스코틀랜드의 역사』는 『전집』 제1~2권, 『카를 5세 시대사』는 『전집』 제3~6권, 『아메리카의 역사』는 『전집』 제7~8권에 수록되어 있다.

틀랜드 텔레비전방송의 설문조사에서 그는 가장 위대한 스코틀랜드인 35인 가운데 한 사람으로 뽑혔다.[8] 스미스는 『도덕감정론(*The Theory of Moral Sentiments*)』(1759)과 『국부론(*The Wealth of Nations*)』(1776) 두 저술을 남겼으며, 생전에 뛰어난 지식인으로 칭송받았다. 14세에 글래스고대학에 입학해 프랜시스 허치슨(Francis Hutcheson) 밑에서 수학하고, 옥스퍼드 베일리얼칼리지(Balliol College)에서 수년간 머물렀다. 그렇지만 옥스퍼드의 분위기는 그의 기대와 달랐다. 스미스는 옥스퍼드의 학자들을 경멸하고, 다른 사람들과 교제를 멀리한 채 도서관에서 수많은 장서만을 탐독했다. "옥스퍼드대학 교수 가운데 대다수는 이즈음에 모두 가식적으로 가르치는 일조차 포기한 것 같았다."[9]

스미스는 1748년부터 3년간 에든버러대학에서 수사학 강연을 맡았다. 이 강의는 헨리 흄의 도움으로 에든버러철학협회가 개설했으며, 공개강연이 아닌데도 에든버러 시민들의 열띤 호응을 얻었다. 이 시기에 스미스는 데이비드 흄을 비롯한 에든버러 지식인들과 교류하기 시작한다. 그는 명사회 회원으로 활동하면서 이들 지식인과 정치, 철학, 경제학, 종교 등의 제반 문제에 관해 토론을 즐겼다. 1751년 글래스고대학의 논리학 및 도덕철학 교수직을 맡은 후에도 정기적으로 에든버러를 방문해 동료 지식인들과 환담을 나누고 토론을 즐겼다.

휴 블레어(Hugh Blair, 1718~1800)는 윌리엄 로버트슨과 더불어 18세기 중엽 스코틀랜드 장로교회 목회자 가운데 가장 영향력 있는 인물이었다. 그는 에든버러대학에서 도덕철학과 문학을 공부한 후에 신

8) '지도자·사상가' 부문에서 윌리엄 월리스, 로버트 브루스, 데이비드 흄과 함께 지명되었다(http://scotland.stv.tv/greatest-scot).

9) John Rae, *Life of Adam Smith*(London: Macmillan, 1895), p. 24.

THE

THEORY

OF

MORAL SENTIMENTS.

By ADAM SMITH,
Professor of Moral Philosophy in the
University of Glasgow.

LONDON:
Printed for A. Millar, in the Strand;
And A. Kincaid and J. Bell, in Edinburgh.
MDCCLIX.

『도덕감정론』 속표지.
데이비드 흄의 '동감(sympathy)'이라는 비(非)이기적 원리로 도덕과 법의 기원을 설명하는, 도덕철학과 사회과학사의 고전이다

학석사학위를 받았다. 1743년부터 11년간 에든버러의 캐넌게이트(Cannongate) 교회 담임목사를 지냈고, 그 후 세인트자일스 교회에서 봉직했다. 감동적인 설교자로 특히 이름이 높았으며 교육문제에도 관심을 쏟았다. 1759년부터 에든버러대학에서 문장연습 강좌를 맡아 인기를 얻었고, 그 후 수사학 교수로 정식 임용되었다. 문학에 관심이 높아 셰익스피어 전집을 편찬해 출간하기도 했으며, 전 5권에 이르는 그의 설교집 또한 널리 읽혔다. 실제로 스코틀랜드 장로교회의 중도파운동은 로버트슨과 블레어가 주도한 것이었다.

휴 블레어가 목회자로서 계몽운동에 활력을 불어넣었다면, 법조계에서 그와 같은 역할을 한 인물로 헨리 흄(Henry Home, Lord Kames, 1696~1782)을 꼽을 수 있다. 스코틀랜드에서는 최고법원(Court of Session) 판사에게 로드(lord) 칭호를 붙였다. 이에 따라 흄은 동시대

AN

INQUIRY

INTO THE

Nature and Caufes

OF THE

WEALTH OF NATIONS.

By ADAM SMITH, LL. D. and F. R. S.
Formerly Profeffor of Moral Philofophy in the Univerfity of GLASGOW.

IN TWO VOLUMES.

VOL. I.

LONDON:

PRINTED FOR W. STRAHAN; AND T. CADELL, IN THE STRAND.

MDCCLXXVI.

『국부론』 속표지.
이윤 추구를 목적으로 하는 개인의
'보이지 않는 손'의 작용으로
국부가 증대한다는 이론으로,
고전경제학의 대표 저서다.

사람들에게서 카메스 경(Lord Kames)으로 불렸다. 그는 에든버러의 동료 지식인들과는 달리 대학교육을 받지 않고 가정교육을 통해 법학을 공부했다. 1724년 변호사협회 회원(bar)이 되었고 스코틀랜드 민법에 관한 저술로 평판을 얻었다.[10] 헨리 흄은 친화력으로 데이비드 흄, 스미스, 밀러 등 많은 사람들과 사귀면서 스코틀랜드 계몽운동에 활력을 가져다주었다. 명사회 회원으로 활동했을 뿐만 아니라, 1746년 스미스가 에든버러에서 일자리를 구하려고 했을 때, 에든버러대학에

10) *Essays upon Several Subjects in Law*(1732); *Essays upon the Principle of Morality and Natural Religion*(1751); *Historical Law Tract*(1758). 헨리 흄은 이들 저술에서 법이란 왜 존재하는가라는 질문을 던진다. 왜 인간은 규칙과 규율을 제도적으로 만들고 이를 기꺼이 받아들이는가. 이 모든 것은 재산권 보호와 관련된다. 이처럼 흄은 사람의 이기심을 경제 및 소유관계를 통해 이해하려고 한다. Arthur Herman, 앞의 책, pp. 81-83.

서 수사학 강의를 개설할 수 있도록 도움을 주었다.

애덤 퍼거슨(Adam Ferguson, 1723~1816)은 겉으로 보면 에든버러 계몽지식인 사회의 이질적인 존재다. 고지대 출신으로 퍼스(Perth) 문법학교를 거쳐 에든버러대학과 세인트앤드루스대학에서 신학을 공부했다. 1745~1754년 간 그는 게일(Gaelic)어를 알고 있다는 이유로 43보병연대(Black Watch)의 종군목사로 근무했다. 이후 퍼거슨은 1757년에 에든버러에 돌아와 지식인사회에 모습을 나타냈다. 데이비드 흄에 뒤이어 법률도서관 사서로 근무하다가 뷰트 백작(John Stuart, 3rd Earl of Bute)[11] 아들의 튜터를 맡아 한동안 런던에 머물렀다. 1759년 에든버러대학 자연철학 교수가 되었고 1764년 이래 1785년 퇴임 때까지 도덕철학 교수를 지내며 저술과 교육에 전념했다. 『시민사회의 역사(*An Essay on the History of Civil Society*)』(1767), 『도덕철학(*Moral Philosophy*)』(1783), 『로마공화정 흥망사(*History of the Progress and Termination of the Roman Republic*)』(1783) 등은 모두 에든버러대학 재직 중에 펴낸 저술이다. 퍼거슨은 로버트슨이나 블레어와 비슷한 시기에 신학교육을 함께 받고 또 명사회 활동을 통해 서로 영향을 주고받는 절친한 사이였다. 그럼에도 그는 로버트슨이나 블레어와 달리 중도파운동에 동조하지 않았다. 퍼거슨은 품위 있는 장로교파의 이상에 집착하지 않았으며 문명화나 인간화라는 슬로건을 내걸고 종교의 사회적 역할을 강조하지도 않았다. 오히려 스파르타를 비롯한 고대도시국가의 시민적 덕목을 중시했다.

---

11) 1761~1762년에 조지 3세 아래서 총리를 지냈다. 에든버러대학을 지속적으로 후원했으며, 로버트슨, 블레어 등 에든버러 지식인들과 친밀한 정치인이었다.

사회적 연결망

전통적인 사회에서 중간계급에 속하는 전문직업인이 귀족가문 인사나 상류층과 거리낌 없이 교류하고 어울리는 경우는 흔하지 않다. 물론 그렇다고 해서 에든버러에서 지체 높은 가문 출신과 일반 전문직업인이 같은 반열로 여겨진 것은 아니다. 『브리태니커 백과사전(*Encyclopaedia Britanica*)』 초판만 하더라도 '도덕철학(moral philosophy)' 항목에서 신분과 계층 간의 차별을 사회의 불가피한 특징으로 파악했다.

> 시민사회의 본질은 그 사회 내의 신분들과 다양한 계층과 조건들의 종속을 필요로 한다. …… 높은 반열에 있는 사람들의 우월성이나 권위는 국가가 부여한 것인데, 특히 그들이 이 권위를 선하게 사용한다면 아래 신분 사람들은 복종하고 순종하게 되고, 그들은 이들로부터 적절하게 칭송을 받고 존경받게 되는 것이다. 하층민의 복종은 높은 반열에 있는 사람들에게서 자신의 보호와 방어와 안전을 요구하기 위한 것이다. 공적 정신, 영웅적 열정, 자유의 애호, 기타 정치적 의무, 다른 그 무엇보다도 이런 것들을 바탕으로 지배층은 나라를 통치하고 인류에 헌신한다. 왜 그런가. 그들은 고귀한 정신의 후손이어서 사회에 최상의 축복을 잉태하는 부모인 셈이기 때문이다.[12]

그러나 실제로 18세기 에든버러는 신분의 벽에 구애받지 않고, 유

---

12) *Encyclopedia Britannica*(Edinburgh, 1771), vol. 3, p. 295, 'moral philosophy'.

력귀족과 지주, 그리고 전문직업인 사이에 다양한 사회적 연결망을 갖추고 있었다. 이는 에든버러가 스코틀랜드의 종교 및 문화 중심지이자 대학도시인 점 때문에 가능한 일이었다. 당시 에든버러 식자층의 주류는 법률가, 대학교수(및 의사), 장로교회 목사 등 세 집단으로 구성되었다. 그들은 대부분 에든버러대학 등에서 신학·의학·법학 과정을 수학했기 때문에 그만큼 지연이나 학연으로 서로 연결될 수 있었다. 직종이 다르더라도 이들은 모두 당대에 교양인이라 불릴 정도의 학식을 갖추고 있었고 또 새로운 지식에 호기심을 가졌다. 유력귀족 또한 이들과 교류하기를 주저하지 않았다. 특히 스미스, 로버트슨, 흄, 퍼거슨, 블레어와 같은 저명한 문필가들과 교제하는 것을 자랑으로 여겼다.

전문직종 가운데 법조계는 아무래도 귀족 및 지주 가문 출신이 많았다. 한 통계에 따르면, 1707~1751년 간 변호사(advocate) 직종 신규가입자의 96퍼센트가 지주가문 출신이었다. 1752~1811년 간의 비율은 88퍼센트로 조금 낮아지지만, 전반적으로 법조인력은 전통 토지귀족 및 지주(gentry) 출신이라고 할 수 있다. 법조계 입회비는 1707년 30파운드에서 1790년 150파운드로 치솟았다.[13] 재력 있는 집안 출신이 아니고서는 법학을 공부하고 또 이후 변호사로 진출하는 것이 쉽지 않았다. 에든버러 법조계 인사들은 계몽운동과 직접 관련되거나 또는 후원하는 위치에 있었다. 법률 직종은 문필을 실천할 수 있는 직업 가운데 하나였다. 실제로 변호사와 판사로 활동한 인사 가운데 헨

---

13) A. C. Chitnis, *The Scottish Enlightenment: A Social History*(London: Croom Helm, 1976), pp. 75-76.

리 흄과 제임스 버넷(James Burnett, Lord Monboddo, 몬보도 경, 1714~1799) 등은 문필가로 이름을 날리기도 했다.[14] 그러나 이들은 예외적인 사례에 해당한다. 법조계 인사 대부분은 저명한 문필가와 교류하고 그들의 저술에 관심을 가진 독자로 남아 있었다.

전문직업인 가운데 대학교수와 교구목사들은 좀 더 반열이 낮은 집안 출신이었다. 그럼에도 학연을 기반으로 하여 변호사처럼 유력가문 인사와 연결이 가능했다. 그들의 사회적 영향력은 대학교수나 설교자라는 직업보다는 문필가로서의 명성에 좌우되었다. 따라서 이들 직종의 지식인들은 문필활동을 중시했으며 팸플릿과 저술을 통해 사람들에게 인정을 받고자 노력했다. 18세기 중엽이 되면 이들의 공식적인 지식인 모임이 결성된다.

명사회

명사회(Select Society)는 계몽운동기 에든버러의 가장 대표적인 담론공동체였다. 이 모임이 결성된 계기는 종교 갈등이었다. 1753년 조지 앤더슨(George Anderson)이라는 교구학교 목사가 데이비드 흄과 또 다른 저명한 법조인 헨리 흄을 비난하는 팸플릿을 발간했다. 이 책

14) 헨리 흄에 관해서는 제2장 주 14를 볼 것. 제임스 버넷도 헨리 흄과 마찬가지로 변호사를 거쳐 최고법원(court of session) 판사를 지냈다. 언어학자이자 철학자이며, 특히 근대 비교언어학의 창시자로 알려져 있다. 애버딘대학, 에든버러대학, 괴팅겐대학 등에서 수학하고, 에든버러대학 법학부를 졸업했다. 저서로는 *The Origin and Progress of Language*(1773-1792), 6 vols.; *Ancient Metaphysics*(1779-1799), 6 vols 등이 있다.

[표 5-1] **명사회 창립회원**

이름	직업	이름	직업
존 자딘 (John Jardine)	목사	패트릭 흄 (Patrick Hume)	법률가
프랜시스 흄 (Francis Home)	의사, 교수, 화학/에든버러대학	월터 스튜어트 (Walter Stewart)	법률가
애덤 스미스 (Adam Smith)	교수, 윤리학/글래스고대학	존 흄 (John Home)	목사, 문필가
존 앤더슨 (John Anderson)	교수, 자연철학	로버트 알렉산더 (Robert Alexander)	상인
알렉산더 웨더번 (Alexander Wedderburn)	법률가, (Earl Rosslyn)	존 러셀 (John Russell)	의사, 자연철학 교수
사이먼 프레이저 (Simon Fraser)	법률가, 군인	조지 콕번 (George Cockburn)	법률가
앨런 램지 (Allan Ramsay)	화가	데이비드 클러크 (David Clerk)	의사
제임스 버넷 (James Burnett)	법률가, (Lord Monboddo)	조지 브라운 (George Brown)	법률가, (Lord Colston)
존 캠벨 (John Campbell)	법률가, (Lord Stonefeld)	윌리엄 로버트슨 (William Robertson)	목사, 교수, 교장
알렉산더 칼라일 (Alexander Carlyle)	목사	존 플레처 (John Fletcher)	군인
윌리엄 펄트니 (William J. Pulteney)	법률가, Sir	알렉산더 애그뉴 (Alexander Agnew)	법률가
제임스 로저스 (James S. Rogers)	법률가	존 호프 (John Hope)	의사, 식물학자
데이비드 흄 (David Hume)	문필가	데이비드 달림플 (David Dalrymple)	법률가, (Lord Hailes)
존 스윈턴 (John Swinton)	법률가, (Lord Swinton)	길버트 엘리엇 (Gilbert Elliot)	법률가, Sir
알렉산더 스티븐슨 (Alexander Stevenson)	의사, 교수/글래스고대학	헨리 어스킨 (Henry Erskine)	군인
패트릭 머리 (Patrick Murray)	법률가	휴 블레어 (Hugh Blair)	목사, 수사학교수/ 에든버러대학

자에서 그는 이들 "무신론자들을 신성한 일에서 자신과의 교류와 동료관계뿐 아니라 다른 주제에 관한 긴요하지 않은 모든 대화로부터 배제하는 것"이 전체 기독교인의 의무라고 선언했다.[15] 로버트슨과 블레어 등 중도파 젊은 목사들은 이러한 비난에 적극 대응하기 위해 세속 지식인들과 정기적인 교류를 활성화할 필요성을 느꼈다. 명사회는 이를 계기로 결성된 모임이었다. 그 이듬해 5월 15일 시인 앨런 램지의 재정 도움으로 첫 정기모임이 열렸다.

처음 창립 당시 회원은 〔표 5-1〕에서 나타나듯이 32명이었다.[16] 에든버러와 그 인근지역에서 가장 저명한 문필가, 예술가, 목사, 변호사와 유력가문 출신 인사들이 주요 회원이었다. 앞서 소개한 애덤 스미스와 그의 동료 외에 데이비드 흄, 알렉산더 칼라일, 휴 블레어 등이 회원으로 활동했다. 퍼거슨은 뒤늦게 참여한 것으로 알려졌다. 32명을 직업별로 분류하면 교수(및 의사) 7명, 목사 5명, 문필가 1명, 화가 1명, 상인 1명, 법률가 15명, 군인 2명 등으로 나타난다. 명사회 회원은 그 후 지속적으로 증가한다. 1755년 5월 95명, 2년 후에는 162명이었다.[17] 명사회 결성 계기가 종교문제에 대응하려는 데 있었기 때문

---

15) George Anderson, *An Estimate of the Profit and Loss of Religion*(Edinburgh, 1753), pp. 77-78.

16) National Library of Scotland, Ms/98/70, "Rules and Orders of the Select Society," pp. 7-10. 명사회 창립과 활동에 관해서는 다음 연구를 볼 것. Roger L. Emerson, Roger L., "The Social Composition of Enlightened Scotland: The Select Society of Edinburgh, 1754-1764," *Studies on Voltaire and the Eighteenth Century*, vol. 114(1973), pp. 291-329. 회원 중 화가 앨런 램지(Allan Ramsay, 1713~1784)는 시인 램지의 아들이다.

17) 창립회원을 제외하고 후에 가입한 130명을 직업별로 분류하면 다음과 같다. 젠틀먼(지주) 17명, 문필가 7명, 법률가 44명, 의사 및 교수 14명, 목사 7명, 군인

에 15명의 중도파 목회자들이 회원으로 참가했으며, 이들의 활동으로 속인 문필가들은 평소 가지고 있던 목회자에 대한 편견, 즉 편협하고 고리타분하다는 이미지를 떨칠 수 있었고, 중도파 목사들은 자신들의 총회정치와 개인 이력에 중요한 사회적 연결망을 구축할 수 있었다. 이들과 속인(俗人) 문필가들이 한데 교류함으로써 계몽운동에 새로운 활력이 제공되었던 것이다. 무신론자로 널리 알려진 데이비드 흄도 이 모임에 매우 열심히 참가했는데, 그는 앨런 램지에게 보낸 편지에서 명사회를 극찬한다.

> 이 모임은 전국적으로 주목을 받고 있어요. 젊거나 늙었거나, 귀족이나 평민이나, 재치 있거나 없거나, 속인이거나 목사거나, 세상 모두가 우리 모임에 가입하려는 야심을 가지고 있지요. 매번 회원 선출 때가 되면 우리는 마치 의원이라도 뽑듯이 후보들에게서 청탁을 받습니다.[18]

회원 가입에 까다로운 절차를 둔 것만큼 명사회 회원은 당시 에든버러 사회의 최상층을 포함하고 있었다. 회원 162명 가운데 귀족 25명, 후일 기사 또는 준남작 작위를 받은 회원이 19명이었다. 법률가는 59명에 이르렀다. 1752~1786년 간 스코틀랜드 최고법원 판사로 지명된 28명 가운데 18명이 명사회 회원 출신이었다.[19] 에든버러 유력가

22명, 상인, 건축가, 사업가 17명, 미상 2명. 추가로 가입한 인사 가운데 에든버러 대학의 자연철학 교수 존 스튜어트, 도덕철학 교수 애덤 퍼거슨 등이 눈에 띈다. Emerson, 같은 글, pp. 323-328 참조.

18) David Hume, *The Letters of David Hume*, ed. J. Y. T. Greig(Oxford: Clarendon Press, 1932), *Letters of David Hume*, vol. 1, p. 219.

19) Roger L. Emerson, 같은 글 pp. 301-333.

문 출신 인사들과 능력 있는 문필가 및 지식인들이 정기적으로 모임을 갖는다는 사실 자체가 에든버러 도시사회에 커다란 반향을 불러일으켰다.

명사회는 10여 년간 모임을 지속하면서 에든버러 지식인운동의 중심축이 되었다. 명사회 활동은 일반 시민에게도 널리 알려졌다. 당시 에든버러는 이른바 '문필공화국'의 구현체였다. 명사회 정기모임의 학술발표나 강연은 에든버러 대학 내의 지적 활동보다 더 사람들의 관심을 끌었다. 많은 사람들이 이 모임의 발표나 강연을 방청하기 위해 몰려들었고, 여기에서 거론된 주제며 의견들이 에든버러 사회에 영향을 주었다. 당대의 한 지식인은 이 모임에 관해 이렇게 기록했다. "명사회는 에든버러 인근의 문필가나 감식안을 갖춘 중요한 인사를 사실상 모두 포함하는 것은 물론, 일단의 내과의, 건축가, 군 장교, 무역상, 치안판사, 그리고 무엇보다도 변호사들을 망라한다."[20] 애덤 스미스나 벤저민 프랭클린 같은 외지인이 이 무렵에 에든버러에 매료당한 것도 이 도시에 자리 잡은 '학자와 사상가들의 공동체' 때문이었다. 그러나 명사회는 10여 년이 지난 후 초기 회원들이 사거하거나 에든버러를 떠나면서 점차 활력을 잃었다.

20) Richard Sher의 기록. Arthur Herman, 앞의 책, p. 164에서 재인용.

시민군에 대한 노스탤지어, 포커 클럽

에든버러의 지식인 모임 가운데 또 다른 관심을 끄는 것은 '포커 클럽(Poker Club)'이다. 포커 클럽은 명칭 때문에 일종의 사교클럽이라는 오해를 받는다. 그러나 '포커'라는 이름은 시민군 문제를 다루려는 모임에서 비롯했다. 1757년 명사회 회원 일부가 1757년 시민군법(Militia Act) 조항을 심의하기 위해 정기적으로 회합을 가진 데서 유래하는 것이다. 이들은 민주적인 시민군이 국가의 존엄에 필수적이라는 인식 아래 진지한 토론을 벌였다. 물론 초기 회원의 주축은 1745년 재커바이트에 저항한 경험이 있는 인물들, 알렉산더 칼라일, 애덤 퍼거슨, 존 흄, 윌리엄 로버트슨 등이었다. 이들 외에 애덤 스미스, 조지프 블랙, 데이비드 흄 등도 참여했다.[21] 원래 시민군(militia)이라는 이름에 대해 일반인이 꺼리는 경향이 있었으므로, 스미스의 제안에 따라 포커 클럽이라는 이름을 사용했다. 여기에서 '포커' 즉 부지깽이란 불탄 곳에서 불씨를 흩트리는 데 쓰는 막대기를 말한다. 시민군 문제를 잘 휘저어 이를 일반사회에 환기시키겠다는 원대한 뜻을 함축하고 있었다. 포커 클럽은 시민군 문제를 다루려는 처음의 의도와 달리, 좀 더 자유롭고 여흥을 즐기는 모임으로 바뀌었다. 1760년대 후반에는 정식 회원이 66명이었다.

처음 포커 클럽은 머캣 네거리 근처의 한 선술집에서 자주 모였다.

---

21) 초기 회원 15인 가운데에는 이들 외에, 존 클러크(John Clerk), 헨리 던다스(Henry Dundas, 1st Viscount Melville, 멜빌 경), 패트릭 머리(Patrick Murray 5th Lord Elibank, 엘리뱅크 경), 존 달림플(John Dalrymple), 존 로빈슨(John Robinson), 조지 뎀프스터(George Dempster) 등의 이름이 보인다.

그들은 1실링짜리 정식을 시키고 적정량의 백포도주와 적포도주를 곁들여 마시면서 주로 정치문제에 관해 토론을 벌였다. 참가자들은 자유롭게 상대방의 견해를 비판하고 따지고 몰아댔다. 이런 자유로운 토론 때문에 때로는 분위기가 험악해지기도 했다. 모임은 정치적 의도를 표방하면서도 사교와 여흥을 도외시하지 않았다. 1769년 기존 선술집 주인 토머스 니콜슨(Thomas Nicolson)과 음식 값을 둘러싸고 다툼을 벌인 후, 모임 장소를 다른 선술집으로 옮겼다. 그러나 음식 값이 너무 비쌌기 때문에 참석률이 저조해졌다. 이후에도 클럽은 10여 년간 존속했지만, 정기적이기보다는 간헐적으로 모이는 경우가 많았다. 모임은 1784년 1월 3일을 끝으로 해산되었다.[22]

시민군제도를 전향적으로 검토하기 위해 결성된 토론의 장이 결국 여흥 위주의 모임으로 바뀌었다는 것은 역설적이다. 모임의 이름을 스미스의 제안에 따라 '포커 클럽'으로 정한 것은 여러 의미를 함축한다. 시민군제도에 관해서 아마도 두 가지 상반된 입장이 충돌했을 것이다. 퍼거슨을 비롯해 에든버러 방위에 가담했던 사람들은 시민군제도 복원의 당위성을 강조했을 것이다. 퍼거슨의 입장은 분명하다. 그는 스코틀랜드가 상업사회로 들어선 시대 변화를 인정한다. 근대 상업과 제조업이 개인의 꾸준한 활동을 위해 이전보다 더 넓은 장을 마련해주었다는 데 동의한다. 그러나 시민사회에 대한 상업의 위협은 사람들의 상업적 열정(passion)이 정치적 열정을 대체할 때 비롯한다. 상층 및 중간계층 시민들이 자신들의 부를 축적하기 위해 또는 손쉽

22) 포커 클럽에 관해서는 Francis W. Hirst, *Adam Smith*(London: Macmillan, 1904)을 참조.

게 살아가려고 정치적인 삶에 참여하는 것을 포기한다는 것이다.[23] 정치적 열정의 쇠퇴는 무엇을 가져올 것인가. 퍼거슨은 이렇게 말한다.

> 이해가 상상력을 외면하게 하고 감정을 무디게 한다. 그리고 수지맞고 이득이 확실한 것에만 매진하도록 부추긴다. 그것은 창의력과 야망을 계산대와 작업장으로 쫓아내는 것이다.[24]

상업은 시민의 덕목(virtue)과 '사회적 정신(social spirit)'의 쇠퇴를 가져온다. 이는 전쟁술을 전문기술로 만들어 시민의 삶에서 제거하는 것이다. 전문화된 전쟁술은 결국 참여적 덕목(active virtues)을 위협할 뿐 아니라, 그 전문화를 사회정신의 중심에까지 확대시킨다.[25] 퍼거슨에 따르면, 시민적 덕목의 쇠퇴를 막을 치유책은 고대적 자유의 토대를 되살리는 데에서 찾아야 한다. 시민군(citizen militia)의 전통이 그것이다. 그것은 시민 모두에게 "조국에 대한 열정, 전사로서의 책임"을 부여하고, 그럼으로써 "시민 자신의 권리를 방어하는 역할을 분담"할 수 있는 것이다.[26] 퍼거슨의 관심은 이론적인 것만이 아니었다. 포커 클럽은 바로 이와 같은 이상을 구체화하려는 모임이었다. 퍼거슨은

---

23) Adam Ferguson, *An Essay on the History of Civil Society*, ed. Fania Oz-Salzberger(Cambridge: Cambridge University Press, 1995), p. 205.

24) 같은 책, p. 206.

25) Adam Ferguson, *An Essay on the History of Civil Society*, ed. Duncan Forbes(Edinburgh: Edinburgh University Press, 1966), p. 231.

26) 같은 책, p. 266. 시민군 문제에 대한 다양한 견해에 대해서는 다음을 볼 것. John Robertson, *The Scottish Enlightenment and the Militia Issue*(Edinburgh: John donald, 1985).

실현 가능성이 희박하더라도, 선언적으로 시민군제도의 필요성과 그 효용을 좀 더 많은 시민들에게 알려줄 필요가 있다고 생각했다. 모임은 그러한 계몽의 장이 되어야 했다.

반면, 애덤 스미스는 상업사회에서 정치적 열정의 쇠퇴를 우려하면서도, 시민군제도가 전 시대의 유산에 지나지 않는다고 단언한다. 그에게 훈련, 복종, 용기 등의 덕목은 당대에 절실한 가치가 아닌 것이다. 그 같은 덕목과 규율은 시민군보다 상비군에게 적용되어야 한다.[27] 스미스도 포커 클럽의 회원이었지만, 그의 시민군에 대한 견해는 분업을 긍정적으로 평가한 것과 맥락이 같다. 한마디로, 대포가 보급되는 기술진보의 시대에 "규율과 질서에 대한 신속한 명령"이 중요하며 이는 상비군체제에서 좀 더 효율적일 수밖에 없다는 것이다.[28]

사실, 스미스의 이러한 언명은 데이비드 흄의 반공화주의와 맥락을 같이한다. 흄은 18세기 영국 지식인들 사이에 인기를 누렸던 마키아벨리의 견해에는 치명적인 약점이 있다고 비판한다. 마키아벨리는 근대 군주국가의 안정성과 또 사회 안정을 가져올 수 있는 능력을 고려하지 않았다는 것이다. 더욱이 그는 상업의 정치적 중요성을 간과했다는 것이다.[29] 흄은 더 나아가 18세기 영국의 공화주의 옹호자들을

---

27) Adam Smith, *Wealth of Nations*(1930), vol. 2, p. 193; Bruce Buchan, "Civilisation, Sovereignty and War: The Scottish Enlightenment and International Relations," *International Relations*, vol. 20, no. 2(2006), p. 186.

28) Adam Smith, 같은 책, p. 194. 시민군에 관한 퍼거슨과 스미스의 견해는 다음을 볼 것. Richard B Sher, "Adam Ferguson, Adam Smith and the Problem of National Defense," *Journal of Modern History*, vol. 61, no. 2(1989), pp. 240-268.

29) David Hume, "Of Civil Liberty," in idem, *Political Essays*, ed. Knud Haakonssen (Cambridge University Press, 1994), pp. 51-52.

공격한다. 이들은 이미 근대사회에서 시민의 덕(civic virtue)이나 소토지 소유 자체가 사회 안정의 버팀목 역할을 할 수 없다는 점을 인정하지 않는다. 이제 공업과 상업이 경제를 주도하고 번영을 이끌고 있다. 이 번영에 문화적 세련이 더해져서 군주제 아래서도 여러 계층에 자유의 분위기가 확산되고 있다. 상업으로 축적된 막대한 부가 도시공간에서 세련된 문화와 함께 소비되면서 도시민 대부분이 이미 시민의 덕에서 멀어질 수밖에 없고, 이것이 시대의 추세라는 것이다.[30)]

젊은 세대의 대두와 사변협회

명사회가 해체된 직후인 1764년 11월 17일 토요일 저녁, 에든버러 대학을 다니던 학생 몇몇이 모여 새로운 토론회를 결성하기로 의견을 모았다. 이들은 새 단체의 이름을 '사변협회(Speculative Society)'로 정하고 새롭게 적용할 회칙을 만든 다음, 같은 달 23일 금요일에 첫 정기모임을 가졌다. 창립회원은 윌리엄 크리치(William Creech), 앨런 매코노치(Allen Maconochie), 알렉산더 벨시즈(Alexander Belsches), 존 브루스(John Brruce), 존 보너(John Bonor), 존 매켄지(John Mackenzie) 등 여섯 명이었는데, 모두가 재기발랄한 젊은 대학생들이었다.[31)] 처음

30) 흄의 반공화주의에 관해서는 다음을 볼 것. Knud Haakonssen, "The Structure of Hume's Political Thought," in *The Cambridge Companion to Hume*, ed. David F. Norton(Cambridge Unviersity Press), pp. 182-221.

31) 창립 첫해 연말까지 이들 창립회원 외에 찰스 스튜어트(Charles Stuart), 토머스 코(Thomas Caw), 존 길크리스트(John Gilkrist), 조지 머트(George Muat), 앤드루 플러머(Andrew Plummer), 윌리엄 터치(William Touch) 등이 모임에 가입했다.

에는 정회원 수를 20명으로 정했으나 1769년 25명으로 늘렸다. 사변협회는 창립 초기 매주 금요일 저녁 6시에 모임을 가졌다가 1770년 화요일로 변경한다.[32] '금요회'에서 '화요회'로 바뀐 셈이다.

사변협회의 결성 동기나 성격에 관해서는 상세하게 알려진 것이 없다.[33] 다만 이 협회에서 자체 출간 한『사변협회사(*The History of the Speculative Society*)』(1905)에 실린 간단한 약사(略史)와 회원 명부를 통해 이를 어렴풋이나마 짐작해볼 수 있다. 지금 이 장에서는 1764~1780년 간 회원들만을 계량적으로 분석했다. 이 기간 협회에 가입한 회원은 모두 140명이었다. 이 가운데 당시 또는 후일의 직업이나 진출 분야를 확인할 수 있는 사례는 119명이며, 이들의 직업 분포는 법조인(법정변호사, 사무변호사, 판사 등) 53명, 의사 19명, 교수 11명, 목사 9명, 작위귀족 6명, 군인 6명, 상인 또는 금융가 4명, 출판업자 3명, 관리 3명, 회계사 3명, 하원의원 2명으로 나타났다[34] 작위귀족을 제외

창립회원 가운데 윌리엄 크리치는 번스출판사를 경영한 후 후일 에든버러시장을 지냈다. 매코노치는 에든버러대 교수 겸 변호사, 벨시즈는 변호사, 브루스는 에든버러대 교수, 보너는 변호사, 매켄지는 변호사를 거쳐 판사를 지냈다. 이 밖에 스튜어트는 스코틀랜드 교회 목사, 코와 길크리스트는 의사, 플러머는 법정변호사, 터치는 해군장교를 지냈다. Speculative Society, *The History of the Speculative Society, 1764-1904*(Edinburg, 1905), pp. 70-76 참조.

32) 1791년부터는 저녁 7시로 옮겼다. 같은 자료집, p. 51.

33) 사변협회를 본격적으로 다룬 연구는 없다. 사변협회는 스코틀랜드 계몽운동에 관한 연구서나 계몽운동가 개인들의 전기에서 단편적으로 언급될 뿐이다. 1905년 이 단체에서 간행한 자료집(Speculative Society, *The History of the Speculative Society*, Edinburgh, 1905)이 거의 유일한 문헌이다. . 이 자료집은 협회의 초기 역사를 간략하게 소개한 다음, 창립회원부터 20세기 초까지 협회에 참여한 회원 명단 및 토론모임 발표주제를 수록하고 있다. 18세기 후반 사변협회 활동에 관한 기술은 대부분 이 자료집에 의존했다.

34) 같은 자료집, pp. 70-143에 실린 회원명단을 분석했음. 여기서 법조인은 법정변호

하면 대부분이 전문직업인에 속하는 사람들, 즉 고등교육을 받은 중간계급 출신이었다.

『사변협회사』 앞부분에는 협회 창립 당시의 조직과 회칙 등이 간략하게 소개되어 있다. 정회원 가운데 에든버러가 아닌 다른 곳으로 이주하거나 정기모임에 참석할 수 없는 회원은 특별회원 또는 명예회원이 되었으며, 그 수만큼 신입회원을 받아들였다.[35] 실제로 명예회원 추천은 극히 예외적인 일이었다. 특별회원의 경우는 최소 3년간 토론회에 정기적으로 참석한 회원에 대해서만 추천할 수 있었다. 추천된 후보는, 다른 지역으로 거주지를 옮기거나 장기간 출석할 수 없는 사정이 있을 때 특별회원 자격을 얻었다. 특별회원은 정기적으로 토론회에 출석할 의무가 없는 대신, 본인이 원하면 발제를 맡거나 초청받을 권리가 있었다. 1764~1800년 간 사변협회 회원 356명 가운데 110명이 특별회원이 되었다. 그러나 협회 회원 대다수는 스코틀랜드, 특히 에든버러 출신이었다.[36]

협회는 철저하게 회비에 바탕을 두고 운영되었다. 모든 회원은 입회비와 연회비를 납부할 의무가 있었다.[37] 회원 자격에 연령 제한은 없었지만 입회 절차는 비교적 까다로운 편이었다. 협회에 가입하려면 우선 회원 2인의 추천을 받아야 했다. 토론 모임에서 추천자 가운데 한 사람이 회원이 되고자 하는 사람을 소개하면 그는 일단 후보 자격

사, 사무변호사, 판사 등을 가리킨다. 의사이면서 대학교수로 재직한 이는 교수직으로, 법조인 등 다른 분야 경력을 지녔으면서도 하원에 진출한 인사는 하원의원으로 분류했다.

35) 같은 자료집, pp. 18-19.

36) 같은 자료집, pp. 58-59.

37) 입회비는 1실링 6펜스, 연회비는 정회원만 납부했다. 같은 자료집, p. 57.

을 얻었다. 협회 가입 여부는 참석 회원들의 투표로 결정되었는데, 회원 가운데 일부가 부정적 견해를 밝힐 경우 대체로 부결되곤 했다.[38]

정례 모임에 참석하지 않은 회원들은 벌금을 냈다. 벌금 규정을 보면 사변협회가 매우 엄격하게 운영되었음을 알 수 있다. 정회원이 모임에 참석하지 않을 때 물어야 할 벌금은 2회까지는 1실링, 3회부터는 2실링이었다. 불가피한 사정이 있을 때에는 반액을 부과했다. 모임에서 발제를 맡았으면서도 참석하지 않은 사람 또한 1실링의 벌금을 물었다. 지각에 대해서도 엄격한 편이어서 10분 늦게 참석했을 경우 1페니, 30분에 2펜스 등의 규정을 두었다.[39]

회원은 협회의 모든 회칙을 준수해야 했다. 자료집에 실린 다음의 에피소드는 회원들이 부적절한 행위로 어떻게 징계를 받았는가를 잘 알려준다. 1776년 3월 발표회 직후 의장이 특별안건을 상정했다. 의장은 회원 조지 머트(George Muat)의 부적절한 행동을 보고했다. 술에 만취한 채 모임에 참석했다는 것이다. 협회는 그에게 자신의 행위를 해명하기 위해 출석하라는 통지문을 보낼 것을 만장일치로 결의했다. 출석하지 않으면 자신의 위법행위를 인정하는 것으로 간주한다는 내용도 덧붙였다. 머트는 다음 모임에서 의장의 심문을 받았다. 의장은,

---

38) 같은 자료집, p. 51.

39) 같은 자료집, p. 57. 최초의 회칙은 상세하게 전해지지 않는다. 그러나 자료집은 일부 내용을 소개하고 있다. 협회는 회원들에게 발표회 참여자로서의 덕목을 지킬 것을 요구한다. "다른 회원이 발언, 토론, 독서를 하는 동안 크게 웃거나 부적절한 행동을 해서 발표를 방해하는 회원은 의장이 질책한다." "다른 면에서 제아무리 비범하다 하더라도 품성이 부도덕한 인사는 가입할 수 없다." "욕설을 하거나 협회에 어울리지 않는 말을 한 회원은 처음 위반 시 6펜스, 두 번째에는 1실링의 벌금을 부과하며, 세 번째 경우는 제명한다." 후에 이 벌금은 각기 2실링 6펜스, 5실링으로 증액되었다.

그가 자신의 행위를 인정하고 사과한다면 경고로 그칠 것이나 사과를 거부하면 제명한다는 결론을 내렸다. 머트는 그 다음 모임에 참석해 직접 작성한 사유서를 내밀었다. 그 내용은 변명으로 가득했고 사과는커녕 무례한 표현도 있었다. 협회는 머트의 사유서를 거부한 다음에 만장일치로 그를 제명 처분 했다.[40]

사변협회는 일단의 박식한 문필가와 전문직업인, 스코틀랜드 교회 목사들이 다수 참여한 단체였다. 프랑스 계몽운동에서 상당수가 회의주의자였던 것과 달리, 사변협회는 인간·사회·세계에 관해 다양한 주제를 다루면서도 반종교적 성향을 나타내지 않았다. 이는 목회자들의 협회 참여와 관련이 있을 것이다. 실제로 회원들은 "공개적이고 자유로운 지식인 문화가 굳건한 도덕적·종교적 토대와 양립할 수 있다"라고 믿었다. 윌리엄 로버트슨은 이렇게 말했다. "기독교는 우리의 영혼을 정화하고, 우리의 행동을 품위 있게 만든다." 휴 블레어 또한 "종교가 인류를 문명화한다"는 믿음을 버리지 않았다.[41] 이들은 근대성과 기독교의 밀접한 관련을 믿었고 또 그렇게 설파했다. 개신교 전통이 강한 에든버러 사회에서 사변협회가 시민들의 지지를 얻었던 것도 이런 배경 때문이었을 것이다.

40) 같은 자료집, p. 21. 실제로 필자가 조사한 1764~1780년 시기의 회원 140명 가운데 3명은 제명당했다.

41) 이상은 Herman, 앞의 책, pp. 164-165에서 재인용.

18세기 후반 사변협회의 활동

사변협회 발족 직후부터 회원들은 독자적 공간을 마련하려는 계획을 세웠다. 계획은 5년 후에 실현되었다. 회원들은 시의회의 허가와 에든버러대학의 협조를 얻어 대학 구내에 작고 아담한 건물을 세웠다. 대학 당국이 대학 구내 경관을 해치지 않으면서도 장려한 모습을 보여주는 건물을 원했기 때문이다. 건물 안에 자리한 홀은 길이 25피트(약 7.6미터), 너비 19피트(약 5.8미터) 규모로서 원형 천장과 아치형 창으로 장식했다. 건축비용의 일부는 협회 기금으로, 다른 일부는 회원들의 자발적인 기부금으로 충당했다.[42)]

사변협회는 창립 당시부터 시행한 토론모임 운영방식을 한 세기 이상 바꾸지 않고 그대로 시행했다. 매년 겨울과 이듬해 봄이 사변협회의 활동기였다. 회원들은 11월 중순부터 이듬해 5월까지 매주 모임을 가졌다. 에든버러 및 그 인근에 거주하는 정회원은 모임에 매번 출석할 의무가 있었으며, 개인 사정으로 참석하지 못할 때에는 회원들에게 양해를 구해야 했다. 토론회 진행방식도 여타 유사한 단체와 매우 달랐다.

> 겨울에서 봄까지 수개월 동안 매주 한 차례 저녁 모임에서 발제자가 에세이를 낭독하고 지정토론자가 비평한 다음 토론이 이루어졌다. 관심 있는 사람은 글을 받아 적기도 하고, 협회 자체적으로 [토론의 성격에 대해—인용자] 역사·문학·정치 등으로 정리해 결론을 내렸다. 협회 자체의 본질은 여느 정치클럽과도 비슷한 점이 없었다. 그것은 학문 연마와 사변에 국한되었다.[43)]

---

42) Speculative Society, 앞의 자료집, pp. 20-21.

1760년대 후반에 사변협회는 창립회원들의 헌신적인 활동에 힘입어 에든버러의 대표적인 토론모임으로 자리 잡을 수 있었다. 이들은 토론회에서 번갈아가며 발제를 맡아 토론을 주도해나갔다. 1764~1770년 간 사변협회 모임의 발제목록을 검토하면, 창립회원 6인 모두가 6년간 지속적으로 토론회에 참여했으며 적어도 5회 이상 발제를 맡았다. 매코노치와 브루스는 각기 12회, 보너는 14회에 걸쳐 발표했다. 특히 보너는 이 기간 서기와 회계 일까지 도맡았다.[44]

그러나 사변협회가 언제나 회원들의 자발적인 헌신을 바탕으로 활발하게 운영되었던 것만은 아니었다. 침체기도 있었고, 그에 따른 반성으로 모임에 활기를 띠는 시기도 있었다. 1770년대에 협회 활동은 한동안 침체에 빠져 있었다. 그러다가 1779년 입회비를 없애고 신입회원을 대거 영입했는데, 이때 정회원 수를 30명으로 늘렸다. 이 시기에 협회를 위해 헌신적으로 활동한 사람은 제임스 매킨토시(James Mackintosh)였다.[45] 그는 후일 1780년대 사변협회와 에든버러 분위기를 다음과 같이 회상했다.

---

43) 같은 자료집, p. 17. 발표 주제 선정은 해당자가 몇 가지 주제 가운데 하나를 택하는 방식으로 이루어졌다. 그러나 1826년부터 새로운 제도가 도입되었다. 발표할 회원들의 주제를 미리 확인한 다음, 연간 발표 주제 목록을 미리 회람시킨 것이다. 그리고 1년간의 토론회가 끝난 후에는 발표문 모두를 필사해 제본하여 회원들에게 배부했다. 같은 자료집, p. 52.

44) 같은 자료집, pp. 341-351 참조.

45) 매킨토시(1765~1832)는 판사, 의사, 하원의원 등 다양한 이력을 보여준다. 1780년대 에든버러대학에서 의학을 공부하면서 사변협회 활동을 주도했다. 1788년 런던에 이주하여 하원의원(1813~1818)을 거쳐, 동인도회사 관리·교육 기관인 헤일리베리(East India Company's College at Haileybury) 법학교수(1818~1824)를 지냈다.

제임스 매킨토시(토머스 로런스 작). 선거법 개정, 노예무역 폐지 등 자유주의적 개혁을 주장했고, 프랑스혁명의 급진적 개혁을 변호한 것으로 알려져 있다.

> 나는 곧바로 사변협회 회원으로 인정받았다. 협회는 문학 일반과 과학을 토론 주제로 정하곤 했다. 내가 가입하기 20년 전에 설립된 모임이었다. 그동안 회원들 모두가 스코틀랜드의 재능 있는 젊은이는 물론, 의학부에서 공부하려고 에든버러를 찾은 외국인들이었다.[46]

1780년대 에든버러에서 공부 중인 젊은이들이 대거 사변협회를 찾은 것은 아마 초기 회원이기도 한 듀갈드 스튜어트(Dugald Stewart, 1753~1828)의 영향 때문으로 보인다. 1778년 그는 애덤 퍼거슨 후임으로 에든버러대학 도덕철학 교수가 되었다. 25년간 그 대학에 재직하면서 많은 젊은이들을 가르쳤다. 18세기 말 에든버러 계몽운동을 주도하면서 사변협회 활동에 간여한 젊은이들의 상당수는 그의 강의

46) Speculative Society, 앞의 자료집, p. 24.

를 들었다. 월터 스콧(Walter Scott), 헨리 브루엄(Henry Brougham), 프랜시스 제프리(Francis Jeffrey), 프랜시스 호너(Horner Horner), 매킨토시는 물론, 헨리 템플(Henry J. Temple, Lord Palmerston), 제임스 밀(James Mill)도 그의 제자였다.[47] 스튜어트의 영향으로 에든버러는 지적 영향력을 행사하는 도시 중 하나가 되었다. 그의 강의는 유럽과 아메리카 대륙까지 널리 알려졌다. 후일 매킨토시는 이렇게 회상한다.

> 스튜어트 교수의 강의는 사반세기 동안 이성의 빛이 새어 들어갈 수 있는 나라라면 어디서나 널리 알려졌다. 자유, 진리, 덕목에 대해 열정적이면서도 이성적인 사랑을 가슴속에 품은 사람은 이전에는 극소수에 지나지 않았을 것이다. 그의 교육을 받은 여러 나라의 다양한 계층 가운데, 자신이 갖추고 있는 선과 행복이 무엇이건 그것을 스튜어트 교수의 점잖으면서도 설득력 있는 강연의 첫인상 덕분으로 생각하는 사람들이 아직도 얼마나 많이 생존하고 있는가.[48]

듀갈드 스튜어트는 에든버러대학 강의에서도 자신의 사상과 연구

---

47) 스콧(1771~1832)은 『아이반호(*Ivanhoe*)』(1819), 웨이벌리 연작소설 등으로 널리 알려진 작가이다. 제프리(1773~1850)는 글래스고와 옥스퍼드에서 공부하고 『에든버러 리뷰』 편집인을 지낸 문필가이자 변호사이고, 브루엄(1778~1868)은 《에든버러 리뷰》 창간인 중의 한 사람으로 변호사이다. 법관, 하원의원 등 다양한 공직을 지낸 문필가이다. 호너(1778~1817)는 변호사, 저널리스트, 하원의원으로 활동했다. 스콧, 브루엄, 호너 등은 모두 에든버러대학에서 수학했다. 템플(1784~1865)은 후일의 파머스턴 경(Lord Palmerston)으로 총리를 두 차례 역임한 자유당 정치가이다. 밀(1773~1836)은 경제학자이며 존 스튜어트 밀의 부친으로 더 잘 알려져 있다.

48) Speculative Society, 앞의 자료집, p. 116.

결과뿐만 아니라 역사가 윌리엄 로버트슨이나 철학자 토머스 리드 등 당대 저명한 학자의 이론과 견해를 젊은 학생들에게 소개하는 데 열정을 쏟았다. 말하자면 그는 '스코틀랜드 계몽운동'의 계몽가였던 셈이다. 스튜어트는 특히 인간의 상식을 강조한 리드의 견해를 중시했는데, 그의 열정적인 강의에 심취한 젊은이들이 많았다.[49] 스튜어트는 당대 에든버러대학을 대표하는 훌륭한 교사였다. 복잡한 이론이나 문제를 학생들이 쉽게 이해할 수 있는 내용으로 바꾸어 전달하는 능력이 탁월했다. 일례로, 역사의 진보에 관한 그의 설명을 들어보자.

> 특정한 시대의 사회에 대해, 지금 우리가 살고 있는 시대의 사회와 같이 우리의 지식 정보, 견해, 제도들을 조야한 종족들에게 지배적이었던 것들과 비교해보면, 미개한 자연이라는 최초의 단순 형태에서 놀라우리만큼 인공적이고 복잡한 문명 상태에 이르기까지 어떠한 점진적 단계를 거쳐 이루어졌는가라는 흥미로운 질문을 하게 될 것이다.[50]

1790년대부터 다음 세기 초의 시기에 재능 있는 많은 젊은이들이 사변협회에 들어갔다. 스콧과 제프리는 1790년과 1791년에 가입해 활발하게 활동했고 브루엄, 호너, 헨리 콕번(Henry Cockburn), 존 머리(John Murray) 등은 1790년대 후반에 신입회원이 되었다.[51] 제프리는

---

49) 같은 자료집, p. 117.

50) Dugald Stewart, "Account of the Life and Writings of Adam Smith," *Collected Works of Dugald Stewart*, ed. William Hamilton, vol. 10(Edinburgh, 1858), pp. 33-34.

51) 콕번(1779~1854)은 에든버러대학 수학 후 법정변호사로 활동하면서 스코틀랜드의 유력한 휘그파 정치인이 되었다. 머리(1778~1848)는 유명한 머리 출판사를 경

후일 회원 가입 후 처음 사변협회 토론회에 참가했던 경험을 회상한 바 있다. 토론회가 방청객들로 가득 차서 그는 테이블 밑바닥에 자리를 깔고 앉을 수밖에 없었다. 의장과 몇몇 일부만이 의자에 앉았고 나머지 사람들은 모두 제프리와 같은 처지였다. 그날 저녁 모임의 발제자는 월터 스콧이었다. 스콧은 스코틀랜드 전통 민요에 관한 글을 읽어 내려갔다. 많은 사람들이 경청했을 뿐만 아니라 큰 관심을 나타내어서 스콧은 다음 토론회 발제도 권유받았다는 것이다.[52] 실제로 스콧은 1791~1795년 간 협회 총무를 지냈고 토론회에서도 자주 발표를 맡았다. 스콧 외에도 제프리, 호너, 브루엄 등 역량 있는 젊은 지식인들이 협회 활동을 주도했다. 19세기에 들어와 에든버러가 지적 활력을 점차 잃어갔음에도 사변협회는 이전과 마찬가지로 토론문화의 전통을 그대로 이어갔다. 『보물섬(*Treasure Island*)』 작가로 널리 알려진 로버트 스티븐슨(Robert L. Stevenson, 1850~1894)은 1873년 친구에게 보낸 편지에서 사변협회에 관해 이렇게 썼다.

> 사변협회는 역사가 오랜 단체이고 회원 가운데 월터 스콧, 헨리 브루엄, 프랜시스 제프리, 프랜시스 호너, 벤저민 콘스턴트(Benjamin Constant), 그 밖에 이 지역의 많은 명사들이 포함되어 있었네. 우연하게도 그 단체는 에든버러대학 구내에 홀이 있지. 터키산 카펫이 깔려 있고 그림들이 여럿 걸려 있는 그 홀은 밤에는 벽난로와 촛불로 조명을 드리운, 꽤나 괜찮은 만찬장이야. 도서관처럼 벽에는 철장 뒤로 책들이 가득 꽂혀 있고, 회랑

영하면서, 1809년 스콧과 함께 보수적인 잡지 《계간평론(*Quarterly Review*)》을 창간했다.

52) Speculative Society, 앞의 자료집, p. 30.

에는 벽난로며 긴 의자며 식탁이며 저명 인사의 책자며, 그리고 역대 서기를 기리는 명패가 들어차 있네. 이곳에서 회원들은 몸을 녹이고 빈둥거리며 책을 읽지. 여기에서는 연장자 눈치를 보지 않고 마음대로 담배를 피운다네.[53]

19세기 초 스코틀랜드 계몽운동을 주도하던 재기발랄한 지식인집단이 점차 런던으로 이주한 이후 학문과 예술 중심지로서 에든버러의 명성은 퇴색해갔다. 그럼에도 사변협회의 토론모임이 한 세기 반 이상 존속했다는 것은 놀라운 일이다. 여기에서 우리는 18세기 후반 에든버러의 지적 분위기를 '문필공화국' 개념으로 이해할 수 있다. '문필공화국'은 지식인과 시민, 필자와 독자 사이의 대화가 활발하게 이루어지는 담론공동체가 영향력을 발휘하는 곳을 뜻한다. 에든버러의 교양 있는 시민들이 지적 활동에 참여하거나 관심이 있었기 때문에 사변협회가 오랫동안 그러한 전통을 이어나갈 수 있었을 것이다.

토론문화와 문필공화국

18세기 후반 에든버러 지식인사회에서 데이비드 흄과 역사가 윌리엄 로버트슨의 영향은 거의 절대적이었다. 흄은 『인성론(*A Treatise of Human Nature*)』(1739~1740) 등에서 '동감(sympathy)'이 인간 도덕의 형성에 미치는 영향을 강조한 철학자로 유명했다. 그는 삶을 위한 학

53) 같은 자료집, p. 25.

문의 정립에 관심을 기울였다. 그가 자신의 학문을 '도덕철학(moral philosophy)'으로 부르고자 했던 것도 이러한 이유 때문이다. 흄에게, 도덕철학은 세속적인 사회를 직시하면서 과학적인 정신으로 상업사회에 살아가는 사람들의 삶의 향상을 위해 기여해야 할 것이었다. 흄은 인간의 정치적·종교적 신념은 이성보다는 관습과 상상력에 의해 형성되는 것이라고 주장했다. 그가 생각하기에, 삶의 목적은 행복과 덕의 추구에 있다. 인간은 정부가 자신의 행복에 기여한다고 생각할 때 그 정부를 지지하며, 정부는 이 경우에만 정당성을 갖게 된다. 인간에게 중요한 것은 자유라는 슬로건이나 추상적 개념이 아니라 정치의 안정이었다. 이러한 안정을 바탕으로 인간은 행복을 추구할 수 있다.[54)]

흄의 역사서술 또한 에든버러의 젊은 학생들에게 영향을 미쳤다. 방대한 『잉글랜드의 역사(*The History of England*)』(전 6권, 1754~1762)는 한마디로 영국인의 자유의 발전에 관한 서사였다. 여기에서 영국인의 자유는 예절, 교양, 사교성, 법과 재산에 대한 존중 등 시민성(civility)의 덕목을 의미하며, 그 발전은 영국의 상업·기술·과학의 번영과 밀접하게 관련된다는 것이다.[55)] 그러나 흄은 단순히 자유의 발전만을 강조한 것이 아니라, 국민의 자유를 보호하고 상업과 무역, 기예와 과학을 진흥시킨 근대 정부와 법체계가 두드러졌던 이유가 무엇인

---

54) 이상은 Christopher J. Berry, *Social Theory of the Scottish Enlightenment* (Edinburgh: Edinburgh University Press, 1997), pp. 14-15 참조.

55) D. W. Livingston, "Hume's Historical Conception of Liberty", in *Liberty in Hume's History of England*, eds., N. Capaldi and D. W. Livingston(Dordrecht: Kluwer Academic Publisher, 1990), p. 128.

가를 성찰한다. 그는 한편으로는 문명화와 문명 개념의 확산에서 원인을 찾지만, 다른 한편으로는 폭력과 국제관계의 질서를 독점한 국민국가의 성장을 주목한다. 요컨대, 영국의 상업 발전이 국가주권의 발전에 힘입은 것임을 강조하고 있다.[56)]

한편, 윌리엄 로버트슨은 『카를 5세 시대사(*History of the Reign of Charles the Fifth*)』(전 4권, 1769)에서 15세기에 봉건제도가 결정적으로 약화된 것은 상비군의 증강과 그에 따른 왕권 신장 때문이라고 보았다. 그는 근대 유럽의 역사를 개관하면서 이 시기에 "유럽 국가들을 형성하는 체제에 속해 있는 모든 나라들 사이에 적절한 힘의 배분"이 이루어졌다는 점을 강조한다.[57)] 이러한 근대 체제로의 변화는 1555년 아우크스부르크 종교화의(Augsburg Settlement) 이후 종교적 관용과 로마 가톨릭의 쇠퇴와 함께 전개되었다는 것이다. 로버트슨이 보기에, 이것이야말로 유럽에서 세력균형을 낳은 토대였다. 또 근대 유럽세계는 주권국가의 발전과 국가 간 세력균형이 맞물리면서 발전한 것이었다. 기록상으로 로버트슨이 사변협회에 직접 참여했다는 증거는 없다. 다만 회원 명단에서 그의 아들 윌리엄이 초기 회원으로 활동했음을 확인할 수 있다.[58)]

사변협회의 초기 기록이 별로 남아 있지 않아서 스코틀랜드 계몽운

---

56) 이에 관해서는 다음을 볼 것. Bruce Burchan, 앞의 책, p. 177.

57) William Robertson, *History of the Reign of Charles the Fifth*[1769](London: George Routledge, 1856), vol. 1, pp. 72-77.

58) 윌리엄은 1772년 4월 28일과 같은 해 12월 21일에 발제를 맡았다. 주제는 각기 "외국 개신교도를 귀화시키는 것이 영국에 이익이 될 것인가"와 "왕정과 민주정 가운데 어느 것이 좀 더 고대적인 정부형태인가"였다. Speculative Society, 앞의 자료집, p. 354, 356.

아우크스부르크 종교화의. 독일에서 가톨릭뿐만 아니라 루터교도 존속할 수 있도록 한 최초의 항구적인 법률적 기초라 할 수 있다.

동이 꽃을 피운 시기의 협회 활동 내역을 자세하게 알 수는 없다. 회원들의 면모나 엄격한 회칙으로 미루어보건대 토론모임의 주제는 진지하면서도 다양했을 것이다. 에든버러대학의 젊은 학생들이 주도했던 협회 창립 초기부터 이런 전통은 뚜렷하게 자리 잡았던 것으로 보인다. 1764년 11월 30일 첫 토론회 주제는 "극장과 연극이 인간에게 이로운 것인가, 아니면 해악을 가져다주는가"였다. 두 번째 토론회 주제는 "기혼 또는 독신 상태 가운데 어느 쪽이 더 덕을 함양할 수 있는가"였다. 몇 주 후에는 "여성의 속성인 정숙함이란 자연적 천성인가 아니면 교육에 따라 형성된 것인가"라는 주제를 둘러싸고 토론을 벌였다.[59] 사변협회 창립회원들은 인간의 본성이나 삶에 관한 주제뿐만 아니라 시사 문제에도 관심을 기울였다. 1765년 11월 8일 토론회 주제는 "자유로운 국가와 독재국가 가운데 어느 쪽이 문예에 훨씬 더 이로움을 주는가"였다.[60] 이러한 점들을 고려해볼 때, 아마 초기 회원들은 선정된 주제에 관해 진지하게 토론하는 전통을 지켜나가면서도, 주제를 정할 때에는 개방적이고 유연했던 것 같다.

1770~1780년대의 사변협회 토론회에서는 듀갈드 스튜어트가 단연 두드러진다. 그는 1772년 협회에 가입했다. 가입 이후 수년간 여러 차례 발제를 맡아 토론에 참여했다. 역대 발제목록을 살펴보면, 그가 맡은 주제들은 꿈, 자살, 회의주의, 대학교육, 이신론, 기독교 등 다양했다.[61] 실제로 그는 자신이 사변협회에 처음으로 발표했던 에세이 「꿈에 관하여(On Dream)」를 『인간 정신철학 원리(*Elements of the Philosophy of the Human Mind*)』(1792) 첫 장(章)에 수록하기도 했다.[62] 스튜어트는 이 책에서 개인의 인지과정과 인류의 과학적 진보를 서로 유사한 경로로 파악했다. 이들은 다 같이 사고의 단순한 형태에서 복잡한 것으로 점진적 발전을 거듭해왔다는 것이다.[63]

1790년대에 정회원으로 활동한 인사들은 이전에 비해 오히려 줄어들었다. 그럼에도 스콧, 제프리, 브루엄, 호너와 같은 당대의 뛰어난

---

59) 같은 자료집, p. 341.

60) 같은 자료집, p. 342.

61) 그는 1773~1775년 간 자주 발제를 맡았다. 같은 자료집, p. 119, 355-358 참조.

62) 같은 자료집, p. 23.

63) Martin Schmidt, "Dugald Stewart, 'Conjectural History', and the Decline of Enlightenment Historical Writing in the 1790s", in U. Broich et al., eds., *Reactions to Revolutions: The 1790s and Their After*(Berlin: Lit, 2007), p. 239 참조.

지식인들이 사변협회 토론회에 참여해 활력을 불어넣었다. 특기할 만한 것은 이들 모두가 정회원, 특별회원을 거쳐 나중에 명예회원으로 추대되었다는 점이다. 이들은 젊은 시절에 다 같이 문예, 정치, 경제 분야에 관련된 뛰어난 논설과 평론을 써서 에든버러는 물론 전국적으로도 널리 알려졌다. 그러나 스콧과 나머지 세 인물은 정치적 성향에서 차이를 보여주었다. 스콧은 제프리와 브루엄이 《에든버러 리뷰》를 창간했을 때 편집동인으로 참여하지 않았으며, 오히려 몇 년 후에 정치적으로 보수적 입장을 대변하는 평론지인 《계간평론(*Quarterly Review*)》 창간 작업에 참여해 나중에 편집주간을 지냈다.

이들은 사변협회 활동 당시 어떤 주제들에 관심을 기울였는가. 발표목록에 따르면, 스콧은 1790년 12월 이후 정회원으로 활동하던 시기에 '봉건제의 기원', '오세안(Osean) 시(詩)의 진위 여부', '스칸디나비아 신화의 기원' 등을 주제로 네 차례 발표를 맡았다.[64] 역사, 신화, 문예에 대한 관심을 보여준다. 제프리는 1792년 12월에 정회원이 되었는데, 발표문의 주제는 '귀족제도', '아메리카 발견이 유럽에 미친 영향', '오세안 시의 진위 여부', '운율의 조화', '상업국가의 특성' 등이었다.[65] 스콧과 비슷하게 문학과 신화에 대한 흥미도 있었지만, 사회계층이나 근대사회의 변화 등 시사적이고 사회적인 주제에도 관심을 기울였음을 보여준다. 브루엄과 호너는 1797년 11월에 함께 사변협회에 가입했다. 브루엄의 발표 주제는 '노동조합에 관한 정치적 소견', '열강의 세력균형', '인민의 간접적 영향', '국민여론이 대외관계에 미치

64) Speculative Society, 앞의 자료집, p. 192.

65) 같은 자료집, p. 201.

는 영향' 등 주로 정치·사회 분야에 집중되었다. 호너의 주제는 '지식 전파의 정치적 영향', '영국 의회의 야당에 대한 소견', '수도의 과잉팽창' 등이었다.[66] 두 사람이 후일 정치인 또는 고위 관리로 활동했던 점을 고려하면, 젊은 시절부터 정치나 사회 문제에 관심을 기울인 것 또한 전혀 이상한 일이 아니다.

사변협회는 기본적으로 토론모임이었다. 18세기 후반 이 모임의 성격과 활동을 알려주는 자료는『사변협회사』말미에 실려 있는 역대 발제목록이다. 협회가 창립된 1764년부터 18세기 말까지 36년간 사변협회는 토론모임을 총 657회 가졌다. 연평균 18회다. 11월 중순부터 이듬해 5월까지 매주 개최를 원칙으로 한다면 모임은 대략 20회 이상 열려야 하지만, 그대로 시행되었던 것은 아니다. 특히 시기별로 모임 횟수는 약간 차이가 있다. 1760년대는 연평균 21회, 1770년대 18회, 1780년대 20회, 1790년대는 15회였다.[67] 그러니까 토론모임이 활발한 시기와 침체기가 교대로 나타났던 셈이다. 물론 토론 발표 횟수와 목록만으로 사변협회의 성격을 살피는 데에는 한계가 있다. 그렇더라도 이들 발표주제를 시기별과 분야별로 분류할 경우 회원들의 관심사와 그 변화를 어느 정도 이해할 수 있을 것이다.

〔표 5-2〕에서 보이는 주제별 분류가 모두 정확한 것은 아니다. 에세이의 제목만으로 분간하기 어려운 경우도 있어서다. 예를 들어 국왕이나 귀족제도를 주제로 다룬 글은 국가/정치로, 유대인을 다룬 발

66) 같은 자료집, p. 212, pp. 215-216 참조.

67) 이 통계는, 같은 자료집, pp. 341-389의 발표목록에 의거해 산출한 것이다. 발표회는 1764~1769년 125회, 1770~1779년 185회, 1780~1789년 200회, 1790~1799년 147회 열렸다.

[표 5-2] **시기별·분야별 사변협회 발표주제 분포, 1764~1799. ( ) 안 숫자는 %.**

분야 \ 시기	1764~1769	1770~1779	1780~1789	1790~1799	합계
문예·역사	15 (12.0)	12 (6.5)	32 (16.0)	11 (7.5)	70 (10.6)
철학·도덕	37 (29.6)	22(11.9)	9 (4.5)	8 (5.4)	76 (11.6)
종교·신앙	12 (9.6)	22 (11.9)	19 (9.5)	11 (7.5)	64 (9.7)
교육	8 (6.4)	8 (4.3)	7 (3.5)	5 (3.4)	28 (4.3)
국가(정치·외교·식민지·공법)	24 (19.2)	66 (35.7)	81 (40.5)	61 (41.5)	232 (35.3)
경제(산업·무역·노동·조세)	6 (4.8)	20 (10.8)	13 (6.5)	24 (16.3)	63 (9.6)
사회(신분·가족·사회제도·사회문제)	19 (15.2)	32 (17.3)	34 (17.0)	22 (15.0)	107 (16.3)
기타	4 (3.2)	3 (1.6)	5 (2.5)	5 (3.4)	17 (2.6)
계	125 (100.0)	185 (100.0)	200 (100.0)	147 (100.0)	657(100.0)

제는 사회 분야로, 노동조합 또는 과세에 관한 것은 일단 경제 분야로 분류했지만, 내용상 그렇지 않은 경우도 있을 것이다. 그렇더라도 위의 통계는 18세기 후반 사변협회 회원들의 관심사와 그 변화 추이를 어느 정도 보여준다. 우선 눈에 띄는 것은 18세기 말에 가까워질수록 문예, 역사, 철학 등 예술과 학문에 관한 주제의 비율이 낮아진다는 점이다. 그 대신에 국가/정치 분야의 발제가 급속하게 증가한다. 이는 아마도 미국 독립문제, 프랑스혁명 및 전쟁 등 국제정치의 변화를 반영하고 있을 것이다. 실제로 국가/정치 분야의 에세이 가운데 빈도가 높은 주제는 아메리카 문제, 기타 식민지, 군주제, 스코틀랜드-잉글랜드 합병 등이었다. 1790년대에는 프랑스혁명과 그 이후의 전쟁을 다룬 글들이 7차례나 발표되었다. 경제 관련 분야도 점차 발제 비율이 높아졌다. 영국의 산업화가 본격적으로 전개된 데 따른 당

연한 결과였을 것이다. 무역, 노동조합, 지폐 사용 문제가 자주 발표 주제로 떠올랐다. 이 밖에 회원들이 즐겨 다룬 주제들은 역사 분야에서는 브루투스의 카이사르 암살, 찰스 1세 처형, 종교 주제로는 단연 국교회의 존속 여부 등이었다. 사회 분야에서는 자살, 독신, 혼인법, 유대인 문제 등이 관심을 끌었다.

계몽정신과 백과사전

앞에서 강조했듯이, 사변협회의 주요 인물들이 바로 스코틀랜드 계몽운동의 주된 담지자였다. 특히 개인의 저술 및 연구 활동을 넘어 좀 더 광범한 중간계급 시민 독자들에게 지식을 전파한 인사들이 사변협회와 밀접하게 관련되어 있었다. 18세기 후반 스코틀랜드에서 지식의 전파라는 계몽운동 본래의 취지에 걸맞은 움직임은 바로 백과사전 편찬 활동에서 찾을 수 있다.

『브리태니커 백과사전(*Encyclopaedia Britanica*)』은 스코틀랜드 계몽운동의 전형적인 사례다. 사전 편찬자들은 당대의 지식을 집대성함으로써 '대브리튼' 문화 발전에 이바지할 수 있으리라 믿었다. 백과사전의 출판은 아주 우연한 기회에 이루어졌다. 에든버러의 인쇄업자인 앤드루 벨(Andrew Bell, 1726~1809)은 동료와 함께 백과사전의 편찬에 관심을 기울였으며 윌리엄 스멜리(William Smellie, 1740~1795)에게 일을 맡겼다. 스멜리는 백과사전 초판을 간행하는 데 핵심 역할을 맡은 인물이다. 그는 스코틀랜드 문필가를 넘어 당대의 저명한 지식인, 이를테면 볼테르, 벤저민 프랭클린, 알렉산더 호프(Alexander Hope),

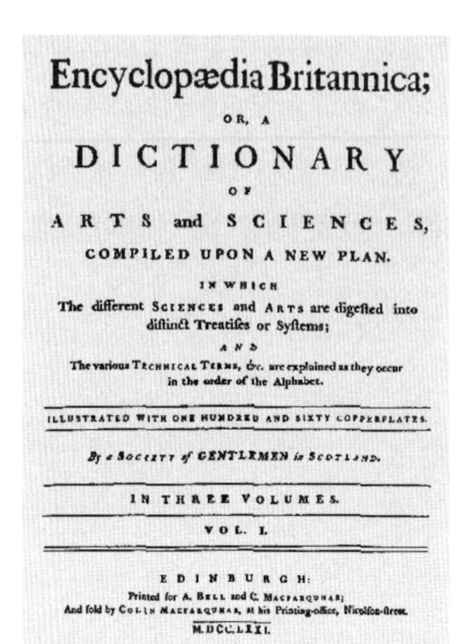

Encyclopædia Britannica;

OR, A

DICTIONARY

OF

ARTS and SCIENCES,

COMPILED UPON A NEW PLAN.

IN WHICH

The different SCIENCES and ARTS are digeſted into diſtinct Treatiſes or Syſtems;

AND

The various TECHNICAL TERMS, &c. are explained as they occur in the order of the Alphabet.

ILLUSTRATED WITH ONE HUNDRED AND SIXTY COPPERPLATES.

By a SOCIETY of GENTLEMEN in SCOTLAND.

IN THREE VOLUMES.

VOL. I.

EDINBURGH:

Printed for A. BELL and C. MACFARQUHAR;

And ſold by COLIN MACFARQUHAR, at his Printing-office, Nicolſon-ſtreet.

M.DCC.LXXI.

『브리태니커 백과사전』 초판 속표지. 영어권에서 가장 오래되고 방대한 일반 백과사전이다.

새뮤얼 존슨(Samuel Johnson) 등에게 항목 집필을 의뢰하거나 자문을 구했다. 그러나 1768~1771년 사이에 간행된 초판(전 3권)은 발간 직후부터 오류와 부정확한 기술로 비판을 받았다. 벨은 스멜리와 결별한 후 곧바로 재판 작업에 착수했다. 이후 재판(1777~1783)은 전 10권, 3판(1797~1801)은 전 20권으로 늘었다.[68] 이 과정에서 『브리태니커 백과사전』은 스코틀랜드를 넘어 브리튼의 신화가 되었다.

이들 백과사전 판본의 편찬에 관한 기록이 별로 남아 있지 않고 수록 항목은 익명으로 집필되었기 때문에 어떤 지식인들이 필자로 참여했는지 정확하게 알 수는 없다. 그러나 재판부터는 당시 스코틀랜드

68) 제3판은 1797년 전 18권으로 나왔고 1801년 보론 2권이 첨가되었다. 『브리태니커 백과사전』 편찬의 역사는 다음을 볼 것. *An Anthology of Pieces from Early Editions of Encyclopaedia Britanica*(London: Encyclopaedia Britanica, 1963).

사변협회 회원, 또는 스코틀랜드왕립협회(Scottish Royal Society) 회원 다수가 참여하여 원고를 작성했던 것이 분명하다. 특히 제2판 간행작업을 주도한 제임스 타이틀러(James Tytler)는 당시 사변협회 특별회원이었다.[69] 1780년대 사변협회를 주도한 제임스 매킨토시 또한 백과사전 제2판에서 '윤리철학론'을 비롯해 여러 항목을 집필했다.[70] 타이틀러는 매킨토시, 조지 글레그(George Gleig) 등과 함께 제3판 간행에도 크게 힘을 보탰다.[71] 백과사전 항목 집필자 가운데 상당수는 사변협회와 직간접으로 관련된 사람들이었다. 백과사전의 초기 판본들은 스코틀랜드 계몽운동의 학문적 성취를 반영한다. 『브리태니커 백과사전』은 이처럼 한 인쇄업자의 편찬을 넘어서 당대 스코틀랜드 지식인들이 총동원된, 그 시대 지식의 총화를 집대성하는 작업으로 발전한 것이다.

백과사전 편찬과정을 살펴보면, 스코틀랜드 지식인들이 문학, 예술, 사회과학, 생물학, 의학, 화학, 지질학 등 여러 학문분야를 일련의 조직화된 학문체계로 바꿔 후대에 전수하려는 열망을 지녔음을 알게 된다. 스코틀랜드 계몽운동의 위대성은 바로 여기에 있다. 스코틀랜드 지식인들은 지식체계를 당대의 젊은이와 후대에 전하는 교육적

---

69) 타이틀러(1745~1804)는 문필가로 명성을 떨쳤고, 『브리태니커 백과사전』 제2판 간행을 주도했다. 1770년 사변협회에 가입했으며 1773년 특별회원이 되었다. Speculative Society, 앞의 자료집, p. 100.

70) 같은 자료집, p. 171.

71) 글레그(1753~1840)는 애버딘대학에서 신학을 공부한 후 스코틀랜드 교회 목사로 활동했다. 사변협회와 직접 관련을 맺었다는 증거는 없다. 그러나 협회 회원들과 친밀하게 교류한 것으로 보인다. 백과사전 제2판과 3판 편집에 참여했으며, 특히 형이상학과 신학에 관련된 여러 항목을 집필했다. 제3판의 보론 전 2권은 대부분 그가 집필하고 편집한 것이다.

사명을 중시했다. 강의와 설교와 문필을 통해 이러한 사명을 감당하려고 한 것이다. 이들의 지적 생활의 목표는 무엇보다도 다른 사람을 가르치는 데 있었다. 백과사전의 편집자들 또한 처음부터 이 같은 목표를 분명하게 설정했던 것이다.[72)]

19세기에 들어와서도 『브리태니커 백과사전』은 판을 거듭하면서 기존 항목을 보완하고 새로운 항목을 추가하는 작업을 계속했다. 백과사전은 정규교육을 받지 못했지만 독학을 통해 자기함양의 길을 모색하는 젊은이들에게도 참으로 유익한 안내서였다. 새뮤얼 스마일스(Samuel Smiles)의 『자조론(*Self-Help*)』(1859)은 어려운 환경 속에서도 독학으로 지식을 쌓고 자기함양에 성공한 사람들을 소개하는 일종의 집단 전기다. 이 책에서 스마일스는 백과사전에 관련된 예화를 소개한다. 후일 버컨헤드(Birkenhead) 선거구 하원의원이 된 윌리엄 잭슨(William Jackson, 1805~1876)은 가난한 집안 출신으로 저명한 정치가가 된 입지전적 인물이었다. 스마일스에 따르면, 일찍 부친과 사별한 잭슨의 형제는 11명이나 되었다. 잭슨은 가계를 돕기 위해 어린 나이에 선박회사에서 일했다. 그러면서도 면학의 꿈을 버리지 않았다. 마침 선박회사 주인이 병들어 자리에 눕자 어린 잭슨은 주인을 대신해 사무실에서 회사 업무를 처리하게 되었다. 이전과 달리 이곳에서는 좀 더 시간적인 여유가 있었다. 마침 사무실 서가에는 최신판 『브리태니커 백과사전』이 진열되어 있었다. 그는 자투리 시간을 쪼개어 백과사전을 읽어나가기 시작했다. 낮에는 조금씩 읽다가 밤에 본격적으로 첫 번째 항목에서 마지막 권 항목에 이르기까지 여러 번에 걸쳐 백과

72) Arthur Herman, 앞의 책, pp. 54-55.

새뮤얼 스마일스(조지 리드 작). 그의 『자조론』은 자조(自助)의 본의(本義)를 해석하고, 자조로써 성공한 사람들의 언행을 적은 책으로, 19세기말까지 25만 부가 팔렸고 여러 언어로 번역되었다.

사전 전질을 통독했다는 것이다.[73] 이 독서가 후일 잭슨의 정치역정에 큰 도움이 된 것은 당연한 일이다.

19세기 영국인들은 세계에 관한 어떤 질문도 『브리태니커 백과사전』에서 해답을 얻을 수 있다고 생각했다. 백과사전은 어느덧 영국문화를 대변하는 상징물, 달리 말해 영국문화의 아이콘이 되었다. 스코틀랜드 사람들이 백과사전에 대해 남다른 자부심을 가졌던 것은 이런 이유에서다.

---

73) Samuel Smiles, *Self-Help: WIth Illustrations of Character and Conduct*(New York: Burt, 1956), p. 16.

6

인간의 본성에 관하여

일반적으로 계몽운동기 스코틀랜드 지식인과 문필가들의 활동이 두드러질 수 있었던 배경은 공적 토론의 자유다. 이런 면에서 특히 에든버러의 문필가들은 동시대 어느 나라 지식인 못지않게 유리한 조건을 갖추고 있었다. 계몽운동 자체가 공적 토론에서 이성이 작용하는 과정으로 이해될 수 있다. 정도의 차이는 있겠지만, 이 문필가들은 대체로 칼뱅주의(Calvinism) 신앙의 영향을 받으며 자라났다. 그들은 인간 자신과 인간 사회의 불완전성을 당연시했다.

계몽지식인들은 인간의 본성을 단순하게 바라보지 않았다. 한편으로는 자기애의 지배를 받으면서도, 다른 한편으로는 다른 사람과 동감을 통해 소통하고 연대하는 존재가 인간이다. 스코틀랜드 문필가들이 인간의 내면과 본성에 깊은 관심을 쏟았다고 하더라도, 이들의 시선은 바로 상업사회에서 살고 활동하는 독립적인 개인을 향해 있었다. 이들은 공동체와 집단에 매몰된 존재가 아니라, 시민사회의 주체로서 활동하는 그 개인의 내면과 본성에 대한 이해를 높임으로써 상업사회의 현재를 진단하고 미래를 전망할 수 있다고 믿었던 것이다.

자기애와 자혜(慈惠)

데이비드 흄, 애덤 스미스, 윌리엄 로버트슨보다 조금 앞선 세대에 속하는 두 지식인, 헨리 흄(Henry Home, Lord Kames, 1696~1782)과 프랜시스 허치슨(Francis Hutcheson, 1694~1746)이 후일 스코틀랜드 계몽운동의 불을 지폈다. 둘은 여러 면에서 대조적이었다. 헨리 흄은 에든버러에서, 허치슨은 글래스고에서 활동했다. 흄이 법조인으로서 제도, 법률, 사회적 환경에 관심을 기울인 데 비해, 허치슨은 인간의 본성, 특히 감성에 대한 탐구를 계속했으며 그의 저술은 후일 스코틀랜드 계몽지식인들의 인간관을 형성하는 데 큰 영향을 주었다. 데이비드 흄과 스미스가 인간의 도덕성을 논의하면서 이성보다는 감성에 주목한 것은 주로 허치슨의 영향 때문이다.

허치슨은 섀프츠베리(Lord Shaftesbury),[1] 존 로크(John Locke), 토머스 홉스(Thomas Hobbes) 등 17세기 잉글랜드 사상가들에게서 영향을 깊이 받았다. 그는 로크에게서 인간은 생득관념(生得觀念)이 없으며 오직 경험으로부터 관념을 형성한다는 입장을 받아들였다.[2] 다른 한편,

---

1) Anthony Ashley-Cooper, 3rd Earl of Shaftesbury(1671~1713).

2) 허치슨에 대한 섀프츠베리와 로크의 영향에 관해서는 다음을 볼 것. Luigi Turco, Turco, Luigi, "Sympathy and Moral Sense, 1725~1740," *British Journal for the History of Philosophy*, vol. 7, no. 1(1999), pp. 79-101; idem, "Moral Sense

헨리 흄(데이비드 마틴 작). 『비평의 원리(*Elements of Criticism*)』(전 3권, 1762)로도 유명한데, 책은 보고 듣는 자연 감각기관의 즐거움을 아름다움과 동일시하여 미학사에서 주목받는 저술이다.

허치슨은 홉스의 사회관을 수용하고 있다. 홉스는 생존과 권력을 위한 투쟁이 어떻게 국가 성립으로 이어지는가를 설명하려고 했다. 인간은 자신의 욕망을 제어할 수 있는 자연적·도덕적 질서나 법칙이 없다는 것을 깨달은 후에, 비로소 자신의 주권을 단일자에게 넘겨줌으로써 이른바 '만인에 대한 만인의 투쟁(war of all against all)' 상태에서 벗어나고자 한다. 허치슨 또한 이 명제를 되풀이한다. 인간은 원래 이기적인 존재다. 허치슨이 생각하기에, 인간은 제어와 통제 없이는 자기 헌신과 희생을 할 수 없다. 허치슨은 이러한 기능을 국가만이 아니라 도덕률도 갖는다고 본다. 도덕은 인간을 인간답게 만드는 사회적 형성물이다.[3] 허치슨은 도덕성의 근거를 도덕감각(moral sense)에서 찾

---

and the Foundations of Morals," in *The Cambridge Companion to the Scottish Enlightenment*, ed. A. Broadie(Cambridge: Cambridge Unviersity Press, 2003).

3) Arthur Herman, *How the Scots Invented the Modern World: The True Story*

는다. 이는 말하자면, 오감(五感) 이외의 다른 감각이라 할 수 있다. 후각으로 냄새를 맡듯이, 사람은 도덕감각을 통해 선과 악을 구분할 수 있다는 것이다.

> 도덕적인 선과 악은 자연적인 선이나 이득과 아주 다르다. …… 만일 우리가 외부 감각과 아름다움과 조화에 대한 인식에서 비롯하는 이득이나 이익과 전혀 다른 선에 대한 감각(sense of good)을 갖지 않았다면, 풍년이 든 들녘이나 안락한 집에 대한 칭송이 관대한 친구나 고상한 성품에 대한 찬사와 동일했을 것이다.[4]

인간은 이성적인 판단을 통하지 않고서도 직감적으로 선한 행위를 선으로 인식하는 도덕감각을 지녔으며, 이에 힘입어 사회의 질서와 조화가 가능한 것이다. 허치슨이 보기에, 도덕감각에서 특히 중요한 것은 자신을 보존하려는 자기애(self-love)와 다른 사람에 대한 자혜심(benevolence)이었다. 허치슨 이전에도 자혜의 감정에 대한 논란이 있었다. 섀프츠베리가 자혜심 또는 이웃에 대한 관심이 도덕감정의 주된 내용이라고 주장한 것과 달리, 버나드 드 맨더빌(Bernard de Mandeville, 1670~ 1733)은 교양인(men of sense and culture)만이 자혜감정을 가질 수 있으며 하층계급은 그렇지 못하다고 비판했다. 여기

of How Western Europe's Poorest Nation Created Our World & Everything in It(New York: Crown Publisher, 2001), p. 60.

4) Francis Hutcheson, *An Inquiry into the Origin of Our Ideas of Beauty and Virtue: In Two Treaties*, ed. Wolfgang Leihold(Indianapolis: Liberty Fund, 2004), p. 89.

샤프츠베리.
영국 이신론(理神論)의 주요 대표자로, 『인간·예절·의견·시대의 특성들(*Characteristicks of Men, Manners, Opinions, Times*)』이 유명하다.

에서 허치슨은 좀 더 절충적인 견해를 내놓는다. 절대빈곤선 아래에 있는 사람들에게는 자기보존의 본능이 도덕적이지만, 그 이상의 사람들에게는 이웃에 대한 사랑(love of fellow creatures)이 도덕적이라고 본 것이다. 그는 하층민의 자기보존을 위한 이기적 행위와 상층계급의 이타적 행위를 동시에 도덕적인 것으로 이해한다. 허치슨에게, 인간은 이중적 존재다. 자기애는 자혜의 본성에 힘입어 공동선에 연결될 수 있다. 자혜는 중력처럼 모든 인간에게 똑같이 작용하지는 않지만, 보편성을 가지고 사회와 공동체의 도덕적 존립을 가능케 한다는 것이다.[5]

샤프츠베리와 그의 영향을 받은 허치슨에게 도덕적 인간과 사회를

5) Gladys Bryson, *Man and Society: The Scottish Inquiry of the Eighteenth Century*(Princeton: Princeton University Press, 1945), p. 215.

나타내는 핵심 개념은 '세련됨(refinement)'이다. 섀프츠베리는 보석공이나 석공의 노동세계와 관련된 이 '정련'이라는 단어에 지극히 높은 인간 덕목의 의미를 부여했다. 다듬어지고 세련된다는 것(being polished, being polite), 이는 단순히 좋은 매너와 세련된 태도만을 가리키는 것이 아니라 그 이상의 의미를 함축하고 있었다. '세련됨'은 문명사회의 지적 문화의 토대를 뜻한다. 명민한 이해, 예술과 문화, 자기확신, 진리 추구, 지적 비판정신, 인문적 소양, 친절, 동정(compassion), 자제(self-restraint), 유머감각 등이 지적 문화의 열매라 할 수 있다.[6] 섀프츠베리에 따르면, 소크라테스 시대의 아테네, 베르길리우스 시대의 로마, 르네상스시대의 베네치아와 피렌체가 그와 같은 높은 수준의 세련됨을 보여준다. 그는 자기 시대의 런던 역시 그러한 문화를 이룩해야 한다고 생각했다.[7] 섀프츠베리와 허치슨을 거쳐 한 세대 후에 이 '세련됨'이라는 단어는 스코틀랜드 계몽지식인 사이에 근대사회를 상징하는 주요 개념어로 자리 잡았다.

인간본성과 사회, 그리고 도덕철학

프랜시스 허치슨 이후 스코틀랜드 계몽지식인들은 인간본성, 그 가운데서도 이성보다 감성의 문제에 좀 더 깊은 관심을 기울였다. 감성을 나타내는 말은 다양하다. 그들은 감정(emotion), 정념(passion), 느

---

6) W. R. Scott, *Francis Hutcheson: His Life, Teaching and Position in the History of Philosophy*(Cambridge: Cambridge University Press, 1900), pp. 158-159.

7) Arthur Herman, 앞의 책, p. 63.

낌(feeling) 등의 단어를 자주 사용했다. 여기에서 특히 주목할 만한 것은 'passion'이다. 오늘날 이 말은 '격렬한 감정(violent emotion)' 상태를 뜻한다. 그러나 18세기 스코틀랜드 지식인들은 이 단어를 오늘날과 달리 감성 일반을 가리키는 뜻으로 사용했다.[8]

계몽지식인들은 인간 본성과 감정이 역사적으로 형성되어왔다는 점을 받아들인다. '역사'와 '인간본성(human nature)'이 인간 탐구의 키워드였다. 그들은 인간을 역사의 산물로 인식했기 때문에 인간의 근본적인 속성과 본성, 도덕성까지도 다양한 요인에 의해 진화하고 생성된다고 생각했다. 그 요인들은 개개인의 차원에서 통제할 수 없는 것이다. 인간은 결국 환경의 피조물이다. 계몽지식인들이 후대 사람들에게 알려준 것은 바로 이 같은 발견이었다. 그들은 이러한 변화, 즉 본성의 진화·개발·형성 등이 결코 자의적이거나 혼란스러운 과정을 거친다고 보지 않았다. 이 변화의 이면에는 특정한 원리 또는 식별 가능한 어떤 패턴이 있을 터였다.[9]

스코틀랜드 문필가들의 이 같은 성찰은 그들의 역사적 경험과 밀접하게 관련된다. 1745년 재커바이트 운동 실패 후, 문필가들은 스코틀랜드를 갈림길에 선 나라로 인식했다. 한편으로는 정치적·경제적·사회적으로 영국 사회와 통합해나가는 길이 있었다. 이는 진보와 번영의 시대로 이어질 것이었다. 다른 한편으로, 고립과 분리의 길이 있었지만 그 길은 경제와 문화의 침체만 가져다줄 것이었다. 이 때문에 스코틀랜드 문필가들은 '세련됨'의 개념에 깊이 천착했다. 인간사회

---

8) 18세기 스코틀랜드 지식인들의 용례에서는 'sentiment'가 '격렬한 감정(violent passion)'의 뜻을 지니고 있었다.

9) Arthur Herman, 앞의 책, p. 54.

의 진보는 '조야한(rude)' 단계에서 '세련된(refined)' 단계로의 이행이었다. 이런 인식은 헨리 흄, 데이비드 흄, 애덤 퍼거슨, 애덤 스미스, 존 밀러 등 대표적인 문필가들의 저술에서 공통으로 나타난다.

문필가들은 '세련'으로 나아가는 진보 혹은 발전에 내포된 문제점을 인식하고 있었다. 그들은 경제적·사회적 발전을 소망하는 것 못지않게, 사회생활의 상업화를 뒤따를 뿐만 아니라 그 과정에 내재해 있는 잠재적 위험을 감지하고 있었다. 사치, 사익 추구, 도덕적 해이, 시민적 덕목의 쇠락 등이 그런 위험에 해당했다.[10] 스코틀랜드의 발전을 위한 정치경제학을 수립하면서, 사회이론가들은 새로운 경제에 지배되는 사회에서 도덕적 행동의 문제를 설파했다. 데이비드 흄과 스미스는 시급한 경제 발전과 필수적인 사회윤리 사이의 긴장을 해소하려고 사회적 삶의 전 부문을 포함하는 이론을 세웠다.

스코틀랜드 지식인들에게 시급한 것은 "옛 윤리와 새로운 경제를 어떻게 조화시킬 수 있는가"라는 문제였다.[11] 이는 결국 경쟁과 개인의 사적 이익 추구라는 특징을 지닌 상업사회에서 사회생활의 포괄적 원칙을 발견하는 것과 관련된다. 상업사회에서 원자화된 개인은 어떻게 서로 함께 어울려 살아갈 수 있는가. 경제적 개인주의가 지배하는 사회가 산산조각나지 않도록 하는 방안은 무엇인가. 개인보다 공동체의 공동선을 우선시하는 시민적 덕목(civic virtue)을 개인주의적 사회질서 속에서 존속시킬 수 있는가? 이런 질문이 바로 스코틀랜드 문필가들이 고민한 문제였다.

---

10) David McNally, *Political Economy and the Rise of Capitalism: A Reinterpretation* (Berkeley: University of California Press, 1990), p. 158.

11) 같은 책, 163.

스코틀랜드 계몽지식인들은 오늘날 사회과학으로 불리는 학문 분야, 이를테면 인류학·사회학·심리학·경제학·역사학 등의 진정한 창조자였다. 이들 학문이 분화되기 전에 전체를 포괄하는 탐구 분야를 당대 사람들은 '도덕철학(moral philosophy)'이라 불렀다. 스코틀랜드 지식인들이 인간과 사회를 관찰했다는 것은 구체적으로 무엇을 뜻하는가? 이는 그들이 무엇보다도 인간을 사회적 존재로서 탐구하는 데 관심을 기울였다는 뜻이다. 그들 자신이 교회, 법률전문직, 대학, 클럽 등 사회제도의 틀에서 활동했을 뿐만 아니라, 그 제도 속의 인간과 제도들을 움직여나가는 메커니즘과 그 운동의 패턴을 주목했다. 이런 식으로 인간과 사회를 관찰하기 위해서는 좀 더 정교한 방법이 필요했다. 그들은 뉴턴의 자연관찰과 베이컨의 경험적 탐구방법을 적극 받아들였다.[12] 말하자면, 스코틀랜드 계몽지식인들은 뉴턴과 베이컨의 방법을 원용해 인간과 사회에 관한 학문을 발전시킨 것이다.[13]

'도덕철학'이란 무엇인가. 오늘날 이 말은 윤리학과 거의 비슷한 의미로 사용된다. 다만 인간의 사적 윤리보다는 조직된 사회생활에서 규범에 관한 신념체계를 다루는 학문으로 이해된다.[14] 그러나 18세기

---

12) 스미스를 비롯한 계몽지식인들은 과학을 일반 현상들 간의 규칙적인 관계를 밝히기 위한 방법으로 이해한다. 자연현상에 존재하는 연결원리를 발견할 수 있는 것과 마찬가지로 여러 사회현상을 함께 묶을 수 있는 메커니즘을 찾을 수 있다고 믿은 것이다. A. C. Chitnis, *The Scottish Enlightenment: A Social History*(London: Croom Helm, 1976), p. 93, 128.

13) 동시대 사람들도 뉴턴과 베이컨의 영향력을 실감하고 있었다. 치트니스에 따르면, 1786년 존 밀러는 두 사람의 이름을 이렇게 비유적으로 표현하고 있다. "몽테스키외가 〔계몽운동의 — 저자〕 길을 열었다. 그는 철학 분야의 베이컨 경이고 스미스는 그 분야의 뉴턴이다." 같은 책, p. 93 재인용.

14) 국내의 한 철학자는 도덕철학을 다음과 같이 정의한다. "인간사회를 살아가는 사

중엽 스코틀랜드 문필가들에게 '도덕철학'이라는 학문 또는 교과목은 의미가 좀 달랐다. 당시 스코틀랜드 지식인들은 '도덕철학'을 원래 어의(語義)와 다르게 사용했다. '도덕철학'은 오늘날의 시각에서 보면 사회철학 일반에 해당하며, 그 말 자체가 철학의 인식론을 탐구하는 '자연철학(natural philosophy)'과 대비되는 표현이다. 일반적으로 독일 관념론의 전통에서는 인간과 자연은 서로 분리된 존재로 이해된다. 자연은 인간이라는 인식 주체의 인식대상, 즉 객체에 지나지 않는다. 이에 비해 영국 경험론의 전통에서 인간과 자연은 분리되지 않는다. 인간과 자연이 동일하다는 인식이 영국의 지적 전통에 깊이 뿌리내려 있었다. '인간본성(human nature)'이라는 영어식 표현도 그것이 인간의 모습으로 나타나는 '자연으로서의 인간존재'를 가리킨다고 할 수 있다. 스미스는 『국부론(*The Wealth of Nations*)』(1776)에서 도덕철학을 간략하게 정의한다.

> 소수의 설명원리에 의해 자연의 여러 현상이 정리 정돈 되고 서로 연결되는 방식으로 일상생활의 격언들도 체계적인 순서로 소수의 일반원리에 의해 연결되었다. 이와 같이 사회현상의 배후에 존재하는 연결원리를 연구하고 설명하는 과학을 도덕철학이라 부른다.[15]

람들 사이에 많은 신념의 대립이 존재한다. 인간이 가진 신념에서 사실에 관한 신념과 규범에 관한 신념이 있다. 그중 규범에 관한 신념을 다루는 것이 도덕철학이다. 따라서 도덕철학은 가치, 옳고 그름, 선악 등의 관념에 관해 철학적 탐구를 하는 학문이다. 도덕철학은 윤리학과 유사하다. 그러나 도덕철학은 사적 관계만이 아니라 조직된 사회생활에서 규범에 관한 논의를 포함한다." 김병곤, 〈Adam Smith의 도덕과 정의: Theory of Moral Sentiments〉, 고려대학교 평화와 민주주의연구소, 《평화연구》 제19권 제2호(2011년 가을), 226쪽.

결국 도덕철학은 사회현상을 일으키는 소수의 일반원리를 밝혀내고 그 원리들 사이의 인과관계를 해명하는 데 초점을 맞춘 학문이다. 스미스가 도덕철학을 과학이라 부른 것은 이런 의미다. 인간을 자연과 동일한 것으로 파악했을 때, 뉴턴의 과학이 우주를 법칙적인 세계로 인식한 것과 마찬가지로 인간사회에 작용하는 숨은 원리나 법칙이 있을 것이다. 과학적 탐구로 그 원리를 밝히는 것이 도덕철학의 과제였다. 이런 원리와 법칙은 신의 계시나 명령 같은 외적 요소가 아니라 인간의 본성에 깃들어 있는 어떤 요소 또는 성질에 관련될 것이다.

스미스, 퍼거슨, 듀갈드 스튜어트는 모두가 대학에서 도덕철학을 가르쳤다. 당시 대학 교과목에서 도덕철학 강의는 어떤 내용으로 이루어졌을까. 스미스가 맡았던 글래스고대학 도덕철학 강의는 자연신학, 윤리학, 법학(jurisprudence), 정치경제학 등 4부로 구성되었다. 자연신학의 내용이 어떠했는지는 알려져 있지 않다. 아마 신의 존재를 포함해 신과 종교 문제를 다뤘을 것이다. 스미스의 윤리학과 정치경제학 강의안이 후일 『도덕감정론(*The Theory of Moral Sentiments*)』(1759)과 『국부론』의 뼈대를 이루었으리라는 것은 미루어 짐작할 수 있다. 여기에서 후대 학자들의 관심을 끌어온 것은 법학이다. 애덤 스미스는 오랫동안 법학에 관한 저술을 준비했지만, 죽기 전에 한 친구에게 부탁해 그 원고를 불태웠다고 알려져 있다. 1895년경 스미스의 강의를 들은 어느 대학생의 노트가 발견되었는데, 이를 통해 평소 스미스 자신이 구상한 체계를 추측해볼 수 있다.[16] 스미스에게 법학이란

15) Adam Smith, *Wealth of Nations*(1930), vol. 2, p. 257.

16) Adam Smith, *Lectures on Justice, Police, Revenue and Arms*, ed. Edwin Cannon (Oxford: Clarendon Press, 1896).

시민정부의 지도원리, 법과 통치의 일반원리를 규명하는 학문이었으며, 오늘날의 시선으로 보면 시민사회의 정치·행정·경제 일반의 조직원리 및 구성원리를 밝히는 작업과 비슷하다 하겠다.[17)]

자연신학, 윤리학, 법학, 정치경제학 등 네 부문의 지식체계는 서로 어떻게 연결되며 영향을 주는가. 궁극적으로 이 지식체계는 근대 시민사회의 형성, 구조, 질서의 원리를 새롭게 조명하고 탐색하는 데 목적을 두고 있었다. 도덕철학 교과목을 담당한 인물에 따라 시민사회 형성의 주체와 그 구성상의 특징에 관해서는 견해차가 있을 것이다. 일례로, 스미스는 상업사회에서 중상주의의 유산을 극복하고 개인의 다양한 활동의 자유를 보장하는 사회적 원리를 이끌어내기 위해 자유를 기초로 하는 시민사회가 질서와 조화 속에서 발전할 수 있는 길을 모색했다. 이는 근대사회에서 자유로운 인간의 이기적 행위가 궁극적으로 사회의 무질서를 초래하지 않을까 하는 의문에 대답을 구하고 또 그 의구심을 풀어나가는 과정이었다. 요컨대, 18세기 스코틀랜드 계몽지식인에게 도덕철학이란 오늘날의 사회철학, 인간과 사회의 여러 현상을 법칙적으로 이해하려는 학문체계였다.

17) 이에 관해서는 다음 해설을 참조. 박세일, 「부록 1: 아담 스미스의 도덕철학 체계」, 애덤 스미스(Adam Smith), 『도덕감정론(*The Theory Of Moral Sentiments*)』(1759), 박세일·민경국 공역(비봉, 개역판, 2009), 662-664, 678쪽.

데이비드 흄의 도덕철학

데이비드 흄은 무엇보다 삶을 위한 학문의 정립에 관심을 기울였다. 그가 자신의 학문을 '도덕철학'으로 부르고자 했던 것도 이러한 이유 때문이다. 모든 인간과학 또는 도덕철학은 세속적이면서도 동시에 과학적인 정신을 가지고 점차 복잡하게 변하는 상업사회에서 사람들의 행복한 삶을 마련하는 데 기여해야 할 것이었다.[18] 도덕철학의 기초를 닦은 그는 인간이 정의, 종교, 정치 등의 신념을 갖는 것이야말로 이성이 아니라 관습과 상상력에 의해서라고 설파했다. 그가 보기에 인간생활의 목표는 행복과 덕의 추구에 두어야 한다. 인간은 정부가 자신의 행복을 유지하는 데 긴요하다고 믿기 때문에 정부에 동의하며 그에 따라 정부는 정당성을 획득한다. 중요한 것은 자유라는 추상적 개념이 아니라 정치적 안정이었다. 그 경우에만 사람은 행복을 추구할 수 있기 때문이다. 흄은 사회구성원 모두가 행복과 덕목을 추구하는 사회의 전형을 18세기 영국 사회에서 찾았다. 그것은 정부가 인정한 사회적 위계와 신분 아래 발전하는 다원적인 상업사회였다.

뒤에서 살펴보겠지만, 데이비드 흄은 사회계약론을 허구라고 보면서도 인간본성, 특히 감정에 관해서는 토머스 홉스의 영향을 받았다. 홉스는 욕망과 혐오라는 기본 감정을 전제로 하고, 여기에 여섯 가지 원초적 감정, 즉 쾌락, 고통, 사랑, 증오, 기쁨, 비애 등을 덧붙이고

18) 이에 관해서는 다음을 볼 것. Christopher J. Berry, *Social Theory of the Scottish Enlightenment*(Edinburgh: Edinburgh University Press, 1997), pp. 15-16.

데이비드 흄.
철학을 인간 본성에 대한
귀납적 실험과학으로 보고, 뉴턴의
과학방법과 로크의 인식론을 기초로
해서 인식이 생겨날 때 정신이 어떻게
작용하는지를 설명하려 했다

있다.[19] 그는 쾌락을 바라고 고통을 피하려고 하는 인간의 본성을 원초적 감정(basic emotion)으로 규정한 다음, 이 감정의 직접적 반응을 '정념(passion)'이라 불렀다.[20] 흄은 다른 스코틀랜드 계몽지식인이 그러했듯이, 홉스와 허치슨의 영향을 동시에 받았다. 그는 『인성론』에서 인간의 이기심을 중심으로 사회를 바라보면서도, 한편으로는 다른 사람에 대한 '동감(sympathy)'을 사회 성립의 또 다른 토대라고 생각했다. 인간은 이기적이지만 바로 동감(공감) 능력을 가졌기 때문에 개인을 넘어 사회적 존재가 된다.[21] 인간의 본성은 이기심과 타인에 대한

---

19) Thomas Hobbes, *Leviathan*[1651], ed. Richard Tuck(Cambridge: Cambridge University Press, 1991), p. 38.

20) 데이비드 흄의 도덕감정에 관한 국내 연구로는 다음을 볼 것. 양선이, 〈원초적 감정과 도덕감정에 관한 흄의 자연주의: 진화심리학과 사회구성주의의 화해〉, 서양근대철학학회, 《근대철학》 제3권 제1호(2008), 73-115쪽.

공감이라는 이중적 면모를 보여준다는 것이다.

인간 본성과 사회에 관한 흄의 다양하면서도 복잡한 견해를 요약하기란 쉽지 않다. 그러나 『인성론』을 비롯한 여러 저술을 관통하는 흄의 기본 명제를 간추릴 수는 있다. 우선 흄은 이성보다는 감정(감성)을 더 중시했다. 인간의 이성은 수학과 같은 학문과 지식세계에서나 엄밀하게 작용한다. 사회에서 합리적이라고 불리는 것도 관행으로 그렇다는 것이지 그것이 합리성에 완전히 일치한다는 의미는 아니다. 특히 인간의 도덕적 판단은 특정한 사안에 대한 승인과 부인의 문제이고, 이는 이성이 아니라 감정과 직접 연결된 것이다. 자명한 도덕원칙이란 존재할 수 없다. 인간이 어떤 행위를 좋아하거나 싫어하는 것은 이성의 작용보다는 감성, 흄의 표현으로는 정념의 결과다. "판단에서 주된 것은 이성이 아니라 정념이다. 그러므로 이성은 사실과 당위의 두 측면에서 다 같이 정념에 예속되어 있을 뿐이다."[22]

다음으로, 흄은 뉴턴을 비롯한 자연관찰자들의 방법을 존중했다. 흄 철학의 중심내용 가운데 하나는, 자연질서와 사회질서 모두 인과관계의 맥락에서 성찰해야 한다는 인식이다. 인간은 사건을 원인과 결과의 맥락에서 이해하려고 한다. 돌을 차면 그것은 움직인다. 이는 우연이 아니라 필연이다. 우리가 자연에 존재한다고 믿는 필연성은 사실 인과성에 대한 우리의 기대에 지나지 않는다. 그것은 사건의 전개를 반복해서 관찰한 결과 인간의 마음에 익숙해진 관행에 대

21) Philip Mercer, *Sympathy and Ethics: A Study of the Relationship between Sympathy and Morality*(Oxford: Oxford University Press, 1972), pp. 20-21.
22) David Hume, *A Treatise of Human Nature*(Oxford: Clarendon Press, 1960), pp. 414-415.

한 기대감이다.[23)]

마지막으로, 흄은 인간본성의 통시성(通時性)을 강조한다. 그렇다면 개별 사건에 대한 설명이나 이해가 필요하지 않은 것일까. 말하자면, 시대가 변하더라도 인류사회의 여러 변화를 일반화할 수 있을까. 여기에 문제가 있다. 흄은 인간의 행동은 특정한 상황에서 나타나는 인간의 정념(passion)에 관한 설명에 의존해야 한다고 생각했다. 인간에 관한 보편적 진실은 과거의 구체적인 사건과 현상을 통해 드러난다는 것이다. 흄은 다음과 같이 말한다.

> 인류는 모든 시대와 모든 장소에서 거의 동일하다. 역사는 특별히 새롭거나 이상한 것을 우리에게 알려주지 않는다. 역사는 주로 어디에 이용되는가. 그것은 다양한 환경과 상황 속에서 인간의 모습을 보여주고 우리의 관찰을 형성하며, 인간 활동과 노력의 규칙적인 분출을 알려주는 자료를 제공함으로써 인간본성이 지속적이고 보편적이라는 것을 발견하는 데 이용된다. 전쟁, 파당, 혁명 등에 관한 기록은 무수한 실험자료 모음집이다. 이것들을 통해 정치인과 도덕철학자들은 자신들의 학문의 원리를 정립한다.[24)]

인간 본성과 사회에 관한 흄의 사유는 복합적이면서도 정교해서

---

23) 이상은 Alexander Broadie, "Introduction: What is the Scottish Enlightenment?" in idem, ed., *The Scottish Enlightenment: An Anthology*(Edinburgh: Cannongate, 1997), p. 20.

24) David Hume, *Enquiries concerning Human Understanding and concerning the Principles of Morals*, ed. L. A. Selby-Bigge(Oxford: P. H. Nidditch, 1975), section 8, part 1, pp. 83-84.

간단하게 정의내릴 수 없다. 18세기 후반 그는 스코틀랜드 계몽운동의 출발점이라고 평가될 만큼 동시대 지식인들에게 큰 영향을 주었다. 당대에 그는 철학자 및 역사가로 널리 알려졌지만, 후대 지식인들은 사회에 대한 그의 연구 또한 매우 중요시했다. 흄은 스코틀랜드 계몽운동에서 빼놓을 수 없는 중심인물이다. 흄은 다른 지식인들과 교류하고 친교를 맺으면서 운동의 전개과정에서 중요한 추진축으로 작용했다. 그러면서도 그의 삶은 스코틀랜드 사회에서 철저하게 비주류에 속했다. 데이비드 흄은 스코틀랜드 사회의 공식적인 제도에서 떨어져 있었다. 교회의 비난을 받았고 대학에서 배척당했기 때문이다.[25)]

애덤 스미스와 동감

애덤 스미스는 생전에 『도덕감정론』과 『국부론』, 두 권의 저술을 남겼다. 『국부론』의 영향이 너무 컸기 때문에, 스미스는 버나드 드 맨더빌과 비슷한 지적 계보에 속한다고 여겨졌다. 개인의 이기적 행위

25) A. C. Chitnis, 앞의 책, p. 92. 오늘날 흄은 논리실증주의 철학의 선구자로 다시 주목받고 있다. 이는 그의 반형이상학적 경험론 때문이다. 논리실증주의자들은 경험적으로 입증되지 않는 한, 또는 정의(definition)에 의해 진위가 확인되지 않는 한, 그 진술은 의미 없다고 생각한다. 철학 저술에서 흄은 대상, 인과관계, 자아 등에 관한 명제가 의미론적으로 인간 경험에 관한 명제와 어떻게 동일한가를 논증하려고 했다. 그는 가능한 경험을 초월하는 것에 대한 인간의 신념을 인정한다. 이는 관습과 상상력의 작용에 힘입어 형성된다는 것이다. 그러나 흄은 이런 것에 기반을 둔 지식체계에 회의적인 태도를 취했다.

애덤 스미스.
고전파 경제학의 창시자로, 중상주의적 보호정책을 비판하고 자유경쟁이 사회 진보의 요건임을 주장하여 산업혁명의 이론적 기초를 다졌다는 평가를 받는다.

가 사회 전체적으로는 선이 된다는 맨더빌의 견해가 『국부론』에서 과학적 근거를 얻었다는 것이다. 여기에서 이른바 '스미스의 문제(Das Adam Smith Problem)'가 발생한다.[26] 이 문제는 『국부론』이 개인의 이기심과 자기이익을 강조한 반면, 『도덕감정론』은 줄곧 동감과 동정(compassion)을 중시했다고 알려진 데서 비롯한다.[27]

---

26) '애덤 스미스의 문제'에 관해서는 다음을 참조. Maria Pia Pagenelli, "The Adam Smith Problem in Reverse: Self-Interest in *The Wealth of Nations and the Theory of Moral Sentiments*," *History of Political Economy*, vol. 40, no. 2(2008), pp. 365-382.

27) 스미스의 『도덕감정론』과 그의 윤리철학을 중시하는 견해는 다음을 볼 것. Knud Haakonssen, *The Science of a Legislator: The Natural Jurisprudence of David Hume and Adam Smith*(Cambridge: Cambridge University Press, 1981); Charles J. Griswold, *Adam Smith and the Virtues of Enlightenment*(Cambridge: Cambridge University Press, 1999); Samuel Fleischacker, *On Adam Smith's*

스미스의 시대는 잉글랜드가 국제무역을 주도하고 산업화의 길로 접어든 때였다. 경제활동의 자유가 그의 시대의 슬로건으로 자리 잡았다. 그 자유는 개인의 신체적 해방을 넘어 개인이 지닌 본능과 감성의 해방으로 연결될 수밖에 없다. 이는 중세적 전통과 매우 다른 새로운 상황이 전개되고 있음을 뜻했다. 근대사회 성립 이전만 하더라도 사회 속에서 개인은 두드러지지 않았다. 전근대사회에서 개인은 의미가 없었다. 특히 이마에 땀 흘려 생계를 유지하는 근로민중은 촌락의 규제와 봉건적 지배 아래 오직 집단으로만 생존했다. 도시에서도 상인과 수공업자들은 제각기 동업조합의 규제 아래 생활했으며 그 밑에서 일하는 직인과 도제는 그들의 상전, 즉 마스터의 가족원으로 여겨져서 독립적인 존재로 취급받지 못했다. 중세 스콜라철학의 입장에서도 개인은 자율적 존재가 아니라 단지 우연(Kontingenz)에 내맡겨진 존재일 뿐이었다.

근대사회의 성립은 개인이 전통적 집단에서 벗어나는 과정과 일치한다. 그 과정은 특히 18세기 상업과 국제무역의 발전, 산업화의 물결과 더불어 더 가속되었다. 개인의 이성은 물론 감성과 본능까지도 전통의 굴레에서 벗어난 이후, 과연 그 개인들로 구성된 사회가 질서와 조화를 이룰 수 있을까? 전통의 속박에서 벗어난 개인이 자신의 이기적 본능에 충실할수록 사회는 혼란 상태로 접어들지 않을까? 스코틀랜드 계몽지식인들은 바로 이런 의문과 불안감을 성찰하고 그 대답을 끄집어내려고 했던 것이다. 애덤 스미스 또한 프랜시스 허치슨이

'*Wealth of Nations*': *A Philosophical Companion*(Princeton: Princeton University Press, 2004), pp. 48-54.

나 데이비드 흄과 마찬가지로 인간의 본성에서 감정과 감성의 작용이 매우 중요하며 인간의 행위에 절대적 영향을 미친다는 점을 인정했다. 다른 계몽지식인들이 그러했듯이, 그 역시 개인의 자기이익 추구를 넘어선 또 다른 가능성을 탐색했다. 그러나 스미스는 허치슨이 강조한 '자혜'보다는 다른 사람에 대해 갖는 감정인 '동감'이 도덕감각의 기초가 된다고 생각했다. 동감은 계급이나 신분의 차이를 넘어서 개인 일반에게 널리 퍼져 있는 감정인 것이다.

> 인간이 아무리 이기적인 존재라 하더라도 그 천성에는 분명히 이와 상반된 몇 가지가 존재한다. 이러한 천성(principles)으로 인해 인간은 다른 사람의 운명에 관심을 갖게 되며 단지 그것을 바라보는 즐거움밖에는 아무것도 얻을 수 없다고 하더라도 다른 사람의 행복을 필요로 한다. 연민(pity)과 동정(compassion)이 이런 종류의 천성에 속한다. 이는 다른 사람의 고통을 보거나 또는 그것을 아주 생생하게 느낄 때 우리가 느끼는 감정이다.[28]

스미스는 인간의 이타적인 감정 가운데 '자혜'를 특히 중시한 허치슨과는 달리 다른 사람에 관련된 개인의 다양한 감정을 탐색한다. 연민과 동정 같은 감정 외에도 동류의식(fellow-feeling), 동감, 단정함(politeness), 관용(generosity) 등의 감정은 다른 사람과 적극적 관계를 맺을 수 있는 기초가 될 것이다. 반면에 증오(hatred)나 분개(resentment) 같은 비사회적 감정도 있다.[29] 여기에서 스미스는 개인이 다른 사람의 기쁨과 슬픔, 그리고 고통까지를 함께 느낄 수 있는 것

28) 애덤 스미스, 『도덕감정론』, 3쪽.

은 다른 사람에 대한 '동류의식'을 지녔기 때문이라고 생각했다. 사람은 상상할 수 있는 존재다. 다른 사람이 직면한 상황을 연상하고, 자신이 그 상황에 처했을 경우를 가정할 수 있다. 즉 자신과 상대방의 처지를 바꾸어 생각할 수 있는 능력이 있는 것이다.

> 상상을 통해 우리는 자신을 다른 사람이 처한 상황에 놓고 우리 자신이 그 사람과 같은 고통을 겪는다고 생각한다. 우리가 다른 사람의 고통을 인식하는 방식은 마치 우리가 그 사람의 몸속에 들어가서 어느 정도 그와 동일인이 되고, 그럼으로써 그 사람의 감각에 대한 어떤 관념을 형성하며 비록 정도는 약하다고 할지라도 그 사람의 것과 유사한 감각까지 느끼는 것과 같다……. 우리가 다른 사람의 고통에 대해 동류의식을 느끼는 원천은 바로 이것이다. 상상을 통해 고통을 받는 자와 입장을 바꿔봄으로써 우리는 고통을 받는 사람이 느끼는 것을 느낄 수 있거나 또는 그가 느끼는 것에 영향을 받는다.[30]

다른 사람의 기쁨에 관해서도 동일한 과정이 전개된다. 이렇게 보면 그 '동류의식'은 '동감'이라는 말로 바꾸어도 무방하다. 여기에서 중요한 것은 다른 사람의 고통이나 즐거움에 대해 우리가 동감을 느낄 때 그 자체가 기분 좋은 감정으로 다가오며, 동감하지 않을 때에

---

29) 스미스는 『도덕감정론』 간행 후 한 지인에게 보낸 편지에서 이것을 사회적 감정(passion)과 비사회적 감정으로 구분하고 있다. "Smith to Sir Filbert Elliot, 10 October 1759," in *The Correspondence of Adam Smith*, ed. E. C. Mossner and I. S. Ross(Oxford: Oxford University Press, 1977), p. 49.

30) 애덤 스미스, 『도덕감정론』, 4-5쪽.

우리는 오히려 불쾌한 감정을 갖게 된다는 것이다. 물론 다른 사람의 즐거움과 고통에 대해 동류의식을 느끼는 경우는 차이가 있다. 스미스가 생각하기로, 다른 사람의 기쁨에 대해서는 시기심으로 편견을 갖지 않는 한 그 기쁨에 쉽게 동감한다. 그러나 비애는 고통스러운 것이어서 인간은 자신의 불행인 경우에도 그것(비애)에 저항하고 회피하려고 한다.[31] 비애에 동감하기보다는 기쁨과 환희에 동감하는 경향이 강한 것이다. 스미스는 이런 경향을 비애와 고통에 대한 "둔한 감수성"이라 불렀다.[32] 그렇다고 하더라도 인간은 다른 사람의 행복뿐만 아니라 고통과 불행에 대해서도 동감하려고 한다. 왜 동감을 얻으려고 노력하는가. 인간에게 상호동감이야말로 인생에서 가장 큰 즐거움이기 때문이다.

> 어떤 사건의 당사자가 그 사건에 대한 우리의 동감에 기뻐하기도 하고, 동감하지 않는 경우 마음이 상하는 것처럼, 우리 또한 그에 대해 동감할 수 있을 때에 기뻐하고 동감할 수 없을 때에는 마음이 상한다. 우리는 성공한 사람을 축하하기 위해서뿐만 아니라 고통을 받고 있는 사람을 위로하기 위해서도 달려간다.[33]

애덤 스미스가 생각하기에, 고난과 역경 속에서도 의연한 태도를 보여주는 사람들을 흔히 귀감으로 삼는 것은 이 '둔한 감수성'에도 불구하고 경탄과 경이의 감정이 뒤섞인 동감을 느끼기 때문이다. 스미

31) 같은 책, 75쪽.
32) 같은 책, 80쪽.
33) 같은 책, 17-18쪽.

흄과 스미스 조각상. 스코틀랜드국립초상화미술관(Scottish National Portrait Gallery) 건물에 있으며 데이비드 왓슨 스티븐슨(David Watson Stevenson, 1842~1904)의 작품이다.

스는 로마 공화정시대 카토(Marcus Porcius Cato)의 사례를 든다. 카토는 항복이라는 굴욕 대신에 자살을 택한다. 스미스는 카토의 의연한 태도에서 사람들이 고귀한 동감을 얻는다고 주장한다.[34] 결국, 동감이란 처지를 바꿔 생각할 수 있는 능력에 기초를 둔, 어떤 행위자와 관찰자의 감정일치를 뜻한다. 그러나 동감이 이루어지려면, 관찰자가 행위자의 사정을 이해하려는 노력을 기울여야 한다. 한 개인의 경우에도 이기적 충동에 지배받는 자신과 관찰자의 입장에서 성찰하는 자신으로 구분된다.[35] 행위자와 관찰자 사이의 동감을 얻기 위한 성찰, 상호노력이라는 경험의 축적과정에서 인간 행위의 적정성을 판단할 수 있는 보편적인 가치, 즉 도덕의 판단기준이 성립된다는 것이 스미스의 결론이다.

정의와 자혜, 그리고 의무감

앞서 언급했듯이, 인간은 동감이라는 능력을 통해 다른 사람의 감정과 행위를 관찰하고서 그것을 인정하거나 또는 부정한다. 그렇기 때문에 인간은 다른 사람이 그 자신의 감정과 행위에 어떤 반응을 보일 것인가를 의식한다. 인간이 사회적 존재인 한, 그는 다른 사람에게

34) 같은 책, 80쪽.

35) 애덤 스미스는 개인 속에 깃들어 있는 관찰자를 '상상 속의 공정한 관찰자(supposed impartial spectator)'라고 불렀다. 스미스의 『도덕감정론』에 대한 전반적인 해석과 요약은 다음을 참조. 도메 다쿠오(堂目卓生), 『지금 애덤 스미스를 다시 읽는다: 《도덕감정론》과 《국부론》의 세계(アダム・スミス:『道徳感情論』と『國富論』の世界)』, 우경봉 옮김(동아시아, 2010).

인정받기 위해 자신의 감정과 행위를 다른 사람이 인정하는 수준에 맞추려고 한다. 인간의 마음에는 제각기 그와 같은 '공정한 관찰자'의 상이 깃들어 있다. 인간은 누구나 이 공정한 관찰자를 마음에 간직함으로써 자신의 모든 감정과 행위가 그 상상 속 관찰자의 수준에 맞기를 기대하는 것이다. 애덤 스미스가 보기에, 인간은 "자신과 자신이 함께 생활하는 사람들 사이의 재판관을 마음속에 두는 법을 배운다."[36] 도덕적 기준이란 이 공정한 관찰자의 판단 또는 인정과 부정의 경험을 통해 형성된다고 할 수 있다.

마음속의 공정한 관찰자를 가정할 경우, 인간은 대부분 그 공정한 관찰자가 부정하는 행위를 피하고 인정하는 행위를 적극 실행해야 한다는 규칙이 성립된다. 스미스에 따르면, 관찰자가 부정하는 것을 회피하는 규칙이 정의이고, 인정하는 것을 적극 행하는 규칙이 자혜이다. 인간은 성장하면서 바로 이들 규칙을 지켜야 한다는 의식을 갖게 되며 이것이 바로 의무감, 곧 '도덕감(moral sense)'이다. 스미스에게는 이 의무감(도덕감)이야말로 사회 형성과 존립의 토대가 된다. 왜냐하면 "대다수 사람들이 그것을 기준으로 자신의 행동을 지도할 수 있는 유일한 원칙"이기 때문이다. 그는 이어서 다음과 같이 설명한다.

> 지금 우리가 성찰하는 도덕감의 독특한 기능은 우리 본성의 다른 모든 요인들에 대해 판단하고 그들에게 비난 또는 칭찬을 보내는 것이다. 도덕감은 일종의 감각기관으로 여겨질 수 있고, 모든 요인들은 이 감각기관의 대상이 된다.[37]

---

36) 애덤 스미스, 『도덕감정론』, 32쪽.

이 의무감 즉 도덕감이 인간의 다른 여러 본성들, 기쁨이나 분노 같은 여러 정념과 욕망과 이기심 등을 제어하고 조절하는 기제다. 이들 정념과 욕망과 이기심을 어느 정도까지 분출하고 또 어느 선에서 제어해야 하는가를 결정짓는 것은 바로 개인의 의무감이다. 의무감의 두 가지 규칙, 즉 마음속의 공정한 관찰의 비난을 회피하는 것과 그 관찰자의 칭찬을 적극 실행하는 것은 각기 정의와 자혜로 발현된다. 여기에서 인간은 자혜보다 정의에 대해 강한 의무감을 지닌다. 자혜의 행위는 주로 관용, 헌신, 친절, 동정, 자기희생, 헌신 등의 감정에서 비롯하며 인간의 숭고한 정신에서 비롯한다고 보기 때문에 높이 평가되지만, 그만큼 어렵기 때문에 강한 의무감으로 다가오지 않는다. 이에 비해, 정의는 공정한 관찰자의 비판을 피하지 않을 경우 다른 사람들에게서 공통의 분노를 유발하고 그것이 사회의 질서에 직접 피해를 가져다주어서 그만큼 강한 의무감을 지니며, 구체적으로는 법률로 표현된다. 애덤 스미스는 이렇게 말한다.

> 자혜는 비유하면 건물을 지탱하는 기초가 아니라 건물을 아름답게 꾸미는 장식이므로 실천을 권유하는 것으로 충분하며 강요할 필요는 없다. 그 반면에 정의는 모든 건물을 지탱하는 기둥이다. 만일 그것이 없으면, 위대하고 거대한 인간사회라는 구조물은 일순간에 무너지고 말 것이다.[38]

37) 같은 책, 35쪽.
38) 같은 책, 163쪽.

7

사회와 역사

스코틀랜드 문필가들의 우선적인 관심사는 시민사회였다. 개인이 자기이익을 추구하며 자유로운 경제활동과 함께 급속히 변화하는 상업사회를 관찰해 그 변화의 동력을 이해하고, 나아가 사회에 내재해 있는 불안정과 모순을 해결할 수 있는 길을 찾는 데 노력을 기울였다. 사회는 선험적 원리에 기초를 두고 형성되거나 섭리에 의해 이루어지는 것이 아니었다. 사회는 사람들의 의도적인 노력과 활동을 통해 역사 속에서 변화해왔다.

스코틀랜드 문필가들은 사회의 진보를 굳게 믿었지만, 사회는 진보한다고 하더라도 불안하며 또 성취가 있다고 하더라도 기대보다 뒤늦게 이루어진다는 것을 인정했다. 데이비드 흄(David Hume), 애덤 스미스(Adam Smith), 애덤 퍼거슨(Adam Ferguson) 등은 인류의 유토피아를 설정하지 않았다. 그보다는 오히려 불안정을 초래하고 한계를 지닌 인간의 심리와 이들이 구성하는 사회의 여러 면모를 탐색하는 데 초점을 맞췄다.[1] 인간과 사회, 그리고 그 사회의 역사가 스코틀랜드 문필가들의 사유 대상이었던 것이다.

사회의 발견

스코틀랜드 지식인들은 인간이 무엇보다도 사회적 존재임을 강조한다. 이는 인간에게 사회성(sociality)이라는 중요한 속성이 깃들어 있고 이 때문에 사회가 존립할 수 있음을 뜻한다. 다른 사람과 관계를 맺고 어울리려는 이 속성이 원초적 본능에 속하는가에 대해서는 논란이 있었다. 헨리 홈은 "인간에게는 원래 사회를 향한 욕구가 있다"라고 선언한다.[2] 애덤 퍼거슨은 사회성 가운데 특히 쉽게 설명할 수 있는 것으로 '서로 어울리려는 성향(propensity)'을 지적한다. 부모의 애정이나 친구의 우정은 '강렬한 열정(resolute ardour)'에 해당한다는 것이다.[3]

스코틀랜드 지식인들은 사회적 존재로서 인간을 강조하면서도 사회계약론에 대해서는 회의적이었다. 그들은 인간이 합리적 존재임을 인정했지만 사회성을 이성만으로 설명할 수 있다고는 생각하지 않았다.

---

1) Alexander Broadie, "Introduction: What was the Scottish Enlightenment?," in idem, ed., *The Scottish Enlightenment: An Anthology*(Edinburgh: Cannongate, 1997), pp. 17-18.

2) Henry Home, *Sketches of the History of Man*[1774](Edinburgh, 3rd ed., 1997); Christopher Berry, *Social Theory of the Scottish Enlightenment*(Edinburgh: Edinburgh University Press, 1997), p. 23.

3) Adam Ferguson, *An Essay on the History of Civil Society*, ed. Duncan Forbes (Edinburgh: Edinburgh University Press, 1966), pp. 16-17.

사실, 정치사상사에서 '자연상태(state of nature)'와 '사회계약(social contract)'의 개념은 16~17세기에 나타난다. 종교개혁 이후 유럽 여러 나라에서 가장 긴요한 문제는 정치적 권위의 합법성 또는 정통성(legitimacy)이었다. 도대체 무엇이 특정한 개인이나 집단에게 다른 사람들을 명령할 권리와 권위를 부여하는가. 신이 정치적 지배의 권능을 부여했다는 이전의 이데올로기는 종교개혁 과정에서 무너졌다. 신의 섭리로서의 정치적 지배원리가 무너진 후에 일단의 사상가들은 인간사회의 순수한 자연상태를 추론했다. 그 자연상태에서 인간은 자유를 즐길 권리를 갖는다. 그러나 이 권리를 행사하는 과정에서 나타나는 불편함과 갈등 때문에 사람들은 인위적이고 정치적인 지배조건을 만들어나가기로 결정한다는 것이다. 여기에서 인간은 자기중심적이고 이기적인 존재로 설정된다.

스코틀랜드 지식인들은 사회계약론을 어떻게 바라보았는가. 사무엘 푸펜도르프(Samuel Pufendorf, 1632~1694)와 토머스 홉스(Thomas Hobbes, 1588~1679)로 이어지는 사회계약론은 사회를 그 구성요소인 개인으로 완전히 분해한 원시 형태를 가정한 다음에 그 사회를 다시 재구성하는 과정에서 사회가 어떻게 작동하는지, 그리고 사회가 가장 효율적으로 작동하려면 어떻게 나아가야 하는지를 탐색한다. 그러나 스코틀랜드 지식인들은 이러한 사유가 잘못된 환원주의에 지나지 않는다고 비판한다. 사회제도는 사회적 차원에서 설명이 필요하다. 인간의 사회성은 제도로 표현된다. 이는 자연스러운 것이다. 사회성의 표현인 제도들은 획일적이지 않다. 자연과학은 복잡한 현상을 단순한 것들의 조합으로 환원할 수 있지만, 인간사회는 그렇지 않다. 그렇다고 하더라도 그 제도들에서 나타나는 어떤 패턴을 탐구할 수 있다.

스코틀랜드 지식인들은 그 패턴을 탐구하기 위해 역사적 설명에 의존했다.[4]

다음으로, 스코틀랜드 지식인들은 사회계약론이 가설과 추측에 의존할 뿐 과학적 근거가 부족하며 경험적으로도 그러한 증거를 찾기 어렵다고 비판한다. 퍼거슨이 생각하기에, 홉스와 같은 이론가들은 사실(fact)에 대한 관찰을 통해 일반원리를 수립해야 한다고 하면서도 실제로는 가설(hypothesis), 추측(conjecture), 상상(imagination), 운문(poetry)의 수준에 머물러 있을 뿐이다. 퍼거슨은 『시민사회의 역사(*An Essay on the History of Civil Society*)』 첫 장에서 이와 같은 개념어 옆에 현실(reality), 사실, 이성(reason), 과학(science) 등을 열거한 후, "인간에 관한 우리 모든 사유의 기초로 받아들여야 할" 것은 바로 이런 개념들이라고 주장한다.[5] 데이비드 흄 또한 계약에서 비롯된 정부는 "이 세계 어느 시대, 어느 나라에서든지 역사적으로나 또는 경험적으로 정당화된 적이 없다"라고 말한다.[6] 사회의 기원에 대한 계약론적 설명이 경험적으로 타당하지 않다면, 정부의 정당성이 개인의 동의에 기반을 두고 있다는 주장은 설득력이 약하다. 실제로 지배자나 피지배층 어느 누구도 자신들의 지배가 이전의 어떤 계약에 따르는 결과임을 인정하지 않을 것이다.[7]

스코틀랜드 계몽지식인들은 원초적인 계약 상태를 전제로 사회의

4) 이상은 Christopher Berry, 앞의 책, pp. 70-71 참조.

5) Adam Ferguson, 앞의 책, p. 2.

6) David Hume, *Essays: Moral, Political and Literary*[1779], ed. Eugne F. Millar(Indianapolis: Liberty Fund, 1987), p. 471.

7) 같은 책, p. 469.

형성을 설명하지 않는다. 이성보다는 감정에 가까운 인간본성, 즉 '사회성'에 의거해 사회가 형성되었다고 본다. 여기에서 중요한 것은 사회 변화=사회 진보에 대한 인식이다. 데이비드 흄, 스미스, 퍼거슨에 이르기까지 스코틀랜드 계몽지식인들은 사회제도의 발전에 관심을 기울였다. 그리고 제도들은 단선적인 발전이 아니라 다양한 경로로 변화해왔다. 그렇더라도 이 다양성 속에 공통의 유사성이 존재한다. 사회제도가 인간의 활동과 노력의 산물이라는 점을 고려하면 이러한 발전은 곧 인간 능력과 속성의 향상을 의미한다. 존 밀러는 다음과 같이 말했다.

> 인간에게는 자신의 조건을 향상시킬 만한 성향과 능력이 있다. 이런 능력을 발휘해서 그는 진보의 한 단계에서 다른 단계로 나아간다. 그 자신의 필요물이 유사하다는 점, 그리고 그 필요물을 제공할 수 있는 〔인간의—인용자〕 능력이 유사하다는 점 때문에 〔인간은—인용자〕 진보의 여러 단계에서 눈에 띄게 공통된 모습을 낳는다.[8]

사회제도는 시대에 따라 고정되지 않는다. 스코틀랜드 지식인들은 어느 제도든지 발전의 맥락에서 접근하고자 했다. 그들은 제도의 다양성을 인정하면서도 그에 경도되는 것을 경계했다. 사회제도와 사회 자체 발전의 뿌리는 인간본성에서 비롯한다. 사회제도의 발전 패턴에 관심을 기울였던 스코틀랜드 지식인들은 자신들의 사회가 이전의 형

8) John Millar, "The Origin of the Distinction of Ranks〔1779〕," in *John Millar in Glasgow*, ed. W. C. Lehmann(London: Cambridge University Press, 1960), p. 176.

태에서 지속적으로 발전을 거듭해온 진보의 역사를 갖는다는 사실을 받아들였다. 당대의 사회는 물론 상업과 시장이 개인들의 삶에 전반적인 영향을 끼치는 사회였다. 스코틀랜드 지식인들은 그 전범을 잉글랜드 사회의 변화 속에서 파악했다. 새로운 상업(산업)사회는 돌이킬 수 없는 시대적 추세이자 인간의 삶을 결정하는 운명이었다. 중요한 것은 사회의 변화를 인정하고, 그 변화에 어떻게 적응할 것인가를 모색하는 일이었다. 물론 스코틀랜드 지식인들이 당대의 사회를 긍정적으로 바라보았다고 해서, 그들이 진보가 전혀 모순이 없는 바람직한 방향으로만 전개된다고 생각한 것은 아니었다. 진보의 과정에서 누적된 문제점을 파악하고 그 모순을 집어내는 일이야말로 사회관찰자의 책무였다. 듀갈드 스튜어트는 애덤 스미스에 관한 논평에서 이렇게 말한다.

> 대부분의 경우, 사실에 가장 부합하는 진보보다는 가장 단순한 진보를 확인하는 것이 더 중요하다. 명제가 모순되는 것처럼 보이겠지만, 실제로 진보가 반드시 가장 자연스러운 것만은 아니라는 점은 분명하다. 진보는 다시는 일어날 것 같지 않은, 자연이 인류의 향상을 위해 만들어놓은 일반적인 혜택의 일부를 이룬다고 생각할 수 없는, 그런 특정하고 우연한 사건에 의해 결정되기도 했다.[9)]

---

9) Dugald Stewart, "Account of the Life and Writings of Adam Smith," *Collected Works of Dugald Stewart*, ed., William Hamilton, vol. 10(Edinburgh: T. Constable, 1858), p. 37.

데이비드 흄, 상업사회, 합병

데이비드 흄은 흔히 회의주의자이자 정치적 보수주의자로 알려져 있다. 그의 회의주의는 단순히 기독교 비판을 넘어서 당대 사람들이 신봉하던 과학적 방법의 결과까지 문제를 삼는다. 그에게 관찰하거나 경험하지 않은 모든 대상은 회의의 대상이었다. 과학적 방법을 통해 사람들이 물질이나 사건들 사이에 내재해 있다고 믿는 법칙적 관계까지도 심리상의 습관에 지나지 않을 수도 있다고 지적했다. 인간의 믿음의 기반은 이성적 법칙이 아니라 심리적 법칙이라는 것이다. 데이비드 흄이 홉스의 사회계약론뿐만 아니라, 시민이 통치자를 선택할 권리와 저항할 권리를 갖는다는 존 로크의 견해를 비판한 것도 이런 맥락에서 이해할 수 있다. 흄은 시민이 자신의 정부를 정의의 확립과 시행의 주체로 받아들이고 그 정부의 지배에 동의했는지 여부가 정치체제의 정당성을 결정하지 않는다고 본다. 시민의 동의를 정당성의 기준으로 삼는 것은 비현실적 사고라는 것이다. 약속이란 그 자체가 당위성과 구속력을 갖지 않는다. 사람들이 각자 그 약속이 서로 이익이 된다는 것을 깨닫고 인정했기 때문에 그들 상호 간의 규약으로 작용한다.[10]

흄은 또한 자유를 중시하는 공화정이 합병 이후 스코틀랜드의 상황에 적절하지 않다고 생각했다. 흄이 정치적 보수주의자로 알려진 것은 이러한 견해 때문이다. 유산자(有産者) 시민이 전사의 역할을 맡

10) 이상 흄의 회의주의에 관해서는, 김은희, 〈흄의 정치철학과 보수주의〉, 한국철학회, 《철학》 제109집(2011), 125-126, 128쪽 참조.

는 고전고대 정치의 환상은 어디까지나 상업에 따른 사회변화가 나타나지 않은 이전 시대에나 해당하는 것이었다. 근대 군주정은 오히려 상업사회의 변화에 놀라운 적응력을 보여주었다. 흄의 견해로는, 공화주의 담론을 주도한 마키아벨리와 그의 추종자들은 근대 군주정의 안정성과 또 안정화를 가져올 수 있는 능력을 무시하는 잘못을 저질렀다. 마키아벨리 추종자들은 또한 상업이 근대사회에 미친 중요성과 정치적 영향력을 고려하지 않았다는 것이다.[11] 신공화주의자들은 시민적 덕목(civic virtue)이나 소토지 소유가 근대국가의 버팀목 역할을 더는 수행할 수 없음을 이해하지 못했다. 제조업과 상업의 발달로 사회가 번영하고 문화적 세련미가 더해지면서 자유가 전반적으로 확산되었다. 이런 상황에서 토지소유는 정치를 주도하는 출발점이 될 수 없었다. 상업이 가져온 부와 세련된 삶 때문에 사람들은 시민으로서의 정치 참여보다는 개인의 삶에 관심을 갖게 되었다. 이 변화는 근대 상업경제의 대두와 함께 필연적으로 나타난 결과다. 이 모든 변화는 도시국가를 중심으로 하는 고전적 공화주의 모델을 진부한 것으로 만들었다.[12]

데이비드 흄의 이 같은 태도는 그의 저술 『잉글랜드의 역사(*The History of England*)』(1754~1766)에서도 일관되게 나타난다. 그는 역사적으로 영국 사회에서 세련됨(refinement), 예절(politeness), 교양

---

11) David Hume, "Of Civil Liberty," in idem, *Political Essays*, ed. Knud Haakonssen(Cambridge: Cambridge University Press, 1994), pp. 51-52; idem, "Politics Reduced to a Science," in *Political Essays*, p. 10.

12) 흄의 반공화주의에 관해서는 다음을 볼 것. Knud Haakonssen, "The Structure of Hume's Political Thought," in *The Cambridge Companion to Hume*, ed. David F. Norton(Cambridge: Cambridge University Press), pp. 182-221.

(propriety), 사교(sociability), 법의 준수, 사적 소유 같은 관행과 제도가 나타나고 정립되는 과정을 통해 영국인의 자유의 신장을 서술했다고 알려져 있다.[13] 흄은 유독 영국에서 이 같은 성취가 두드러졌던 원인으로 폭력에 대한 국가의 독점을 중시한다.[14] 이는 군주제의 안정과 관련되지만, 근본적으로는 상업의 발달에 토대를 두고 있다.

흄은 정치적으로 보수적 입장을 취하면서, 이와 동시에 근대 상업(산업)의 발전을 위한 여러 정책적 대안을 모색한다. 그는 보호무역을 공격하고 자유무역을 옹호하는 글을 썼다. 이 때문에 그는 정치적 보수주의와 경제적 자유주의의 이중적 태도를 보인다는 평을 받았다. 그러나 흄의 이중적 태도보다는, 그가 경제수준이 문명 진보의 토대임을 강조했다는 점이 더 중요하다. 흄의 이러한 견해는 「문명의 세련됨에 관하여(Of Refinement in the Arts)」라는 글에서 명료하게 나타난다.

> 산업의 진보와 기계적 기술의 정교화는 자유로운 것들의 '세련됨'을 낳는다. 자유란 다른 조건들과 어느 정도 병행하지 않고서는 완벽하게 이루

13) 이런 견해는 다음을 볼 것. A. B. Stilz, "Hume, Modern Patriotism, and Commercial Society," *History of European Ideas*, vol. 29(2003), p. 27; J. Darwin, "Civility and Empire," in *Civil Histories*, eds., P. Burke, B. Harrison and P. Slack(Oxford: Oxford University Press, 2000), p. 324.

14) 브루스 버컨(Bruce Buchan)은 다음과 같이 설명한다. 잉글랜드 역사에 관한 흄의 서술은 "국민 자유의 발전, 정부의 온건화, 상업의 확대, 기계와 과학의 우수성, 왕권과 신민의 힘의 균형" 같은 잉글랜드의 발전을 추적한 것이지만, 흄은 이러한 발전을 가져온 중요한 요인으로 폭력에 대한 국가 독점을 꼽고 있다는 것이다. 이 또한 흄의 정치적 보수주의를 반영한다고 할 수 있다. Bruce Buchan, "Civilization, Sovereignty and War: The Scottish Enlightenment and International Relations," *International Relations*, vol. 20, no. 2(2006), p. 178.

어질 수 없다. 위대한 철학자와 정치가, 유명한 장군과 시인을 낳는 시대에는 숙련된 직조공과 목공 또한 많은 것이다. 천문학을 무시하고 윤리를 경시하는 나라에서 완벽한 모직물을 생산하리라고 기대할 수 없다.[15]

18세기 초 스코틀랜드 지식인 사회에서는 잉글랜드와 합병을 둘러싼 논란이 그치지 않았다. 합병을 특히 비판했던 대표적인 인물은 앤드루 플레처(Andrew Fletcher, 1655~1716)다.[16] 그는 마키아벨리의 신공화주의 담론을 적극 옹호하면서, 합병이 스코틀랜드에서 개화해야 할 공화주의 정치의 경로를 막아버릴 것이라고 보았다. 스코틀랜드 사회야말로 "소토지소유자로서, 공적 참여정신이 투철한 시민들이 나라의 방어와 행정에 적극 나서는 정치"[17]를 발전시켜야 한다는 것이다. 플레처는 두 나라의 합병이 경제적으로 약한 나라에 피해만 가져다줄 것이라고 주장했다. 그는 스코틀랜드의 산업과 농업은 좀 더 선진적인 잉글랜드 경제의 생산물에 의해 위축되고 스코틀랜드 사회는 잉글랜드를 오염시킨 그 부패에 다시 전염될 것이라고 생각했다. 또한 시민적 덕목으로 무장한 스코틀랜드 귀족제만이 그 부패를 막을

---

15) David Hume, "Of Refinement in the Arts," in idem, *Essays, Moral, Political and Literary*, eds., T. H. Green and T. H. Grose(London: Longmans Green, 1875), vol. 1, p. 301.

16) Andrew Fletcher, *Political Works*, ed. John Robertson(Cambridge: Cambridge University Press, 1997). 플레처의 정치관과 경제관에 대해서는 다음을 볼 것. J. G. A. Pocock, *The Machiavellian Moment: Florentine Political Thought and the Atlantic Republican Tradition*(Orinceton: Princeton University Press, 1975), pp. 426-435.

17) David McNally, *Political Economy and the Rise of Capitalism: A Reinterpretation* (Berkley: University of California Press, 1990), p. 165.

앤드루 플레처.
작가·정치가·군인으로
1707년 합병법에 반대하고,
파나마 지역에 스코틀랜드의
직할식민지를 건설하는
다리엔 계획(Darien Scheme)을
지지했다.

수 있지만, 상업사회의 도래와 더불어 귀족들의 정치적 권위는 밑바닥까지 떨어질 수밖에 없다고 보았다.[18]

흄의 경제 관련 논설은 플레처 같은 합병 반대론자의 경제관을 비판하는 내용으로 이루어져 있다. 반대론자들은 잉글랜드와 경제교류가 활발해질수록 스코틀랜드는 심각한 귀금속 유출을 겪을 뿐 아니라 제조업, 무역, 농업 등이 침체할 것이라고 경고했다. 그러나 흄은 무역균형이나 금과 은의 무역수지에 대한 과도한 공포감은 잘못된 것

18) Nicholas Phillipson, "The Scottish Enlightenment," in *The Enlightenment in National Context*, ed., Roy Porter and Mikuláš Teich(Cambridge: Cambridge University Press, 1981), pp. 22-25 참조. 경제를 둘러싼 논쟁에 관해서는 다음을 볼 것. Istvan Hont, "'The Rich Country-Poor Country' Debate in Scottish Classical Political Economy," in *Wealth and Virtue: The Shaping of Political Economy in the Scottish Enlightenment*, ed. Istvan Hont and Michael Ignatieff(Cambridge: Cambridge University Press, 1983), pp. 271-315.

이라고 비판한다. 합병 반대론자들은 부유한 나라와 가난한 나라가 무역을 하게 되면 가난한 나라의 귀금속이 모두 부유한 나라에 흡수될 것이라는 막연한 공포감을 가지고 있다는 것이다. 물론 흄은 이런 공포는 망상에 지나지 않는다고 주장한다.

흄의 「무역균형론(Of the Balance of Trade)」은 '화폐수량설'의 관점에서 국제무역을 분석한 글이다. 어떤 나라가 화폐나 귀금속을 무제한 축장하는 정책을 편다면 이는 어리석은 짓이다. 어느 나라나 금과 은의 가격이 자연스럽게 형성되는 수준이 있다. 이 수준은 등락을 거듭하지만, 그럼에도 그 자연가격 수준을 중심으로 변동한다. 만일 영국 귀금속의 80퍼센트가 사라졌다고 가정하자. 이 경우 상품 가격은 급속하게 떨어진다. 그래서 영국은 경쟁국에 저가의 상품을 판매해 해외무역에서 막대한 잉여를 남길 것이다. 만일 화폐량이 5배 증가한다면, 정반대의 결과가 나타날 것이다. 영국의 상품가격이 급속하게 올라 국내의 귀금속이 다른 나라로 유출될 것이다. 잉글랜드와 스코틀랜드의 무역을 비관적으로 바라보는 것은 쓸데없는 기우라는 주장이다.[19] 물론 흄도 부유한 나라가 우월한 제조업과 기술, 그리고 자본의 이점을 활용한다는 점을 인정한다. 그러나 이들 이점은 상업이 발달하지 않고 귀금속 보유량이 많지 않은 나라의 저임금으로 어느 정도 상쇄된다고 한다. 흄이 보기에, 저임금은 후진적인 나라의 낮은 물가수준에 따른 결과다. 가격은 시장의 상품량과 연계된 유통화폐량에 의해 결정되기 때문이다. 그때 가면 제조업은 낮은 생산비용을 찾아

---

19) David Hume, "Of the Balance of Trade," in idem, *Writings on Economics*, ed. Eugene Rotwin(Madison: University of Wisconsin Press, 1970), pp. 62-63.

가난한 나라로 이동할 것이다. 장기적으로 무역을 통해 화폐의 이용이 확산될수록 모든 물은 같은 높이에 이른다.[20]

이러한 견해는 흄의 「화폐론(Of Money)」에서도 일관되게 나타난다. 흄은 가난한 나라가 부유한 나라와 무역에서 상대국으로부터 여러 가지 불이익을 받을 수 있다는 점보다는 오히려 저렴한 생산비용에 따른 이점을 더 강조한다. 궁극적으로 두 나라의 경제적 균형에까지 이른다는 것이다. "화폐 부족은 그것으로 국가에 해를 끼치지 않는다. 왜냐하면 인간과 상품은 어느 나라에서나 실질적 위력(real strength)을 발휘하기 때문이다."[21] 유리한 교역으로 한 나라에 정금(正金)이 유입되면 이는 분명히 경제활동을 자극한다. "노동과 제조업이 활력을 얻고, 상인은 좀 더 사업에 적극 참여하며 제조업자도 좀 더 근면하고 좀 더 능숙하게 일한다. 농부까지도 더 빨리, 더 주의를 기울여 쟁기질을 하는 것이다."[22] 그러나 이런 활력과 자극은 가격수준이 화폐공급 증가에 상응해 올라가는 선까지만 지속될 뿐이다. 화폐공급 증가에 따른 경제적 자극은 상당 기간 지속된다. 국민생산의 증가는 국내가격 수준의 상승을 누그러뜨린다. 이 점 때문에 흄은 스코틀랜드의 상업 발달을 주장한 것이다. 정금(귀금속 화폐)의 유입은 물가를 그처럼 급등시키지 않을 것이다. 유통망이 확대되는 경우가 그렇다. 화폐가 모든 계약과 판매에서 교환의 척도로 사용된 다음에, 화폐는 좀 더 중요한 역할을 수행한다. 모든 상품이 시장에 나타나고 유통부문

20) 같은 글, p. 63.
21) David Hume, "Of Money" in idem, *Writings on Economics*, p. 45.
22) 같은 글, p. 37.

이 확대되는 것이다.[23] 요컨대, 흄은 합병이 경제적으로도 스코틀랜드에 이익일 뿐 아니라, 제조업과 상업의 관행을 스코틀랜드인에게 심어줄 것이라 생각했다. "인간이 낡은 단순한 삶의 방식에서 벗어난 후에야 비로소 더 많은 상품이 제조업에서 생산되고, 이들 상품이 시장에 더 많이 출현한다."[24]

애덤 스미스와 상업사회의 정치경제학

애덤 스미스의 '도덕철학' 강의는 자연신학, 윤리학, 법학, 정치경제학 등 4부분으로 이루어졌다. 그가 이 강의체계 가운데 윤리학과 정치경제학 강의안을 각기 『도덕감정론(*The Theory of Moral Sentiments*)』과 『국부론(*The Wealth of Nations*)』으로 출간했다는 것은 잘 알려져 있다. 이른바 '스미스의 문제'는 두 책의 괴리에 관한 논란이다. 『도덕감정론』에서 스미스는 동감과 자혜(benevolence)를 강조한 반면, 『국부론』에서는 자기이익(self-interest)에 의해 지탱되는 사회를 전제로 삼고 있다는 것이다. 사실, 스미스의 『국부론』은 상업사회에서 어떻게 국가의 부가 증대될 수 있는가라는 문제의식에서 출발한다. 중상주의에 대한 그의 비판은 '부'에 관한 개념 정의의 차이에서 비롯한다. 중상주의자들은 화폐, 곧 귀금속이야말로 부 자체라고 생각했다. 이와 달리, 스미스는 화폐로 구입해 소비할 수 있는 재화를 부로 규정한다.

23) 같은 글, p. 43.
24) 같은 글, p. 43.

재화는 인간노동의 산물이며, 국부의 증대는 노동이 어떻게 더 많은 재화를 생산할 수 있는가라는 문제로 귀결된다. 여기에서 스미스가 찾아낸 조건은 노동생산성의 향상과 생산적 노동의 비율이다. 노동생산성이 높아질수록, 그리고 비생산적 노동에 비해 생산적 노동의 비율이 높아질수록 국부가 증가한다는 것이다. 이런 추론에서 우선 생산성 향상은 기본적으로 인간의 자기애와 이기심을 기반으로 이루어질 수밖에 없다. 자신의 소득을 높이고자 하는 열망은 이기심에서 비롯하기 때문이다.

> 우리가 저녁식사에서 기대하는 것은 푸줏간 주인이나 양조장 주인 또는 제빵업자의 자혜가 아니라 그들 자신의 이익에 대한 그들의 관심으로부터이다. 우리는 그들의 인간성이 아니라 그들의 자기애에 말을 건네는 것이다. 그리고 우리 자신의 필요가 아닌 그들의 이익에 관해서 그들에게 말한다. 거지 외에 어느 누구도 우리 시민의 자혜에 의존하고자 하지 않는다.[25]

스미스에 따르면 다음으로, 생산적 노동의 비율이 높아지기 위해서는 분업이 발달해야 한다. 그러나 독점이 아닌 경쟁에 의해 지배되는 시장이 분업 발달의 조건이다. 인간의 자기애와 이기심은 투명한 시장 경쟁의 전망이 보일 때 비로소 분업의 촉진제로 작용하기 때문이다. 물론 스미스는 분업이 이기심 이전에 교환이라는 인간 고유의 본성에서 비롯했다고 생각한다. 사람은 누구나 자신의 특정한 물건을 다른 것과 거래하고 교환하는 기질을 가지고 있다. 그러나 교환 기질

25) Adam Smith, *Wealth of Nations*(1930), vol. 1, p. 16.

만으로 분업이 발생하고 촉진된다고 보기는 어렵다. 교환 기질과 자기이익을 지키려는 이기심이 결합해 분업을 낳는 것이다. 분업의 정도는 시장의 크기에 제한 받는다. 상업사회야말로 그 분업이 가장 고도로 전개된다고 할 수 있다. 스미스는 다음과 같이 말한다.

> 분업이 일단 완전히 성립되면, 개인은 자신의 노동생산물을 가지고서는 자기 욕망의 일부분만 만족할 수 있다. 그는 자신의 노동생산물 가운데 자기소비를 초과하는 잉여분을 다른 사람의 생산물 중 자신이 필요로 하는 부분과 교환함으로써 자기욕망을 충족한다. 이리하여, 모든 사람은 교환을 통해 생활하며, 즉 어느 정도 상인이 되며, 사회 자체는 정확히 말해 상업사회가 되는 것이다.[26)]

이와 같이, 『국부론』은 노동생산성, 생산적 노동, 분업 등의 개념을 통해 국부의 증대를 설명하지만, 이들 개념의 근저에 인간의 자기이익이 작동하고 있음을 전제로 삼는다. 과연, 『도덕감정론』과 『국부론』 사이의 괴리는 좁혀지기 어려운가. 『국부론』은 여러 곳에서 인간의 자기이익에 의해 이루어진 경이로운 성취를 언급한다. 푸줏간, 양조장, 빵집 등 자기이익이 불가사의한 성취를 얻어낸 사례를 소개한다. 그러면서도 『국부론』은 자기이익의 극단적 사례를 비판하기도 한다. 상인의 탐욕이나 교회의 쇠퇴와 부패, 교육제도의 타락이 그 대표적인 예다. 스미스는 그런 타락이 자기이익과 사회적 이익의 부정합(misalignment) 때문이라고 생각한다. 다른 한편, 『도덕감정론』도 동감

---

26) 같은 책, p. 24.

과 자혜를 중시하면서 극단적인 자기이익에 따른 부작용을 지적한다. 여기에서 중요한 것은, 『도덕감정론』이 이기심의 과도한 남용을 경계하면서도 그 치유 가능성을 높게 본다는 점이다. 그 남용을 성공적으로 억제할 경우 모두에게 이로운 결과를 낳는다. 이렇게 보면 자기이익을 둘러싼 『도덕감정론』과 『국부론』의 거리는 그만큼 좁혀진다.[27] 상업사회는 시장사회이며 이기심에 의해 작동된다. 그러면서도 그 사회는 이기심과 자기애뿐만 아니라 공정한 경쟁을 허용하는 정의감과, 그리고 교환과정에서 관련된 사람들 모두의 동의가 필요한 설득 성향이 전제되어야 한다. 이들 성향은 모두 동감이라는 감정을 기초로 한다. 애덤 스미스가 보기에, 시장사회 또한 동감에 기반을 둔 사회인 것이다.

애덤 퍼거슨의 시민사회론

다른 계몽지식인들이 그러했듯이, 애덤 퍼거슨도 '세련됨'으로 치장한 근대 상업사회를 깊이 성찰했다. 그럼에도 그는 상업사회에서 정치문화는 어떠해야 하는가에 대해 끊임없이 질문을 던지고 마키아벨리적 공화주의 전통을 어떻게 되살릴 수 있는가를 고민했다는 점에서 동시대 문필가와 다른 면모를 보여준다. 퍼거슨은 근대 상업사회에 내재해 있는 근본적인 모순을 포착했다. 물론 그 또한 다른 계몽지식

27) 이상은, Maria Pia Pagenelli, "The Adam Smith Problem in Reverse: Self-Interest in *The Wealth of Nations and the Theory of Moral Sentiment*," *History of Political Economy*, vol. 40, no. 2(2008)," pp. 366-367 참조.

애덤 퍼거슨(조슈아 레이놀즈 작).
사회를 역사적으로 연구하여
처음으로 소유관계의 차별에 의한
여러 계급의 발생을 논했다는
평가를 받기도 한다.

인들과 마찬가지로, 상업사회로의 발전이 필연적이며 불가피한 역사 과정임을 인정한다. 퍼거슨이 살던 시대에 스코틀랜드는 상업 활동 및 기계의 도입으로 경제발전의 길에 들어섰다. 1755~1775년 간 스코틀랜드 5개 도시의 인구증가율은 전국 평균치의 3배에 이르렀다.[28] 고지대 출신인 퍼거슨은 이러한 사회변화를 더 주의 깊이 관찰했다. 이 변화의 밑바닥에는 인간의 자기이익이 작용한다.

> 인류는, 그들 정신의 현재 상태를 따르고, 불편한 것을 없애고자 노력하거나 명백하면서도 지속적인 이익을 얻으려고 하면서, 그들의 상상만으로는 예견할 수 없는 목표에까지 이르고 있다. 그리고 다른 동물들처럼,

---

28) T. C. Smout, "Where had the Scottish economy got to by the third quarter of the 18th century?" in *Wealth and Virtue*, eds., I. Hunt and M. Ignatieff(Cambridge: Cambridge University Press, 1983), p. 67.

그들 본성의 궤도에서 그 목표조차 인식하지 않은 채 그저 치달리고 있다……. 심지어 계몽의 시대라고 불리는 때에도 다수 사람들의 걸음걸이와 움직임이 똑같이 미래를 향해 맹목적으로 향하고 있다.[29]

퍼거슨은 근대 상업과 제조업의 발달로 개인이 꾸준히 활동할 수 있는 더 넓은 장이 마련되었다는 데 동의한다. 상업사회는 개인이 능력을 최대한 발휘할 수 있도록 유도한다. 개인의 창발성이 높아지고 인간의 개성 또한 극대화된다. 이와 같이 상업사회는 진보, 개인의 자유, 정치적 안정, 법의 지배 등을 가져왔지만, 아울러 개인들이 무가치하고 비인간적인 일에만 몰두하는 경향을 낳아 시민적 덕목(civic virtue)이 약화되었다. 근대사회는 오히려 개인이 전통적 덕목에서 벗어나 오로지 자기이익만 쫓도록 만든다. 근대사회의 위협은 이윤을 추구하는 상업적 열정(passion)이 정치적 열정, 즉 시민적 덕목을 앞지르기 시작할 때 비롯한다. 중간계급과 상류계급 사람들은 새롭게 축적된 부에 자극받아 정치적 삶의 참여를 포기하고 자신의 인생을 쉽게 살려고 하는 것이다.[30] 사실, 상업사회 이전에 시민의 정치적 열정

---

29) Adam Ferguson, 앞의 책, p.122.

30) Adam Ferguson, *An Essay on the History of Civil Society*, ed. Fania Oz-Salzberger(Cambridge: Cambridge University Press, 1995), p. 205. 1960년대까지만 하더라도 학계에서는 퍼거슨의 시민사회론 가운데 갈등, 사회구조, 사회화, 인간사회의 역사적 발전단계 등의 개념에 주로 초점을 맞췄다. 이런 경향을 종합한 연구로는 다음을 볼 것. David Kettelr, *The Social and Political Thought of Adam Ferguson*(Columbus: Ohio State University Press, 1965). 그 후 퍼거슨의 도덕주의에 관심이 높아졌고, 그를 마키아벨리의 지적 전통에 가장 접근한 스코틀랜드 계몽지식인으로 바라보는 견해가 대두되었다. 이에 관해서는 다음을 볼 것. J. G. Pocock, *The Machiavellian Moment: Florentine Political*

은 다른 나라의 군사적 위협을 받거나 시민들의 자유가 전제자의 세력에 의해 위협당하는 시기에 강하게 나타나곤 했다. 역설적으로, 정치적 열정의 쇠퇴는 시민사회 안에서 평화의 시기가 오래 지속되는 시기에 주로 볼 수 있다.[31] 근대 상업은 바로 이런 경향을 가속시킨 것이다.

> 일반 사람들의 정치적 세련됨(refinement)을 우려할 만한 이유가 있다. 그들은 불의와 잘못을 시정하려고 들지 않는다. 그들은 전혀 행동하려고 들지 않는다. 정치가들이 보기에, 자유로운 시민의 온갖 논쟁은 무질서로 간주되고 나라의 평화를 깨뜨리는 행위로 여겨진다.[32]

이제 정치적 주체로서 시민의 정치적·군사적 참여의 열정은 쇠퇴하고 사람들은 정당이나 특정 세력에게 헌정의 자유를 보호하는 일을 맡긴다. 크리스토퍼 핀레이(Christopher Finlay)의 비유에 따르면, 이는 마치 직업군인에게 시민사회 영역에 유리하도록 폭력을 행사하게 하는 것과 마찬가지다.[33] 결국 퍼거슨은 근대 시민사회에서 필연적으로 전개되는 모순을 지적한 것이다. 상업은 개성을 고양하고 시민 개인의 자유를 신장하지만, 시민 모두가 자발적으로 정치에 참여하는 시민적 전통을 무너뜨린다. 직업의 분리(separation of professions) 경향

Thought and the Atlantic republican Tradition(Princeton: Princeton University Press, 1975); idem, *Barbarism and Religion, Volume 2: Narratives of Civil Government*(Cambridge: Cambridge University Press, 1999).

31) Adam Ferguson, 같은 책(1995), pp. 202-203.

32) Adam Ferguson, 앞의 책(1966), p. 122.

33) Christopher Finlay, "Rhetoric and Citizenship in Adam Ferguson's *Essay on the History of Civil Society*," History of Political Thought, vol. 27, no. 1(2006), 35.

AN

ESSAY

ON THE

HISTORY

OF

CIVIL SOCIETY.

By ADAM FERGUSON, LL. D.

Profeſſor of Moral Philoſophy in the Univerſity of Edinburgh.

EDINBURGH:

Printed for A. MILLAR & T. CADDEL in the Strand, *London*, and A. KINCAID & J. BELL, *Edinburgh*.

MDCCLXVII.

『시민사회의 역사』 초판(1767) 속표지. 개인과 사회의 상호작용을 강조하여 현대 사회학의 선구자로 평가받는 스코틀랜드의 상식학파 철학자·역사가 애덤 퍼거슨의 작품이다.

은 전문화를 통해 생산력을 높이는 데 기여하지만, 동시에 "사회의 연대를 깨뜨리고 창조력을 다른 것으로 대체하며, 공동의 활동무대에서 개인을 쫓아낸다. 이 활동무대야말로 마음과 정신의 온갖 정서가 조화롭게 작용하는데도 말이다."[34] 퍼거슨의 이런 탄식을 접하면서 그에게 또 다른 질문을 던질 수도 있겠다. 정치적 열정의 쇠퇴가 필연적 경로라면 과연 그것을 막기 위한 대안을 모색할 수 있겠는가? 퍼거슨의 논의 또한 경고음을 터뜨리는 것 이상의 의미는 없지 않은가.

애덤 퍼거슨은 상업사회의 부작용을 강조하는 비관론적 태도를 보여주지만, 그 극복 가능성에 대해서는 오히려 상당히 낙관적이었다. 그는 인간사회의 변화와 문명화과정을 태양계에 비유한다. "인간은

34) Adam Ferguson, 앞의 책(1995), p. 207.

두 힘에 의해 궤도를 따라 운행하는 혹성과 같다." 당시의 과학적 개념으로 표현하면, "추진력(projectile force)"이 사적 이익을 추구하게 만들지만, 또 다른 "중심압력(central pressure)"이 그 궤도를 벗어나지 않도록 작용하는 것이다.[35] 좀 더 생산적인 목적을 향해 이기심을 순화하고 안내하는 길은 법이다. 여기에서 법이란 "공동체 구성원들이 동의하는 협약"이다. 이기심은 개인이 욕구를 실현하는 동력이고, 법은 공전궤도에서 혹성의 이탈을 막는 구심력이다.[36] 퍼거슨은 법을 통해 개인의 욕구를 제어하고 일탈을 방지할 수 있으리라 믿었던 것이다.

상업사회에서 정치적 열정의 쇠퇴는 물론 근본적으로 자기이익의 추구 경향이 극대화되는 데서 찾아야 한다. 퍼거슨은 여기에서 분업의 이중적 특징을 주목한다. 상업사회의 진보와 경제성장은 분업에 힘입은 것이다. 경제성장은 선에 해당하지만, 그 배경인 분업은 주의깊게 접근하지 않으면 안 된다는 것이다. 물론 분업의 전개과정에 관해서는 애덤 스미스가 깊이 성찰했으며, 그 또한 분업 자체가 가진 이중적 역할을 주목했다. 한편으로 스미스는 분업과 경제발전의 인과성을 인정한다. 경제성장은 분업 증대의 결과다. 다른 한편으로 그는 분업이 장기적으로 경제성장을 지체시킬 위험이 있음을 지적한다. 단순한 작업의 반복은 분업 원리를 적용함으로써 나타난 필연적인 귀결이다. 이에 따라 단순 작업에만 익숙한 미성숙 노동자가 증가하면서 사회에 피해를 가져다주는 것이다. 스미스는 이런 위험을 막기 위해 교육의 중요성을 강조한다.

---

35) Adam Ferguson, 앞의 책(1966), p. 84, 98.
36) 같은 책, p. 97, 101, 107.

퍼거슨은 기술적 분업보다는 사회적 분업, 그의 표현으로는 '직업의 분리'가 사회에 미치는 이중적 영향에 초점을 맞춘다. 퍼거슨도 스미스와 마찬가지로 직업의 분리가 "기술적 개량"을 약속하고 실제로 모든 기술적 생산을 완벽하게 만드는 것처럼 보이지만, 종국적으로 "사회집단들(bands of society)"을 깨뜨리는 결과를 가져온다고 지적한다.[37] 상업사회에서 정치적 열정을 생산적 열정이 대신하는 것도 이 때문이다. 그것은 시민 구성의 방식과 정치인 선출 방식을 분리하고 정책과 방어를 떼어놓는다. 이는 말하자면 "인간을 배제하려는 시도"다.[38] 이러한 분리를 통해 사실상 나라의 방어와 안전에 긴요한 자유로운 시민층을 배제하는 것이다. 그러나 분업의 폐해에 관한 퍼거슨의 성찰은 좀 더 근본적이었다. 상업사회 아래서 개인들이 분업과 전문화에 몰두할수록 그들의 능력과 관심사는 다 같이 단순화된다.

> 많은 기계적 기술들은 어떤 탁월한 능력도 필요로 하지 않는다. 그것들은 감정과 이성을 완전히 억압한 상태 아래서 최상의 결과를 얻는다. 무지는 미신만이 아니라 제조업의 어머니이기도 한 것이다. 성찰과 상상력은 오히려 길을 헤메기 일쑤다. 손이나 발을 움직이는 습관은 그것들〔성찰과 상상력－인용자〕에서 독립되어 있다. 따라서 제조업은 정신을 거의 고려하지 않는 곳에서, 그리고 상상력의 노력을 전혀 기울이지 않은 채 작업장이 각 부분을 인간으로 채워 넣은 어떤 동력기관으로 여겨지는 그런 곳에서 가장 번영한다.[39]

---

37) Adam Ferguson, 앞의 책(1995), p. 218.
38) 같은 책, p. 218.
39) 같은 책, pp. 182-183.

스미스와 퍼거슨 두 사람은 모두 근대사회의 중요한 특징으로 분업을 언급하지만, 둘의 견해차가 드러나는 것은 바로 이 지점이다. 스미스도 퍼거슨처럼 분업의 부정적 측면을 경고했으나 그 어조는 매우 약했다. 마르크스가 퍼거슨을 가리켜 '스미스의 교사라'고 언급한 것은 바로 이러한 차이에 근거한 것이다. 스미스는 맨더빌과 마찬가지로 분업의 사회적 기여에 좀 더 비중을 둔 반면, 퍼거슨은 생산 진보의 측면을 인정하면서도 인간 및 인간사회에 미칠 부정적인 결과들을 깊이 성찰했다.[40]

다른 한편, 스미스와 퍼거슨이 분업에 관해 상당 부분 비슷한 내용을 기술한 것을 어떻게 보아야 할 것인가. 이 문제 또한 해묵은 논쟁거리의 하나다. 특히 퍼거슨이 스미스의 분업에 관한 개념을 차용했으리라는 의혹이 일찍부터 있었다. 그러다가, 19세기 말 스미스에 관한 전기를 쓴 존 레이(John Rae)가 이러한 의혹을 전한 뒤로 논란이 이어졌다. 스미스가 퍼거슨을 향해 자신의 아이디어를 도용했으면서도 인정하지 않는다고 비난했다는 것이다.[41] 이 의혹의 정확한 근거는 알려지지 않았다. 다만 알렉산더 칼라일(Alexander Carlyle)의 자서전에 다음과 같은 기록이 나온다.

> 스미스는 자신이 생각해낸 몇몇 개념들을 퍼거슨이 차용하면서도 허락을 구하지 않았다고 비난하기에는 너무 심약한 사람이었다. 퍼거슨은 이 사실을 부인했다. 다만 어느 프랑스 문필가에게서 여러 개념을 빌려왔다

40) 이에 관해서는 다음을 볼 것. John D. Brewer, "Adam Ferguson and the Theme of Exploitation," *British Journal of Sociology*, vol. 37, no. 4(1986), p. 465.

41) John Rae, *Life of Adam Smith*(London: Macmillan, 1895), p. 65.

는 점은 시인했다.[42)]

퍼거슨이 스미스의 분업 개념을 차용했다는 의혹은 20세기에 들어와 독일 역사가 아우구스트 옹켄(August Oncken)이 공식적으로 제기했다. 퍼거슨이 프랑스 문필가의 개념을 차용했다면, 프랑수아 케네(François Quesnay, 1694~1774)인가 몽테스키외(Charles Louis de Secondat Montesquieu, 1689~1755)인가, 아니면 익명의 인물인가? 몽테스키외는 자신의 저술에서 분업의 개념을 분명하게 밝히지 않는다. 분업 개념을 차용한 대상이 만일 익명의 인물이었다면, 퍼거슨은 그 전거를 밝혔을 것이다. 옹켄은 퍼거슨이 스미스의 개념을 어떤 형태로든지 받아들였으리라고 결론 내린다.[43)] 물론 이러한 의혹이 전혀 근거가 없다는 견해도 있다. 퍼거슨이 스미스에게서 분업 개념을 빌려왔다는 구체적인 물증은 없다. 이전에 두 사람이 여러 만남과 대화를 통해 서로 공유한 개념이었을 가능성이 높다는 것이다. 특히 경제적 측면이 아닌, 사회학적 측면에서 퍼거슨의 분업론은 스미스와 다른 독자적인 서술체계를 보여준다. 마르크스가 퍼거슨을 '스미스의 교사'라고 불렀던 것은 이런 맥락에서 이해해야 한다는 주장이다.[44)]

실제로, 분업에 관한 애덤 스미스의 설명은 사회적 분업과 기술적 분업 개념이 뒤섞여 있지만, 그가 핀(pin) 작업장의 사례에서 언급한

42) Alexander Carlyle, *The Autobiography of Dr. Alexander Carlyle of Inveresk, 1722-1805*, ed. John H. Burton(London: T. N. Foulis, 1910), p. 209.

43) August Oncken, "Adam Smith und Adam Ferguson," *Zeitsdrift für Sozialwissenschaft*, vol. 12(1909), Part 1, pp. 129-137; Part 2, pp. 206-216.

44) Ronald Hamowy, "Adam Smith, Adam Ferguson, and the Division of Labour," *Economica*, new. ser., vol. 35, no. 139(1968), p. 259.

것은 분명 기술적 분업이다. 그가 분업의 중요성으로 지적한 내용, 즉 분업이 생산력을 높이는 까닭은 작업을 단순화함으로써 노동자의 기능을 개선하고 시간을 절약하며 기계의 응용이 쉬어지기 때문이라는 설명은 거의 기술적 분업에 국한된 것이다. 후일 찰스 배비지(Charles Babbage, 1792~1871)가 스미스의 설명을 보완해 기술적 분업의 이점을 체계화했다는 것은 널리 알려진 사실이다.[45] 이에 비해, 애덤 퍼거슨의 분업론은 거의 사회적 차원에 초점을 맞추고 있다. 퍼거슨 이전에 사회적 분업을 깊이 있게 성찰한 지식인은 오히려 제임스 스튜어트(James Stuart, 1713~1780)다. 그는 자신의 저술에서 직업의 분화에 따른 사회적 변화를 언급한다. 경제현상이 상호의존적인 까닭은 개인 활동뿐 아니라 경제제도와 직업 분화의 결과라는 것이다. "우리는 국민이 두 계급, 즉 각기 농업과 제조업에 종사하는 사람들로 구성된다는 것을 알 수 있다."[46] 스미스보다는 오히려 제임스 스튜어트의 견해가 퍼거슨과 비슷하다. 이와 같이 퍼거슨을 둘러싼 의혹설은 증거가 불충분하며, 분업에 관한 스미스와 퍼거슨 두 사람의 강조점 또한 상당히 다른 것이다.

스미스와 퍼거슨은 다 같이 근대사회의 요체가 시장과 상업이라는 것을 받아들였다. 스미스는 상업이 봉건사회의 특징인 예속상태에서

45) Charles Babbage, *On the Economy of Machinery and Manufactures*(London: Charles Knight, 1832), pp. 171-174.

46) James Stewart, *The Principle of Political Oeconomy*[1767], ed., Andrew Skinner(Edinburgh: Oliver and Boyd, 1966), vol. 1, p. 43. 스튜어트에 관해서는 다음을 볼 것. Andrew S. Skinner, "Econmic theory," in *The Cambridge Companion to the Scottish Enlightenment*, ed. Alexander Broadie(Cambridge: Cambridge University Press, 2003), pp. 186-187.

인간을 해방시켰다고 주장한다. 이제 커피하우스는 시장이 되었고 시민은 상업세계의 경제생활에 참여함으로써 주체적 인간이 된 것이다. 다만 스미스는 경제적 관계를 지배하는 법칙이 독점(monopoly)이라는 한심한 정신(wretched spirit)에 물들어 부패했기 때문에 이를 근절하고 시장의 자유를 보장하는 도덕적 국민과 정부가 필요하다는 점을 강조한다. 퍼거슨도 상업사회의 출현을 진보의 과정으로 이해했지만, 스미스와는 달리 비관적인 전망을 나타낸다. 원래 인간은 자신의 삶에서 행복과 완전성을 추구해야 하나, 상업사회가 이를 향한 열망을 없애고 인간 갱신의 기회를 앗아가고 있다. 이를 극복하기 위해서는 무엇보다도 완전성에 대한 열망, 자유의지, 자기창조의 정신이 필요하다는 것이다.

추론적 역사

스코틀랜드 문필가들은 근대 상업사회를 이해하기 위해 역사적 접근을 시도했다. 그들은 과거의 단순한 형태에서 복잡한 형태로의 변화과정을 추적하는 방식을 통해 현재 사회의 여러 측면을 이해하려고 했다. 물론 과거 사회를 직간접으로 알려주는 자료가 충분하지 않았기 때문에 역사적 접근 자체가 실증적 수준에까지는 이를 수 없었다. 이에 따라 듀갈드 스튜어트(Dugald Stewart, 1753~1828)가 '추론적 역사(conjectural history)'라고 부른 서술방법에 의존했다.

'추론적 역사'란 구체적으로 무엇을 뜻하는가. 인간의 정신능력이 어느 시대 어느 지역에서나 근본적으로 비슷하다는 점을 전제로 삼지 않고서는, 우리와 다른 시공간에 사는 사람들의 행동을 이해할 수 없다. 18세기 유럽 지식인들은 특히 아메리카 원주민에 관한 민속지적 자료에서 새로운 자극을 받았다. 문필가들은 아메리카 원주민 사회에 대한 조사와 분석을 통해 원시사회와 고대사회를 추론할 수 있다고 믿었다. 스튜어트는 이렇게 언명한다.

> 인간 정신의 능력은 어느 시대에나 같으며, 우리 인류가 보여주는 다양한 현상들이 인간이 살고 있는 다른 환경의 또 다른 결과라는 사실은 오랫동안 부정할 수 없는 논리적 공리(incontrovertible logical maxim)로 받아들여져왔다.[47)]

스코틀랜드 문필가들은 특히 인류사회의 초기 단계를 서술하는 데서 추론적 역사서술 방식을 즐겨 사용했다. 추론적 역사서술은 다량의 증거나 자료가 없는 상태에서 원시사회나 고대사회를 이해하기 위한 수단이었다. 이들은 사회구조 또는 사회변화를 일종의 신의 섭리로 여기던 이전의 경향에서 벗어나, 아메리카사회나 역사 속의 여러 사례를 투사해 서술대상을 설명하는 박물학적 접근(naturalistic approach)을 시도했다. 이러한 접근의 바탕에는 인간 사회의 다양한 법, 종교, 관습, 의례 등이 서로 관련되고 상호의존적이라는 전제가 깔려 있었다. 그뿐만 아니라 사회의 역사적 변화는 대체로 비의도적이고 비계획적인 발전이며, 그 발전을 단계론적으로 이해하려는 움직

---

47) D. Stewart, "Dissertation: Exhibiting the Precess of Metaphysical, Ethical and Political Philsophy since the Revival of Letters," in *The Collected Works*, ed. W. Hamilton(Edinburgh: Constable, 1854), vol. 1, p. 69.

듀갈드 스튜어트.
스코틀랜드 상식철학파의
주요 철학자로, 철학이 형이상학적
사변·범주에 오염되지 않은 과학적
학문이어야 한다고 주장했다.

임이 있었다.[48)]

스튜어트는 데이비드 흄, 퍼거슨, 밀러, 헨리 흄 등의 저술에서 시도된 역사적 접근이 모두 '추론적 역사'에 해당하며, 애덤 스미스가 『국부론』에서 설명한 경제발전단계론 역시 비슷한 서술방식을 취했다고 본다.[49)] 그러나 스미스는 실제로 수렵 채취, 유목, 농경, 상업 등 각 단계로의 발전을 설명하면서 여러 가지 사례와 전거를 활용하기도 한다. 더욱이 스튜어트의 '부정할 수 없는 논리적 공리'도 확신하

---

48) 추론적 역사에 관해서는 다음을 볼 것. Frank Palmeri, "Conjectural History and the Origins of Sociology," *Studies in Eighteenth Century Culture*, vol. 37(2008), pp. 1-21.

49) David Hume, *Natural History of Religion(1757); Adam Ferguson, An Essay on the History of Civil Society*(1767); John Milla, *Origin of the Distinction Ranks(1771-1779); Henry Home, Sketches of the History of Man*(1774); Adam Smith, *Wealth of Nations*(1776).

기 어렵다. 근대에 생존하는 원시인(아메리카 원주민)이 원시사회의 사람들과 같다는 증거가 있는가. 아메리카 원주민이 동시대 스코틀랜드 주민과 다른 것과 마찬가지로, 고대 원시인 또한 근대 아메리카 원주민과 다를 수밖에 없다. 듀갈드 스튜어트는 흄에서 퍼거슨에 이르는 문필가들의 역사서술 방법을 너무 단순하게 소개한 것이다.

데이비드 흄의 역사의식

제3장에서 언급했듯이, 몇몇 스코틀랜드 계몽지식인들은 1745년 재커바이트 봉기 당시 에든버러를 방어하기 위해 시민군에 가담했다. 윌리엄 로버트슨, 애덤 퍼거슨, 알렉산더 칼라일, 존 흄 등이 무기를 들고 자원입대 했다. 특히 존 흄은 소규모 시민군의 대표였다. 그들은 독립을 추구하는 선한 스코틀랜드인보다는 훌륭한 북부 브리튼 국민이 되기를 열망했다. 이는 그들의 새로운 역사인식과 관련된다. 잉글랜드와 스코틀랜드의 역사를 저술한 흄과 로버트슨은 잉글랜드는 물론, 스코틀랜드의 문명화과정이 정치적 안정과 평화를 가져다주리라고 기대했다. 그와 동시에 문명화는 유럽 국가들 사이에 힘의 균형을 바탕으로 하는 새로운 국제질서를 수립하는 데 기여하리라고 생각했다.[50]

데이비드 흄은 1750년대에 잉글랜드의 역사를 서술하는 데 노력을 기울였다. 당대 사람들은 그의 철학서보다도 『잉글랜드의 역사(*The*

50) Bruce Buchan, 앞의 글, p. 176.

History of England)』(1754~1762)를 더 높이 평가했다. 그의 방대한 『잉글랜드의 역사』는 당대 사람들에게 현존하는 가장 뛰어난 역사서술이라는 칭송을 받았다. 일반적으로 이 책은 영국인의 자유의 발전에 관한 서사로 알려졌다. 여기에서 영국인의 자유는 예절, 교양, 사교, 법과 재산에 대한 존중 등을 의미하며, 이러한 자유의 발전은 영국의 상업, 기술, 과학의 발전과 동일한 궤도를 그리며 전개되었다는 것이다.[51] 그러나 흄은 단순히 자유의 발전을 강조한 것이 아니라, 국민의 자유를 보호하고 상업과 무역을 진흥시키며 기예와 과학을 장려한 근대적 정부와 법에 초점을 맞추고 있다. 그는 문명화 및 문명 개념의 확산을 중시함과 동시에, 폭력과 국제질서를 독점한 국가의 발전에 주목한다.[52] 흄은 영국 상업사회의 발전을 국가주권의 성장이라는 맥락에서 살피고 있는 것이다.

흄은 자유토지소유제(allodial tenure)에서 봉건적 토지소유(feudal tenure)로의 이행과정도 영국 국민의 자유 신장이라는 전체 맥락에서 고찰한다. 봉건영주층은 이전의 토지소유자들에 비해 군사적 힘을 가졌다. 물론 그 힘은 농민의 무장에 의거한 것이었고, 장기적으로는 무장 농민을 "주권을 지닌 존재"로 끌어올렸다.[53] 자유의 신장과정에서 대헌장(Magna Carta)은 일종의 분수령이었다. 그것은 국왕과 고위 귀족들의 "야만적인 권한"을 제어하고, "폭력적인 심문"을 불법화함과

---

51) D. W. Livingston, "Hume's Historical Conception of Liberty," in N. Capaldi and Livingston, eds., *Liberty in Hume's History of England*(Dordecht: Kluwer Academic Publisher, 1990), p. 128.

52) Bruce Buchan, 앞의 글, p. 177 참조.

53) David Hume, *The History of England from the Invasion of Julius Caesar to the Revolution of 1688*(London: J. mersey, 1807), vol. 2, p. 138.

동시에 이를 "공적 심문(public inquiry)"으로 바꿀 수 있는 법의 제정을 뜻했기 때문이다.[54]

엘리자베스 시대에 군주권과 신민의 자유 사이에 균형이 이루어졌는데, 이는 상업의 발달과 종교적 관용에 힘입은 것이었다. 귀족층의 사치재 선호도 상업과 시장의 발달에 자극을 주었을 것이다. 흄이 보기에, 15세기 이래 귀족의 쇠락은 단순히 전쟁 탓만이 아니라 그들의 지나친 사치재 소비와 관련이 있었다. 귀족은 사치재를 이전보다 더 과도하게 소비하면서 경제적 어려움을 겪었고 군사적 힘 또한 위축되었다. 귀족들의 쇠락과 대조적으로 법의 지배가 뿌리를 내리고 일반 서민의 자유가 신장되었으며, 사적 소유제도 널리 퍼졌다. 이러한 사회적 추세는 "신사층(gentry, 젠트리)과 소토지소유자"에게 매우 중요했다. 이제 이들은 대귀족의 몰락 이후에 더 강력하게 독립적인 존재가 되었다.[55]

흄은 영국 근대사회 형성에서 신사층의 역할을 특히 주목한다. 군주와 귀족이 지배하는 사회에서 이제 젠트리가 독자적 세력으로 활동할 뿐만 아니라 후에 정치적으로도 우위를 점하게 되었기 때문이다. 젠트리의 이해가 국가의 이해와 일치하게 되었고 그들의 헌신과 봉사로 국가는 이전보다 좀 더 강력한 힘을 행사할 수 있었다. 특히 흄은 제임스 1세(재위 1603~1625) 치세하의 식민지 건설을 중시한다. "에스파냐 제국의 부패와 탐욕"과 달리, 잉글랜드 식민지는 "노동으로 항해를 촉진하고 산업을 고양하며 그뿐 아니라 모국의 주민 수를 증가

54) 같은 책, vol. 2, p. 142.
55) 같은 책, vol. 6, p. 165.

시킨 부지런한 식민자들"을 발판 삼아 건설되었다는 것이다.[56]

흄은 근대 잉글랜드의 발전에서 젠트리의 역할을 강조하는 한편, 그들의 발전을 스코틀랜드의 발전과 동일하게 바라본다. 이와 같은 시각은 단순히 잉글랜드 중심주의라기보다 잉글랜드, 스코틀랜드, 웨일스를 포함하는 브리튼 중심주의라고 할 수 있다. 이는 그가 18세기 영국 문명의 성취, 이를테면 입헌군주정, 시장의 지배, 국제무역의 헤게모니, 국민적 자유의 신장 등을 잉글랜드라는 한 나라의 발전과정을 넘어서 근대 유럽인이 지향해야 할 '근대성'으로 받아들였음을 의미한다.

윌리엄 로버트슨의 역사서술

윌리엄 로버트슨의 역사서 가운데 가장 잘 알려진 것은 『카를 5세 시대사(*History of the Reign of Charles the Fifth*)』(전 4권, 1769)다. 이 책에서 그는 근대 유럽세계가 국민국가들의 발전과 그 국가들 사이의 세력균형에 토대를 두고 전개되었다는 점을 강조하고, 이 근대체제의 형성과정을 살피고 있다. 15세기 유럽 여러 지역에서 공통으로 나타난 현상은 봉건제도의 급속한 쇠퇴다. 이는 군주권의 강화 및 상비군의 확대와 표리관계를 이룬다.[57] 로버트슨은 이 시기에 "유럽 체제에 속해 있는 모든 국가들 사이에 적절한 권력 배분"이 이루어졌다는 점

---

56) 같은 책, vol. 6, p. 186.

57) William Robertson, *History of the Reign of Charles the Fifth*[1769](London: George Routledge, 1856), vol. 1, pp. 72-77.

을 주목한다.[58] 이 근대체제의 변화는 1555년 아우크스부르크 종교화의 이후 종교적 관용 및 가톨릭 쇠퇴와 더불어 급속하게 전개된다. 이것이야말로 유럽에서 국제적 세력균형의 중심축이었다.

근대 유럽의 형성에 관한 로버트슨의 서술은 독립적이고 군사 능력을 갖춘 주권국가들의 출현에서 절정에 이른다. 각 국가는 시민사회에 기반을 두고 있다. 시민사회는 군사력 균형을 추구하고 국제관계를 조절한다. 여기에서 주권국가들의 세력균형에 기초를 둔 근대세계는 이전 시대와 다른 세속적인 모델이라고 할 수 있다. 그 세계에서는 양심이나 종교적 신앙고백보다 이해관계가 더 중요하며 이를 더 고려한다. 브루스 버컨(Bruce Buchan)에 따르면, 로버트슨의 역사서술은 데이비드 흄의 경우와 마찬가지로 전쟁의 경험, 귀족층의 몰락, 상업 발달, 관용과 예절의 확산, 국가 주권의 확대 등을 문명화과정의 중요한 내용으로 삼고 이들이 서로 어떻게 결합되었는가를 살피는 데 초점을 맞춘다. 이와 함께 국제적 세력균형 또한 중요한 변수의 하나다. 세력균형이야말로 유럽 문명화과정의 추진 궤도라는 것이다.[59]

근대 유럽체제의 성립에서 주권국가들의 세력균형이 왜 중요한가. 근대문명과 군사력의 관계는 『카를 5세 시대사』에서 가장 핵심적인 개념이다. 근대세계에서 주권국가들이 선도적 역할을 할 수 있었던 것은 "국력을 대외전쟁에 쓰도록 명령하는 힘"을 가졌기 때문이다. 이 힘을 이용해 주권국가는 "지배영역을 넓히고 국가의 요구와 의도를 배가하며, 이를 위한 노력을 활성화한다."[60] 근대세계의 형성을 주권

58) 같은 책, p. 67.
59) Bruce Buchan, 앞의 글, p. 179.
60) William Robertson, 앞의 책, vol. 2, p. 413.

국가의 대두와 세력균형에서 찾으려는 로버트슨의 시도는 그 나름의 근거가 있다. 추론적 역사서술의 형식을 취하면서도 광범한 자료를 수집해 정리하려는 태도를 견지했기 때문에 듀갈드 스튜어트는 "현시대에 로버트슨보다 더 철학과 역사를 잘 결합해온 역사가는 거의 없다"라고 단언하기도 했다.[61] 그러나 로버트슨은 지나치게 정치적 서사에 치중하고, 흄이 불평했듯이 "전쟁과 협상과 교섭"에만 집착했다.[62] 카를 5세(1500~1558) 개인의 통치와 야망을 주로 다룬 결과, 상업사회와 주권국가의 대두, 둘 사이의 밀접한 관계를 포착하려던 원래의 의도는 점차 사라졌다.

비록 군주의 야망과 활동을 중심으로 주권국가들의 교섭과 국제관계에만 초점을 맞춘 진부한 서술이라는 비판이 있기는 하지만, 로버트슨은 가능한 한 다량의 자료를 참조해 객관적인 역사를 쓰려고 노력했다. 예를 들어, 자신이 목회자 출신임에도 『스코틀랜드의 역사(*The History of Scotland*)』(전 2권, 1759)에서 종교문제를 비교적 객관적인 입장에서 바라보려고 한다. 종교개혁가 앤드루 멜빌(Andrew Melville, 1545~1622)에 대해서도 무조건 높이 평가하기보다는 그의 인

61) D. Stewart, "Account of the Life and Writings of William Robertson,"[1818] in *The Works of William Robertson*, ed. Richard Sher(London: Routledge, 1996), vol. 12, pp. 175-176. 윌리엄 로버트슨의 역사서술에 대한 동시대인의 평가는 다음을 볼 것. Neil Hargraves, "the Progress of Ambition: Character, Narrative, and Philosophy in the Works of William Robertson," *Journal of History of Ideas*, vol. 63, no. 2(2002), pp. 261-282.

62) Hume to Robertson, 27 November 1768, National Library of Scotland MS 3942, f.71. 존 블레어(John Blair)도 비슷한 불만을 피력한 적이 있다. Blair to Robertson, 13 April 1769, National Library of Scotland, 3942, f.89; Hargraves, 같은 논문, p. 271 참조.

간적인 약점을 적절하게 지적한다. "멜빌은 자주 훌륭한 건의를 묵살했으며, 성급하고 경솔하게 처신하곤 했다."[63] 로버트슨이 생각하기에, 1638년 국민서약(National Covenant)도 스코틀랜드 역사에서 17세기 정치적 갈등과 좌절의 원인이라고 할 수 있었다. 후일 서약파는 위험하고 파괴적인 세력으로 변모했다는 것이다. 그러면서도 로버트슨은 존 녹스(John Knox, 1514~1572)와 멜빌의 시대에 서약운동이 종교적·사회적 필요성의 산물이라는 점은 받아들였다. "국민서약이 처음 도입되었던 시기에 우리는 서약이 민족의 종교와 자유를 수호하기 위한 신중하고도 상찬할 만한 방법이었다고 생각할 만하다."[64] 한편 『카를 5세 시대사』와 달리, 로버트슨은 『아메리카의 역사(*The History of America*)』(전 2권, 1792)에서는 근대세계의 형성에서 상업의 중요성을 강조한다. 이는 당시 스코틀랜드 지식인들이 공유하는 사회발전론이었다.

> 상업은 호기심을 일깨우고 인간의 관념과 욕망을 증대시켰으며, 그들이 담대하게 사업을 맡아나가도록 유도했다. 사람들은 다투어 대양으로 항해를 떠났는데, 그 유일한 목적은 미지의 나라를 찾고 미지의 대양을 탐험하는 것이었다.[65]

여기에서 주목할 만한 것은 윌리엄 로버트슨이 잉글랜드인의 대양

63) William Robertson, *The History of Scotland*(London, 1759), vol. 2, p. 46.

64) 같은 책, p. 165.

65) William Robertson, *The History of America*[1792]; idem, *The Works of William Robertson*(London: Routledge, 1996), vol. 7, pp. 12-13.

탐험과 해외 진출을 공식적이고 정규적인 계획의 산물로 보지 않는다는 점이다. 그에게는, 일단의 떠돌이나 해적과 다를 바 없는 모험적인 상인집단의 자의적인 활동이 대양탐험의 추진력이었다.[66] 물론 대양 탐험의 동기를 인류의 자연사라는 관점에서 이해할 수 있다. 로버트슨에 따르면, 고대와 중세 사람들은 "지적으로 소심한" 시대에 살았다. 공포와 무지의 경계를 넘어 대양으로 떠날 수 없었다. 처음에 탐험을 떠난 사람들은 무엇보다도 호기심, 탐험, 미지의 세계에 대한 정복욕이 가득했을 것이다. 그러나 대양 탐험이 어느덧 대양 항해로 변할 무렵 그 동기도 급속하게 변모했다.

> 정복의 야망 또는 새로운 정복지를 확보할 필요성 등은 이제 더는 먼 거리의 땅을 찾아나서게 만드는 유일한 동기가 될 수 없었다. 이제 이득 욕구가 탐험 활동의 새로운 동기로 떠올라 모험가들을 일깨웠으며, 새로운 땅을 찾아서 이들을 오랜 항해의 길로 내보냈던 것이다. 새로운 땅의 산물과 그곳에서 필요한 필수품 유통 활동이 증가했을 것이며, 이는 곧바로 상업에 활력을 가져다주었다.[67]

66) 같은 책, p. 53.
67) 같은 책, p. 5.

진보로서의 역사와 발전단계

사회에 대한 역사적 접근은 스코틀랜드 문필가들이 후대의 학문에 큰 영향을 준 부분이다. 그들은 자신이 살고 있는 사회의 요구에 대해 그 사회의 과거 속에서 해답을 찾으려고 했다. 어쩌면 마르크 블로크(Marc Bloch)의 저 유명한 경구는 그보다 두 세기 전에 살았던 스코틀랜드 계몽지식인들에게도 동일하게 적용되는 내용이었을 것이다. 블로크는 이렇게 말한다. "현재에 대한 오해는 과거를 모르는 데서 나오는 필연적인 결과다. 그러나 현재에 전적으로 무지하다면, 인간은 과거를 이해하려고 제아무리 전력을 기울여도 헛수고에 지나지 않을 것이다."[68]

스코틀랜드 문필가들은 인간 사회의 역사를 네 단계로 나누어 한 단계에서 다른 단계로 발전해나간다고 생각했다. 원시(수렵)사회, 유목사회, 농업사회, 상업사회 같은 4단계 발전론을 받아들인 문필가들은 데이비드 흄, 스미스, 로버트슨, 밀러 등이었다. 오직 애덤 퍼거슨만이 4단계론에 부정적이었다. 문필가들은 인간 사회와 그 사회 속의 제도들이야말로 시대에 따라 고정되지 않고 변화한다고 보았다. '발전(development)'은 이들의 사회 관찰에서 가장 중심이 되는 개념이었다. 사회 발전의 동력은 인간본성에서 찾아야 한다. 진보나 발전 같은 원리는 사실 인간 속성의 자연사에 해당한다. 존 밀러는 다음과 같이 말한다. "인간과 다른 동물 사이의 가장 주목할 만한 차이

68) M. Bloch, *The Historian's Craft*(Manchester: Manchester University Press, 1984), p. 43.

는, 인간이 부여받은 자신의 속성을 신장시킬 수 있는 놀라운 능력에 있다."[69]

스미스는 『국부론』(1776)에서 4단계 경제발전을 언급한다. 그러나 그는 이미 1750~1751년 에든버러대학에서 수사학 강의를 진행하면서 이러한 견해를 밝힌 적이 있다. 1762~1763년 글래스고대학 도덕철학 강의에서도 자신의 견해를 좀 더 가다듬어 밝혔다. 역사적으로 "인류는 서로 구별되는 네 단계, 즉 수렵, 목축, 농업, 상업의 시대를 거쳤다."[70] 경제적 발전단계를 설명할 때 스미스는 '추론적 역사서술'의 방법을 적극 활용한다. 수렵 단계에 관해서 그는 최초의 사냥꾼이 이전에 잡았던 짐승을 다시 잡을 수 있다는 생각을 가지고 사냥을 시작했으리라 추정한다. 그 이후 다른 사람들은 최초의 사냥꾼이 가진 기득권을 인정한다. 스미스는, 이것이 최초의 사적 소유로 나아가는 첫단계였다고 본다. 포획한 짐승과, 짐승을 기르기 알맞은 곳이 재산으로 여겨지기 시작했다. "사람들이 야생동물을 길들이기로 생각하면서 …… 사유재산 개념이 필연적으로 확산되어나간 것이다."[71] 농업 단계로의 이행과정에 관해서는 다음과 같은 추론으로 시작한다.

---

69) John Millar, "The Origin of the Distinction of Ranks,"[1779] *John Millar in Glasgow*, ed. W. C. Lehmann(London and New York: Cambridge University Press, 1960), p. 218.

70) Adam Smith, *Lectures on Jurisprudence*, eds., R. L. Meek, D. D. Raphael and P. G. Stein(Oxford: Oxford University Press, 1978), pp. 14-16. 그는 4단계를 처음에는 hunter, shepard, agriculture, commerce로 표기했으나, 후에 hunting, pasturage, farming, commerce로 바꾼다.

71) 같은 책, pp. 19-20.

> 만일 많은 사람들이 난파당해 불모의 섬에 올랐다면, 그들의 최초 생존은 대지에서 자연스럽게 열매 맺은 과일과 그들이 죽일 수 있는 짐승에 달렸을 것이다. 시간이 흘러 이런 것들도 부족해지면, 사람들은 대지가 상당량의 야채를 자연스럽게 자라나게 하는 것을 보고 이를 더 많이 생산할 수 있도록 경작을 생각하게 될 것이다. 이리하여 농경이 나타난다.[72]

스미스는 상업에 관해서도 잉여가 어떻게 발생하고 이것이 사람들의 삶과 기질을 어떻게 바꿔놓는지를 추론을 통해 설명한 후에 모든 것이 상품으로 변하는 시장경제라는 새로운 사회 개념을 제시한다. 상업사회에서 모든 사람은 상인이 된다는 것이다.[73] 스미스가 보기에, 근대 상업사회는 농업, 공업, 상업이 조화롭게 분업을 형성해 진보의 가능성을 높이는 시대이다. 이것이 근대사회의 특징이다.

발전단계에 관한 성찰에서 빼놓을 수 없는 인물이 제임스 스튜어트(James Steuart, 1713~1780)다. 그는 3단계 발전론을 제시한다. 원시사회, 농업사회, 상업사회가 그것이다. 스튜어트는 주로 농업사회와 상업사회를 비교한다. 농업사회에서 생계수단을 갖지 못한 사람들은 그것을 소유한 사람들에게 의존함으로써 그 수단을 확보할 수 있다. 스튜어트는 중세 농민의 예속성에 관해 이렇게 설명한다. "나는 봉건 통치 시대에 생계를 위한 의존의 필요성에서 하층계급의 극심한 예속의 기원을 추론한다. 그들은 작물을 생산하면서 자신이 기울인 근면의 보상으로서가 아니라, 자신들 예속의 가격으로 토지생산물을 소비하

72) Adam Smith, *Wealth of Nations*(1930), vol. 1, pp. 107-108.
73) 같은 책, pp. 24.

AN

INQUIRY

INTO THE

PRINCIPLES OF POLITICAL OECONOMY:

BEING AN

ESSAY ON THE SCIENCE

OF

Domeſtic Policy in Free Nations.

IN WHICH ARE PARTICULARLY CONSIDERED

POPULATION, AGRICULTURE, TRADE, INDUSTRY, MONEY, COIN, INTEREST, CIRCULATION, BANKS, EXCHANGE, PUBLIC CREDIT, AND TAXES.

By Sir JAMES STEUART, Bart.

Ore trahit quodcumque poteſt atque addit acervo. HOR. Lib. I. Sat. I.

IN TWO VOLUMES.

VOL. I.

LONDON:

Printed for A. MILLAR, and T. CADELL, in the Strand.

MDCCLXVII.

『정치경제학 원리에 관한 연구』 초판(1767) 속표지. 저자인 제임스 스튜어트는 최종 단계기 중상주의 경제학에 대한 체계화를 시도하고 정치경제학이란 명칭을 처음으로 사용했다는 평가를 받는다.

는 것이다."[74] 그러나 상업사회에서 그 상황은 급속하게 변한다. 모든 재화와 서비스가 가격을 요구하는 것이다.

> 나는 같은 계급들의 독립성에서 근대적 자유를 연역한다. 계급들의 독립은 제조업의 대두, 모든 서비스에 적절한 등가물의 유통에 따른 것이다.[75]

발전단계론에서 애덤 퍼거슨의 위치는 다른 문필가들과 다르다. 퍼거슨은 애덤 스미스가 수렵, 유목, 농업, 상업 사회 등 분명한 발전 단계를 제시하는 것에 대해 회의적이었다. 그렇다고 단계론적 인식

---

74) James Steuart, *The Principles of Political Oeconomy*[1767], ed. Andrew S. Skinner(Edinburgh: Oliver and Boyd, 1966), vol. 1, pp. 208.

75) 같은 책, p. 209.

의 효용성을 부정한 것은 아니다. 퍼거슨은 누구보다도 사회의 진보를 믿었다. 그는 진보가 인류의 자연사적 과정이라는 점을 받아들였지만, 그 추동력을 오히려 인간관계에서 나타나는 갈등에서 찾으려고 했다. 그는 특히 사유재산제도의 대두, 발전 및 변화를 중시했다. 즉 사회 형태의 발전은 사적 소유의 구조와 발전에 크게 힘입었다고 본 것이다. 그러나 퍼거슨의 계급갈등론은 사회 진보의 동력 가운데 하나를 찾는 선에서 멈춰 있다. 퍼거슨과 마르크스 사회이론의 차이가 드러나는 것은 바로 이 지점이다. 퍼거슨은 단지 소유관계가 변화하는 방식과 발전단계를 관련짓고자 했을 뿐이다.[76] 그는 특정 유형의 경제활동을 기준으로 발전단계를 제시하는 스미스의 방식을 비판한다. 그 대신에 퍼거슨은 사유재산제도를 중심으로 이 제도가 없는 시대, 제도가 나타나지만 법적으로 구현되지 않은 시대, 사적 소유의 제도화를 이룩한 시대로 구분한다. 이들 시대는 각기 미개, 야만, 문명단계에 상응할 것이다.

지구의 덜 문명화된 지역에 사는 민족 가운데 일부는 수렵, 어로, 농경에 주로 생계를 맡긴다. 그들은 재산에 관심이 없으며 예속이나 통치도 시작되지 않았다. 집단으로 삶을 살아가고 자신의 생활 자료를 초원에 의존하는 사람들은 빈부 차이를 인식하기는 한다. 그들은 지배자와 예속민, 주인과 하인의 관계를 알고 있으며 그들의 부의 척도에 따라 나뉜다. 이 구별은 인간의 물질적 격차를 유발하며 두 가지 서로 다른 시대를 창출한다.

76) 이러한 해석은 다음을 볼 것. Lisa Hill, "Anticipations of Nineteenth and Twentieth Century Social Thought in the Work of Adam Ferguson," *European Journal of Sociology*, vol. 37, no. 1(1996), pp. 203-228.

이에 따라 인류의 역사를 보면, 가장 먼저 조야한 단계, 즉 미개 단계가 있는데, 이 단계에서 사람들은 아직 사적 소유에 익숙하지 않다. 그 다음에 야만 단계가 있다.[77]

퍼거슨의 발전단계 체계는 3단계이다. 퍼거슨은 역사는 미개(savage age)와 야만(barbarous age)의 시대를 거쳐 문명시대(polished age)로 나아간다고 한다. 여기에서 진보는 인류의 자연사에 해당하는 자연스럽고 불가피한 과정이 된다.[78] 역사에서 이러한 진보는 왜 일어나는가. 퍼거슨은 개별 인간의 '열망(ambition)' 또는 '탐욕(avidity)'이 사회적 차원의 '갈등(conflict)'으로 표현된다고 생각했다.[79] 이 갈등이야말로 역사 진보의 동력이라고 할 수 있다. 자신이 살고 있는 시민사회가 바로 그 같은 갈등의 산물이었다. 그러나 문명사회는 갈등에서 곧바로 나타나는 것이 아니라, 갈등에 대한 인간의 대응에 의해 이루어진 결과이다.[80] 요컨대 퍼거슨에게 문명은 진보를 뜻하고, 그 진보야말로 근대성의 또 다른 표현이었다.

사회갈등을 진보의 원동력으로 바라보기 때문에 퍼거슨의 사회이론은 원초적 마르크스주의라는 오해를 받기도 한다. 그러나 퍼거슨은 이 갈등을 계급투쟁의 차원이 아니라 인류 자연사의 한 부분으로 이해한다. 이러한 갈등이 작용함으로써 다만 소유 양식과 제도가 시대

77) Adam Ferguson, 앞의 책(1966), pp. 81-82.
78) 같은 책, pp. 205-207.
79) 같은 책, p. 171.
80) 이 같은 견해는 다음을 볼 것. Risa Hill, "Eighteenth-Century Anticipations of the Sociology of Conflict: The Case of Adam Ferguson," *Journal of the History of Ideas*, vol. 62, no. 2(2001), pp. 296-297.

에 따라 변할 뿐이다. 사회갈등은 비의도적으로 전개되면서도 궁극적으로 사회 발전에 긍정적 영향을 미친다. 갈등은 사회, 국가, 방어 등에 긴요한 요소이고 개인의 도덕 함양에도 중심적 작용을 한다는 것이다. 달리 말해, 갈등은 시민적 덕목을 유지시키는 힘이다. 그럼으로써 사회의 부패를 막는 역할을 한다.[81] 경우에 따라서는 갈등 때문에 시민이 자신의 최대 능력을 발휘할 수 있는 무대가 마련된다. 시민은 갈등을 통해 조국 방어를 향한 전사의 정신을 되살리는 것이다.[82]

아이러니하게도 애덤 퍼거슨은, 갈등을 사회 진보의 동력으로 간주하면서도, 지배와 예속을 자연사의 당연한 경로로 바라보고 있다. 그에게 종속의 양식은 "자연적으로 설정된 질서"의 하나다.[83] 지배와 예속의 기원을 고찰한 이는 오히려 애덤 스미스다. 수렵단계에서는 사유재산의 구별이 거의 없었고 구성원 대부분이 평등했다. 이런 상태에서 어떻게 종속이 나타났는가. 스미스는 지배와 예속을 발생시킨 두 요인이 바로 이 수렵단계에서 나타났다고 주장한다. 바로 개인의 신체 및 정신의 우월함과 연령이다.[84] 밀러 또한 비슷한 견해를 밝혔다. 수렵단계에서는 개인의 정신적 능력의 차이에서 발생하는 것을 제외하고는 어떤 차별도 없었다는 것이다.[85] 스미스는 유목 또는 농업 단계에 들어와 계급 발생의 새로운 두 요인이 작용했다고 주장한다. 사유재산과 출생이다.[86] 문제는 이 두 요인이 서로 연결되었다는 점이다.

81) Adam Ferguson, 앞의 책(1966), p. 62.
82) 같은 책, pp. 23-24.
83) 같은 책, p. 63.
84) Adam Smith, *Lecture on Jurisprudence*(1978), p. 321.
85) John Millar, "Origin of the Distinction of Ranks," p. 247.
86) Adam Smith, *Wealth of Nations*(1930), vol. 2, pp. 206-207.

사유재산의 차이가 지배와 종속을 낳고 이것이 출생으로 제도화된 것이다. 스미스에게는 사유재산제도야말로 계급 발생과 지배-종속관계의 중요한 요인이다.

스코틀랜드 문필가들은 자신의 시대에 가장 적절한 사회이론을 찾는 데 관심을 기울였다. 그 적절한 사회이론이란 어떤 내용을 갖추어야 하는가. 그것은 근대 시민사회의 자연사에 대한 이해와, 그리고 자신이 살고 있는 사회와 같은 발전단계에 있는 다른 모든 사회에 공통된 특징들을 탐색한 결과로 이루어져야 한다. 애덤 스미스, 존 밀러, 애덤 퍼거슨의 발전단계론은 모두 자신의 사회를 상업적이고 세련되고 문명화된 근대사회로 규정하는 좀 더 포괄적인 사회이론에 바탕을 두고 나타났다. 이 때문에 일찍이 로이 파스칼(Roy Pascal)은 이들을 가리켜 '계몽주의 시대 스코틀랜드 역사학파(Scottish Historical School)'라고 불렀던 것이다.[87]

87) Roy Pascal, "Property and Society: The Scottish Historical School of the Enlightenment Century," *Modern Quarterly*, 2(1938), p. 177.

8

계몽과 근대성

1783년 베를린의 한 개신교 목사가 잡지 《월간 베를린(*Berlinische Nonatsschrift*)》 12월 호에 기고한 글에서 교회성사를 거치지 않은 세속 결혼식의 부당성을 지적하고 이러한 폐습이 '계몽'이라는 이름 아래 이루어지고 있다고 비판했다. 이어서 그는 사람들이 계몽의 정확한 의미도 모르면서 이 말을 유행처럼 쓰고 있다고 한탄한다. 도대체 계몽이란 무엇인가. 목사 자신은 어디에서도 그 대답을 얻지 못했다는 것이다. 임마누엘 칸트(Immanuel Kant, 1724~1804)의 저 유명한 「계몽이란 무엇인가에 대한 답변」은 이 도발적인 질문에 대한 답장 형식으로 이듬해 같은 잡지 12월 호에 실린 글이다.[1)]

칸트는 이 글에서 '계몽(Aufklärung)'이라는 말에 관해 간결하게 정의를 내린다. "계몽이란 자기 스스로에게 책임이 있는 '미성숙

1) Immanuel Kant, "Beantwortung der Frage: Was ist Aufklärung?", *Berlinische Monartsschrift*(1784. 12), pp. 481-494.

(Unmundigkeit)'에서 벗어나는 것이다." 여기에서 미성숙이란 다른 사람의 도움을 받지 않고서는 자신의 이성을 사용할 수 없는 상태를 말한다. 그 미성숙이 "스스로에게 책임이 있다"라고 한 것은 이성 자체의 결핍이 아니라 다른 사람의 도움을 빌리지 않고 스스로의 이성을 사용하려는 결단과 용기가 없어서 나타나기 때문이다. 칸트는 이렇게 말한다. "그대 스스로의 이성을 사용할 용기를 가져라." 이것이 계몽운동의 표어이다.[2)]

칸트의 글은 18세기 후반 프로이센의 정치적·사회적 상황을 반영하고 있다. 그 상황은 같은 시기 스코틀랜드의 상황과 차이가 있을 것이다. 그럼에도 칸트의 언명은 스코틀랜드 지식인사회와 젊은이에게도 그대로 해당되었다. 실제로, 칸트는 스코틀랜드 지식인들의 저술을 폭넓게 읽었다. 프랜시스 허치슨, 토머스 리드, 애덤 스미스의 저술에 대해 잘 알고 있었다. 개인이 무조건 다른 사람의 말을 쫓기보다는 자신의 이성을 통해 사유하고 판단하고 행동하는 것, 이것이 대륙뿐 아니라 스코틀랜드 계몽운동이 내세운 슬로건이기도 했다.

계몽이란 무엇인가

개인이 오랫동안 관행이 되어버린 미성숙을 떨치고 나오는 것은 어렵다. 스스로 자신의 정신 수련을 통해 미성숙에서 벗어나는 개인은

2) 칸트의 글에 대한 소개와 분석은 다음을 참조. Alexander Broadie, "Introduction: What was the Scottish Enlightenment?" ed. idem, *The Scottish Enlightenment: An Anthology*(Edinburgh: Cannongate, 1997), pp. 3-8.

소수에 지나지 않는다. 우리는 계몽된 시대에 살고 있지 않다는 칸트의 언명은 이런 맥락에서 나왔다. 그러나 대중이 스스로를 계몽하는 것은 오히려 가능하다. 그들이 자유를 얻는다면 필연적으로 스스로를 계몽하는 길로 들어서게 된다. 토론과 사상의 자유가 허용될 경우 미성숙에서 이미 벗어난 소수의 사람들이 자신의 확신과 신념을 퍼뜨리고 대중이 쉽게 그 영향을 받을 것이기 때문이다.

원래 계몽(enlightenment)[3]이라는 말의 수사적 의미 가운데 핵심은 종교와 과학의 비교였다. 당시 종교는 문필가들에게 이성적 탐색의 대상이었다. 그들은 현실이 합리적이라 생각했고 종교를 탈신화화하려는 경향을 보였으며, 그에 따라 합리적 종교 또는 자연종교를 추구했다. 18세기에 '계몽'이라는 말은 자신을 계몽된 존재로 여기는 사람들이 주로 사용했다. 그들은 스스로를 어둠 속에서 살고 있는 사람들과 구별했다. 이 말 속에는 자축(自祝)의 의미가 포함되어 있다. 계몽된 존재가 스스로 빛 가운데 있음을 자축할 때 어둠 속의 사람들은 여전히 이성보다는 신앙에 의존하는 중세 신학자들을 따르는 존재인 것이다. 칸트가 생각하기에, 계몽사상은 그 내용이 아니라 사유의 형식에서 확인할 수 있다. 그것은 인간의 사유를 계몽하려는 의도보다는 인간이 사고하는 방식을 가리킨다. 여기에서 계몽운동의 사회적 차원을 상정할 수 있다. 계몽은 의지의 자유는 물론, 사회 속에서 특정한 방식으로 자신의 의견을 말할 수 있는 자유를 필요로 한다. 칸트는 문필가가 자신의 생각을 공적 논의를 위해 공적 공간에서 발표

3) 영어의 enlightenment, 프랑스어의 Lumières, 독일어의 Aufklärung은 18세기에 거의 동시적으로 출현했을 뿐만 아니라 널리 사용되었다.

이마누엘 칸트.
경험주의와 합리주의를 통합하는 입장에서 인식의 성립 조건과 한계를 확정하고, 형이상학적 현실을 비판하여 비판철학을 확립한 독일 계몽주의 사상가다.

할 수 있는 자유를 생각했다. 그의 분석에서 두 가지 핵심적인 요소는 공적 영역에서 토론의 자유와 인간 이성에의 의존이다. 알렉산더 브로디(Alexander Broadie)는 이 두 요소야말로 계몽운동의 본질을 가장 적절하게 나타낸다고 말한다.[4]

결국 칸트는 문필가가 공개적으로 자신의 견해를 거리낌 없이 표현할 수 있는 자유를 갖는 것을 계몽운동의 특징적인 면모라고 생각한 것이다. 계몽주의시대에 이러한 문필가들의 견해에 동의하지 않는 권력자들은 문필가들이 그들 자신의 견해를 발설할 권리를 가졌는지 여부에 별다른 관심을 기울이지 않았다. 그러니까, 18세기는 관용의 시대였던 셈이다.[5] 특히 권력자들이 지식인들에게 관용을 베풀었다. 중

4) Alexander Brodie, 같은 글, pp. 4-5.
5) 같은 글, p. 8.

세시대에 그러한 관용을 베풀었던 사람은 드물었다.

칸트는 폴란드 국경에 가까운 독일 변경지방의 대학도시 쾨니히스베르크(Königsberg)에서 태어나 그곳에서 일생을 보냈다. 그가 활동하던 시절 프로이센에서 문필가의 표현과 발언의 자유는 아직 제약을 받고 있었다. 그러나 자신의 시대가 '계몽되지 않았다'는 칸트의 선언은 잉글랜드나 또는 스코틀랜드를 가리킬 경우에는 잘못된 것이다. 잉글랜드와 스코틀랜드의 합병이 한창 무르익었을 당시 섀프츠베리는 네덜란드의 한 친우에게 보낸 서한에서 이렇게 말했다. "나는 완전한 철학적 자유의 수립을 원한다면 지금 이 나라[잉글랜드—인용자]보다 더 나은 곳을 원하지 않겠네."[6] 문필가에게 표현의 자유를 보장하는 관용의 정신과, 더 나아가 표현의 자유는 당시 잉글랜드에서 폭넓게 인정받고 있었다. 스코틀랜드의 상황도 마찬가지였다. 특히 종교와 이성의 대조라고 하는 계몽운동 특유의 경향이 스코틀랜드에서는 별다른 문제가 되지 않았다. 장로교회의 젊은 목회자들 스스로 신앙과 이성, 종교와 과학의 관계를 성찰하고 그 경계를 넘나들면서 인간과 사회의 문제에 관해 공개적으로 발언할 수 있었기 때문이다.

종교적 관용과 관련해서 자주 데이비드 흄의 사례가 인용된다. 1745년 그가 에든버러대학 도덕철학 교수직에 응모했을 때 심사위원으로 참여한 장로교 목사 15명 가운데 12명이 그의 임용을 반대했다.[7] 당시 흄은 기독교 회의론자로 알려졌기 때문에 목사들은 그가 교수직을 맡기에 부적합하다고 생각했던 것이다. 그러나 흄이 그렇게 알려

---

6) Roy Porter, *Enlightenment: Britain and the Creation of the Modern World*(London: Penguin Books, 2000), p. 3에서 재인용.

7) Alexander Brodie, 같은 글, p. 9.

지게 된 것은 그의 여러 저술과 강연 때문이다. 에든버러의 유력 인사들 가운데 어느 누구도 흄의 저술활동이나 강연에 제동을 걸었던 사람은 없었다. 목회자들 또한 마찬가지였다. 흄은 일부 목회자와 친밀하게 교류했으며 그뿐 아니라 젊은 목회자들 사이에 평판이 높았다. 중앙정치권력의 부재에 힘입어 정치권 인사들 누구도 흄에 관해 이의를 제기할 수 없었다. 흄은 에든버러대학 교수직을 얻지 못한 후에도 이전과 마찬가지로 계속 글을 쓰고 토론을 즐겼다. 그의 견해는 공동의 지식이 되었다. 게다가 그는 에든버러의 여러 토론모임과 사교클럽의 활발한 회원이었다. 흄의 교류 범위에는 에든버러 문필가 대부분이 포함되었다.

근대성의 문제

'근대성(modernity)'이란 무엇인가. 근대성이 근대의 산물임은 당연하다. 근대성의 의미 부여는 근대에 대한 성찰과 밀접하게 관련된다. 어원상으로, 영어권에서 '근대(modern)'라는 말이 처음으로 나타난 것은 1580년대였다. 라틴어 'modernus'에서 비롯한 그 말은 원래 '오늘날' 또는 '현재'라는 뜻으로 사용되었다. 셰익스피어는 가끔 '널리 퍼진'이라는 뜻으로 쓰기도 했다. 그러다가 점차 의미가 변해 '새로운'이라는 뜻을 갖게 되었다. 17세기에는 '새로운 시대', '새로운 사회', '새로운 역사' 같은 용례가 등장한다. 스코틀랜드 계몽운동가들 또한 이러한 표현을 즐겨 사용한다.

이와 함께, 지금 이 시대가 새롭다는 당대인들의 인식은 점차 이전

시대를 부정적으로 바라보고 그리스·로마 시대를 황금시대로 간주하는, 이른바 고대·중세·근대라는 시대 구분을 낳았다. 이 같은 역사인식에서 근대는 끝을 예감할 수 있는 시대가 아니라 언제까지나 계속되어야 할 시대였다. 사람들이 근대의 끝을 감지하고 언급하기 시작한 것은 19세기 말 이후의 일이다.

유럽에서 '근대'가 책의 시대와 동일한 궤적을 그린다는 것 또한 의미심장하다. 유럽사에서 서적인쇄술은 근대가 시작되던 무렵에 보급되기 시작했다. 인쇄술과 책이야말로 근대가 이룩한 무수한 성취의 원인이자 결과물이이라고 할 수 있다. 활판인쇄술의 발명과 서적 보급은 유럽사회에 근본적인 변화를 가져왔다. 18세기에 접어들면서 글을 읽을 줄 아는 다수의 남녀가 독자층을 형성했다. 지식의 유포와 더불어 사회가 역동적으로 변하기 시작했다. 몽테스키외가 유럽만이 문명을 가지고 있으며 유럽이 곧 문명이라고 자부한 것도 이런 분위기를 감지했기 때문이다. 이 세기에 신문과 잡지를 비롯한 새로운 형태의 인쇄물이 등장하면서 지식과 정보가 문필가집단을 넘어 일반 대중에게까지 전달되기 시작했다. 제도교육의 확대, 문자해독률의 전반적인 상승과 함께 급속하게 증가한 잠재적인 독자층을 이 새로운 인쇄물이 끌어들인 것이다.

여기에서 '근대성'이란 근대라는 시대를 가리킨다기보다 그 시대에 형성된 삶의 양식, 문화형태 전반을 뜻하는 용어다. 근대성은 자율적, 주체적 인간(개인)과 세계에 대한 기술적 지배 욕망을 기반으로 형성된다. 이러한 조건에서 개인주의와 기술주의 또는 산업주의 가치관이 자라났다. 또한 근대성은 기적과 불가사의와 신화의 세계를 제거하고 확실하고 실증적이며 경험적인 사실을 중시한다. 한편으로는 탈신화화 또는 신비주의로부터 해방을 뜻하고, 다른 한편으로는 합리성/합리주의의 지배를 의미한다.

근대성은 시간과 공간의 관계를 통해서도 새로운 의미를 갖는다. 우선 근대성은 근대인들의 '시간의 역사화'와 관련된다. 스미스는 생산과정에서 절약되는 시간이 생산성 향상의 요체임을 밝혔다. 인간의 삶과 경험 모두가 역사적 시간의 맥락에서 재구성된다. 이러한 '시간의 역사화'는 궁극적으로 인류사에 대한 진보의 시각을 낳았다. 공간적으로는 자연의 해방을 추구하기도 한다. 이는 자연에 대한 인간의 지배 또는 기술 지배의 추세와 관련된다. 궁극적으로 근대성이란 근대적 인간, 즉 이성적 주체이자 욕망하는 주체인 개인들을 중심으로 형성된 다층적 문화형태를 일컫는 개념이다.

특히 영국에서 근대성은 주로 미들 클래스의 삶에서 좀 더 구체적으로 드러났다. 상류층과 중간계급 출신을 중심으로 기독교적 엄숙주의에서 벗어나려는 움직임이 뚜렷하게 나타났다. 행복의 추구와 향락주의가 기독교적 죄의식과 분리되었고, 이 종교적 감수성의 변화는 당연하게도 18세기 영국국교회 신앙의 전반적인 쇠퇴와 밀접하게 관련된 것이었다. 제 4장에서 살폈듯이, 사람들은 주위의 눈길이나 교회의 가르침을 의식하지 않고 스스럼없이 개인의 행복과 쾌락을 추구하는 데 주저하지 않았다. 이 세속주의야말로 정치적·종교적 사상에 대한 전반적인 관용의 분위기와 함께 18세기 영국 사회의 특징으로 자리 잡았다. 스코틀랜드 문필가들은 남쪽에서 전개된 이 같은 사회변화를 목격하거나 또는 그 변화의 가운데에서 실제 경험하기도 했다. 그 변화는 낯선 것이 아니라, 친숙하면서도 그들 자신이 동참할 수밖에 없는 것이기도 했다. 아마 18세기 중엽 에든버러 젊은 목회자들의 '중도파' 운동은 이 변화에 대응하려는 움직임이었을 것이다.

주체적 개인과 사회성

근대사회의 역사는 집단과 공동체로부터 개인의 해방과 같은 궤적을 그렸다고 할 수 있다. 영국의 경우 중세 말 농노제와 촌락공동체, 도시 길드(guild)의 규제가 약화되면서 일찍부터 개인의 해방이 이루어졌다. 16세기 이래 농촌의 인클로저(enclosure)운동은 이 경향을 가속시켰다. 주체적 개인의 등장은 일반 사람들의 삶에서 '사생활'의 중요성이 높아진 것을 통해 살필 수 있다. 이전 시대 사람들의 생활은 주거 안팎으로 공개되어 있었다. 사생활은 이상적인 것도 아니었고 중시되지 않았다. 전통적인 도시에서 주거공간과 영업장은 분리되지 않았다. 상인들은 자신의 집 아래층에서 일하고 위층에서 가정을 꾸렸다. 다락방에는 주로 도제들이 살았고 지하실은 거래 상품의 저장소로 쓰였다. 가족은 열린 세계였으며 영속적이지도 않았다. 다른 가족구성원, 친족, 길드 동료, 도제, 친구와 이웃 또한 정서적으로 가까운 사람들이었다.[8)]

---

8) 로런스 스톤은 전근대적 가족형태를 '개방적 친족가족(open lineage family)'이라 부른다. 그가 이렇게 애매한 표현을 쓴 것은 두 가지 두드러진 특징, 즉 가족이 "외부의 영향에 취약하다는 점"과 "그 가족원들이 죽은 선조와 살아 있는 친족에 친근감을 가졌다는 점" 때문이다. 전근대적 가족의 경계는 친족이었다. 이는 "개인의 자율성과 사생활"이 바람직할 정도로 존중받지는 못하는 단계다. Lawrence Stone, *Family, Sex and Marriage in England 1500-1800*(New York: Harper and Row, 1977), p. 4.

18세기에 이르면 개인의 사생활은 더욱더 중요한 문제가 되었다. 자본주의 발전과 개인의 자율성 신장은 서로 밀접하게 관련된다. 개인이 자신의 선호에 따라 배우자를 고르는 경향이 더 강해졌고 그만큼 부부간의 애정이 중시되었다. 부모와 자식의 관계도 이전과 달리 보호와 애정에 토대를 두었다. 이러한 변화는 작업공간과 거주공간의 분리로 나타난다. 런던을 비롯한 대도시 도심에 살던 중간계급이 교외에 개인주택이나 공동주택을 마련하기 시작한 것도 이런 변화와 관련된다. 이제 '가정(home)'이라는 말은 새로운 의미를 갖게 되었다. 사생활의 존중이 문명과 야만을 구별 짓는 특징으로 여겨졌다. 자신의 내면에 대한 인식도 새롭게 중시되었다. 외부에서 들어온 자극과 영감보다는 오히려 내면에서 나타나는 상상력이 중요해진 것이다. 개인의 정치적·법적 권리를 강조하기 시작하면서 적어도 암묵적으로는 개인의 삶 자체가 존중받게 되었다.

흄, 스미스, 퍼거슨에 이르기까지 스코틀랜드 문필가들이 이기심과 자기이익을 가장 중요한 인간본성이자, 동시에 사회생활에 가장 중요한 영향을 미치는 변수로 상정한 것은 바로 이러한 시대적 변화를 반영한다. 개인과 사생활의 중시 경향은 스코틀랜드가 아니라 18세기 잉글랜드 사회에서 전형적으로 나타난 특징이었다. 스코틀랜드 문필가들은 인접한 잉글랜드의 사회변화를 좀 더 가까이서 그리고 객관적으로 성찰할 기회가 있었다.

앞에서 언급했듯이, 데이비드 흄은 개인의 이기심을 기반으로 사회이론을 전개했다. 인간은 이기적이면서도 동감 능력을 가졌기 때문에 개인의 경계를 넘어 사회적 존재로 전화한다. 그는 이기심에 의해 작동하는 시민사회의 질서를 유지하려는 의도를 보여준다.[9] 애덤 스미스도 흄과 마찬가지로 상업사회에서 개인화 현상을 심층적으로 관찰한다. 그 사회에서 인간관계는 우정이나 호의로 맺어지지 않는다. 상점주는 고객의 친구로 맺어지지 않는 것이다. 상점주는 고객이 원하는 상품을 제공할 뿐이며, 고객은 어디까지나 그 상품의 소비자이다. 고객은 상점주의 자혜심이 아니라 그들의 자기이익에 대한 관심 때문에 관계를 맺는다.[10] 스미스는 자혜심의 가치를 부정한다기보다 상업사회의 우선적 가치가 개인의 자기이익과 관련된다는 점을 지적한 것이다. 흄이 그러했듯이, 스미스는 동감이라는 감정이 자기이익에 충실한 개인들 사이의 질서를 만들고 사회성을 자극한다고 생각했다. 스미스는 개인이 자기이익에 집착하고 그 동기에 따라 행동하더라도 궁극적으로 동감의식과 상호작용함으로써 상업사회의 질서와 조화를 유지할 수 있다고 생각했다.

이와 달리, 애덤 퍼거슨은 상업사회에서 개인화 경향의 불가피성을 인정하더라도 그것이 가져올 부정적인 결과를 우려했다. 기본적으로 시민사회는 개인이 자기이익을 넘어서 시민으로서의 공적인 삶에 참여해야 하는 정치적 공간이다. 퍼거슨은 공동체적 유대나 사회적 연대 없이 개인적인 삶만으로 사회가 질서를 유지하고 공적인 이익을 창출하리라고 생각하지 않았다. 그 때문에 그는 개인성과 사회성이 서로 충돌하면서도 긴장관계를 유지할 가능성을 인정했다. 퍼거슨은 이기심이 오직 사회의 선을 위해 작용하는 것을 보장하기 위해 "공동체 구성원들이 동의하는 협약"을 만들 것을 제안한다. 이렇게 되면 이

9) Philip Mercer, *Sympathy and Ethics: A Study of the Relationship between Sympathy and Morality*(Oxford: Oxford University Press, 1972), p. 20 참조.
10) Adam Smith, *Wealth of Nations*(1930), vol. 1, p. 16.

기심은 개인이 욕구를 실현하는 동력이고 법은 공전궤도에서 혹성이 벗어나지 않도록 작용하는 구심력인 셈이다.

개인의 삶이 공동체에 우선하고 자기이익 추구가 고양된다고 해서 인간의 사회성이 약화되는 것인가. 사회성에 해당하는 성향과 속성은 다양할 것이다. 사회성이라 할 수 있는 다양한 태도들은 대부분 거의 본능적인 것이다. 일찍이 헨리 흄(Henry Home)은 "인간에게는 사회를 향한 욕구가 있다"라고 선언했다.[11] 퍼거슨 또한 "부모의 애정"이나 "서로 어울리는 성향"이 인간의 본래적 속성에 해당한다고 보았다. 친구란 "위험할 때 언제나 서로 의지하는 사람들"이다.[12] 이런 성향은 상업사회가 도래하더라도 그 사회 또한 이전과 마찬가지로 인간관계에 깊이 뿌리내려 있을 것이다. 그러나 퍼거슨이 강조한 사회성은 공적(公的)인 장에서 시민의 삶과 적극적인 참여에 관련된다. 그는 상업사회와 직업 분화로 인해 공적인 삶의 내용들이 점차로 시민 일반에게서 분리되어 전문가들의 활동으로 변모하는 과정을 우려했다.[13] 이것이 바로 시민의 자유를 위축시키고 궁극적으로는 전제적 사회의 모습을 드러낼 것이었다. 이러한 인간이 다수를 이룰 때 그 사회에서는 인간의 공적 연대가 사라진다.

---

11) Christopher J. Berry, *Social Theory of the Scottish Enlightenment*(Edinburgh: Edinburgh University Press, 1997), p. 25에서 재인용.

12) Adam Ferguson, *An Essay on the History of Civil Society*, ed. Duncan Forbes (Edinburgh: Edinburgh University Press, 1966), p. 16, 18.

13) Adam Ferguson, *An Essay on the History of Civil Society*, ed. Fania Oz-Salzberger(Cambridge: Cambridge University Press, 1995), p. 255.

욕망의 해방과 기술주의

인간의 자기이익과 동감, 이 두 성향은 '이기적 정념(passion)'과 '사회적 정념'으로 이해할 수도 있다. 인간의 사회성과 사회적 연대 및 참여는 모두 이 사회적 정념 —이를테면 관용, 인간다움, 친절, 우정, 존경— 등의 작용에서 비롯한다. 스코틀랜드 문필가들은 이 두 성향의 공존을 강조하고 또 공존이 가능하리라고 여겼다. 개인이 집단과 공동체의 외피를 쓰고 있을 때에는 자기이익을 추구하는 행위는 기존의 도덕률, 집단 또는 공동체의 규제, 그리고 이를 반영하는 다양한 제도와 관행에 의해 제약받았다. 개인이 집단의 규제에서 해방되기 시작하면서 자기이익의 추구 경향이 두드러졌고, 이는 곧 주체적 개인의 욕망을 끝없이 발산하는 과정과 동일한 궤적을 그렸다. 헤겔은 시민사회의 개인이 자신의 욕망을 표출하는 것을 시민사회의 중요한 특징으로 바라보았다. 욕망의 표출은 기본적으로 자기이익의 추구에 따른 결과다. 헤겔은 특히 스코틀랜드 문필가들의 영향을 직접 받았다.[14)]

근대 상업사회에서 개인의 욕망 발산과 생산성 향상은 모두가 서로에 대한 원인이자 결과이기도 하다. 욕구 증대가 생산 증가를 필요로 하고, 생산 증가가 새로운 소비 욕망을 자극한다. 생산성은 무엇보다도 기술적 분업의 정도에 비례한다. 스미스가 퍼거슨과 달리 기술적 분업에 특히 초점을 맞춘 것은 이러한 맥락에서 이해해야 한다.

14) 이에 관해서는 다음을 볼 것. 김옥경, 〈사회와 인간: 헤겔과 아담 스미스에서 인간 욕구와 노동분업〉, 한국헤겔학회, 《헤겔연구》 제18권(2005), 62-63쪽.

잘 알려져 있듯이, 스미스는 분업이 노동생산성 향상의 중요한 원인이라는 전제 아래 핀(Pin) 작업장을 예로 들어 분업의 중요성을 설명한다. 그가 보기에, 분업이 생산력을 높일 수 있는 것은 작업을 단순화함으로써 노동자의 기능을 개선하고 시간을 절약하며 기계의 응용이 쉬워지기 때문이다. "분업은 도입되기만 하면 어떤 기술에서나 그 도입 정도에 비례하여 생산력의 증진을 가져온다."[15)]

스미스는 기계 도입 자체보다는 기술적 분업이 기계를 도입할 계기를 마련해준다는 점을 주로 강조한다. 그는 기계가 노동 절약적 속성을 지녔다는 사실에 주의를 기울이지 않았다. 기술적 분업 자체가 생산성 제고에 직접 기여하는 부분은 작업 단순화에 따른 노동 숙련도의 상승과 시간 절약이다. 후일 찰스 배비지(Charles Babbage)[16)]는 스미스의 분업의 원리를 미시적 원리로 변용해 스미스보다 좀 더 상세하게 분업의 이점을 설명한다. 분업이 생산력을 높이는 까닭은 무엇인가. 배비지는 기술 습득에 따른 시간 절약, 기술을 배울 때 원료 낭비의 절감, 작업 전환에 따른 시간 손실 방지, 작업 전환에서 도구를 바꾸면서 소비하는 시간 절약, 반복 활동에 의해 이루어지는 신속성, 각 공정에 적절한 기계 활용 등을 분업의 이점으로 지적했다.[17)] 여기에서 분업에 따른 생산성 향상은 결국 시간 절약 또는 시간문제와 관련된다는 것을 알게 된다.

---

15) Adam Smith, 앞의 책, p. 4, 9-12.

16) 배비지(1792~1871)는 1828~1839년 케임브리지대학에서 수학을 가르쳤고, 오늘날에는 계산기의 선구자이자, 검안경, 속도계, 기관차 배장기(排障機)의 발명가로 알려져 있다.

17) Charles Babbage, *On the Economy of Machinery and Manufactures*(London: Charles Knight, 1835), pp. 171-174.

스미스와 배비지의 분업이론은 결국 '시간의 산업화'라는 개념과 연결된다.[18] 이것은 역사적으로 '시간분할'의 가속화로 표현된다. 전(前)산업사회의 시간은 분할하거나 세분화할 필요가 거의 없었다. 그것은 낮과 밤, 여름과 겨울, 더위와 추위 등 자연의 리듬에 맞춰져 있는 일종의 농촌적 시간이었다. 그에 따라 이전 전산업시대의 사람들은 세밀하게 구획된 시간을 요구하지 않았다. 시간분할은 단위시간에 이루어지는 일의 양이 급속하게 증가하거나 일정한 일을 하는 데 걸리는 시간이 짧아질 때 필요하다. 시간분할의 열망은 이미 벤저민 프랭클린(Benjamin Franklin)의 '시간은 금이다'라는 경구에 집약되어 있다. 역사적으로 보면 시간분할의 추세는 르네상스시대에도 이미 나타났다.[19] 스미스가 설파한 분업원리는 결국 시간의 산업화라는 시대 추세를 반영하는 것이었다.

생산성 증대는 다른 한편으로는 효율성과 연결될 것이다. 스미스는 분업을 더욱더 중시했지만 기계의 가능성을 충분히 알고 있었다. 기계의 작동을 통해 이루어지는 높은 생산성은 다른 차원에서는 과정과 단계를 직선화한 '체계'의 효율성과 비슷한 것이다. 생산성이나 효율성 모두 궁극적으로는 욕망의 해방을 추구하는 인간 사회의 필요에 부응하는 개념이다. 스미스는 이렇게 말한다.

---

18) 이러한 발상은 다음을 볼 것. 이영석,『다시 돌아본 자본의 시대』(소나무, 1999), 101-102쪽.

19) 시계의 역사를 통해 근대사회가 시간을 분할 제어 하는 과정을 탐색한 연구로는 다음을 볼 것. David Landes, *Revolution in Time: Clocks and the Making of the Modern World*(Cambridge, Mass.: Harvard University Press, 1983).

찰스 배비지.
잉글랜드 출신의 수학자이자 발명가로 최초의 자동 디지털 컴퓨터를 고안하고, 속도계의 유형과 기관차 배장기(排障機, cowcatcher)를 발명하기도 했다.

체계(system)란 여러 면에서 기계와 비슷하다. 기계는 하나의 작은 체계다. 그것은 기술공에게서나 가능한, 다양한 운동과 효능들을 실제로 함께 연결할 뿐만 아니라 〔그것들을—인용자〕 실현하기 위해 만들어진 것이다. 체계란 상상의 기계다. 그것은 현실에서 이미 작동되고 있는 다양한 운동과 영향을 머릿속에서 함께 연결하려고 고안한 것이다.[20)]

상업사회의 발전 면에서 잉글랜드에 뒤졌던 스코틀랜드에서도 18세기 중엽 이후 개인 욕망의 분출과 기술적 충족의 전망을 보여준 대표적인 사례로 에든버러의 신도시 개발을 들 수 있다. 1752년 에든버러 시의회에서 신도시 건설 제안이 있었는데, 그 구체적인 이유는

20) Adam Smith, "The History of Astronomy," in idem, *Essays on Philosophical Subjects*, eds., W. P. D. Wightman and J. C. Bryce(Oxford: Clarendon Press, 1980), IV. 19.

기존 도심이 너무 좁았기 때문이다. 그 후 19세기 전반까지 오랜 기간에 걸쳐 에든버러 곳곳에서 새로운 도시개발이 진행되었다.[21] 스코틀랜드 출신 토목기사 토머스 텔퍼드(Thomas Telford, 1757~1834)는 운하의 시대에 수많은 운하 개설, 도로 건설, 교량 신개축 등의 공사에 참여해 명성을 높였다. 독학으로 유명한 토목기사의 반열에 올랐던 그는 욕망의 분출과 충족이라는 상업사회의 새로운 분위기를 근면하고 꾸준한 활동 속에서 보여준 것이다.

물론, 이와 대조적으로 애덤 퍼거슨은 욕구의 분출과 충족으로 이어지는 그 시대의 풍조에 우려의 눈길을 보냈다. 그는 도박꾼과 사냥꾼의 예를 든다. 퍼거슨이 보기에 두 사람 모두 같은 성향을 보여준다. 도박꾼에게 돈을 줄 경우에 그 돈을 건네준 사람은 도박꾼이 돈을 자기 소유로 가져갈 것이라고 기대한다. 그러나 그 도박꾼은 돈을 테이블에 던지고 도박을 하는 것이다. 마찬가지로 사냥꾼에게 살아 있는 사슴을 건넬 때 사냥꾼은 사슴을 다시 풀어주고 사냥하려고 나설 것이다. 퍼거슨은 인간에게는 돈과 사슴을 자기 것으로 삼기보다 도박에서 돈을 따고 사냥으로 짐승을 포획하려는 행위 자체가 중요함을 알려준다.[22] 도대체 행복이란 무엇인가. 욕구의 충족이 행복인가. 애덤 퍼거슨은 충족이 최상의 행복이 아니라 그 행복에 도달하려는 노력, 또는 목표의 추구가 바로 행복임을 강조한 것이다.

---

21) 에든버러 신도시 개발은 다음을 볼 것. A. J. Youngson, *The Making of Classical Edinburgh*(Edinburgh: Edinburgh University Press, 1966).

22) Adam Ferguson, 앞의 책(1995), p. 45.

종교와 탈신화화

프랑스에서 계몽사상가들이 기독교를 비판적으로 성찰했다는 것은 잘 알려져 있다. 가톨릭은 조롱과 냉소의 대상이었고, 위계적인 성직자집단의 위선적 태도는 볼테르(Voltaire, 1694~1778)를 비롯한 문필가들이 즐겨 사용한 소재였다. 볼테르는 영국의 종교적 관용과 자유로운 분위기를 높이 평가하는 한편, 신이 세계를 창조했지만 더는 세계에 간여하지 않으며 이성을 통해 참다운 종교 지식을 얻을 수 있다는, 이른바 이신론(理神論)을 설파해 가톨릭과 대립했다. 이와 달리, 스코틀랜드 문필가들은 교회를 적극 공격하거나 교회에 적대적인 태도를 보이지 않았다. 이들 문필가 가운데 상당수가 신학교육을 받았다는 점이 작용했을 것이다. 이들만이 아니라 신학교육의 기반이 없는 문필가들 또한 기독교를 신랄하게 비판하지는 않았다.

18세기 과학 지식의 축적과 함께 성서의 내용과 기독교 교리를 합리적으로 해석하려는 경향이 있었다. 우선 망원경의 발달과 더불어 일부 지식인들은 지구 이외의 다른 혹성에 지성적 생명체가 존재할지도 모른다는 생각을 하게 되었다. 칸트가 특히 이런 견해를 공개적으로 밝혔다. 이 가정은 성서에 나타나는 신과 인간의 관계를 가지고 설명할 수 없는 것이었다. 물론 이 같은 가능성을 인정한 신학자들 가운데는 기독교 신앙과 양립할 수 있는 길을 모색한 인물도 있었다. 아담의 자손이 아닌 외계 생명체는 아담과 같은 죄를 지은 존재는 아니지만, 예수의 죽음은 그가 그 세계로 가서 다시 죽지 않는다 하더라도 예수는 마찬가지로 외계 생명체를 위해 대속한 것이다. 따라서 외계 생명체들도 예수의 죽음에 구속당할 수밖에 없다는 주장이다.[23] 그러나 외계의 생명과 성서 간의 화해보다는 불일치를 강조하는 견해가 더 설득력이 있었다. 예컨대 토머스 페인(Thomas Paine, 1737~1809)은 프랑스 혁명기에 새로운 천문학 지식을 접하면서 이른바 대속의 계획(redemptive scheme)을 부정하기에 이르렀다.[24] 다른 혹성에 생명체가 있으리라는 가정과 기독교 신앙이 결코 양립할 수 없다고 판단했기 때문이다.

사실 18세기 중엽 스코틀랜드 지식인들에게 종교는 이성적 탐색의 대상이었다. 많은 사람들이 현실은 합리적이라고 생각했으며 종교의 신비성을 벗겨내려는 태도를 가졌다. 신앙이 기독교인 경우에도 합리적 종교 또는 자연종교를 내세웠다. 이 시기 데이비드 흄은 아마 무신론자였을 것이다. 그럼에도 그는 중도파 목회자들과 친교를 나눴고 기독교 자체를 적대시하지는 않았다. 스코틀랜드 계몽문필가들 가운데 휴 블레어와 존 리드는 기독교인이이자 목회자로 활동했고, 헨리 홈 또한 독실한 신자였다. 제임스 허턴(James Hutton, 1726~1797)은 지질시대의 역사를 설명하면서 장로교회의 적대감을 불러일으켰지만, 지구를 적절하게 성찰함으로써 오히려 신의 섭리를 이해할 수 있을 것이라고 주장했다.[25]

스코틀랜드 계몽지식인 가운데 특히 중도파 인사들의 종교관 또한

---

23) Frederick Gregory, "Intersections of Physical Science and Western Religion in the Nineteenth and Twentieth Centuries" in *Cambridge History of Science Vol. 5, Modern Physical and Mathematical Science*(Cambridge: Cambridge University Press, 2006), p. 37.

24) Frederick Gregory, 같은 글; 이영석, 『영국 제국의 초상: 19세기 말 영국 사회의 내면을 읽는 아홉 가지 담론들』(푸른역사, 2009), 244쪽.

25) 이상은 Alexander Broadie, 앞의 글, pp. 5-6 참조.

제임스 허턴.
스코틀랜드의 지질학자·박물학자로
근대 지질학의 창시자 가운데
한 사람으로 꼽히며, 자연과정에 의해
지각의 특성을 설명하는 동일과정설
(同一過程說)을 주창했다.

아이러니하게도 탈신화화에 영향을 주었다. 그들의 태도는 정통 기독교 목회자들에게는 불온하게 보였겠지만, 그것은 결과적으로 종교적 관용을 퍼뜨리고 현실사회와 현세의 삶이 인간의 가장 중요한 관심사가 되도록 영향을 주었다. 윌리엄 로버트슨이나 블레어 같은 중도파 목회자들은 기독교적 덕목이 사회 속에서 실현되는 것을 오히려 더 강조했다. 그들이 계몽의 가치, 과학 및 문예의 성취를 존중한 것도 바로 이런 태도에서 비롯한다. 중도파 목회자들은 프랑스 지식인들의 이신론을 공공연하게 설파하지는 않았지만 그들의 정신세계는 그와 맞닿아 있었다. 스코틀랜드 지식인들은 시민사회의 여러 제도와 법이 역사 속에서 어떻게 실현되어왔는가를 밝히는 데 초점을 맞추었으며, 이러한 변화를 진보라는 개념으로 표현했다. 추론적 역사의 서술 방식도 그 진보의 과정을 해명하려는 시도에서 나왔고 역사의 단계론적 설명도 똑같은 의도였다.

스코틀랜드 중도파 인사와 계몽지식인들이 기독교 신앙을 적극 공격하지 않았다고 하더라도, 그들의 종교적 태도와 사회관은 결과적으로 탈신화화 추세에 큰 영향을 주었다. 퍼거슨에 따르면, 이제 진보와 발전은 그 자체의 인과적 요인으로 설명해야 하며, 이를 설명하려면 그 자체의 "도덕적·물질적 원리"가 필요하다.[26] 이는 진보의 다양한 원인을 해명하는 데 긴요하다. 데이비드 흄에게 종교적 신비주의는 마법과 동일하다. 마법은 미신이지만, 마법에 대한 박해는 종교성을 표방하더라도 광신적 행위에 지나지 않았다. 그리고 미신과 광신적 행위 모두가 무지에서 비롯되는 것이다. 흄은 '인간과학(science of man)'의 무한한 가능성을 신뢰했다. 지식의 증가가 미신과 미신 행위를 제거할 것이었다.[27]

합리성과 지식

계몽운동은 근대 지식의 확산을 가져왔고 책의 시대를 이끌었다. 몽테스키외가 자랑스럽게 언급한 유럽 '문명'은 바로 지식과 책에 기반을 둔 성취였다. 근대 지식의 축적은 두 가지 방법에 기반을 두고 이루어졌다. 하나는 과학 즉 기계적 인과론, 다른 하나는 진보로서의 역사의식과 역사지식이다. 이 두 체계는 물론 처음에는 상호의존적이거나 공존하는 관계를 맺지 않았다. 예를 들어 르네 데카르트는 수

---

26) Adam Ferguson, 앞의 책(1966), p. 10.

27) David Hume, *The History of England*[1786](Lodon: Routledge, 1894), vol. 2, 366; Christopher J. Berry, 앞의 책, p. 77 참조.

학의 세계나 자연계와 달리, 인간의 과거에 대해서는 정확하고 명백한 지식을 얻기 어려우므로 역사 탐구란 쓸데없는 짓에 지나지 않는다고 생각했다. 그러나 데카르트보다 한 세기 후에 잠바티스타 비코(Giambattista Vico, 1668~1744)는 인간사회, 즉 '시민세계'의 원리가 자연계를 지배하는 원리보다 실제로 더 정확한 것이라고 말했다. 시민사회가 인간의 창조물이기 때문이라는 것이다.[28)]

스코틀랜드 계몽지식인들은 대부분 뉴턴의 방법에 깊은 관심을 가졌으며 자신의 탐구에 원용하려고 노력했다. 그들은 귀납과 연역, 분석과 종합이라는 자연관찰의 방법에 익숙했을 뿐만 아니라, 사회를 탐구하고 그 결과를 서술할 때에도 체계적 관찰(systematic observation), 개연론적 사고(probabilistic thinking), 기계론적 인과성 등을 중시했다. 그리고 시민사회의 다양한 제도와 관행을 이해하기 위해 역사 속에서 그 기원을 찾고 변화과정을 체계적으로 서술하는 데 초점을 맞추었다. 자료가 부족할 경우에는 추론적 방법을 동원했다. 이처럼 이들이 경제활동의 역사를 단계론적으로 인식한 것도 체계화작업과 관련된다.

데이비드 흄의 예를 들어보자. 경제 관련 저술인『도덕, 정치, 문학 논고(*Essays: Moral, Political and Literary*)』(1779)에서 흄은 모든 학문은 인간본성의 문제와 관련된다는 원리를 전제로 삼고 인간 경제활동의 본질을 이익을 얻으려는 인간 욕망과 관련된다고 가정한다. 그는 가능한 한 다량의 역사 자료를 이용해 "과거 모든 시대까지, 그리

---

28) 존 루카스(John Lukacs),『자연과학을 모르는 역사가는 왜 근대를 말할 수 없는가』, 이영석 옮김(문화디자인, 2004), 74-75쪽 참조.

고 가장 멀리 떨어져 있는 나라까지 경제활동의 경험을 확장하는" 창조적인 서술을 지향했다.[29] 이러한 서술은 가설과 검증의 과정, 어떤 원리를 상정하고 이를 경험적 자료를 통해 입증하는 방식과 다를 바 없다.

스코틀랜드 지식인들은 경험적 자료와 증거를 중시하고, 연구대상에 대한 판단 근거를 주로 증거에 의존했다. 따라서 기록, 기록자, 증언이 중요한 증거로 인용된다. 사실 증거란 그 자체가 다양하며, 이를 이용하려는 사람이 어떤 시각에서 보느냐에 따라 활용도가 달라진다. 다양한 증거를 기반으로 사유를 전개할 경우 일반적으로 상대주의 경향을 띠게 될 것이다. 상대주의란 개별 문화가 그 자신의 특수한 기준을 가지며, 그 기준은 다른 문화의 기준과 반드시 비슷하거나 적합한 것만은 아니라는 인식에 바탕을 둔다. 프랑스 계몽운동가들은 실제로 이 같은 상대주의 인식을 표방했지만, 같은 시대 스코틀랜드 문필가들은 이 문제에 조심스러운 태도를 보였다.[30] 그들은 인간의 본성이 사회성으로 연결되고 이것이 공통으로 사회 변화와 진보를 낳는다는 전제를 견지했기 때문에 스스로 상대주의적 사유와 거리를 둘 필요가 있었다.

근대 이후 지식 축적의 주된 장은 대학이었다. 스코틀랜드 문필가들은 대학에서 연구와 교육의 중요성을 간파했다. 실제로 로버트슨, 스미스, 퍼거슨, 블레어, 듀갈드 스튜어트 등 계몽운동의 중심인물들 다수가 대학과 직간접으로 연결되어 있었다. 연구가 강의를 통해 체

29) David Hume, *Essays: Moral, Political and Literary*[1779], ed. E. Millar (Indianapolis: Liberty Fune, 1985), p. 113, 556 참조.

30) Christopher J. Berry, 앞의 책, pp. 74-75 참조.

계화되고 그 결과가 주로 책의 형태로 축적된 것이다. 스미스가 『국부론』 제4편 2장에서 대학교육에 관해 논평한 것은 자연스러운 일이었다. 특히 잉글랜드의 대학들은 새로운 시대에 대학이 근대지식의 창출과 전수 그리고 저장고 역할을 해야 한다는 사실을 절실하게 느끼지 못하는 것 같았다. 스미스는 자신이 여러 해를 보낸 옥스퍼드대학에 대한 실망감을 피력하기도 했다. 교수들은 구태의연하고 몇 년간 형식적으로 가르치는 일마저 포기했다는 것이다.[31] 여기에서 흥미로운 것은 그가 옥스퍼드대 교수들의 나태한 태도를 보수체계에서 비롯하는 것으로 본다는 점이다. 스코틀랜드 대학에서 교수의 수입은 대학당국의 급여와 학생의 수강료 일부로 구성된다. 이에 비해 잉글랜드에서는 오직 당국의 급여가 전부라는 것이다.[32] 잉글랜드 대학들은 상업사회의 변화 추세에서 동떨어져 있었다. 상류층 자제들은 중등학교 졸업 후 곧바로 대학에 들어가기보다는 1~2년 간 유럽 대륙으로 여행을 떠나는 것을 더 선호했다. 로버트슨, 리드, 스미스 등은 스코틀랜드 대학의 전통에 강한 자부심을 가졌다. 그들은 스코틀랜드 젊은이들이 기회가 닿으면 대학에서 학문을 닦기를 권유했다. 이러한 권유 속에는 대학이 근대적 지식을 축적하는 중심이어야 한다는 열망도 포함되었을 것이다.

31) Adam Smith, 앞의 책, vol. 2, p. 251.

32) Adam Smith, 같은 책. 2, p. 250.

국민국가의 이상

18세기 영국은 브리튼 국가의식 또는 국민정체성이 눈에 띄게 강화되었다. 스코틀랜드 사람들도 대다수가 이런 국민의식의 형성에 일조했다고 알려져 있다. 브리튼 국민의식이 스코틀랜드인에게 급속하게 자리 잡은 까닭은 무엇인가. 우선 프랑스와의 전쟁을 생각할 수 있다. 프랑스라는 타자와 벌인 끊임없는 전쟁이 영국인의 정체성 형성에 중요한 요인으로 작용했다. 17세기 말 이래 영국과 프랑스는 에스파냐 왕위계승전쟁, 오스트리아 계승전쟁, 7년전쟁, 미국독립전쟁, 나폴레옹전쟁 등 서로 여러 차례 싸웠으며, 그 대부분은 영국의 승리로 끝났다. 이들 전쟁은 해외 식민지와 국제무역의 패권을 둘러싼 경쟁에서 비롯했지만, 이에 못지않게 종교적인 것이기도 했다. 가톨릭 프랑스에 대한 프로테스탄트 영국의 항전은 잉글랜드인뿐만 아니라 스코틀랜드인들에게도 중요한 의미를 가진 싸움이었다.[33]

전쟁의 종교적 성격은 18세기 전반의 전쟁에 비해 후반에 이르러 점차 약해지지만, 그렇다 하더라도 스코틀랜드인들이 이들 전쟁에 적극 참여한 데에는 전쟁의 종교적 성격이 적지 않은 영향을 미쳤다. 데이비드 흄을 비롯해 스코틀랜드 문필가들은 잉글랜드의 역사에서 자유의 발전을 가장 중시했다. 18세기 브리튼 통합왕국의 역사 또한 동일한 성격을 보여줄 것이다. 영국인의 자유는 예절, 교양, 사교성, 법과 재산에 대한 존중 등 시민적 덕목의 토대이며, 이러한 자유의 발전

---

33) 이에 관해서는 다음을 볼 것. Linda Colley, *Britons: Forging the Nation 1707-1837*(New Haven: Yale University Press, 1990); 이영석, 〈잉글랜드, 스코틀랜드, 국민 정체성〉, 대구사학회, 《대구사학》 제66집(2002. 2).

은 영국의 상업, 기술, 과학의 번성과 관련된다는 것이다.[34] 18세기에 영국인들이 가톨릭의 위협을 심각하게 바라본 까닭은 관용정신이 부족해서가 아니라, 프로테스탄티즘이야말로 자신들의 역사에서 자신들이 누리는 자유의 원천이라고 생각했기 때문이다. 프로테스탄티즘과 자유의 문제는 잉글랜드인보다 오히려 스코틀랜드인에게 더 친숙한 것이었다.

앞에서 언급했듯이, 스코틀랜드 계몽운동가들은 재커바이트 운동에 반대했으며, 통합의 명분으로 평화·번영·안전을 약속한 잉글랜드와의 새로운 관계를 인정했다. 1745년 재커바이트에 맞서 시민군으로 자원한 애덤 퍼거슨, 윌리엄 로버트슨, 존 흄 뿐만 아니라 다른 문필가들도 "선한 스코틀랜드인"보다는 "훌륭한 북부 브리튼인"이 되기를 희망했다.[35] 데이비드 흄이나 로버트슨은 스코틀랜드의 문명화과정, 즉 상업사회로의 이행을 희망했으며 그 과정이 국내의 안정과 평화를 가져다주리라고 믿었다. 문명화는 더 나아가 유럽에 힘의 균형에 바탕을 둔 평화로운 국제질서를 낳을 것이었다. 문명화의 결과로서 강력한 주권국가들이 등장할 것이기 때문이다.[36]

---

34) D. W. Kivingston, "Hume's Historical Conception of Liberty," in *Liberty in Hume's History of England*, eds. N. Capaldi and D. W. Livingston(Dordrecht: Kluwer Academic Publisher, 1990), p. 128.

35) David Allan, "This Inquisitive Age: Past and present in the Scottish Enlightenment," *Scottish Historical Review*, vol. 76, no. 201(1997), p. 71 참조.

36) 이에 관해서는 다음을 볼 것. Bruce Buchan, 앞의 글, p. 176.

9
계몽운동과 오리엔탈리즘

오리엔탈리즘(Orientalism)이란 동양을 바라보는 유럽인들의 사유 방식을 뜻한다. 오리엔탈리즘은 시대에 따라 변하지만, 그 내용물 자체가 각 시대의 동양에 관한 담론에 직접 영향을 미쳐왔다. 오리엔탈리즘이 단순히 외부세계를 바라보는 유럽인의 지적 호기심에서 비롯된 것만이 아니라, 유럽의 팽창이라고 하는 시대 흐름, 더 나아가 유럽인의 비유럽세계에 대한 지배와 밀접하게 관련된다는 견해는 특히 에드워드 사이드(Edward Said)의 연구에 크게 힘입은 것이다.[1] 사이드는 『오리엔탈리즘(*Orientalism*)』(1978)에서 '동양(Orient)'이 유럽인의 사고에서 시대에 따라 어떻게 구성되는지 그 과정을 살폈다. 원래 '오리엔탈리스트(Orientalist)'라는 말은 동양의 언어, 역사, 철학과 같은 여러 학문분야를 전공하는 학자를 뜻했지만, 사이드에게 오리엔탈리즘

---

1) 에드워드 사이드(Edward W. Said), 『오리엔탈리즘(*Orientalism*)』(1978), 박홍규 역 (교보문고, 1991).

『오리엔탈리즘』의 표지 그림(1870년경). 장 레옹 제롬(Jean-Léon Gérôme, 1824~1904)의 〈뱀을 부리는 소년(*Le charmeur de serpents*)〉이다.

담론은 유럽인의 사고에서 좀 더 광범위하고 고유한 의미를 지녔다. 그는 영국과 프랑스 지식인들의 저술에서 동양에 관한 견해에 들어 있는 허구성을 폭로하고 그 속에 숨어 있는 권력과 지배의 메커니즘을 밝히는 데 뛰어난 성과를 거두었다. 그러나 사이드의 저술은 이슬람 세계에 대한 유럽인의 이미지 형성 및 그 왜곡과정을 주로 다루었고 동양학 관련 문헌만을 분석하는 한계를 보여준다.

스코틀랜드 계몽지식인 역시 직간접으로 외부 세계에 대한 지식과 정보를 알게 되면서 자연스럽게 그들 나름의 견해를 가졌을 것이다. 그러나 그들의 시각을 체계적으로 살피기는 어렵다. 애덤 스미스나 애덤 퍼거슨이 자신의 저술에서 단편적으로 중국이나 인도에 관해 언급했지만, 그것은 글자 그대로 단편적인 기술에 지나지 않는다. 그들의 시선은 당대 유럽 대륙의 계몽사상가들의 시선과 크게 다르지 않았을 것이다. 영국에서 개화한 상업사회 또는 시민사회를 마주 대하는 스코틀랜드 계몽지식인들의 태도에서 오직 유럽만이 문명을 가졌다고 확신한 몽테스키외의 자신감이 새로운 언어로 반복되고 있음을 알게 된다.

여기에서는 스코틀랜드 계몽지식인들의 단편적인 주장보다는, 『브리태니커 백과사전』 초기 판본에 실린 동아시아 및 인도 관련 항목의 기술내용을 통해 18세기 스코틀랜드 지식인들의 견해를 살피려고 한다. 제5장에서 언급했듯이, 『브리태니커 백과사전』 초기 판본, 적어도 초판에서 제3판까지는 18세기 후반 계몽운동이 가장 활발하던 시기에 출판되었다. 백과사전은 당시 계몽적인 문필가들이 직간접으로 간여해 출판되었기 때문에, 발간 당시부터 스코틀랜드의 지적 총화라는 평가를 받았다. 스코틀랜드 계몽지식인들은 인간과 사회와 역사를 성찰하면서 특히 동양을 어떻게 인식했는가. 여기에서도 그들 특유의 '추론적 역사서술'을 원용했는가.

백과사전의 아시아 항목

제5장에서 이미 『브리태니커 백과사전』의 출판 경위에 관해서는 간략하게 소개한 바 있다. 초판 편집 책임을 맡았던 윌리엄 스멜리(William Smellie)는 친분이 있는 문필가들뿐만 아니라 잉글랜드, 아메리카, 프랑스의 저명한 지식인에게도 수록 항목 집필을 의뢰했다. 그러나 항목별로 필자의 이름을 밝히지 않았을 뿐더러 편찬 관련 기록이 남아 있지 않아서 그 상세한 내역은 알 수가 없다. 다만 당

윌리엄 스멜리.
에든버러 출생으로, 1765년 앤드루 벨로부터 『브리태니커 백과사전』 전체 출판에 대한 책임을 맡아달라는 부탁이 담긴 편지를 받았다.
조지 왓슨의 그림에 헨리 브라이언 홀이 새긴 것이다.

대 스코틀랜드 계몽지식인은 물론 볼테르(Voltaire), 벤저민 프랭클린(Benjamin Franklin), 알렉산더 호프(Alexander Hope), 새뮤얼 존슨(Samuel Johnson) 등 스코틀랜드 경계를 넘어 다른 곳의 저명한 지식인에게도 집필을 의뢰한 것으로 전해진다. 백과사전 초판 3권은 1768~1771년에, 재판 10권은 1777~1783년, 제3판 20권은 1797~1801년에 간행되었다. 특히 재판부터는 에든버러 왕립협회 회원 다수가 참여해 원고를 작성한 것으로 보인다.

백과사전 초판, 재판, 제3판은 다 같이 집필자를 밝히지 않았고 항목 색인도 첨부하지 않았다. 오늘날의 기준으로 보면 편집 수준은 매우 조잡한 편이다. 동양의 역사와 문화에 관련된 독립 항목도 찾기 어렵다. 초판에서 제3판까지 동양 고유의 문화를 가리키는 용어, 이를테면 '불교(Buddhism)', '도교(Taoism)', '유교(Confucianism)' 같은 항목이 수록되지 않았다. 다만 제3판에 '공자(Confucius)'가 처음으로 등장할 뿐이다. 이에 비해 아시아에 관련된 지리적 명칭은 초판부터 등장한다. 초판에서 '아시아(Asia)', '인도(India)', '중국(China)', '일본(Japan)' 등의 항목을 확인할 수 있다. 재판도 이와 동일하나 특히 중국과 일본 항목의 서술 분량이 늘었다. 제3판에서 특이한 것은 '중국'과 '인도' 항목의 서술 분량은 재판에 비해 한층 더 늘었지만, 그 반면에 '일본' 항목은 빠져 있다는 점이다. 편집자의 실수인지 의도적인 것인지 확인하기 어렵다.

이러한 한계를 넘기 위해, 아시아의 지리적 명칭 이외에, 아시아 관련 내용을 포함하고 있음직한 일반 항목을 검토하면 어떤 결과가 나올까? 재판과 제3판에는 사회·역사·문화에 관련된 일반 용어들, 이를테면 '농업(agriculture)', '도시(city)', '상업(commerce)', '역사(history)', '종교(religion)', '과학(science)', '사회(society)' 등의 항목을 찾을 수 있다. 그러나 이들 일반 항목의 서술 내용에서 동아시아와 관련된 내용을 확인할 수 없었다. 대부분 고전고대와 유럽의 사례만 언급할 뿐 아시아에 관한 서술은 보이지 않는다. 그런 만큼 '중국', '일본', '인도' 같은 지리적 항목이 초판, 재판, 제3판에서 각기 어떻게 서술되어 있는지, 그리고 내용상으로 어떤 변화를 보여주는지를 주로 검토할 수밖에 없다.

중국과 일본

『브리태니커 백과사전』 초판에서 중국과 일본에 관한 기술은 아주 간략하다. 두 항목 모두 분량이 한 쪽을 넘지 못한다.[2] 단순히 지리적 위치를 소개한 것에 지나지 않는다. 중국의 경우 위도와 경도상의 위치, 15개 성(省), 인구, 특산물을 소개한 수준이고, 일본 항목은 위도와 경도상의 위치만 기술했을 뿐이다. 한 가지 특이한 것은 '중국어(Chinese)' 항목이 따로 있다는 점이다. 항목 그대로 중국어의 특징을 소개하고 있다. 중국어는 알파벳이 아니라 상형문자이며 그 수가 8만여 자에 이른다는 것, 그리고 중국어는 세계의 여러 언어와 다른 독특한 특징이 있는데, 그것은 바로 330여 단음절만으로 구성되면서도 소리의 강약과 장단을 구별함으로써 다양한 의미를 갖게 된다고 설명한다. "중국어를 정확하게 발음할 때에는 일종의 음악이 된다. 그것은 실제 가락이며 중국인 언어의 본질이자 특징이다." 한편 중국인들은 다른 어느 민족보다도 유구한 역사를 자랑하지만, 그들의 역사는 "신화의 시대", "의심스럽고 불분명한 시대", "역사시대"로 구별할 필요가 있다는 점을 덧붙인다.[3]

재판과 제3판에서 중국과 일본에 관한 서술은 초판에 비해 훨씬 더 체계적인 형태를 취한다. '중국' 항목은 재판의 경우 14쪽,[4] 제3판에서는 44쪽에 이른다.[5] 그러면서도 '중국'과 '일본' 항목의 두 서술체제는 동일하다. 지리적 위치, 역사, 인구, 정부 및 관료, 법률, 관습과 문화 등의 차례로 중국을 소개한다. 제3판은 재판의 내용을 좀 더 상세하게 보완한 것이라고 할 수 있다. '일본'의 경우 재판에서 5쪽에 걸쳐 지리, 종교, 문화, 습속을 차례로 소개한다.[6]

---

2) *Encyclopædia Britanica*, 1st ed., vol. 2, p. 184, 826. 이하 브리태니커 백과사전은 *EB*로 표기함.

3) *EB*, 1st ed., vol. 2, pp. 184-185.

4) *EB*, 2nd ed., vol. 3, pp. 1907-1921.

5) *EB*, 3rd ed., vol. 4, pp. 651-694.

먼저 '중국'에 관한 서술을 살펴보자. 마르코 폴로(Marco Polo, 1254~1324) 이래 중국을 여행한 상인과 선교사들의 기록은 중국(국가)의 풍요로움과 일반 민중(국민)의 빈곤을 동시에 전해준다. "중국은 일반적으로 비옥한 나라로 알려져 있다. 여행자들은 모두 이 점에 동의한다. 그 평원의 크기와 아름다움에 찬사를 늘어놓는다."[7] 처음에는 인클로저 되지 않은 광활한 농지에 놀라고, 다음에는 그곳에서 일하는 농민의 빈곤에 또 한 번 놀라게 된다. 중국의 부와 풍요, 그리고 민중의 빈곤에 대한 이미지는 16세기 포르투갈 선교사들의 중국에 관한 기록이 다른 유럽 지식인들에게 알려지면서 더 강하게 자리 잡은 것 같다. 이러한 시각은 스미스의 『국부론』에까지 이어지고 있다.

> 중국은 오랫동안 세계에서 가장 부유한 나라, 즉 가장 비옥하고 가장 잘 경작되고 가장 근면하며 가장 인구가 많은 나라의 하나였다. 그러나 그 나라는 오랫동안 정체해 있었던 것 같다. 정체의 결과 민중은 매우 빈곤하다.[8]

모든 민족의 기원이 그러하겠지만, 중국 역사는 다른 나라보다 훨씬 더 불분명하다. 그 까닭은 고대 중국의 역사가 신화와 설화로 가득하기 때문이다. 사실 모든 민족이 자신의 시원을 고대의 먼 시점에

---

6) *EB*, 2nd ed., vol. 5, p. 3, 816-820. 제3판에는 '일본' 항목이 눈에 띄지 않는다. 이는 '중국'이나 '인도'의 경우와 대조적이다. 재판의 항목 내용을 보완하지 않았다면 제3판에서는 적어도 그 내용을 그대로 재수록했어야 한다. '일본' 항목 자체가 수록되지 않은 것은 아마 편집상의 실수가 아닐까 싶다.

7) *EB*, 3rd ed., vol. 4, p. 662.

8) Adam Smith, *Wealth of Nations*(1930), vol. 1, p. 73.

마르코 폴로.
폴로의 동방여행기인
『밀리오네(*Il milione*)』는 흔히
『마르코 폴로의 동방견문록
(*The Travels of Marco Polo*)』으로
알려져 있으며,
지리학의 고전으로 평가받는다.

서 찾고자 한다. 재판 '중국' 항목의 필자는, 중국인은 이런 일반적 경계를 넘어선다고 말한다. 지구상에 기억해둘 만한 역사기록을 정확하게 보존해온 민족은 없지만, "미신과 설화를 만드는 중국인의 자질"이 너무 뛰어나서 그들 역사의 시원 부문은 합리적인 사람이라면 무시할 수밖에 없다고 단언한다.[9] 반고씨(盤古氏)와 3황5제(三皇五帝)로 이어지는 이 설화시대에 대해서는 공자 자신도 의문시했다는 점을 소개하기도 한다. 백과사전 '중국' 항목의 필자가 중국 역사를 개략하면서 가장 중요한 특징으로 꼽은 것은 북방 유목민족의 침입이다. 이것은 일회적 현상이 아니라 2,000년간 지속되었으며, 중국 문명의 중요한 일부로 자리 잡았다는 것이다. 특히 제3판에서 그 내용이 좀 더 체계적으로 정리되어 있다.

---

9) *EB*, 2nd ed., vol. 3, p1907.

중국사의 가장 흥미로운 특징은 북방 유목민족의 침입이다. 이들은 이제 드디어 제국 전체를 정복하고 아직도 지배권을 행사하고 있지만, 북경의 제국 황제 자리를 차지한 후에는 중국어와 중국인의 생활방식을 받아들였다. 유목민족이 중국을 정복한 것이 아니라 그들이 중국에 정복당한 것처럼 보인다.[10]

이어서 백과사전 제3판의 '중국' 항목 필자는 유목민족과 중국인 사이의 갈등과 전쟁을 중심으로 중국사를 개괄한다. 물론 중국인들의 중화사상을 소개하기도 하지만, 전반적으로 북방민족의 침입과 지배를 중심으로 중국사를 서술한다. 중국인이 세운 왕조에 관해서는 소략한 반면, 북방민족이 수립한 왕조, 특히 몽고제국과 청제국은 여러 쪽에 걸쳐 왕조 성립과정을 자세하게 설명하고 있다.[11] 유목민족을 중국사 전개의 주역으로 설정하는 듯한 인상이다.

백과사전은 특히 엄청난 중국 인구와 일반 민중의 빈곤에 관심을 기울인다. "대부분의 성, 도시, 읍락, 마을에는 주민이 너무 넘쳐서 전국이 도시로 이어져 있는 듯이 보인다. 이 모든 곳에서 주민들은 떼를 지어 다니고 각자 제조업, 수송업, 작업장에서 일한다. 도로는 밤이나 낮이나 행인이 가득하고 마차, 수레, 사륜마차, 때로는 낙타도 지나간다." 재판에서는 전체 인구 가운데 남자를 5,978만 8,364명으로, 제3판에서는 전체 인구를 대략 2억 명으로 추산한다.[12]

---

10) *EB*, 3rd ed., vol. 4, p. 653.

11) *EB*, 3rd ed., vol. 4, pp. 651-664. 이 가운데 남북조시대(p. 651~653), 몽고지배(p. 653~659), 청제국(p. 661~664)에 관한 서술이 대부분을 차지한다.

12) *EB*, 2nd ed., vol. 3, p. 1,918; *EB*, 3rd ed., vol. 4, p. 663.

중국은 인구도 많지만, 광대한 땅에 세계 어느 나라보다도 물산이 더 풍부하다고 알려져 있었다. 그럼에도 민중의 삶이 극도로 곤궁한 까닭은 무엇인가? 재판 필자의 설명으로는, 관리들의 사악함과 부패 때문이다. 설명을 계속 보면, 부패 관리는 판관, 세리, 징모관(徵募官) 등 세 부류로 나눌 수 있다. 당시 중국의 관료제도는 매우 정교한 체제를 갖추고 있었다. 관리는 3년 이상 한 곳에서 봉직하거나 자신이 지방관으로 머물렀던 곳의 주민이 될 수 없었다. 빈곤한 집안 출신이라도 불이익을 받지 않았고 명문 출신이라고 해서 그에 따른 권력을 가질 수 없었다. 관료층의 위계는 매우 엄격했으며 모든 관리의 관사와 토지를 정부가 제공했다.

이처럼 정교한 관료제는 군주 중심의 "고도의 전제군주정"과 관련이 있을 것이다. 법전이 있기는 하지만 그 법의 유일한 해석자는 황제이다. "종국적인 입법권은 군주의 마음속에 있고 전적으로 그의 의사에 달려 있다."[13] 백과사전 설명을 보면, 군주는 관료층에 대한 감시와 통제를 항상 강화하는 데 관심을 기울였다. 관료층의 위계는 매우 엄격했으며 관리의 관사와 토지를 정부가 제공했다. 그럼에도 관리의 부패는 극심했다. 그들은 이 모든 정교한 규제를 회피할 수단을 찾는 데 열심이었다. 중국보다 더 고도로, 그리고 더 보편적으로 강탈과 사취가 행해지는 나라는 지구상에 없었다.

> 이러한 강탈의 결과, 분명한 것은 민중의 불행이다. 기근이 들면 하층민은 몰락하고, 때때로 극심한 한발이 일고, 제국의 일부 지역에서 사람들

---

13) *EB*, 2nd ed., vol. 3, p. 1,918.

은 관목이며 나뭇잎이며 야생과일을 따 먹고, 작은 나무와 초근목피까지 먹는다. 이런 경우 서민들은 때로는 자식까지 죽여야 한다.[14)]

한편 백과사전 제3판은 관료층의 부패와 사취 외에 잦은 천재지변과 양조(釀造) 문제를 들고 있다. 중국 대륙은 광활하고 기름지지만, 한발, 홍수, 가뭄 등이 잦은 편이다. 이럴 때마다 농업지대에 대규모 식량부족 사태가 발생하지만 주위 나라에서 식량을 들여올 수 없다. 북방민족은 유목생활을 할 뿐이고 고려와 일본에서 식량을 수입하기에는 거리가 멀다. 그리하여 부정기적으로 발생하는 대규모 기근과 기아 때문에 민중의 상당수가 몰락하기에 이른다는 것이다. 이 밖에 곡물 일부가 양조에 낭비되기 때문에 기근이 발생하기도 한다.[15)]

다음으로, '일본'에 관한 내용은 어떤가. '중국' 항목과는 달리 지리적 위치와 기후를 소개한 후에 곧바로 일본인의 습속과 생활, 문화를 다룬다. 역사에 관한 서술은 보이지 않는다. 중국의 경우 예수회 선교사들의 여러 보고기록을 참조할 수 있었겠지만, 일본에 관한 자료는 네덜란드 상인의 여행기를 제외하고는 달리 찾아보기가 어렵기 때문이었을 것이다. 일본인의 생활과 습속에 관해서 중국인의 경우보다도 더 신비롭고 우호적으로 기술한 듯한 인상을 주는 것도 여기에서 비롯한다. 비록 일본인이 고대로부터 이어온 이교(heathenism)와 우상숭배의 전통을 견지하고 또 절대적 창조주의 개념을 가지고 있지 않다고 보면서도 그들에 대한 항목 필자의 인상은 상당히 우호적이다.

---

14) *EB*, 2nd ed., vol. 3, p. 1,918.
15) *EB*, 2nd ed., vol. 3, p. 1,918.

일본인은 일반적으로 매우 활동적이고 격정적이며 영리하다. 그들은 온건하고 인내심이 강하며 예의바르다. 모든 동양인 가운데 으뜸이다. 그들은 행동이 공정하고 약속을 지킨다. 중국인과 달리 일본인은 상대방을 이용하는 것을 싫어한다. 그들은 또한 매우 근면하고 부지런하며 면학에 힘쓰고 책 읽기를 좋아한다. 그들은 식사, 음주, 가구, 의상, 대화에서도 놀랄 정도로 정결하고 예의를 갖춘다.[16)]

'일본' 항목의 필자는 일본의 전통문화에 관해서도 단편적으로 소개한다. 일본인은 도자기, 음악, 그림 등에 소질을 보인다. 특히 일본 도자기는 형태와 형상이 매우 인상적이라고 말하는 서양인들이 있다. 그러나 그 형태는 서양인에게 익숙하지 않은 것이다. 음악도 마찬가지다. 일본인이 자랑하는 악기의 연주도 유럽인의 귀에는 낯설게 들린다. 일본인은 중국인보다 더 훌륭한 그림을 그리는 것 같지만 유럽인의 회화에 비하면 수준이 떨어진다. 일본의 인쇄술 또한 역사가 매우 오래다. 일본인 스스로 목판인쇄술과 화약 등은 중국 것보다 우수하다는 자부심이 있다. 수공기술 또한 중국을 앞지른 것으로 보이고, 비단과 면직물 또한 아름다움이나 품질 면에서 중국제품보다 낫다는 평가를 받는다는 내용이다.[17)] 물론 호의적인 인상만 보이는 것은 아니다. 사형집행이 머리를 나뭇가지에 매달거나, 기름에 삶거나, 말에 사지를 묶어 찢거나, 망나니가 목을 베는 등 다양하면서도 끔찍한 방법으로 이루어진다는 것을 소개하기도 한다.[18)]

---

16) *EB*, 2nd ed., vol. 5, p. 3,818.
17) *EB*, 2nd ed., vol. 5, p. 3,819.
18) *EB*, 2nd ed., vol. 5, p. 3,818.

예수회 선교사 마테오 리치(왼쪽)와 중국 서광계의 만남. 중국식 이름 이마두(利瑪竇) 즉 마테오 리치(Matteo Ricci, 1552~1610)는 16세기 중국 명대(明代)에 그리스도교를 중국에 전한 이탈리아의 예수회 선교사다. 세례명 서파울루스 즉 서광계(徐光啓, 1562~1633)는 명대의 관리로, 20세기 이전 그리스도교로 개종한 중국인 중 가장 영향력이 컸던 인물이다.

이상에서 살폈듯이, '중국'과 '일본' 항목의 서술 내용을 검토하면 몇 가지 특징을 찾을 수 있다. 우선, 당시 동아시아에 대한 스코틀랜드 지식인들의 지식은 예수회(Society of Jesus) 선교사들의 보고서 기록과 네덜란드 상인의 여행기에 의존한 것처럼 보인다. 선교사 보고 기록은 중국에 관해 여러 풍부한 정보와 지식을 수록한 반면, 네덜란드 상인의 일본 여행기는 일종의 기행문이나 인상기의 수준을 벗어나지 못했다. 그에 따라 백과사전에서도 중국에 관해서는 비교적 상세한 내용을 서술했으나, 일본의 경우에는 그렇지 못했던 것 같다.

다음으로, 중국을 바라보는 시선은 상당히 부정적이다. 북방민족의 지배, 관리의 탐학, 민중의 빈곤 등 부정적 인상을 주는 내용이 대부분이며 중국의 오랜 전통과 역사를 존중하는 시선이 보이지 않는다.

이는 물론 백과사전의 '중국' 항목 설명이 선교사 보고기록에 의존했기 때문에 나타나는 불가피한 한계일 수도 있다. 그러면서도 다른 한편으로는, 스코틀랜드 지식인들이 중국이라는 '타자'를 유럽 중심적인 시선으로 바라보았음을 알려준다. 한편, 일본에 대한 인상기는 여러모로 중국보다 호의적으로 기술된다. 어쩌면 이러한 편견이 오늘날 동아시아를 바라보는 유럽인의 시선과 어느 정도 연결되는 것이 아닐까 싶다.

마지막으로, 백과사전은 특히 중국의 역사를 서술하면서 왕조의 교체와 북방 유목민족의 침입이라는 순환적 과정만을 강조할 뿐 그 역사의 진보를 부정하고 있다. 이는 애덤 퍼거슨을 비롯한 스코틀랜드 계몽지식인의 시각을 반영한다. 그들의 눈에 중국은 문명사회 또는 시민사회의 단계에 아직 이르지 못했던 것이다.

인도

인도는 영제국의 역사에서 가장 중요한 의미를 갖는다. 특히 영국이 18세기 중엽 7년전쟁(Seven Years' War, 1756~1763)을 승리로 이끈 이후, 인도아(亞)대륙에서 영국의 지배권에 도전할 만한 나라는 없었다. 영국은 한 세기 이상 무굴제국과 동인도회사를 통한 간접지배 방식을 유지하다가 인도를 합병하기에 이른다. 인도가 영국 근대사에서 중요한 의미가 있지만, 백과사전 초판과 재판의 '인도' 항목은 아주 간략한 편이다. 인도의 지리적 위치, 주변국들을 소개하는 정도다.[19] 17세기 이래 영국인들이 인도를 중시한 점을 고려하면, 인도에 관한

〈런던 리든 거리에 있는 동인도회사 본부(*The East India House in Leaden Street, London*)〉(1817년경). 토머스 호즈머 셰퍼드(Thomas Hosmer Shepherd, 1792~1864)의 작품이다.

서술이 이처럼 간략한 것은 이해하기 어렵다.

백과사전 제3판 '인도' 항목의 서술은 약 40쪽 분량으로 늘어난다.[20] 서술방식은 '중국'이나 '일본' 항목과 매우 다르다. 즉 인도의 역사, 기후와 풍토, 환경, 습속, 문화 등을 전혀 다루지 않는 것이다. 이들 내용은 눈에 띄지 않고, 다만 고대 이래 유럽과 인도의 교류, 좀 더 정확하게 말하면 유럽인의 인도 진출과 지배의 역사만을 다룰 뿐이다. 더욱이 서술 분량의 3분의 2는 7년전쟁 및 그 이후 영국의 인도 지배 과정에 관한 것이다. 백과사전 제3판의 간행년도(1797~1801)를 고려하

---

19) *EB*, 1st ed., vol. 2, p. 838; *EB*, 2nd ed., vol. 5, p. 3887.

20) *EB*, 3rd. ed., vol. 9, pp. 176-215.

면 이 시기에 영국은 다른 유럽국가의 도전을 물리치고 인도에 대한 배타적 지배권을 확립했다. 아마도 '인도' 항목의 필자는 이 과정을 상세하게 정리해 소개하는 일이 무엇보다도 중요하다고 여겼을 것이다.

백과사전 제3판의 '인도' 항목에 따르면, 고대 오리엔트 사람들이 인도에 진출한 기록들은 여러 가지로 불분명하다. 이집트인이나 솔로몬 왕 시대의 유대인들이 인도와 교류했다는 기록은 역사적 사실로 받아들이기가 어렵다. 다만 고대 페니키아의 티루스(Tyrus, 지금의 티레[Tyre])인이 배를 타고 지금의 홍해를 거쳐 인도 서부 해안에 이르렀던 것은 아마 사실이었을 것이다. 그들은 자신의 항해와 교역에 관련된 일지를 남겼으나, 알렉산더 동방원정 당시에 모두 사라져버렸다.[21]

유럽인들이 인도에 좀 더 가까이 접근할 수 있었던 것은 알렉산더 대왕의 동방원정에 의해서였다. 알렉산더의 군대는 인더스 강의 지류까지 이르렀지만 그 지역의 기후, 특히 우기에 관한 어떤 사전 지식도 없었다. 두 달여 계속된 폭우에 견디지 못한 그들은 마침내 회군을 결정했다고 전해진다.[22] 로마가 지중해제국으로 팽창하면서 인도는 다시 서구세계와 관계를 맺는다. 로마가 이집트를 점령한 이후 아라비아반도를 지나 알렉산드리아로 들어온 인도 상품이 로마로 유입되었던 것이다. 로마제국 당시 알렉산드리아, 나일 강, 홍해, 아라비아 해, 인도 서부지역 항구를 연결하는 새로운 무역로가 열린 것도 이 시대 인도 상품에 대한 수요 증가 때문이었다.[23]

로마제국 멸망 이후 유럽 세계에서 인도는 오랫동안 잊힌 존재가

---

21) *EB*, 3rd. ed., vol. 9, p 177.
22) *EB*, 3rd. ed., vol. 9, p 178.
23) *EB*, 3rd. ed., vol. 9, p 181.

되었다. 지중해가 이슬람세계의 내해(內海)가 되면서 동과 서의 교류가 소멸되었고 유럽 문명의 중심이 지중해에서 대륙 내부로 옮겨졌기 때문이다. 그 후 중세 말까지 인도와 인도양은 유럽인들에게 전설 속의 세계로만 잔존했다. 풍요로운 인도에 관한 소문은 아라비아 상인들의 구전과 단편적인 기록들에 의거한 것이다. 14세기 초 중국과 그 주변 세계를 다룬 마르코 폴로의 여행기가 사람들의 관심을 끈 이후, 인도는 전설의 세계에서 현실세계로 다시 등장한다.[24]

인도 및 그 주변 지역의 동방상품이 유럽인들의 삶에 친숙해진 것은 14세기 베네치아 상인들의 활동에 힘입은 것이다. 당시 베네치아 상인들이 취급한 상품 중에서도 정향(clove), 육두(肉荳, nutmeg), 비취, 진주 등이 널리 알려졌다. 상인들은 부피가 작게 나가는 상품은 페르시아 만과 바그다드를 거쳐 동지중해와 베네치아로 이어지는 교역로를, 부피가 큰 상품은 홍해를 경유해 알렉산드리아, 베네치아로 이어지는 항로를 이용했다. 그럼에도 주된 교역로는 전자였다.

> 티루스인, 그리스인, 로마인들은 자신들이 원하는 상품을 뒤쫓아 직접 바다를 건넜다. 그 사례는 근대 유럽의 항해자들이 뒤따르고 있다. 이 두 시기에 인도상품은 금과 은으로 지불했다. 귀금속의 고갈에 따른 불만이 이어졌다. 귀금속은 인도에 가는 대로 무덤에 파묻히고 되돌아오지 않는다는 것이었다. 그러나 베네치아 상인들은 실제로는 이런 소문과 달랐다. 인도와 직접 거래하지 않는 대신, 그들은 〔자신들이—인용자〕 원하는 값비싼 산물로 가득한 이집트와 시리아의 상품저장소에서 〔물품을—인용자〕 공

24) *EB*, 3rd. ed., vol. 9, pp. 184-185.

급받았던 것이다. 그뿐만 아니라 그들은 이들 품목을 화폐보다는 물물교환을 이용해 사들였다.[25]

그러나 베네치아 중심의 이 같은 무역은 오스만제국의 등장으로 어려워졌다. 이른바 대항해시대는 이런 이유로 시작된 것이다. 대항해시대에 인도무역의 획기를 그은 것은 희망봉(Cape of Good Hope)의 발견이다. 그 후 바스쿠 다가마(Vasco da Gama)가 아프리카 남단을 돌아 인도에 이르는 항로를 개척했다. 16세기 전(全) 시기에 걸쳐 인도무역은 포르투갈 상인들이 독점했다. 영국과 프랑스는 국내 사정 때문에 이 무역에 관심을 기울일 여지가 없었다. 에스파냐는 또 다른 이유에서 포르투갈의 동방 무역을 간섭하지 않았다.

에스파냐는 갖가지 식민 활동을 펼쳤지만 신대륙에서 자신들이 발견한 곳과 정복한 땅을 확보하는 데 주력했으며 포르투갈의 동인도무역을 간섭하려고 하지 않았다. 1580년 포르투갈 왕위를 계승한 후에도, 에스파냐는 포르투갈의 경쟁자라기보다는 포르투갈 상인의 동인도 무역에 대한 후원자이자 보호자가 되었다.[26]

17세기에 이르러 포르투갈의 최초 경쟁국은 네덜란드였다. 그리고 곧바로 영국과 프랑스가 동방 무역을 둘러싼 경쟁 대열에 뛰어들었다. 이 시점에서 백과사전 제3판 '인도' 항목의 필자는 18세기 영

---

25) *EB*, 3rd. ed., vol. 9, p 185.
26) *EB*, 3rd. ed., vol. 9, p. 187.

국이 인도 지배권을 장악하는 과정을 애국적인 어조로 서술한다. 18세기 초에 영국은 이미 수라트(Surat), 봄베이(Bombay, 지금의 뭄바이〔Mumbai〕), 다불(Dabul), 마드라스(Madras, 지금의 첸나이〔Chennai〕), 캘커타(Calcutta, 지금의 콜카타〔Kolkata〕) 등 새로운 도시나 기존 도시를 중심으로 지배영역을 확대해나갔다. 인도에서 영국과 프랑스의 경쟁은 점차 격화되었지만, 7년전쟁이 일어난 것은 프랑스인의 술책 때문이었다. 즉 프랑스 동인도회사 관리가 무굴제국의 궁정에 영향력을 행사해 왕위 계승에 개입하였고, 영국이 이를 견제하는 과정에서 충돌이 일어났다는 것이다. 백과사전 필자는 7년전쟁과 그 이후의 경과를 기술하면서 특히 로버트 클라이브(Robert Clive, 1725~1774)의 영웅적인 활약을 소개한다.[27)]

그 내용을 보면, 클라이브는 군복무를 마친 후 동인도회사의 서기로 일했다. 그는 회사 업무에는 별다른 재능을 보여주지 못했지만, 프랑스와 전쟁이 일어났을 때 전투에는 탁월한 지휘 능력을 발휘했다. 1757년 그는 플라시(Plassey)에서 결정적인 승리를 거두었고 토착 제후들을 잘 조종해 프랑스 지원을 받는 세력과 궁정을 격퇴했다. 1765년에는 벵골 지역까지 진출해 승리를 거두었다. 무굴제국 황제 또한 클라이브를 지지했는데, 이는 제국 영역의 확대로 궁정의 재정 수입이 늘어날 것이기 때문이었다. 동인도회사는 "유럽에서 가장 번영을 누렸던 로마제국에 필적할 만한 영토"에 대한 지배권을 장악한 것이다.[28)] 그러나 이 모든 결과에도 불구하고 동인도회사는 기대만큼 부를 축적

---

27) *EB*, 3rd. ed., vol. 9, pp. 188-203.

28) *EB*, 3rd. ed., vol. 9, p. 203.

하지 못했다. 여러 분쟁이 잇달아 영국 정부는 동인도회사에 전적으로 의존하기보다는 무굴제국을 통해 간접적으로 인도를 지배하는 방식을 선호하게 되었다.

앞에서 언급했듯이, 백과사전 제3판의 '인도' 항목은 인도 자체에 관한 정보를 별로 제공하지 않는다. 인도의 역사도, 인도인의 생활과 관습도, 종교와 문화도 소개하지 않는다. 오직 고대에서 18세기에 이르기까지 유럽인의 인도 진출과 지배를 연대순으로 기술하고 있을 뿐이다. 이와 같은 편향된 서술을 어떻게 바라보아야 할 것인가. 아마도 '인도' 항목의 필자는 18세기 후반 인도의 상황 변화에 영향을 받은 것처럼 보인다. 7년전쟁과 그 직후 인도아대륙을 둘러싼 유럽 여러 나라의 각축전은 종국을 맞았다. 영국은 인도 전체를 지배할 수 있는 기틀을 마련했으며, 이제는 굳이 동인도회사를 내세우지 않더라도 무굴제국에 대한 간접지배 방식을 통해 자국의 이익을 극대화할 수 있게 되었다. 이러한 전반적인 사정을 독자에게 상세하게 알려야 한다는 시사적인 필요성 때문에, '인도' 항목의 필자는 백과사전 원래의 의도, 즉 선정 항목에 대한 지식과 정보의 전달을 무시한 것이 아니었을까?

나아가 '인도' 항목의 필자는 영국의 인도 지배를 유럽인의 인도 진출 역사의 중요한 과정이자 완결점으로 바라봄으로써 그 인도 지배의 필연성을 암묵적으로 인정한다. 말하자면, 고대 이래 유럽인들은 동방으로 진출하려는 뚜렷하고도 일관된 경향을 보여왔다. 무수한 민족과 국가들이 제각기 여건에 따라 여러 방식으로 인도로 가는 길을 찾았다. 중세시대에 이슬람 세력의 확대와 함께 그 움직임이 멈춰졌지만, 그것은 중세 후기에 되살아났다. 베네치아, 제노아, 포르투갈,

〈1757년 플라시 전투 후 로버트 클라이브와 미르 자파르(*Robert Clive and Mir Jafar after the Battle of Plassey, 1757*)〉(1760년경). 플라시전투는 1757년 로버트 클라이브가 이끄는 영국군이 인도 북동부 플라시에서 벵골의 나와브(태수) 시라지웃다울라(Siraj-ud-Daulah)의 군대를 물리치고 결정적인 승리를 거둔 싸움이다. 이후 영국에 협조하던 미르 자파르가 벵골의 태수가 되었으나 영국의 허수아비에 지나지 않았다.

네덜란드, 프랑스에 뒤이어 인도 진출의 사명은 영국인의 손에 넘겨졌다는 것이다. '인도' 항목 필자의 애국적 표현에 따르면, 영국인은 그 사명을 완수하였고 이는 오랜 역사 과정의 마침표를 뜻하는 것이었다.

오리엔탈리즘으로의 길

'오리엔탈리스트'란 글자 그대로 아시아의 문화에 관심을 가지고 이에 관한 저술을 남긴 사람들을 가리킨다. 그러나 사이드가 적절하게 지적했듯이, 그들은 텍스트와 언설을 통해 아시아에 대한 그 자신의 해석을 퍼뜨리는 사람들이다. 여기에서 오리엔탈리즘이란 동양과 서양을 구분하는 사고방식을 뜻하게 되며, 동양에 관한 유럽인들의 인식에서 중요한 것은 '사실'이 아니라 '해석'이었다.

스코틀랜드 계몽운동기 문필가들의 저술에서 오리엔트를 직접 상세하게 언급한 경우는 드물다. 애덤 스미스는 중국의 광대한 국토와 많은 인구, 비옥한 농경지를 말하면서도 그 나라가 오랫동안 정체해 있었다고 본다.[29] 애덤 퍼거슨의 경우도 인도나 동아시아 사회가 근대 시민사회 또는 '세련된 사회(polished society)'로 이행의 문턱을 넘지 못했다고 주장한다. 이미 언급했듯이 퍼거슨은 사회 진보의 동력을 갈등에서 찾는다. 아시아 지역이 진보의 경로를 밟지 못한 것은 결국 인간의 야망이 갈등으로 전화하고 그것이 사회 발전을 추진하는 일련의 기제가 제대로 작동하지 못했기 때문이다. 퍼거슨은 그 이유가 무엇인지는 구체적으로 밝히지 않았다.

> 현대 인도에 관한 서술은 고대의 반복이 될 수밖에 없으며, 중국의 현재 상태는 인류 역사상 필적한 만한 시대가 없는 그 찬란한 고대에서 시작되었다. 역대 왕조는 변했지만, 그 상태에 영향을 주는 어떤 혁신도 없었다.[30]

29) Adam Smith, 앞의 책, p 80, 102-103.

퍼거슨은 인도와 중국의 역사에서 변화를 인정하면서도 그 변화가 진보와 다른 것임을 강조한다. 그렇다고 하더라도 인류 역사의 진보를 보편사의 과정으로 이해하려는 퍼거슨의 기본 시각에 미루어보면, 동아시아와 인도는 더 깊은 성찰이 필요한 미완의 주제였을 것이다. 사실, 스코틀랜드 지식인들은 근대 학문과 역사 발전의 단계를 연결시키고자 했다. 대체로 그들은 인류 사회를 진보의 방향으로 변화하는 사회, 변화하지만 순환하는 사회, 변화가 전혀 없는 사회 등 세 유형으로 구분하고 각기 유럽, 오리엔트, 기타 미개민족을 보기로 들었다. 이 경우 각 유형에 해당하는 사회를 관찰하기 위해서는 제각기 다른 학문체계에 바탕을 두어야 할 것이다. 근대 사회과학은 시민사회를, 동양학(Orientalism)은 아시아사회를, 인류학은 미개사회를 관찰할 수 있는 학문체계라 할 수 있다.

다시『브리태니커 백과사전』으로 돌아가기로 하자. 앞에서 살폈듯이, 이 사전의 초기 판본들이 스코틀랜드 계몽운동의 지적 분위기 속에서 편찬되었다고 하더라도, 동양 관련 항목은 다양하지도 상세하지도 않다. 동양에 관한 지적 기반이 무척 약했던 것이다. 따라서 이들 항목의 내용 분석을 통해 동양에 대한 당대 지식인들의 인식을 검토하는 데에는 무리가 뒤따른다. 기껏해야 '중국', '일본', '인도' 항목의 서술을 통해 그 일부만을 짐작할 수 있을 뿐이다.

중국과 일본에 관한 당대의 지식은 선교사나 네덜란드 상인들의 여행기에 크게 의존한 것이다. 두 나라를 각기 문명사회에 이르지 못

30) Adam Ferguson, *An Essay on the History of Civil Society*, ed. Fania Oz-Salzberger(Cambridge: Cambridge University Press, 1995), p 109.

한 상태로 파악하면서도 일본에 대해서는 일종의 신비주의적 인상을 가지고 있고, 상대적으로 중국의 역사를 부정적으로 바라본다. 중국에 관한 보고서가 비교적 더 자세하고 풍부한 내용을 알려주기 때문에 '중국' 항목의 필자들은 그 자료를 활용하여 중국의 역사와 문화에 대해 자의적으로 해석할 수 있었던 것으로 보인다. 이에 비해 일본은 그들에게 아직 미지의 나라였다.

다른 한편, '인도' 항목은 중국이나 일본에 비해서도 자의적인 서술이 더 두드러진다. 그 나라의 역사와 문화에 관한 내용은 전혀 없고 대부분 영국의 인도 진출 과정을 상세하고 기술하고 있을 뿐이다. 사실 인도에 관한 자료는 중국이나 일본에 비해 더 풍부했을 것이다. 그럼에도 영국의 인도 지배과정만 주로 서술한 것은 7년전쟁의 승리와 그에 따른 영국의 인도 지배에 대한 당대 사람들의 열광을 반영한 것일 수도 있다. 18세기 말에 이르면 영제국의 번영은 스코틀랜드 지식인들에게도 다른 그 무엇보다 현실적인 문제로 자리 잡았던 것이다.

다시 말하지만, 스코틀랜드 계몽운동의 중심지는 에든버러, 글래스고, 세인트앤드루스 같은 대학들이었다. 대학교육을 받은 스코틀랜드 젊은이들은 영제국의 팽창기에 해외로 나가 제국에 기여하는 기회를 자주 가질 수 있었다. 그들은 식민지 관료, 군인, 회사 직원, 자본투자자 등 여러 분야로 종사할 수 있었는데, 이는 그들이 스코틀랜드 대학에서 배우고 닦은 교양과 실용적인 지식에 힘입은 것이었다. 19세기 초까지만 하더라도 옥스퍼드와 케임브리지 등 잉글랜드 대학들이 젠틀먼 교육이라는 좁은 틀 안에 갇혀 있을 때 스코틀랜드 대학들은 새로운 학문과 지식을 쌓고 교육하는 좀 더 활력 있는 고등교육기관으로 발전했던 것이다.

실제로, 18세기 후반 옥스퍼드와 케임브리지 대학은 그 오랜 명성과는 달리 교육의 효율성 면에서 스코틀랜드의 에든버러나 글래스고 대학에 비해 뒤떨어져 있었다. 잉글랜드 대학들에서 교육의 내실화와 효율성을 높이기 위한 개혁은 19세기 전반에 이르러서야 이루어지기 시작했다. 케임브리지대학에서 모든 졸업예정자에게 수학졸업시험(Mathematics Tripos)을 부과한 이래 1830년대에 옥스퍼드와 케임브리지 두 대학 모두 고전과 수학졸업시험을 합격해야 졸업할 수 있게 되었다. 이 무렵에 들어서야 이들 대학은 비로소 스코틀랜드 대학과 거리를 좁힌 것처럼 보인다.

18세기 말 영국의 인도 지배가 본격적으로 가속되기 시작했을 때, 인도의 역사와 문화에 관해 방대한 저술을 남긴, 이른바 '인도 오리엔탈리스트'들이 있었다. 토머스 먼로(Thomas Munro, 1761~1827), 존 맬컴(John Malcolm, 1769~1833), 몬스튜어트 엘핀스톤(Mountstuart Elphinstone, 1779~1859) 등이다.[31] 이들은 스코틀랜드 출신으로 각기 에든버러대학과 에버딘대학을 졸업한 후에 인도로 떠났다. 예를 들어, 먼로는 동인도회사 군 장교로 복무하다가 마드라스 총독이 되었고, 맬컴은 봄베이 총독의 지위까지 올랐다. 영제국과 더불어 출세가도를 달린 전형적인 스코틀랜드인이라 할 수 있다. 이들은 다 같이 인도 역사와 문화를 다룬 저술을 남겼다.[32] 이들은 당시 인도가 스스로

31) 이들에 관해서는 다음을 볼 것. Maria McLaren, "From Analysis to Prescription: Scottish Concepts of Asian Despotism in Early Nineteenth-Century British India," *International History Review*, vol. 15, no. 3(1993), pp. 441-460.

32) John Malcolm, *The Political history of India*(London, 1815); M. Elphinstone, *The History of India*(London, 1841).

발전의 길로 나아갈 수 없다고 보는 편견을 비판하면서, 현재 진보하지 못한 상태에 있지만 적절한 교육과 기회가 주어진다면 인도 또한 서구의 경로를 따라 발전할 수 있으리라는 믿음을 가졌다.

비록 인도에 국한된 견해지만, 어쨌든 잠정적인 '진보의 부재'라는 이 이중적 인식은 애덤 퍼거슨을 비롯한 스코틀랜드 계몽지식인들이 동양을 바라보는 이중적 태도와 직접 연결된다. 퍼거슨은 인간본성의 보편성을 강조하면서도 그 보편사의 전개과정에서 아시아의 지체를 인정한다. 맬컴이나 엘핀스톤 같은 오리엔탈리스트들이 스코틀랜드 계몽운동의 연장선에 있었던 것은 분명한 것처럼 보인다. 이러한 이중적 시각, 즉 진보의 부재와 진보의 가능성이야말로 영제국의 인도 지배를 합리화하는 데 한몫했을 것이다.

10

지적 전통의 마지막 세대

18세기 후반 에든버러를 중심으로 하는 스코틀랜드 계몽운동과 문화운동은 민족감정에 기반을 두고 전개되었다. 여기에서 민족감정은 조심스럽게 접근해야 한다. 18세기 중엽 계몽운동을 주도했던 윌리엄 로버트슨, 애덤 퍼거슨, 존 흄, 알렉산더 칼라일 등은 1745년 재커바이트 봉기에 맞서 에든버러를 수비하려는 시민군에 합류했다. 데이비드 흄은 스코틀랜드의 잉글랜드화를 공공연히 칭송했을 뿐만 아니라, 자기 이름의 철자를 영어식 발음에 맞게 고쳤다('Home'에서 'Hume'으로). 겉으로 보면, 민족감정 또는 민족의식은 계몽운동과 깊은 관련이 없는 것처럼 보인다. 그러나 일단 잉글랜드화를 받아들인다고 하더라도, 스코틀랜드의 지적 자산과 문화를 통해 잉글랜드 문화를 갱신하겠다는 강한 자의식이 이들의 내면에 깃들어 있었다.

반세기가 지난 후, 스코틀랜드 계몽운동은 브리튼문화의 주류에 편입된다. 이 과정에서 스코틀랜드 민족감정에 바탕을 둔 자의식은 점차 약해졌다. 월터 스콧, 프랜시스 제프리, 프랜시스 호너 등이 에든버러 지식인운동의 주역으로 활동하던 시기에 이전 세대의 문필가들이 보여주었던 창조성은 눈에 띄지 않게 되었다. 이는 바로 이전 세대가 지녔던 자의식의 약화를 반영한다. 민족감정의 뒷받침이 없다면, 에든버러는 인적·물적 조건에서 런던의 경쟁자가 될 수 없었다. 19세기에 들어와 이런 현상은 더 두드러졌다.

젊은 세대의 문필가들

18세기 말에 이르면, 스코틀랜드 계몽운동을 주도했던 문필가들은 사거하거나 또는 문필 활동을 중지했다. 19세기 브리튼 문화에 중요한 족적을 남긴 토머스 칼라일, 월터 스콧, 프랜시스 제프리, 헨리 브루엄 등은 모두 1790년대에 사변협회(Speculative Society)를 주도한 젊은이들이었다. 이들과 한 세대 선배 간의 가교 역할은 듀갈드 스튜어트가 맡았다. 1778년 퍼거슨이 아메리카 식민지 고등판무관(high commissioner) 비서로 지명되자, 듀갈트가 그의 후임으로 에든버러대학 도덕철학 교수에 취임해 25년간 강의를 맡았기 때문이다. 18세기 말 에든버러 지식인사회를 이끌었던 새로운 세대의 인물들을 살펴보자.

우선 듀갈드 스튜어트(Dugald Stewart, 1753~1828)가 있다. 에든버러 출신으로 부친 매슈 스튜어트(Matthew Stewart) 역시 에든버러대학 수학 교수를 지냈다. 그는 에든버러대학에서 수학과 도덕철학을 공부하고 특히 퍼거슨에게 사사했다. 1771년 영국국교회를 연구하기 위해 옥스퍼드에 머물렀으며 그 후 글래스고대학에서 존 리드의 강의를 청강하기도 했다. 에든버러에 돌아온 이후에는 1775~1778년 사이에 부친과 함께 수학 협동강의를 진행했고 그 후 퍼거슨을 대신해 도덕철학 강의를 맡았다. 스튜어트의 높은 평판 때문에 당시 에든버러는 지적·도덕적 영향력의 중심지가 되었다. 스튜어트의 강의는 매우 인기가 있었는데, 그는 강의에서 스미스, 데이비드 흄, 퍼거슨 등 이전 세대 문필가들의 사상과 저술을 요약해 소개하는 데 노력했다. 그의 명성을 듣고 아메리카와 유럽에서 많은 젊은이들이 에든버러로 몰려들었다.

제임스 매킨토시(James Mackintosh, 1765~1832)는 고지대 출신으로 에버딘대학을 거쳐 1780년대 에든버러대학에서 의학을 공부했다. 이 시기에 사변협회 활동을 주도하면서 의학 이외에 여러 학문 분야에 지적 관심을 가졌다. 한동안 침체에 빠졌던 에든버러 사변협회가 1780년대에 활력을 되찾은 것은 거의 매킨토시의 헌신적인 노력에 힘입은 것이었다. 그러나 대학 졸업 후 그는 에든버러 지식인사회에서 모습을 감추었다. 런던으로 이주해 새로운 삶을 모색했기 때문이다. 하원의원을 거쳐 1818~1824년 간은 동인도회사 부설대학인 헤일리베리칼리지에서 법학과 정치학을 가르쳤다.[1)]

월터 스콧(Walter Scott, 1771~1832)은 에든버러에서 중등학교를 거쳐 문법학교를 다녔으나, 곧바로 부친 밑에서 법률 관련 업무를 배웠다. 그 후 문학에 전념했으며 1790년대에는 사변협회에서 활발하게 활동했다. 처음에 스코틀랜드 전통 민요를 채록해 출판했으며 1745년

---

1) 이 학교의 정식 명칭은 East India Company's College at Haileybury다. 후일 매킨토시는 역사 연구에 탐닉해 전 3권에 이르는 『영국혁명사(*History of the Revolution in England*)』(1830~1832)를 썼다.

WAVERLEY;

OR,

'TIS SIXTY YEARS SINCE.

IN THREE VOLUMES.

Under which King, Bezonian? speak, or die!
Henry IV. Part II.

VOL. I.

EDINBURGH:
Printed by James Ballantyne and Co.
FOR ARCHIBALD CONSTABLE AND CO. EDINBURGH; AND
LONGMAN, HURST, REES, ORME, AND BROWN,
LONDON.

1814.

『웨이벌리(*Waverley*)』 초판(1814) 속표지. 역사소설의 창시자이자 가장 위대한 역사소설가로 꼽히는 월터 스콧 경의 작품이다. 스콧 경은 『웨이벌리』에 뒤이어 오늘날 '웨이벌리' 소설로 알려진, 스코틀랜드를 배경으로 한 역사소설 시리즈를 발표했다

재커바이트 봉기를 다룬 소설 『웨이벌리(*Waverley*)』(1814)를 발표해 이름을 떨쳤다. 이 소설에서 그는 이제 사라진 고지대 사람들의 삶과 정신세계를 새롭게 재현해 감동을 주었다. 이후 역사적 격동기를 배경으로 하는 일련의 역사소설을 발표해 19세기에 영국은 물론 서구세계에서 가장 인기 있는 작가의 한 사람으로 떠올랐다.

프랜시스 제프리(Francis Jeffrey, 1773~1850)는 에든버러 왕립중학교에서 수학하고 글래스고대학, 옥스퍼드대학을 거쳐 에든버러대학에서 법학을 공부했다. 1790년대 사변협회에서 스콧, 호너, 헨리 브루엄 등과 교제를 나눴으며 평론지 《에든버러 리뷰》를 창간해 오랫동안 주간을 맡았다. 철학, 정치, 문학 등 다양한 분야의 평론과 논설을 썼다.

계몽운동기 마지막 세대의 대표적인 지식인이라 할 수 있다.

헨리 브루엄(Henry Brougham, 1778~1868)은 제프리와 비슷한 시기에 에든버러 왕립중학교와 에든버러대학을 다녔다. 대학에서 자연과학과 수학에 흥미를 가졌지만, 결국 법학을 공부한 후 한동안 변호사로 활동했다. 젊은 시절 빛과 색의 본질에 관한 논문을 에든버러 왕립협회에서 발표할 만큼 다재다능한 면모를 보였다. 《에든버러 리뷰》 초기 편집진으로 활동하면서 과학, 정치, 식민정책, 문학, 시, 수학, 예술에 이르기까지 다수 평론을 발표했다. 《에든버러 리뷰》의 성공으로 브루엄은 전국적인 저명인사가 되었고 후일 런던으로 진출해 하원의원으로 활동한다.

프랜시스 호너(Frnacis Horner, 1778~1817)는 부유한 상인가문 출신으로 에든버러대학에서 법학을 공부했다. 1790년대 후반 에든버러대학 재학 시절에 사변협회 활동에 참여하고 물리학회의 주요 회원이기도 했다. 전문 법조인의 길을 걸으면서도 정치·사회 문제에 관한 평론을 자주 발표했으며 1810년대에는 곡물법논쟁과 노예제논쟁에 참여하기도 했다.

토머스 브라운(Thomas Brown, 1778~1820)은 교구목사를 지낸 부친을 따라 유년 시절을 런던에서 보냈다. 1792년 에든버러대학에 입학해 듀갈드 스튜어트의 도덕철학 강의를 들었으며, 그 후 의학을 공부했다. 《에든버러 리뷰》의 초기 편집동인으로 참여해 다양한 평론을 기고했다. 1806년 이래 개업의를 하면서 의사로서 성공을 거두었지만 관심은 여전히 철학과 문학에 있었다. 그는 에든버러대학 교수직에 두 차례 응모한 적이 있었고, 1808년 스튜어트가 건강이 악화되었을 때 강의 보조자로 초빙받아 도덕철학 강의를 맡았으며 스튜어트의 학문 연구를 도왔다. 이듬해부터 공식적으로 스튜어트의 동료 교수로 임명되어 도덕철학 강의를 맡았다. 브라운의 강의는 수준이 높았고 해박한 지식과 현란한 수사로 학생들의 인기를 끌었다. 그는 다른 한편, 여러 시편을 발표해 시인으로서도 이름을 얻었다.

이 밖에도 젊은 시절 에든버러에서 지적 세례를 받고 문필가로 활동한 인물은 무수하게 많다. 이들 모두가 스코틀랜드 계몽운동의 마지막 세대라고 할 수 있다. 주로 1780~1790년대에 에든버러대학에서 공부한 이력을 공유한다. 특이한 것은 전 세대의 인물들과 달리 이들은 젊은 시절을 에든버러에서 보낸 후, 기회가 닿으면 잉글랜드, 대부분 런던으로 진출했다는 점이다. 이들 가운데 제프리와 스콧만이 스코틀랜드를 떠나지 않았다. 이러한 상황은 에든버러의 지적 잠재력의 쇠퇴를 단적으로 보여준다.

《에든버러 리뷰》와 잡지의 시대

《에든버러 리뷰(*Edinburgh Review*)》 간행은 스코틀랜드 계몽운동의 직접적인 산물이다. 1802년부터 에든버러에서 발행된 이 잡지는 당시 에든버러 지식인들의 지적 수준을 보여준다는 평가를 받았으며 19세기 영국 사회에 커다란 영향을 미쳤다. 《에든버러 리뷰》는 서평을 중심으로 하는 본격적인 평론지였다. 편집인들은 영국에서 출판된 여러 학문분야의 저술들에 대한 심층적인 분석과 비평을 시도함으로써, 스코틀랜드를 넘어 브리튼 문화의 르네상스를 가져오기를 기대했다. 초기 편집진에는 제프리 스미스(Jeffrey Smith)[2], 프랜시스 제프리, 브루엄, 호너 등이 참여해 활동했는데, 앞에서 언급한 대로 스미스를 제외한 다른 동인들은 모두 1790년대에 사변협회에서 활동한 인물들이었다.

여기에서 《에든버러 리뷰》가 19세기 영국 정기간행물의 새로운 지평을 열었다는 평판을 얻은 까닭은 무엇인가. 이 평론지 창간 이전에도 영국에는 서평 위주의 정기간행물이 여러 종 있었다.[3] 이들 정기간행물은 대체로 80쪽 분량의 반년간지였다. 지면의 대부분은 신간 문헌에 대한 간략한 서평이나 촌평으로 채워졌으며, 판매가격은 1실링 정도였다.[4] 필자 이름은 밝히지 않는 것이 관행이었다. 신간 소개에 주안점을 두는 정기간행물의 증가는 이 시기 출판문화의 발전을 반영한다. 기존 정기간행물은 주로 '문헌사(history of literature)'를 표방했다. 이는 출판된 문헌을 대부분 소개한다는 취지를 나타낸다. 예를 들어 《영국 비평(*British Critic*)》지는 창간호 서문에서 이러한 입장을 분명하게 드러낸다. 편집자는 "영국에서 출판된 문헌에 관한 일종의 역사서술"을 지향하고 "영국 문헌의 현황"을 간략하게 소개하는 데 주력할

---

2) 스미스(1771~1845)는 에식스 출신으로 윈체스터를 거쳐 옥스퍼드에서 공부했다. 영국국교회 목사로 봉직했으며, 19세기 초 에든버러에서 사역할 때 그곳 지식인들과 함께 《에든버러 리뷰》를 창간하여 초대 편집주간을 맡았다.

3) 1749년 *Monthly Review*, 1756년 *Critical Review*, 1782년 *The English Review*, 1788년 *Analytical Review*, 1793년 *British Critic*이 창간되었다. 이 밖에 1790년대에 프랑스혁명의 충격으로 반급진파 성향을 표방하는 *Anti-Jacobin*, *Weekly Examiner*, *Anti-Jacobin Review and Magazine* 등이 나타났다.

4) 이 시기 정기간행물 실태는 Anton Kirchhofer, "Revolutionizing the Review? British Periodical Genres of the 1790s and the Edinburgh Review" in Broich et al., eds., *Reactions to Revolutions: The 1790s and Their After*(Berlin: Lit, 2007), p. 179 참조.

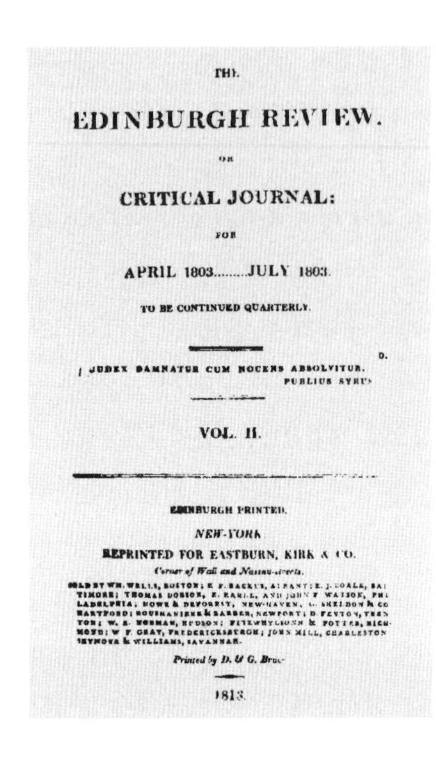

THE

EDINBURGH REVIEW.

OR

CRITICAL JOURNAL:

FOR

APRIL 1803........JULY 1803.

TO BE CONTINUED QUARTERLY.

JUDEX DAMNATUR CUM NOCENS ABSOLVITUR.
PUBLIUS SYRUS.

VOL. II.

EDINBURGH PRINTED.

NEW-YORK

REPRINTED FOR EASTBURN, KIRK & CO.

Corner of Wall and Nassau-streets.

SOLD BY WM. WELLS, BOSTON; E. F. BACKUS, ALBANY; E. J. COALE, BALTIMORE; THOMAS DOBSON, E. EARLE, AND JOHN F. WATSON, PHILADELPHIA; HOWE & DEFORREST, NEW-HAVEN, G. SHELDON & CO HARTFORD; ROUSMANIERE & BARBER, NEWPORT; D. FENTON, TRENTON; W. E. NORMAN, HUDSON; FITZWHYLSONN & POTTER, RICHMOND; W. F. GRAY, FREDERICKSBURGH; JOHN MILL, CHARLESTON; SEYMOUR & WILLIAMS, SAVANNAH.

Printed by D. & G. Bruce

1813.

《에든버러 리뷰》 속표지(1803년 4월).
새뮤얼 콜리지가 "정기간행물의 비평에 신기원을 이룩했다"라고 평한 스코틀랜드의 잡지로, 토리당이 지배하는 도시에서 자유주의적 견해를 표명할 창구로 기획되었다.
'크리티컬 저널(The Critical Journal)'이라고도 한다.

것임을 밝히고 있다. 여기에서 문헌(literature)이란 "신학, 역사, 전기, 옛것, 여행, 지리지, 정치, 법, 시, 영국 고전, 고전 번역, 수학, 의학, 화학, 자연사, 식물학 및 기타 잡다한 주제"를 다룬 서적을 의미했다.[5]

《에든버러 리뷰》는 기고자를 익명으로 하는 관행을 지키면서도 계간으로 잡지를 발행했다. 한 해에 두 권(volume)씩, 각 권에 두 호를 펴냈다. 비평문도 일반적으로 긴 편이어서 잡지 면수도 기존 정기간행물보다 많은 280면 정도였다. 판매가격도 6실링으로 매겼다. 면수

---

5) *British Critic*, vol. 1(1793), pp. xii-xiii; Kirchhofer, "Revolutionizing the Review?," p. 184에서 재인용.

를 고려하더라도 기존 간행물에 비해 두 배나 비쌌던 것이다.[6] 《에든버러 리뷰》 편집인들은 기존 서평지처럼 출간된 문헌을 대부분 망라해 소개하는 방식을 따르지 않았다. 그들은 신간 서적을 선별하려고 노력했는데, 그 기준은 책이 얼마나 식자층의 관심을 끌며 토론 대상이 되는가였다. 이미 독자들의 주목을 받은 서적을 골라 상세하게 검토한 비평문을 수록한 것이다. 여기에는 서평을 통해 독자층의 토론을 더 자극하고 이에 개입하려는 의도가 들어 있다. 신간서적이 아니더라도 독자들의 흥미와 관심을 자아낸 서적을 오히려 더 선호했다.[7]

새로운 평론지 간행은 우연한 기회에 이루어졌다. 1801년 에든버러에서 영국국교회 사역을 맡은 제프리 스미스는 프랜시스 제프리, 프랜시스 호너, 헨리 브루엄, 토머스 브라운 등 에든버러의 젊은 지식인들을 만난 자리에서 새로운 평론지 발간을 제안했다. 이들 모두가 스코틀랜드 계몽운동의 지적 세례를 받은 마지막 세대에 속했다. 이들은 곧바로 의기투합해 1801년 겨울에 서평지 발간 작업에 착수했다. 각기 전문분야나 관심사가 다양해서 준비작업도 순조롭게 이루어질 수 있었다. 이를테면, 브라운은 철학, 호너는 정치경제학, 브루엄은 수학과 식민지 문제, 그리고 제프리는 모든 지적 분야에 관해 일가견이 있었다.[8]

《에든버러 리뷰》의 초대 편집주간은 평론지 창간을 처음 제안했던

6) Anton Kirchhofer, 같은 글, p. 180.

7) 같은 글, p. 184.

8) Philip Flynn, "Francis Jeffrey and the Scottish Critical Tradition," in *British Romanticism and the Edinburgh Review*, eds., M. Demata and D. Wu(Basingstoke: Palgrave, 2002), p. 16.

제프리 스미스가 맡았다. 그러나 이듬해 임지를 옮겼기 때문에 그를 대신해 프랜시스 제프리가 오랫동안 《에든버러 리뷰》 편집을 맡았다. 그는 1803~1829년 간 편집주간을 맡았으며, 잡지는 제98호까지 그의 책임 아래 발간되었다. 《에든버러 리뷰》 초기 간행본 목차를 훑어보면 제프리가 기고한 서평과 논설은 200편에 이른다. 그의 관심사는 문학, 전통, 역사, 정치에 이르기까지 다방면에 걸쳐 있었다. 제프리 없는 《에든버러 리뷰》는 상상할 수조차 없었다. 실제로 1810년대 초에 편집동인 브루엄, 브라운, 호너 등이 에든버러를 떠난 후에도 제프리는 오랫동안 그곳에 머물면서 평론지를 떠맡았다. 그는 특히 스코틀랜드 지식인이 쓴 신간서적의 서평과 소개에 각별한 관심을 기울였다.

《에든버러 리뷰》 간행 초기에는 재정 상태가 넉넉지 않아서 이들 편집동인의 비평과 논설이 주류를 이루었다. 예를 들어 1802년 10월과 이듬해 1월에 출판한 제1권 1호 및 2호를 보면, 수록된 비평과 논설은 총 52편이었다. 이 가운데 이들 편집동인이 집필한 원고가 제프리 9편, 브루엄 9편, 스미스 8편, 호너 5편, 브라운 3편 등 34편에 이른다.[9] 이들에 뒤이어 경제학자 제임스 밀(James Mill)과 존 머컬러크(John R. MuCulloch)[10]가 경제평론을 자주 기고하면서 이 평론지는 자

9) 이 잡지의 비평과 논설은 모두 익명으로 게재되었지만, W. E. Houghton, ed., *The Wellesley Index to Victorian Periodicals*(Toronto: University of Toronto Press, 1966-1979), vol. 1, pp. 430-431에서 필자를 확인했음을 밝힌다. 이 책은 19세기 영국의 대표적인 정기간행물 50종의 논설목록 색인이다. 편자인 호턴은 당대의 사료를 검토해 기고문의 필자를 확인하는 어려운 작업을 거쳐 이 자료집을 발간했다.

10) 머컬러크(1789~1864)는 에든버러대학에서 수학했으며 리카도학파 경제학자로 널리 알려졌다. 런던 유니버시티칼리지 정치경제학 교수를 지냈다.

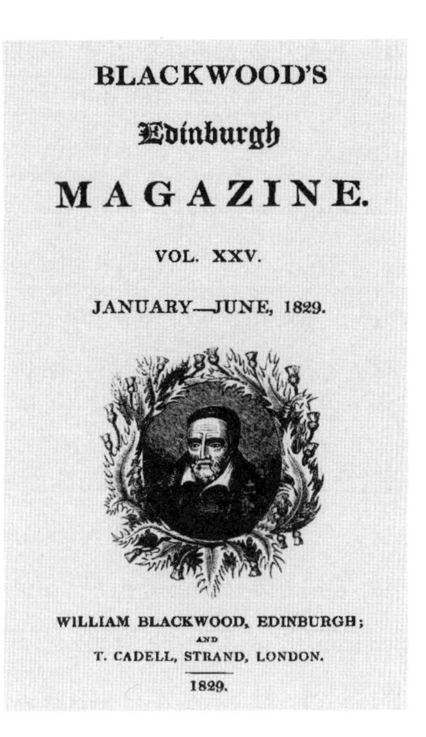

BLACKWOOD'S

Edinburgh

MAGAZINE.

VOL. XXV.

JANUARY—JUNE, 1829.

WILLIAM BLACKWOOD, EDINBURGH;

AND

T. CADELL, STRAND, LONDON.

1829.

《블랙우즈 매거진》 속표지(1829년). 1817년에 〈에든버러 먼슬리 매거진(*Edinburgh Monthly Magazine*)〉으로 창간되었으나, 뒤에 〈블랙우즈 에든버러 매거진(*Blackwood's Edinburgh Magazine*)〉으로 제호가 바뀌었고, 1905년부터는 〈블랙우즈 매거진〉으로 불렸다

유방임주의 경제학의 본거지로 널리 알려지게 되었다. 19세기 평론지의 시대를 개척한 《에든버러 리뷰》 간행은 스코틀랜드 계몽운동, 그 지적 전통의 마지막 세대와 밀접하게 관련되어 있었던 것이다.

에든버러가 19세기 평론지의 탄생지로 성가를 올린 것은 《에든버러 리뷰》뿐 아니라 또 다른 평판 높은 잡지 《블랙우즈 매거진(*Blackwood's Magazine*)》이 이곳에서 발행되었기 때문이다. 이 잡지의 편집인은 존 윌슨(John Wilson, 1875~1854)이었다. 1817년부터 간행된 《블랙우즈 매거진》은 에든버러의 문화적 전통을 소중히 여긴 한 시민의 이름에서 따온 것이다. 발행인인 윌리엄 블랙우드(William Blackwood, 1776~1834)는 헌책과 고서적 거래로 부를 축적한 사람이었다. 이 잡

지는 19세기와 20세기에 걸쳐 영국의 대표적인 종합지로 성장했다. 《블랙우즈 매거진》의 창간 또한 스코틀랜드 계몽운동의 영향력을 알려준다.

에든버러 지식인들의 평론지 발행은 런던의 식자층에게도 커다란 자극을 주었다. 《에든버러 리뷰》의 영향력 증대를 우려한 토리파(Tories) 정치인들 또한 보수적인 문필가들을 중심으로 1809년 《계간평론(*Quarterly Review*)》을 창간했다. 이 평론지 창간에 정치적 의도가 들어 있었다는 것은, 토리파 정치인 조지 캐닝(George Canning)이 윌리엄 기퍼드(William Gifford)를 편집주간으로 강력히 추천한 데서도 알 수 있다. 19세기 전반 이 평론지의 주요 기고자들은 보수적 성향의 문필가와 시인들이었다.[11] 이어서 1824년 제러미 벤담(Jeremy Bentham, 1748~1832)과 제임스 밀이 지식인 독자층을 겨냥해 새로운 계간지 《웨스트민스터 리뷰(*Westminster Review*)》를 내놓았다. 이 평론지는 처음부터 자유주의적 편집 방향을 설정했으며, 같은 세기 중엽에는 존 틴들(John Tyndall), 허버트 스펜서(Herbert Spencer, 1826~1877) 토머스 헉슬리(Thomas Huxley) 등 저명한 과학지식인들이 진화론을 비롯해 새로운 과학과 사회이론을 설파함으로써 당대 여론에 커다란 영향을 미쳤다. 이 밖에 1855년 은행가로서 예리한 정치평론으로 유명했던 월터 배젓(Walter Bagehot, 1826~1877)은 보수 성향의 《국민평론(*National Reveiw*)》을 창간했다.[12]

1870년대에는 《당대평론(*Contemporary Review*)》과 《19세기(*The*

11) 기퍼드 자신이 유명한 시인이자 비평가였고, 초기 주요 기고자들도 시인 로버트 사우디(Robert Southey, 1774~1843), 소설가 월터 스콧(Walter Scott, 1771~1832), 수필가 찰스 램(Charles Lamb, 1775~1834) 등이었다.

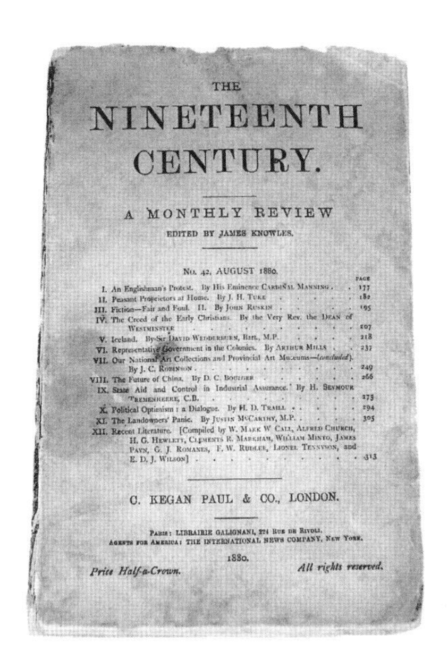
THE

NINETEENTH CENTURY.

A MONTHLY REVIEW

EDITED BY JAMES KNOWLES.

No. 42, AUGUST 1880.

		PAGE
I.	An Englishman's Protest. By His Eminence CARDINAL MANNING	177
II.	Peasant Proprietors at Home. By J. H. TUKE	182
III.	Fiction—Fair and Foul. II. By JOHN RUSKIN	195
IV.	The Creed of the Early Christians. By the Very Rev. the DEAN of WESTMINSTER	207
V.	Iceland. By Sir DAVID WEDDERBURN, Bart., M.P.	218
VI.	Representative Government in the Colonies. By ARTHUR MILLS	237
VII.	Our National Art Collections and Provincial Art Museums—(concluded). By J. C. ROBINSON	249
VIII.	The Future of China. By D. C. BOULGER	266
IX.	State Aid and Control in Industrial Assurance. By H. SEYMOUR TREMENHEERE, C.B.	275
X.	Political Optimism: a Dialogue. By H. D. TRAILL	294
XI.	The Landowners' Panic. By JUSTIN MCCARTHY, M.P.	305
XII.	Recent Literature. [Compiled by W. MARK W CALL, ALFRED CHURCH, H. G. HEWLETT, CLEMENTS R. MARKHAM, WILLIAM MINTO, JAMES PAYN, G. J. ROMANES, F. W. RUDLER, LIONEL TENNYSON, and E. D. J. WILSON]	313

C. KEGAN PAUL & CO., LONDON.

PARIS: LIBRAIRIE GALIGNANI, 224 RUE DE RIVOLI.
AGENTS FOR AMERICA: THE INTERNATIONAL NEWS COMPANY, NEW YORK.

1880.

Price Half-a-Crown. *All rights reserved.*

《19세기》 속표지(1880년 8월).
잡지를 발간한 제임스 놀스는 빅토리아
시대의 대표적 시인 앨프리드 테니슨
(Alfred Tennyson, 1809~1892)의
집을 설계한 건축가이기도 했다.

Nineteenth Century)》 같은 새로운 평론지가 모습을 나타냈다. 1866년 알렉산더 스트라한(Alexander Strahan)이 창간한 《당대평론》은 지나친 세속적 경향을 우려해 종교문제에 더 적극적인 관심을 기울였다. 그러면서도 당대에 가장 논쟁적인 주제들을 다룬 논설을 집중 게재 한다는 편집방침을 정함으로써 독자들의 관심을 끌었다. 특히 1870~1877년 사이에 편집을 맡은 제임스 놀스(James Knowles, 1831~1908)의 헌신적 활동으로 가장 널리 구독되는 평론지로 떠올랐다. 한편, 《19세기》는 바로 놀스가 1877년 새롭게 발간한 지식인잡지이다. 그는 시사적 문제를 주로 다루면서도 과학과 종교, 또는 둘 사이의 관계를

12) 배젓(1826~1877)은 유니버시티칼리지에서 수학한 후, 가업인 조선업 및 은행업에 종사했다. 일찍부터 문필가로 널리 이름을 알렸으며, 《이코노미스트(*The Economist*)》 편집주간을 역임하기도 했다.

탐색하는 논설들을 자주 게재함으로써 새로운 지식을 원하는 독자들의 흥미를 유발했다. 이 잡지는 1870~1880년대에는 가장 영향력 있는 평론지로 성가를 높였다.

지금까지 살폈듯이, 《에든버러 리뷰》는 19세기를 잡지의 시대로 자리매김하는 데서 선도적 역할을 맡았다. 평론지에 대한 식자층의 인식도 갈수록 새로워졌으며 저명한 학자는 물론, 정치가와 성직자 그리고 재능 있는 문필가들이 다투어 평론지에 글을 썼다. 주로 중간계급을 중심으로 하는 다수의 독자가 이들의 글을 통해 새로운 지식을 얻거나 공공 여론을 형성했다. 생활에 여유가 있는 인사들의 집 서재에는 평론지가 한두 종 이상 가지런히 꽂혀 있었다. 19세기는 글자 그대로 '잡지의 시대'였다. 스코틀랜드 계몽운동의 유산이 잡지의 시대까지 이어진 것이다.

월터 스콧과 프랜시스 제프리

19세기 초에 스코틀랜드인들은 스코틀랜드 정체성을 넘어 '브리튼적인 것(Britishness)'에 대체로 익숙해진 것 같다. 이는 잉글랜드와 스코틀랜드를 넘어서는 융합을 의미하는가? 1800년 당시 잉글랜드와 스코틀랜드의 인구는 각기 850만 명과 150만 명이었다. 이는 두 나라가 결코 대등한 통합을 이룰 수 없었음을 나타낸다. 합병은 실제로 잉글랜드화를 의미했던 것이다. 스코틀랜드 계몽운동은 합병이라는 정치상황 아래서 새로운 브리튼문화의 형성에 주도적으로 참여함으로써 민족감정을 승화시키려는 지식인들의 열망과 관련된다. 그러나

19세기에 들어와 젊은 세대의 스코틀랜드 지식인 중에는 오직 소수만이 그런 열망을 이어받았다. 대부분은 잉글랜드화를 당연하게 받아들였고, 그런 상황에서 개인의 삶의 문제를 해결해나가는 데 더 관심을 기울였다. 월터 스콧과 프랜시스 제프리는 브리튼문화에 스코틀랜드적인 것이 어떻게 기여할 수 있는가를 성찰한 소수 지식인이었다. 그들은 우선 생애 대부분을 스코틀랜드에서 보냈다. 그러면서도 지속적인 문필 활동을 통해 스코틀랜드 경계를 넘어 높은 평판을 얻었다.

스콧이 처음 발표한 소설은 『웨이벌리』(1814)다. 이후 그는 스코틀랜드를 배경으로 하는 일련의 역사소설을 발표했는데, 흔히 '웨이벌리' 연작소설로 알려져 있다.[13] 그는 스코틀랜드와 잉글랜드의 합병 이후 상업의 발전과 번영을 인정하면서도, 다른 한편으로는 스코틀랜드인들이 민족감정과 고유의 전통을 점차 잃어버리는 것을 두려워했다. 스콧이 '웨이벌리' 연작소설에서 되풀이해서 말해주고 있는 것은, 재커바이트들이 재현한 전(前)시대의 영웅적인 전통과 삶이 근대사회에서는 더 이상 설 자리가 없다는 사실이었다. 그는 영웅적인 전사(戰士)보다는 자신의 일상을 살아가는 평범한 스코틀랜드 사람들을 전면에 내세운다. 그들은 영웅적인 과거를 잘 알지 못하고, 정서적으로 영웅들의 삶에 끌리지도 않는다. 단지 자신의 생업에만 열중하는 평범한 변호사, 농민, 상인들이다. 스콧은 스코틀랜드의 과거에 낭만적 애착을 가졌으면서도, 조국의 미래가 상업적 성공에 달렸음을 깨달았던

13) 「가이 매너링(*Guy Mannering*)」(1815), 「골동품 수집가(*The Antiquary*)」(1816), 「검은 난쟁이(*The Black Dwarf*)」(1816), 「옛사람들(*Old Mortality*)」(1816). 이 밖에 「아이반호(*Ivanhoe*)」(1819)와 *Quentin Durward*(1823)가 당대 독자들의 인기를 끌었다.

스콧 기념 조각상(에든버러). 프린세스스트리트(Princes Street)에 있으며, 스코틀랜드 출신의 조각가 존 스틸(John Steell, 1804~1891)의 작품이다.

것이다. 그는 문명과 상업사회를 반기면서도, 새로운 사회에 걸맞지 않은 개인의 영웅적 삶과 행위를 예찬했다. 이러한 모순 때문에 그의 소설은 긴장과 활력과 이중적인 시선이 교차한다.

19세기 당시 스콧은 영국의 경계를 넘어 다른 세계에서도 광범한 독자들을 가진 최초의 영국 소설가였다. 그는 역사적 격동기에 활력이 있으면서도 개성이 다양한 인물들을 소설 속에 등장시켜 흥미로운 이야기를 전개해나가는 탁월한 이야기꾼이었다. 이 때문에 많은 독자들이 스콧의 작품에 열광했다. 영국의 정치인들도 전통적으로 스콧의 애독자들이었다. 윌리엄 글래드스턴(William Gladstone, 1809~1898)은 젊은 시절 스콧의 시집과 소설을 탐독했다. 그의 독서목록에는 스콧의 여러 저술이 항상 수록되어 있었다. 1906년 노동당의 새로운 의원

들에게 가장 영향을 많이 받은 작가가 누구인가를 질문했을 때 다수가 스콧을 꼽기도 했다.[14)]

프랜시스 제프리는 스코틀랜드 계몽운동의 마지막 세대 가운데 가장 전형적인 인물이다. 글래스고, 옥스퍼드, 에든버러 대학에서 수학한 후에 1894년 이래 에든버러에서 변호사로 활동하면서 법조인의 길을 걸었다. 그러나 그가 후에 얻은 높은 평판은 오랫동안 《에든버러 리뷰》 편집주간을 맡아 활발한 평론 활동을 펼친 데 힘입은 것이었다. 그는 에든버러대학에서 법학을 다시 공부하던 1790년대에 스콧, 헨리 브루엄, 프랜시스 호너 등과 함께 사변협회 활동을 주도했다. 그는 비슷한 또래의 젊은 지식인들과 다양한 학문적 관심을 공유하며 토론을 즐겼다. 이 무렵 그는 휘그 정치에 동조하는 편이었고, 보수적인 스콧과 정치성향을 달리했다.

제프리가 처음부터 에든버러 생활을 고수했던 것은 아니다. 그 또한 다른 젊은이처럼 잉글랜드에서 세속적인 성공을 열망했다. 그는 변호사 자격을 얻은 후에 런던에 진출했다. 변호사 사무실을 개설하고 신문사 진출도 꾀했지만, 객지에서 그의 삶은 그다지 성공적이지 못했다. 제프리는 다시 에든버러로 돌아와 스미스, 브루엄, 브라운 등과 새로운 평론지를 발간하는 작업에 뛰어들었다. 제프리가 생애 대부분을 에든버러에서 보낸 것은 타의에 의해서다. 《에든버러 리뷰》 편집주간

14) 20세기 전반기에 영국 노동당 정치가이자 총리를 지낸 램지 맥도널드(Ramsey MacDonald, 1866~1937)는 『웨이벌리』 연작소설을, 근래 수상을 지낸 토니 블레어(Tony Blair, 1953~)는 『아이반호』를 추천했다. 글래드스턴을 비롯한 정치인들과 스콧의 관계는 다음을 볼 것. Ruth Clayton Windscheffel, "Gladstone and Scott: Family, Identity and Nation," *Scottish Historical Review*, vol. 86, no. 221(2007), pp. 70-71.

은 원래 스미스가 맡았다. 그러나 창간호를 발행한 직후 교구목사였던 스미스가 다른 임지로 부임하자 제프리가 그 직책을 이어받게 되었다. 제프리는 발행인 아치볼드 컨스터블(Archibald Constable, 1774~1827)의 배려로 유급 편집인으로 일하게 되었다. 제프리는 열정을 다해 잡지 발행에 헌신했다. 매호마다 당대 가장 뛰어난 문필가들의 논설과 평론을 수록함으로써 《에든버러 리뷰》를 전국적으로 주목받는 잡지로 만들었다. 문학평론뿐 아니라 정치, 경제, 역사, 학문 등 다양한 분야의 평론을 수록해 지식인들의 관심을 끌었다. 1829년 6월 은퇴할 때까지 제프리의 삶은 《에든버러 리뷰》 자체였다고 해도 지나치지 않다. 1820년대 말 이 잡지의 발행부수는 거의 1만 2,000부에 이르렀는데, 이는 식자층 사회에서 그 영향력이 거의 절대적이었음을 보여준다.

그동안 제프리는 편집인 사설을 제외하고도 거의 200여 편의 논설과 평론을 기고했다. 그는 타고난 문필가였다. 여가를 즐기면서도, 또 주제에 대한 사전 준비가 없는 경우에도 뛰어난 글을 썼다. 유려하면서도 쉬운 문체, 뛰어난 상상력과 도덕감, 날카로운 분석력이 돋보이는 그의 평론들은 주목의 대상이었다. 그러나 문학 분야의 비평에서 그는 주관적이고 매우 편협하다는 비판을 듣기도 했다. 제프리는 낭만파 시인인 퍼시 셸리(Percy B. Shelley, 1792~1822)와 존 키츠(John Keats, 1795~1821)의 시를 싫어했으며, 그 대신 새뮤얼 로저스(Samuel Rogers, 1763~1855)나 토머스 캠벨(Thomas Campbell, 1777~1844) 같은 스코틀랜드 시인들의 작품을 선호했다. 이는 문학작품에 대한 일반적인 평판과 다른 것이었다. 한편, 평론지 일에 매달리면서도 그는 변호사로서 업무를 게을리 하지 않았다. 문필가로서의 명성이 오히려 그의 업무에 도움을 주기도 했다. 그는 후일 스코틀랜드 최고재판소

프랜시스 제프리 묘지(에든버러). 이 딘 묘지(Dean Cemetery)에는 에든버러대학 수학 후 법정변호사로 활동하면서 스코틀랜드의 유력한 휘그파 정치인이 된 헨리 콕번(Henry Cockburn, 1779~1854)의 묘지도 있다.

판사, 글래스고대학 학감, 단기간이긴 하지만 1831년 하원의원을 지내기도 했다.

제프리는 문학작품 외에 특히 철학 분야의 저술에 깊은 관심을 보였다. 그런 만큼 당대 철학자들의 사상과 견해를 소개하는 글들을 많이 썼다. 특히 《에든버러 리뷰》 초기 발행본을 보면 그는 존 리드, 윌리엄 드러먼드(William Drummond, 1770~1828), 조지프 프리스틀리(Joseph Priestly, 1733~1804), 제임스 비티(James Beattie, 1735~1803), 듀갈드 스튜어트의 학문 활동을 조명하는 평론을 다수 발표 했다.[15] 제프리는 특히 데이비드 흄의 인성론에 심취했다.

인정과 불인정이라는 우리의 감정, 그리고 그 감정에 깃드는 도덕성은, 그 이유를 명확히 설명하지는 못하지만, 어쨌든 어떤 이론도 이를 바꿀 수 없는 명백한 '사실'이다. 이 사실들이 남아 있는 한, 그것은 행위를 제어하고 인간의 행복에 영향을 미친다. 철학자의 이론으로 잘 설명할 수 있든지 그렇지 못하든지 간에 그렇다.[16]

제프리는 당대에 지배적인 철학에 얽매이지 않았다. 그는 흄의 인간론을 중심으로 인간 지식의 가능성과 인간 윤리에 관한 경험론적 견해를 받아들였다. 제프리는 고답적이거나 형이상적인 성찰은 싫어했다. 그가 생각하기에, 철학은 모름지기 인간의 삶과 도덕의 문제에 관심을 기울여야 했다. 더욱이 철학적 사유 또는 경험적 자료에 대한 검토와 관찰을 통해 귀납적으로 이루어질 필요가 있었다.

귀납철학(inductive philosophy), 또는 사실에 대한 주의 깊은 관찰에 의거해 이루어진 학문은 현상의 두 가지 분야에 적용될 수 있다. 하나는(베이컨의 귀납법을 이용한) 적절한 실험과목에서 행할 수 있는 분야다. 여기에서 자료는 사실상 우리 수중에 있으며 연구자의 판단과 방법론을 효과적으로

15) Francis Jeffrey, "An Account of the Life and Writings of Thomas Reid," *Edinburgh Review*, vol. 3(Jan. 1804), pp. 269-287; "Academical Questions by William Drummond," *Edinburgh Review*, vol. 7(Oct. 1805), pp. 163-185; "Memoirs of Dr. Joseph Priestly," *Edinburgh Review*, vol. 9(Oct. 1806), pp. 137-161; "The Life and Writings of James Beattie," *Edinburgh Review*, vol. 10(April, 1807), pp. 171-199; "Philosophical Essays by Dugold Stewart," *Edinburgh Review*, vol. 17(Nov. 1810), pp. 167-211.

16) Francis Jeffrey, *Contributions to the Edinburgh Review*(London: Longman, Brown, Green and Longmans, 1853), p. 504.

> 구사해 그 자료들 이면에 내재해 있는 속성과 관계를 밝혀낼 수 있는 방식으로 그것들을 정돈하고 결합하는 것이다. 다른 하나는 그 현상이 있는 자료가 우리가 닿을 수 있는 선 너머에 있고 일반적으로 우리가 통제할 수 없는 질서와 계열을 이루고 있으며, 이 때문에 우리가 그 자료들을 지배하는 것처럼 보이는 법칙을 수집하고 기록하는 일 이외에 아무것도 할 수 없는 그런 분야다. 이 경우 그 자료들은 '실험(experiment)' 대상이 아니라 '관찰(observation)'의 대상일 뿐이다……. 여기에서 우리가 얻는 지식이란 그 자료들에 영향을 미칠 수 있는 힘을 늘려주지 않는다.[17]

이어서 제프리는 적절한 실험을 통해 귀납적인 방법으로 얻은 지식체계를 중시한다. 그는 이런 유형을 '실험철학(experimental philosophy)'이라 이름 붙이고 그 효용성을 높이 평가했다. 그러니까, 그는 실험과 귀납적 방법으로 얻을 수 있는 지식을 신뢰하고 형이상학적 사변과 탐구의 유용성을 인정하지 않는다. 이 때문에 후일 역사가 토머스 칼라일(Thomas Carlyle)은 제프리를 가리켜 유물론자로 부르기도 했다. 그러나 제프리는 자신이 오히려 유물론의 사변철학을 비판하고 있다고 응답한다.[18]

제프리는 생애 말년까지 에든버러에서 살았다. 그는 에든버러 지적 전통의 담지자로서 젊은 시절과 마찬가지로 에든버러의 지식인운동을 이끌었다. 그러나 제프리의 문필 활동은 평론가 이상의 선을 넘지 않았다. 이러한 경향은 이미 스코틀랜드 계몽운동의 중간 세대라

17) 같은 책, p. 487.

18) Francis Jeffrey, "Review of Priestly's Memoirs," *Contributions*, p. 496.

고 할 수 있는 듀갈드 스튜어트의 저술에서도 나타난다. 스튜어트는 스미스, 퍼거슨, 데이비드 흄의 철학과 사상을 잘 요약하고 정리한 글을 남겼지만, 자신의 독창적인 학문세계를 넓히지는 못했다. 제프리 또한 문학, 철학, 사회에 관해 수많은 논설과 평론을 남겼지만 자신의 독창적 세계관이나 이론을 심화시키지 못했다. 스튜어트를 뒤이은 토머스 브라운도 비슷한 이력을 보여준다. 브라운은 뛰어난 교사였고, 수많은 학생들의 호응을 얻었다. 그의 저술 가운데 『정신철학 강의(*Lectures on the Philosophy of the Human Mind*)』(1820)는 출간된 후 19판을 거듭할 만큼 유명세를 탔다. 그러나 다른 저술과 함께 대부분 지식인사회에서 잊혔다. 『정신철학 강의』는 그 분야의 요령 있는 안내서 또는 교과서로 성가는 높았지만 역시 그 자신의 독창적 사상을 담지는 못했다. 계몽운동에 깃들어 있던 창조적인 열정이 한 세대 후에 쇠퇴의 기미를 보여준 것이다. 이전 세대의 지식인들이 민족감정을 브리튼문화의 갱신이라는 시대적 요구로 승화할 수 있었던 데 비해, 후속세대의 지식인들은 그 같은 절박한 감정을 가질 수 없었다.

에든버러의 황혼

에든버러 문화는 지식인과 중간계급 시민의 교감 또는 그들 간의 상호이해를 바탕으로 융성한 것이다. 물론 이러한 문화적 성취의 배후에는 스코틀랜드 정체성을 재확인하려는 민족감정이 짙게 자리해 있었다. 그와 동시에 사변협회에서 나타나듯이, 새로운 지적 호기심과 탐구욕이 자발적 상호공동체의 형태로 발전했다. 18세기말 19세기 초 에든버러에서 나타난 지적·문화적 활력은 동시대 사람들에게도 매우 인상적이었다. 평소 과학에 관심이 있던 토머스 제퍼슨(Thomas Jefferson, 1743~1826)은 대서양 건너편 스코틀랜드의 지적 운동을 높이 평가하면서 다음과 같이 말했다. "이 세계의 어느 곳도 에든버러와 경쟁할 수 없다."[19)]

스코틀랜드 계몽운동은 중심-주변의 관계에서 중심부 주도의 변화에 일종의 대립항이 있음을 보여준다. 그 관계는 일방적인 것이 아니라 서로 영향을 주고받는다. 특히 주변부는 중심부의 변화를 객관적으로 관찰할 수 있는 계기를 만들고, 경우에 따라 중심부 따라잡기의 무대가 되기도 한다. 스코틀랜드 지식인의 활동은 이런 시각에서 부분적으로 설명할 수 있다. 스코틀랜드 계몽운동의 중요성은 무엇보다도 필자와 독자, 문필가와 식자층이라는 담론 공간을 활발하게 넓혀갔다는 점에서 찾을 수 있다. 18세기 후반 에든버러를 중심으로 이루어진 담론 공간의 확대는 특히 여러 협회들의 활동에 크게 힘입었다. 이 자발적 지식인모임 가운데 일부는 공개적으로 활동했지만, 대부분은 폐쇄적인 집단이었다. 그럼에도 그 영향은 에든버러 도시를 넘어 인근 지역까지 퍼져나갔다. 사변협회는 이들 모임 가운데서도 가장 중요한 역할을 맡았다. 당대의 저명한 지식인들이 회원으로 참여했을 뿐만 아니라 그 전통이 19세기까지 이어졌다. 그러나 계몽운동의 마지막 세대이자 1790년대 사변협회 활동을 주도한 인사들 다수가 에든버러를 떠나 잉글랜드로 활동 무대를 옮겼다는 사실 자체가

---

19) Christopher Harvie, *Scotland and Nationalism: Scottish Society and Politics, 1707-1977*(London: Routledge, 2nd Ser., 1994), p. 87.

이 운동의 성취와 한계를 동시에 보여준다.

스코틀랜드 계몽운동은 19세기에 들어와 급속하게 쇠락한다. 이 시기에 에든버러는 더 이상 교육 분야의 '신예루살렘(New Jerusalem)'이라는 명성을 지킬 수 없었다. 의학을 제외하고 에든버러대학의 학문적 에너지는 소진했다. 교육과 탐구 활동의 중심축이 이제는 런던대학이나 옥스-브리지로 이동한 것이다. 실제로 1830년대 옥스-브리지의 개혁 모델은 에든버러대학이었다.[20]

스코틀랜드 문화는 기본적으로 비주류이자 주변부라는 조건의 산물이었다. 그 주도세력은 경제적 여유가 없는 문필가 또는 넓은 의미의 지식인들이었다. 그리고 그들 주위에 런던을 비롯해 남쪽으로 진출할 만한 재력이나 능력을 갖추지 못한 지주, 변호사, 지방시장에서 영업하는 상인과 제조업자들, 스코틀랜드 지방적 기반만을 가진 교사와 목사들이 모여 있었다. 그러나 이러한 구도는 잉글랜드(또는 부분적으로 글래스고 같은 스코틀랜드 일부 지역)의 산업화가 본격적으로 전개되면서 변모하기 시작한다. 새롭게 팽창하는 영제국은 스코틀랜드 지식인과 전문직 종사자들을 강한 흡인력으로 끌어당기기 시작했다. 전문직업인을 비롯해 남쪽으로 향하는 이주의 물결이 일었다. 한 통계에 따르면, 1841~1939년 사이에 스코틀랜드인 약 75만 명이 잉글랜드를 비롯해 영제국의 다른 지역으로 이주했다.[21] 그 사회 구성원을 흡수할 수 있는 경제발전이 이루어지지 않는 상태에서 스코틀랜드 문

---

20) D. B. Horn, *A Short History of the University of Edinburgh, 1556- 1889* (Edinburgh: Edinburgh University Press, 1967), p. 101.

21) M. W. Flinn, ed., *Scottish Population History from the Seventeenth Century to the 1930s*(Cambridge: Cambridge University Press, 1977), pp. 439-459.

화의 지속적인 융성을 기대하기란 불가능했던 것이다.

19세기에 들어와 글래스고와 에든버러 대학의 명성은 이전보다 쇠퇴하기 시작했다. 여전히 많은 학생들이 이들 대학에서 학문을 공부하려 모여들었지만, 소수의 뛰어난 학생들이 그들의 생애 대부분을 스코틀랜드에서 머무는 경우는 드물었다. 능력 있는 인사들은 대부분 새로운 기회를 찾아 남부로, 런던으로, 다른 세계로 나아갔다. 스코틀랜드는 창조적 능력이 뛰어난 젊은이를 머물게 할 만한 여건이 마련되지 않았다. 에든버러는 더 이상 젊은이들에게 기회의 땅이 아니었다.

제임스 헤드릭(James Headrick, 1759~1841)의 사례를 보자.[22] 그는 15세에 글래스고대학에 입학해 여러 차례 우수학생으로 선정되었지만 신학석사학위를 받지 않고 학교를 그만두었다. 이는 당시에는 매우 흔한 일이었다. 헤드릭은 목회자의 길을 걷고자 했으나 신학학위가 없었기 때문에 어려움을 겪었다. 1786년 이후 해밀튼 장로회로부터 '복음설교자(preacher of the gospel)' 자격을 얻어 헌신하다가 뒤늦게 교구목사로 임명되었다. 그는 목회자의 길을 걸으면서도 신학보다는 과학, 특히 자연철학에 흥미를 가졌다. 오랫동안 글래스고대학 자연철학교수인 존 앤더슨(John Anderson, 1726~1796)과 교류하면서 과학지식을 탐구하는 데 열정을 쏟았다.

존 앤더슨은 1745년 재커바이트 봉기 당시 하노버왕실 군대에 복무했다. 1756년 글래스고대학의 동양어 교수로 임명되었고, 4년 후

22) 헤드릭의 생애에 관한 자세한 내용은 다음을 볼 것. H. Burns, "Twilight of the Enlightenment: James Headrick(1759-1841)," *Scottish Historical Review*, vol. 81, no. 212(2002), pp. 186-211.

자연철학 담당교수가 되었다. 오랫동안 학생들을 가르치면서 존 리드와 함께 글래스고의 대표적인 지식인 가운데 한 사람으로 남았다. 그의 물리학 교과서 『물리학강좌(*Institutes of Physics*)』(1780)는 출판된 이후 10년 사이에 5판을 거듭할 만큼 인기가 있었다. 1790년 앤더슨은 노령을 이유로 은퇴 의사를 내비치며 후임으로 헤드릭을 추천했지만 무산되었다. 1794년 앤더슨이 건강문제로 은퇴하자 헤드릭은 다시 교수직에 응모했으나 뜻을 이루지 못했다.[23] 1801년 헤드릭은 다시 에든버러로 돌아왔다. 40대에 이르렀지만 그의 삶의 전망은 불투명했다. 그 후 헤드릭은 자신의 재능을 살려 앤거스(Angus) 지방의 농지를 측량하고 광물자원을 조사하며 농업개혁 가능성을 타진하는 활동에 매달렸다. 오랜 작업 끝에 그 지방의 지리적·지형적 특성과 농업개발을 다룬 방대한 저술을 출간했지만 그의 기대와 달리 사람들의 관심을 끌지 못했다.[24] 이 같은 헤드릭의 생애사는 18세기 후반에 태어나 대학교육을 받은 재능 있는 스코틀랜드 젊은이들이 삶의 새로운 기회를 찾아 나서지 않았을 경우 겪었음직한 인생의 좌절을 보여준다. 제임스 헤드릭의 삶에서 개인만이 아니라 에든버러의 조락, 에든버러의 황혼을 보게 된다.

23) H. Burns, 같은 글, pp. 189-190.

24) James Headrick, *General View of the Agriculture of the County of Angus or Forfarshire with Observations on the Means of its Improvement drawn up for the Consideration of the Board of Agriculture and General Improvement*(Edinburgh, 1813).

외부세계의 관심

스코틀랜드 계몽운동의 유산은 19세기 영국문화에 깊이 뿌리내렸다. 그러나 계몽운동의 전통이 영국문화의 본류가 되었을 무렵, 에든버러를 비롯한 스코틀랜드의 문화적 잠재력은 급속하게 소진되었다. 돌이켜보면, 스코틀랜드 계몽운동은 아직 근대 대학제도가 정비되지 않은 시기에 대학을 중심으로 전개된 지식인운동이었다. 젊은 학생과 지식인들이 한데 어울리는 토론문화가 일상적으로 이루어졌다. 갖가지 토론공동체와 협회들이 이 운동의 매개 고리 역할을 했으며, 이들 모임 대부분이 대학과 직간접으로 관련되었다. 특히 에든버러의 경우 좁은 도심에 많은 인구가 거주했기 때문에 지식인과 문필가들의 말과 글, 그리고 그들의 생활이 일반 시민에게도 친숙하고 널리 알려졌다. 문필가를 존중하는 이 같은 사회 분위기가 계몽운동을 활성화하는 데 이바지했다.

스코틀랜드에서 지식인과 시민이 함께 동참하는 토론문화가 활발할 수 있었던 것은 당시 중앙정부의 부재라는 정치적 상황에 힘입은 것이었다. 장로교회의 위계적 속성은 아직도 남아 있었고 명사들이 정치·사회·종교 활동의 중심이 되는 관행은 여전했지만, 사람들은 토론문화를 제어하는 권력을 의식할 필요가 없었다. 중앙권력이 없는 상태에서 스코틀랜드 계몽지식인들이 정치적으로 비판적 견해를 밝힐 필요가 없었다는 점도 시민들이 지식인운동에 스스럼없이 접근할 수 있는 계기를 마련해주었다.

스코틀랜드 계몽운동이 그 역동성을 점차 잃어간 것은 스코틀랜드 사회의 변화에 따른 불가피한 현상이었다. 우선 합병 이후 스코틀랜드 지식인들의 문화중심주의, 즉 브리튼문화를 갱신하려는 열망에 동력을 제공했던 민족감정이 스코틀랜드의 사회경제적 발전과 함께 점차 약해졌다. 민족감정의 승화라는 측면에서 세대 간에 차이가 있었다. 잉글랜드의 산업화 및 영제국의 확대와 더불어 대학교육을 받은 재능 있는 스코틀랜드 젊은이들이 인생의 새로운 기회를 찾아 스코틀랜드를 떠나기 시작했다. 지식인운동의 잠재력이 소진된 것은 이 무렵의 일이다.

18세기 후반 스코틀랜드의 지적·학문적 성취는 다른 세계에 빠르게 알려졌고 지속적으로 큰 영향을 주었다. 우선 계몽운동이 19세기 영국 사회에 미친 영향은 헤아릴 수 없을 만큼 막대한 것이었다. 데이비드 흄, 애덤 스미스, 애덤 퍼거슨의 학문은 19세기 영국 지식인사회에 빠르게 흡수되었고 커다란 영향력을 행사했다. 《에든버러 리뷰》지를 중심으로 경제논설을 자주 기고했던 제임스 밀과 존 머컬러크는 후일 자유무역론의 구심점이 되었다. 《에든버러 리뷰》는 잡지의 전형으로, 증보판을 거듭한 『브리태니커 백과사전』은 영국문화의 폭과 깊이를 보여주는 유력한 상징물이 되었다. 『자조론(*Self-Help*)』(1859)의 저자 새뮤얼 스마일스(Samuel Smiles)에서 런던의 유명한 출판인 존 머리(John Murray)에 이르기까지 무수한 문화계 인사들이 스코틀랜드 지적 전통의 수혜자들이었다.

스코틀랜드 지식인의 학문세계, 특히 사회이론은 동시대 프랑스와 독일의 지식인들에게 영향을 주었다. 한 에피소드를 소개한다. 1811년 마침 소르본대학 철학교수 발령을 받은 피에르-폴 로이에르-콜라르(Pierre-Paul Royer-Collard, 1763~1845)는 새로운 강의를 구상하며 센강 변을 걷고 있었다. 그는 한 서점에 들렀는데 낯선 영국 학자의 번역서를 발견했다.[25] 서점에서 책의 앞부분을 읽으면서 책 내용에 매료당한 그는 새로운 강의에 그 내용을 소개하기로 결심했다.[26] 이처럼 당시 프랑스 지식인사회에서 리드의 저술은 상당히 잘 알려져 있었다.

18세기 후반부터 19세기 전반까지 프랑스 철학자들 가운데 상당수가 스코틀랜드 철학에 관심을 기울였다. 프랑스뿐 아니라 독일에서도 스코틀랜드 문필가들에 대한 관심이 높았다. 칸트가 프랜시스 허치슨을 비롯해 스코틀랜드 사상가의 저술을 탐독했다는 것은 널리 알려진 사실이다. 칸트는 영어 해독력이 없었다. 아마도 번역서를 참조했을 것이다. 당시 크리스티안 가르베(Christian Garve, 1742~1798)는 스코틀랜드 사상가들의 저술을 앞장서서 번역한 철학자였다. 그는 헨리 흄, 퍼거슨, 스미스의 저술을 번역해 독일 식자층에게 소개했다.[27] 실제로, 18세기 후반 독일과 프랑스에서 데이비드 흄, 스미스, 퍼거슨, 헨리 흄의 대표적인 저술은 거의 대부분 번역되었다. 특히 퍼거슨의 『시민사회의 역사』, 스미스의 『도덕감정론』과 『국부론』은 판을 거듭할 만큼 인기를 끌었다. 데이비드 흄의 『인성론』과 『잉글랜드의 역사』도 관심을 끌었으며 당시 독일에서 흄은 최고의 철학자이자 역사가로 알려졌다. 스코틀랜드 사상가들에 대한 열광은 프랑스보다 독일에서

25) 그 책은 토머스 리드(Thomas Reid)의 *Inquiry into the Human mind on the principles of Common Sense*(1768)의 프랑스어 번역본이었다.

26) Michel Malherbe, "The impact to Europe," in *The Cambridge Companion to the Scottish Enlightenment*, ed. Alexander Broadie(Cambridge: Cambridge University Press, 2003), pp. 298-299 참조.

27) 그는 다음 저술을 번역했다. Lord Kames, *Elements of Critism*(1763-1766); Adam Ferguson, Institutes of Moral Philosophy(1772); Adam Smith, *Wealth of Nations*(1794-1796). 괄호 안의 연도는 독역본 간행연도를 가리킨다.

더 두드러졌다. 특히 존 밀러의 경제결정론은 19세기 카를 마르크스를 비롯한 사회주의자들에게도 큰 영향을 주었다.

다른 한편, 계몽운동은 대서양을 건너 북아메리카 지역에도 커다란 영향을 미쳤다. 18세기 말과 19세기 초에 캐나다 노바스코샤(Nova Scotia)를 비롯한 백인정착지에 다수의 스코틀랜드인 이민이 정착했으며, 그 과정에서 스코틀랜드 계몽지식인들의 저술이 유포되었다. 미국과 캐나다에서 전개된 과학 및 기술 분야의 발전은 스코틀랜드 계몽운동의 지적 성취와 밀접하게 관련된다. 그 발전을 주도한 중요한 세력은 바로 스코틀랜드 이민 출신이었다.[28)]

28) 이에 관해서는 Douglas Sloan, *The Scottish Enlightenment and the American College Ideal*, ch. 1을 볼 것.

| 저자 후기 |

스코틀랜드 계몽운동은 19세기 영국문화뿐만 아니라 유럽문화 일반에 적지 않은 영향을 미쳤다. 그러나 여전히 해결되지 않은 문제가 있다. 18세기 후반은 스코틀랜드 역사에서 천재들의 시대였는가? 이는 대답하기 어려운 질문이다. 18세기 초까지만 하더라도 경제적으로나 문화적으로나 후진적이었던 이곳에서 갑자기 창조적인 문화가 번성한 까닭은 무엇인가. 그것은 개인의 천재, 개인의 창의성만으로 이루어질 수 없을 것이다. 그 시대 스코틀랜드 사회는 여러 조건들이 서로 맞물린 접점이었다. 내밀한 민족감정이 문화중심주의로 승화되고 있었고, 중앙권력의 부재에 따라 자유로운 분위기가 도시민 사이에 퍼져나갔다. 장로교회의 정책에 힘입어 교육을 중시하는 풍조가 강했다. 지근거리에 있는 4개 대학들(에든버러, 글래스고, 에버딘, 세인트앤드루스)이 서로 경쟁하면서도 다른 한편으로는 학문적인 교류를 자극했다. 이 같은 여러 사회적 조건들이 서로 뒤섞이면서 계몽운동을 꽃피운 것이다.

스코틀랜드 계몽운동은 특정한 시기의 지적·문화적 개화가 그 나라의 정치·경제 상황과 어떻게 관련되는가의 문제를 다시 성찰할 기회를 준다. 스코틀랜드 문필가들이 근대사회의 변화와 근대성의 문제를 탐구하고, 그 주위의 지식인들이 활발한 토론의 장과 담론문화를 형성했을 때 에든버러를 비롯한 스코틀랜드 사회에는 경제 번영의 토대가 없었다. 문필가들은 자신의 개인적 기호와 그리고 알게 모르게 내면에서 솟아오르는 문화중심주의의 영향을 받으며 자신의 지적 세계를 개척해나갔다. 주위의 독자와 청중과 지인들 또한 문필가들의 저술과 강연을 존중했으며, 상당수 지식인들은 문필가들이 탐구한 주제들에 관해 기꺼이 토론에 참여했다. 참으로 이 문필공화국의 전통은 경제적 번영과 직접 관련된 것은 아니었다. 그러나 다른 한편, 스코틀랜드 계몽운동은 한 사회의 지적·문화적 활력이 그것을 떠받칠 수 있는 경제적 기반이 없이는 오래 지속되기 어렵다는 점을 알려준다.

필자는 2010년 11월 일본 구마모토대학에서 열린 한 학술회의에 참가했다. 저녁 회식자리에서 세인트앤드루스대학 중세사 교수 로버트 바틀릿(Robert Bartlett)과 스코틀랜드 계몽운동에 관해 환담을 나눌 기회가 있었다. 그도 물론 다른 스코틀랜드 지식인들이 그러하듯이 월터 스콧, 헨리 브루엄, 애덤 퍼거슨, 애덤 스미스를 자랑스러워했다. 그의 예찬은 끝이 없었다. 대화를 끝낼 무렵 필자는 그에게 물어보았다. 왜 당신들은 그렇게 스코틀랜드 계몽운동에 집착하는가? 그는 필자를 한참 동안 바라보다가 이렇게 말했다. 그것은 너무나 아름답기 때문이다. 짧은 시기에 끝났기에 더욱더 아름다운 것이다. 저녁노을을 바라보라. 대낮의 태양보다 더 붉게 빛난다. 어둠이 곧 몰려 올 것이므로 그것은 잠깐이긴 하지만 더 붉게 빛을 낸다.

| 참고문헌 |

1. 1차 문헌

Babbage, Charles, *On the Economy of Machinery and Manufactures*(London: Charles Knight, 1835; repr. 1971).

Broadie, Alexander, ed., *The Scottish Enlightenment: An Anthology*(Edinburgh: Cannongate, 1997).

Carlyle, Alexander, *The Autobiography of Dr. Alexander Carlyle of Inveresk, 1722-1805*, ed. John H. Burton(London: T. N. Foulis, 1910).

Defoe, Daniel, *Political and Economic Writing of Daniel Defoe, Vol. 7: Trade*, ed. John McVeah(London: Pickering and Chatto, 2000).

Defoe, Daniel, *The Complete English Tradesman*, 2 vols.(London: Charles Livington, 1726-1727).

Encyclopaedia Britanica, 1st ed.(1768-1771); 2nd ed.(1777-1783); 3rd ed.(1797-1801).

Ferguson, Adam, *An Essay on the History of Civil Society*, ed. Duncan Forbes(Edinburgh: Edinburgh University Press, 1966).

Ferguson, Adam, *An Essay on the History of Civil Society*, ed. Fania Oz-Salzberger(Cambridge: Cambridge University, 1995).

Ferguson, Adam, *Principles of Moral and Political Science*[1792](New York and London: Garland, 1978), 2 vols.

Ferguson, Adam, *The Correspondence of Adam Ferguson*, ed. Vincenzo Merolle(London, 1995), 2 vols.

Home, John, *The Works of John Home*, ed. Henry Mackenzie(Edinburgh, 1822), 3 vols.

Home, Henry, *Sketches of the History of Man*[1774](Edinburgh, 3rd ed., 1779).

Hume, David Hume, "Of the Standard of Taste," in *Essays, Moral, Political and Literary*, ed. Eugene F. Miller(Indianapolis, 1987), Essay 23, pp. 226-249.

Hume, David, "Of Commerce," in *Essays, Moral, Political and Literary*, ed. Eugene F. Miller(Indianapolis, 1987), pp. 253-267.

Hume, David, *A Treatise of Human Nature*[1739], ed. L. A. Selby-Bigge(Oxford: P. H. Nidditch, 1978).

Hume, David, *Enquiries concerning Human Understanding and concerning the Principles of Morals*, ed. A. Selby-Bigge(Oxford: P.H. Niditch, 1975).

Hume, David, *Essays: Moral, Political and Literary*[1779], ed. Eugne F. Millar(Indianapolis: Liberty Fund, 1987).

Hume, David, *Political Writings*, ed. Stuart D. Warner and Donald W. Livingston (Indianapolis: Hackett, 1994).

Hume, David, *The History of England*[1786](London: Routledge, 1894), 3 vols.

Hume, David, *The History of England from the Invasion of Julius Caesar to the Revolution of 1688*(London: J. mersey, 1807) 6 vols.

Hume, David, *The Letters of David Hume*, ed. J. Y. T. Greig(Oxford: Clarendon Press, 1932).

Hutcheson, Francis, *An Inquiry into the Original of Our Ideas of Beauty and Virtue*(Glasgow, 4th ed., 1772).

Jeffrey, Francis, *Contributions to the Edinburgh Review*(London: Longman, Brown, Green and Longmans, 1853).

Millar, John, "The Origin of the Distinction of Ranks[1779]," in *John Millar in Glasgow*, ed. W. C. Lehmann(London and New York: Cambridge University

Press, 1960).

Millar, John, *An Historical View of the English Government from the Settlement of the Saxons in Britain to the Revolution in 1688*, 4 vol.(London, 1803).

Oswald, James, *Memorials of the Public Life and Character of the Right Ho. James Oswald of Dunnikier*(Edinburgh, 1825).

Parliamentary Papers, 1831, vol. 11, "Report of the Royal Commission on the State of the Universities of Scotland."

Pennant, Thomas, *A Tour in Scotland*(1770; Edinburgh: Birlinn, 2000).

Reid, Thomas, "A Statistical Account of the University of Glasgow," *The Works of Thomas Reid*(Edinburgh 1880), vol.2.

Reid, Thomas, *Essays on the Intellectual Powers of Man, The Works of Thomas Reid*, ed. William Hamilton(Edinburgh, 6th ed, 1863), vol. 1.

Robertson, William, *History of the Reign of Charles the Fifth*[1769](London: George Routledge, 1857), 2 vols.

Robertson, William, *The History of America*[1792](London: Routledge, 1996), *The Works of William Richardson*, vols. 7-11.

Robertson, William, *The History of Reign the Emperor Chalres V*[1769](London: Routledge, 1996), *The Works of William Richardson*, vols. 3-6.

Robertson, William, *The History of Scotland*[1759](London: Routledge, 1996), *The Works of William Richardson*, vols. 1-2.

Smith, Adam, *Lecture on Jurisprudence*, eds., R. L. Meek, D. D. Raphael and P. G. Stein(Oxford: Clarendon Press, 1978).

Smith, Adam, *The Correspondence of Adam Smith*, ed. E. C. Mossner and I. S. Ross(Oxford: Clarendon Press, 1977).

Smith, Adam, *The Theory of Moral Sentiment*[1759], ed. D. D. Raphale and A. L. Macfie(Oxford: Clarendon Press, 1976).

Smith, Adam, *The Wealth of Nations*[1779] ed. E. Cannon(London: Methuen, 1930).

Speculative Society, *The History of the Speculative Society, 1764-1904*(Edinburg, 1905)

Steuart, James, *The Principles of Political Oeconomy*[1767], ed. Andrew S. Skinner, 2 vols(Edinburgh: Oliver and Boyd, 1966).

Stewart, Dugald, *Account of the Life and Writings of William Robertson*(London, 1801).

Stewart, Dugald, *Elements of the Philosophy of the Human Mind*(London, 1867).

Stewart, Dugald, *Collected Works of Dugald Stewart*, ed. William Hamilton(Edinburge, 1858), vol. 10.

Ure, Andrew, *The Philosophy of Manufactures or an Exposition of the Scientific, Moral, and Commercial Economy of The Factory System of Great Britain*(London: C. Knight, 1835).

2. 2차 문헌

Allan, David, "This Inquisitive Age: Past and present in the Scottish Enlightenment," *Scottish Historical Review*, vol. 76, no. 201(1997), pp. 69-85.

Allan, David, *Virtue, Learning and the Scottish Enlightenment*(Edinburgh 1993).

Atiyah, Michael, "Lessons from the Scottish Enlightenemnt," *British Actuarial Journal*, vol. 16, no. 1(2011), pp. 181-194.

Axtell, James, *The Educational Writings of John Locke*(Cambridge: Cambridge University Press, 1968).

Berg, Maxine, "In Pursuit of Luxury: Global History and British Consumer Goods in the Eighteenth Century," *Past and Present*, no. 182(2004), pp. 85-142.

Berry, Christopher J., *The Social Theory of the Scottish Enlightenment*(Edinburgh: Edinburgh University Press, 1997).

Bevan, Jonquil, "Seventeenth-century Students and their Books," in Gordon Donaldson, ed., *Four Centuries: Edinburgh University*, ed., Gordon Donaldson(Edinburgh: Edinburgh University Press, 1983), pp. 16-27.

Brewer, Anthony, "Adam Ferguson, Adam Smith, and the Concept of Economic Growth," *History of Political Economy*, vol. 31, no. 2(1999), pp. 237-254.

Brewer, John D., "Adam Ferguson and the Theme of Exploitation," *British Journal of Sociology*, vol. 37, no. 4(1986), pp. 461-478.

Brewer, John D., "Putting Adam Ferguson in His Place," *British Journal of Sociology*, vol. 58, no. 1(2007), pp. 105-122.

Broadie, Alexander, "Introduction-What was the Scottish Enlightenment?" idem, ed., *The Scottish Enlightenment: An Anthology*(Edinburgh: Cannongate, 1997), pp. 3-31.

Broadie, Alexander, ed., *The Cambridge Companion to the Scottish Enlightenment*(Cambridge: Cambridge University Press, 2003).

Broadie, Alexander, *The Scottish Enlightenment: The Historical Age of the Historical Nation*(Edinburgh: Birlinn, 2001).

Brodie, Alexander, *Why Scottish Philosophy Matters*(Edinburgh: Saltire Society, 2001).

Broun, Dauvit, "The Birth of Scottish History," *Scottish Historical Review*, vol. 76, no. 201(1997), pp. 4-22.

Brown, Callum G., *Religion and Society in Scotland Since 1707*(Edinburgh: Edinburgh University Press, 1997).

Brown, Stewart, J., ed., *William Robertson and the Expansion of Empire*(Cambridge: Cambridge University Press, 1997).

Bryson, Gladys, *Man and Society: The Scottish Inquiry of the Eighteenth Century*(Princeton: Princeton University Press, 1945).

Buchan, Bruce, "Enlightened Histories: Civilization, War and the Scottish Enlightenment," *The European Legacy*, vol. 10, no. 2(2005), pp. 177-192.

Buchan, Bruce, "Civilization, Sovereignty and War: The Scottish Enlightenment and International Relations," *International Relations*, vol. 20, no. 2(2006), pp. 175-192.

Buchan, James, *Capital of the Mind: How Edinburgh Changed the World*(London: John Murray, 2003).

Buchan, James, *The Authentic Adam Smith: His Life and Ideas*(London: Norton, 2006).

Buchan, John, *Crowded with the Genius: the Scottish Enlightenment, Endinburgh's Moment of the Mind*(New York: Harper Collins, 2003).

Burns, J. H., "Twilight of the Enlightenment: James Headrick(1759-1841)," *Scottish Historical Review*, vol. 81, no. 212(2002), pp. 186-211.

Buttler, Marilyn "Irish culture and Scottish enlightenment: Maria Edgeworth's histories of the future," in *Economy, Polity, and Society*, ed., Stefan Collini et al.(Cambridge: Cambridge University Press, 2000), pp. 158-180.

Campbell, Donald, *Edinburgh: A Cultural and Literary History*(New York: Interlink Books, 2004).

Campbell, Ian, "Carlyle and the University of Edinburgh" in Gordon Donaldson, ed., *Four Centuries: Edinburgh University*, ed., Gordon Donaldson(Edinburgh: Edinburgh University Press, 1983), pp. 53-68.

Campbell, R. H. and Andrew S. Skinner, *Adam Smith*(London: Routledge, 1985).

Cardwell, D. S., *From Watt to Claudius: The Rise of Thermodynamics in the Early Industrial Age*(London: Heinemann, 1971).

Carnie, R. H., "Scottish Printers and Booksellers, 1668-1775," *Bibliotheck*, vol. 4(1965), pp. 213-217.

Chandler, David, "The Early Development of the 'Lake School' Idea," *Notes and Queries*, vol. 52, no. 1(2005), pp. 35-37.

Cheyne, A. C., *Studies Scottish Church History*(Edinburgh: T & T Clark, 1999).

Chitnis, Anand C., *The Scottish Enlightenment: A Social History*(London: Croom Helm, 1976).

Clayton Windscheffel, Ruth, "Gladstone and Scott: Family, Identity and Nation," *Scottish Historical Review*, vol. 86, no. 221(2007), pp. 69-95.

Cranston, Maurice, *John Locke: A Biography*(London: Longmans, 1957).

Davie, G. E., *The Scottish Enlightenment*(London: Historical Association, 1981).

Davis, Dorothy, *Fairs, Shops and Supermarkets: A History of English Shopping*(Toronto: University of Toronto Press, 1966).

Devine, Thomas M., *Improvement and Enlightenment*(Edinburgh: John Donald, 1989).

Devine, Thomas M., *Conflict and Stability in Scottish Society 1700-1850* (Edinburgh: John Donald, 1990).

Donaldson, Gordon, *Four Centuries: Edinburgh University*(Edinburgh: Edinburgh University Press, 1983).

Du Toit, Alexander, "God before Mammon? William Robertson, Episcopacy and the Church of England," *Journal of Ecclesiastical History*, vol. 54(2003), pp. 671-690.

Earle, Peter, *The Making of the English Middle Class: Business, Society and Family Life in London 1660-1730*(London: Methuen, 1989).

Emerson, Roger L., "The Social Composition of Enlightened Scotland: The Select Society of Edinburgh, 1754-1764," *Studies on Voltaire and the Eighteenth Century*, vol. 114(1973), pp. 291-329.

Encyclopaedia Britanica, *An Anthology of Piece from Early Editions of Encyclopaedia Britanica*(London: Encyclopaedia Britanica, 1963).

Finlay, Christopher, "Rhetoric and Citizenship in Adam Ferguson's *Essay on the History of Civil Society*," *History of Political Thought*, vol. 27, no. 1(2006), pp. 27-49.

Fleischacker, Samuel, "The impact on America: Scottish philosophy and the American founding," in *The Cambridge Companion to the Scottish Enlightenment*, ed. Alexander Broadie(Cambridge: Cambridge University Press, 2003), pp. 316-337.

Flinn, M. W., ed., *Scottish Population History from the Seventeenth Century to the 1930s*(Cambridge: Cambridge University Press, 1977).

Flynn, Philip, "Francis Jeffrey and the Scottish Critical Tradition" in *British Romanticism and the Edinburgh Review*, eds., M. Demata and D. Wu (Basingstoke: Palgrave Macmillan, 2002), pp. 13-32.

Fontana, Biancamaria, *Rethinking the Politics of Commercial Society*(Cambridge: Cambridge University Press, 1985).

Forbles, Eric G., "Philosophy and Science Teaching in the Seventeenth Century" in Gordon Donaldson, ed., *Four Centuries: Edinburgh University*

(Edinburgh: Edinburgh University Press, 1983), pp. 28-37.

Force, J. E., "Hume and the Relation of Science to Religion among Creation Members of the Royal Society," *Journal of History of Ideas*, 45, no. 4(1984), pp. 517-536.

Fry, Michael, *Edinburgh: A History of the City*(London: Macmillan, 2009).

Gottlieb, Evan, "Fools of Prejudice: Sympathy and National Identity in the Scottish Enlightenment and Humphry Clinker," *Eighteenth Century Fiction*, vol. 18, no. 1(2005), pp. 81-106.

Graham, Gordon, "The nineteenth-century aftermath," in *The Cambridge Companion to the Scottish Enlightenment*, ed. Alexander Broadie(Cambridge: Cambridge University Press, 2003), pp. 338-350.

Guyer, Brian, "The Philosophy of Francis Jeffrey," *Modern Language Quarterly*, vol. 11, no. 1(1950), pp. 17-26.

Haakonssen, K., *Natural Law and Moral Philosophy: From Grotius to the Scottish Enlightenment*(Cambirdge University Press, 1996).

Haakonssen, K., *The Science of a Legislator: The Natural Jurisprudence of David Hume and Adam Smith*(Cambridge University Press, 1981).

Hamowy, Ronald, "Adam Smith, Adam Ferguson, and the Division of Labour," *Economica*, new. ser., vol. 35, no. 139(1968), pp. 249-259.

Hargraves, Neil, "the Progress of Ambition: Character, Narrative, and Philosophy in the Works of William Robertson," *Journal of History of Ideas*, vol. 63, no. 2(2002), pp. 261-282.

Hargraves, Neil, "Enterprise, Adventure and Industry: the Formation of 'Commercial Character' in William Robertson's *History of Americas*," *History of European Ideas*, vol. 29(2003), pp. 33-54.

Harskamp, Jaap, "In Praise of Pins: from Tool to Metaphor," *History Workshop Journal*, no. 70(2010), pp. 47-66.

Harvie, Christopher, *Scotland and Nationalism: Scottish Society and Politics 1707-1994*(London: Routledge, 2nd ed., 1994).

Herman, Arthur, *How the Scots Invented the Modern World*(New York: Crown

Publisher, 2001).

Hill, Risa, "Adam Ferguson and the Paradox of Progress and Decline," *History of Political Thought*, vol. 18, no. 4(1997), pp. 677-706.

Hill, Risa, "Adam Smith's Cosmopolitanism: The Expanding Circles of Commercial Strangership," *History of political Thought*, 31, no. 3(2010), pp. 449-473.

Hill, Risa, "Anticipations of Nineteenth and Twentieth Century Social Thought in the Work of Adam Ferguson," *European Journal of Sociology*, vol. 37, no. 1(1996), pp. 203-228.

Hirst, Francis Wrigley, *Adam Smith*(London: Macmillan, 1904).

Hont, Istvan and Michael Ignatieff, eds., *Wealth and Virtue: The Shaping of Political Economy in the Scottish Enlightenment*(Cambridge: Cambridge University Press, 1983).

Horn, D. B., *A Short History of the University of Edinburgh*(Edinburgh: Edinburgh University Press, 1967).

Houghton, W. E., ed., *The Wellesley Index to Victorian Periodicals*, Vol. 1(Toronto: University of Toronto Press, 1966).

Houston, R. A., "Scottish Education and Literacy, 1600-1800: an International Perspective," *Improvement and Enlightenment*, ed. T. M. Devine (Edinburgh: Donald, 1989), pp. 43-61.

Hundert, E. J., "Sociability and self-love in the theatre of moral sentiments: Mandaville to Adam Smith," in *Economy, Polity and Society*, eds., Stefan Collini et al.(Cambridge: Cambridge University Press, 2000).

Hung, Ho-Fung, "Orientalist Knowledge and Social Theories: China and the European Conceptions of East-West Differences from 1600 to 1900," *Sociological Theory*, vol. 21, no. 3(2003), pp. 254-280.

Kalyvas, A. and I. Katsnelson, "Adam Ferguson Returns: Liberalism through a Glass, Darky," *Political Theory*, vol. 26, no. 2(1988), pp. 173-197.

Kettler, David, "History and Theory in Ferguson's Essay on the history of Civil Society: A Reconsideration," *Political Theory*, vol. 5, no. 4(1977), pp. 437-456.

Kettler, David, *Adam Ferguson: His Social and Political Thought*(New Brunswick: Transaction, 2005).

Kidd, Colin, "Subscription, the Scottish Enlightenment and the Moderate Interpretation of History," *Journal of Ecclesiastical History*, vol. 55, no. 3(2004), pp. 502-519.

Kidd, Colin, "Lord Dacre and the Politics of the Scottish Enlightenment," *Scottish Historical Review*, vol. 84, pt. 2(2005), pp. 203-220.

Kim, Kwangsu, "Adam Smith's Theory of Economic History and Economic Development," *European Journal of the History of Economic Thought*, vol. 16, no. 1(2009), pp. 41-64.

Kirchhofer, Anton, "Revolutionizing the Review? British Periodical Genres of the 1790s and the Edinburgh Review," in U. Broich et al., eds., *Reactions to Revolutions: The 1790s and Their After*(Berlin: Lit, 2007), pp. 177-200.

Kramnick, Isaac, ed., *The Portable Enlightenment Reader*(London: Penguin, 1995).

Landes, D. S., *The Unbound Prometheus: Technical Change and Industrial Development in Western Europe from 1750 to the Present*(Cambridge: Cambridge University Press, 1969).

Leighton, C. D. A., "Scottish Jacobitism, Episcopacy, and Counter-Enlightenment," *History of European Ideas*, vol. 35, no. 1(2009), pp. 1-10.

Linsay, Jack, *The Monster City: Defoe's London 1688-1730*(New York: At Martin Press, 1978).

Livingston, D. W., "Hume's Historical Conception of Liberty," in *Liberty in Hume's History of England*, eds., N. Capaldi and D. W. Livingston(Dordrecht, Kluwer Academic Publisher, 1990).

Lomonaco, Jeffrey, "Adam Smith's Letter to the Authors of the *Edinburgh Review*," *Journal of the History of Ideas*, vol. 63, no. 4(2002), pp. 659-676.

Macfarlane, Alan, "The Family, Sex and Marriage in England," *History and Theory*, vol. 18, no. 1(1979), pp. 103-126.

Malherbe, Michel, "The impact to Europe," in *The Cambridge Companion to the Scottish Enlightenment*, ed. Alexander Broadie(Cambridge: Cambridge University Press, 2003), pp. 298-315.

Malley, Shawn, "Walter Scott's Romantic Archaeology: New/Old Abbotsford and the Antiquary," *Studies in Romanticism*, vol. 40, no. 2(2001), pp. 233-251.

Manning, Susan, "Walter Scott, Antiquarianism and the Political Discourse of the *Edinburgh Review*" in M. Demata and D. Wu, eds., *British Romanticism and the Edinburgh Review*(Basingstoke: Palgrave Macmillan, 2002), pp. 102-123.

Matthew, H. C. G. and B. Harrison, eds., *Oxford Dictionary of National Biography*(Oxford, Oxford University Press, 2004), 66 vols.

McCloskey, Deidre, "Adam Smith, the Last of the Former Virtue Ethicists," *History of Political Economy*, vol. 40, no. 1(2008), pp. 43-71.

McMahon, Darin M., "From the Happiness of Virtue to the Virtue of Happiness: 400 B.C.-A.D. 1780," *Daedalus*, vol. 133, no. 2(2004), pp. 5-17.

McNally, David, *Political Economy and the Rise of Capitalism: A Reinterpretation*(Berkley: University of California Press, 1990).

Mitchell, B. R., *Abstract of British Historical Statistics*(Cambridge: Cambridge University Press, 1980).

Mizuta, Hiroshi, *Adam Smith's Library: A Catalogue*(Oxford: Oxford Univ. Press, 2000).

Moloney, Pat, "Savages in the Scottish Enlightenment's History of Desire," *Journal of the History of Sexuality*, vol. 14, no. 3(2005), pp. 237-265.

Mossner, Ernest C., *The Life of David Hume*(Oxford: Clarendon Press, 1970).

Nichoist, Ryan, "Natural Philosophy and its Limits in the Scottish Enlightenment," *The Monist*, vol. 90, no. 2(2007), pp. 233-250.

Nobbs, Douglas, "The Political Ideas of William Cleghorn, Hume's Academic Rival," *Journal of the History of Ideas*, vol. 26, no. 4(1965), pp. 575-586.

Norton, D. F., *The Cambridge Companion to Hume*(Cambridge: Cambridge University Press, 1993).

Oz-Salzberger, Fania, "The political theory of the Scottish Enlightenment," in

The Cambridge Companion to the Scottish Enlightenment, ed. Alexander Broadie(Cambridge: Cambridge University Press, 2003), pp. 157-177.

Pagenelli, Maria Pia, "The Adam Smith Problem in Reverse: Self-Interest in *The Wealth of Nations and The Theory of Moral Sentiments*," *History of Political Economy*, vol. 40, no. 2(2008), pp. 365-382.

Palmeri, Frank, "Conjectural History and the Origins of Sociology," *Studies in Eighteenth Century Culture*, vol. 37(2008), pp. 1-21.

Peach, Terry, "Adam Smith and the Labor Theory of Value: A Reconsideration," *History of Political Economy*, vol. 41, no. 2(2009), pp. 383-406.

Peers, Douglas M., "Soldiers, Scholars, and the Scottish Enlightenment: Militarism in Early Nineteenth-Century India," *The International History Review*, vol. 16, no. 3(1994), pp. 441-465.

Porter, Pay and Mikulas Teich, ed., *The Enlightenment in National Context*(Cambridge: Cambridge University Press, 1981).

Porter, Roy, *Enlightenment: Britain and the Creation of the Modern World*(London: Penguin Books, 2000).

Porter, Roy, *London: A Social History*(Cambridge, Mess.: Harvard University Press, 1994).

Rae, John, *Life of Adam Smith*(London: Macmillan, 1895).

Read, Rupert and Kenneth A. Richman, eds., *The New Hume Debate*(London, 2000).

Reinert, Thomas, "Adam Ferguson's Aesthetic Idea of Community Spirit," *Studies in English Literature 1500-1900*, vol. 48, no. 3(2008), pp. 613-632.

Rendall, Jane, "Adaptations: History, Gender and Political Economy in the Work of Dugald Stewart," *History of European Ideas*, vol. 38, no. 1(2012), pp. 143-161.

Robbins, Keith, "The Identity of Britain," in idem, *Nineteenth Century Britain: Integration and Diversity*(Oxford: Oxford University Press, 1988), pp. 1-28.

Robertson, J., *The Scottish Enlightenment and the Militia Issue*(Edinburgh: John

Donald Publishers, 1985).

Schmidt, Martin, "Dugald Stewart, 'Conjectural History', and the Decline of Enlightenment Historical Writing in the 1790s", in U. Broich et al., eds., *Reactions to Revolutions: The 1790s and Their After*(Berlin: Lit, 2007), pp. 231-262.

Scott, Paul Henderson, *In Bed with an Elephant: the Scottish Experience* (Edinburgh 1985).

Scott, W. R., *Francis Hutcheson*(Cambridge: Cambridge University Press, 1900).

Shepherd, Christine, "University Life in the Seventh Century" in Gordon Donaldson, ed., *Four Centuries: Edinburgh University*(Edinburgh: Edinburgh University Press, 1983), pp. 1-15.

Sher, Richard B., *Church and University in the Scottish Enlightenment*(Edinburgh: Edinburgh University Press, 1985).

Skinner, Andrew S., "Economic theory," in *The Cambridge Companion to the Scottish Enlightenment*, ed. Alexander Broadie(Cambridge: Cambridge University Press, 2003), pp. 178-204.

Sloan, Douglas, *The Scottish Enlightenment and the American College Ideal*(New York: Columbia University Teachers College Press, 1971)

Smith, J. A., "Some eighteenth-century ideas of Scotland," in N. T. Phillipson and R. Mitchison, eds., *Scotland in the Age of Improvement: Essays in Scottish History in the Eighteenth Century*(Edinburgh, 1970), pp. 107-124.

Smith, Norah, "Robert Wallace's 'On Venery'," *Texas Studies in Literature and Language*, 15(1973), pp. 429-444.

Smith, Vernon L., "The Two Faces of Adam Smith," *Southern Economic Journal*, vol. 65, no. 1(1998), pp. 2-19.

Smout, Christopher, "Centre and Periphery in History: with Some Thoughts on Scotland as a Case Study," *Journal of Common Market Studies*, vol. 18, no. 3(1980), pp. 256-271.

Smout, T. C., "Problems of Nationalism, Identity and Improvement in Later Eighteenth-Century Scotland," *Improvement and Enlightenment*, ed. T. M.

Devine(Edinburgh: Donald, 1989), pp. 1-21.

Sorenson, Roy, "Fame as the Forgotten Philosopher: Meditations on the Headstone of Adam Ferguson," *Philosophy*, vol. 77, no. 299(2002), pp. 109-114.

Stafford, Fiona, "The *Edinburgh Review* and the Representation of Scotland" in M. Demata and D. Wu, eds., *British Romanticism and the Edinburgh Review*(Basingstoke: Palgrave Macmillan, 2002), pp. 33-57.

Stilz, A. B., "Hume, Modern Patriotism, and Commercial Society," *History of European Ideas*, vol. 29, no. 1(2003), pp. 15-32.

Stone, Lawrence, *The Family, Sex and Marriage in england, 1500-1800*(New York: Harper & Row, 1977).

Swingewood, A., "Origins of Sociology: The Case of the Scottish Enlightenment," *British Journal of Sociology*, vol. 21(1970), pp. 164-180.

Thornton, Robert D., "The University of Edinburgh and the Scottish Enlightenment," *Texas Studies in Literature and Language*, vol. 10, no. 3(1968), pp. 415-422.

Trevor-Roper, Hugh, "The Scottish Enlightenment," *Studies on Voltaire and the Eighteenth Century*, vol. 58(1967), pp. 1635-1658.

Trevor-Roper, Hugh, "The Scottish Enlightenment," *Blockwood's Magazine*, 322(1977), pp. 371-388.

Turco, Luigi, "Moral Sense and the Foundations of Morals," in *The Cambridge Companion to the Scottish Enlightenment*(Cambridge: Cambridge University Press, 2003).

Turco, Luigi, "Sympathy and Moral Sense, 1725-1740," *British Journal for the History of Philosophy*, vol. 7, no. 1(1999), pp. 79-101.

Wengenroth, U., *Enterprise and Technology: The German and British Steel Industries 1865-1985*, trans. S. H. Tenison(Cambridge: Cambridge University Press, 1994).

Werts, S. K., "Hume and the Historiography of Science," *Journal of the History of Ideas*, vol. 54, no. 3(1993), pp. 411-436.

Wight, Jonathan B., "The Rise of Adam Smith, Articles and Citations, 1970-1997," *History of Political Economy*, vol. 34, no. 1(2002), pp. 55-82.

Zagorin, Perez, ed., *Culture and Politics: From Puritanism to the Enlightenment* (Berkeley: University of California Press, 1980).

3. 국내 문헌(번역본 포함)

게이, 피터, 주명철 옮김, 『계몽주의의 기원』(민음사, 1998).

김광수, 〈아담 스미스의 경제사 이론과 근대로의 이행〉, 한국경제학회, 《경제학연구》 제52집 제3호(2004. 9), 65-91쪽.

김광수, 『애덤 스미스의 학문과 사상』(해남, 2005).

김광수, 〈애덤 스미스와 노동(시장)의 법과 경제〉, 한국경제학회, 《경제학연구》 제58집 제2호(2010), 65-91쪽.

김병곤, 〈Adam Smith의 도덕과 정의: Theory of Moral Sentiment〉, 고려대학교 평화와 민주주의연구소, 《평화연구》 제19권 제2호(2011년 가을), 225-256쪽.

김옥경, 〈사회와 인간: 헤겔과 아담 스미스에서 인간 욕구와 노동분업〉」, 한국헤겔학회, 《헤겔연구》 제18권(2005), 61-85쪽.

김은희, 〈흄의 정치철학과 보수주의〉, 한국철학회, 《철학》 제109집(2011), 125-126, 128쪽 참조.

김중락, 〈도시를 위한 성(城)인가, 성을 위한 도시인가?: 14-15세기 에든버러의 발전에 있어서 성과 국왕의 역할〉, 영국사학회, 《영국연구》 통권 제25호(2011. 6), 1-33쪽.

도메 다쿠오, 우경봉 옮김, 『지금 애덤 스미스를 다시 읽는다: 『도덕감정론』과 『국부론』의 세계』(동아시아, 2010).

루카스, 존, 『자연과학을 모르는 역사가는 왜 근대를 말할 수 없는가』(문화디자인, 2004).

박세일, 「아담 스미스의 도덕철학 체계」, 애덤 스미스, 박세일 민경국 공역, 『도덕감정론』(비봉, 개역판, 2009), 661-699쪽.

사이드, 에드워드, 박홍규 옮김, 『오리엔탈리즘』(교보문고, 1991).

스미스, 애덤, 박세일 민경국 공역, 『도덕감정론』(비봉, 개역판, 2009).

양선이, 〈원초적 감정과 도덕감정에 관한 흄의 자연주의: 진화심리학과 사회구성주의의 화해〉, 서양근대철학학회, 《근대철학》 제3권 제1호(2008), 73-115쪽.
이상헌, 〈아담 스미스(Adam Smith) 경제학의 철학적 기원: 경제적 사회적 질서 개념을 중심으로〉, 한국경제학회, 《경제학연구》 제57집 제1호(2009), 157-183쪽.
이영석, 『산업혁명과 노동정책: 19세기 영국의 공장법 연구』(한울, 1994).
이영석, 『다시 돌아본 자본의 시대』(소나무, 1999).
이영석, 〈잉글랜드, 스코틀랜드, 국민 정체성〉, 대구사학회, 《대구사학》 제66집(2002.2), 53-78쪽.
이영석, 『역사가가 그린 근대의 풍경』(푸른역사, 2003).
이영석, 〈스코틀랜드 계몽운동과 오리엔탈리즘〉, 한국사회역사학회, 《담론 201》, vol.6 no.2 통권15(2004), 99-124쪽.
이영석, 〈근대성으로서의 행복: 역사적 접근〉, 전남대학교 호남학연구원, 《호남문화연구》 제45권(2009. 9), 29-64쪽.
이영석, 〈스코틀랜드 계몽운동과 담론의 공간, 1764~99: 에든버러 사변협회를 중심으로〉, 역사학회, 《역사학보》 제209집(2011. 3), 223-251쪽.
이영석, 〈근대 초 런던 소매업의 재검토〉, 《도시연구》 제7호(2011. 12), 28-53쪽.
이영석, 『공장의 역사: 영국 근대사회와 생산, 언어, 정치』(푸른역사, 2012).
조승래, 〈자유주의 시민사회론을 넘어서〉, 한국서양문화사학회, 《서양사학연구》 제17집(2007), 1-21쪽.

| 도판 목록 |

– 에들버러 성 [아래: Braun & Hogenberg]
http://en.wikipedia.org/wiki/File:Braun_%26_Hogenberg_%27Castrum_Puellarum%27_(Edinburgh_Castle)_c.1581.jpg

– 43쪽
홀리루드 궁 [위: Kim Traynor]
http://en.wikipedia.org/wiki/File:Palace_of_Holyroodhouse,_Edinburgh.jpg

– 홀리루드 궁 [아래: James Gordon of Rothiemay]
http://en.wikipedia.org/wiki/File:Holyrood_Palace_1649.jpg

– 47쪽
세인트자일스 교회 [Rich Barrett-Small]
http://en.wikipedia.org/wiki/File:St._Giles_Cathedral,_Edinburgh.jpg

– 48쪽
머캣 네거리 [Kim Traynor]
http://en.wikipedia.org/wiki/File:Mercat_Cross,_Edinburgh.jpg

– 50쪽
존 케이 자화상 [John Kay, 소장: National Portrait Gallery, London]
http://en.wikipedia.org/wiki/File:John_Kay_by_John_Kay_(2).jpg

존 케이가 제작한 애덤 스미스 동판화 [Johbn Kay]
http://en.wikipedia.org/wiki/File:AdamSmith1790b.jpg

– 51쪽

앨런 램지 [William Aikman, 소장: National Galleries of Scotland]

http://en.wikipedia.org/wiki/File:Allan-Ramsay.jpg

http://www.nationalgalleries.org/collection/artists-a-z/A/4478/artistName/William%20Aikman/recordId/2927#.UCh43qA-2Gk

– 53쪽

스콧 기념비 [Kim Traynor]

http://en.wikipedia.org/wiki/File:Scott_Monument_from_St._David_Street.jpg

– 55쪽

존 윌슨 [Ashley Abraham]

http://en.wikipedia.org/wiki/File:John_Wilson_1785-1854.jpg

Abraham, Ashley Perry, *Some Portraits of the Lake Poets and Their Homes*, Keswick : G.P. Abraham, (1920)

– 61쪽

존 녹스 [Kim Traynor]

http://en.wikipedia.org/wiki/File:John_Knox_woodcut.jpg

Scanned from F Maclean, *A Concise History of Scotland*(London, 1970).

– 62쪽

윌리엄 로버트슨 [*The History of America*의 1777년 발행 독일어판]

http://en.wikipedia.org/wiki/File:William_Robertson_(historian).jpg

http://www.bassenge.com/

– 63쪽

앤드루 멜빌

http://en.wikipedia.org/wiki/File:Andrew_melville.jpg

– 65쪽

〈협곡에 모인 스코틀랜드 서약파(*Covenanters in a Glen*)〉 [Alexander Carse]

http://en.wikipedia.org/wiki/File:Covenanters_in_a_Glen.jpg

The University of Edinburgh Fine Art Collection

– 69쪽

휴 블레어

http://www.michaelfinney.co.uk/catalogue/category/item/?asset_id=4815

– 70쪽

존 흄 [Henry Raeburn]

http://en.wikipedia.org/wiki/File:John_Home_by_Sir_Henry_Raeburn_crop.jpg

– 87쪽

토머스 리드 [Henry Raeburn]

http://en.wikipedia.org/wiki/File:ThomasReid.jpg

– 92쪽

세인트앤드루스대학 [Andy Hawkins]

http://en.wikipedia.org/wiki/File:St_Salvators_chapel_and_north_street_-St_Andrews.jpg

글래스고대학 [Diliff]

http://en.wikipedia.org/wiki/University_of_Glasgow

– 93쪽

애버딘대학 [Jackofhearts101]

http://en.wikipedia.org/wiki/File:Kings_College,_University_of_Aberdeen.jpg

에든버러대학 [Theoden sA]
http://en.wikipedia.org/wiki/File:Old_College_Quad.jpg

– 104쪽
윌리엄 월리스 조각상 [Axis12002]
http://en.wikipedia.org/wiki/File:William_Wallace_Statue_,_Aberdeen2.jpg

– 105쪽
배넉번 전투에서 군대를 지휘하는 로버트 브루스 [Edmund Leighton]
http://en.wikipedia.org/wiki/File:Battle_of_Bannockburn_-_Bruce_addresses_troops.jpg.
Edmund Bleigh Leighton(1909). "Richard III at the Battle of Bosworth" in *Cassell's History of England*(Volume 1. The King's Edition ed.), London, New York, Toronto & Melbourne: Cassell and Company, pp. p. 373 Retrieved on 19 June 2009.

– 106쪽
스콘석(복제, 스콘 궁) [sarniebill1]
http://en.wikipedia.org/wiki/File:Stone_of_Scone_replica.jpg
http://www.flickr.com/photos/sarniebill/3481265834/

– 108쪽
다리엔 하우스 [Roger Griffith]
http://en.wikipedia.org/wiki/File:African_Company_House,_Edinburgh,_18thC.jpg
Domestic Annals of Scotland. R. Chambers. 1885.

– 111쪽
스코틀랜드의 고지대와 저지대 [Jrockley]
http://en.wikipedia.org/wiki/File:Highlands_lowlands.png

– 115쪽

존 어스킨 [Mrs. Thomson. Picture credits W. Hassell, printer, Cook, sculptor]

http://en.wikipedia.org/wiki/File:John_Erskine_-_Earl_of_Mar_-_Project_Gutenberg_etext_20946.jpg

The Project Gutenberg EBook of Memoirs of the Jacobites of 1715 and 1745., Volume I, by Mrs. Thomson. Project Gutenberg etext 20946

– 117쪽

〈1746년 봉기 사건(*An Incident in the Rebellion of 1746*)〉. [David Morier]

http://en.wikipedia.org/wiki/File:The_Battle_of_Culloden.jpg

– 130쪽

대니얼 디포 [Engraved by M. Van der Gucht after a picture J. Taverner]

http://www.zeno.org/Literatur/M/Defoe,+Daniel/Biographie

– 136쪽

스트랜드가 [Print published by Ackermann]

http://en.wikipedia.org/wiki/File:SomersetHousebyAnonpublAckermann%26Co1836.jpg

치프사이드가 [Engraved by W. Albutt after T. H. Shepherd]

http://en.wikipedia.org/wiki/File:Cheapside_and_Bow_Church_engraved_by_W. Albutt_after_T.H.Shepherd_publ_1837_edited.jpg

– 137쪽

레전트가 [Engraved by J. Woods after a picture by J. Salmon]

http://en.wikipedia.org/wiki/File:Quadrant,_Regent_Street_engraved_by_J.Woods_after_J.Salmon_publ_1837_edited.jpg

옛 코벤트가든 시장 [George Scharf]

http://en.wikipedia.org/wiki/File:Old-Covent-Garden-Market,-1825.jpg

http://janeaustensworld.files.wordpress.com/2009/07/scharf-london-market.jpg

– 138쪽

제인 오스틴 [Cassandra Austen]

http://en.wikipedia.org/wiki/File:CassandraAusten-JaneAusten(c.1810)_hires.jpg

http://www.janeausten.co.uk/regencyworld/pdf/portrait.pdf

– 139쪽

로버트 사우디 [John James Masquerier]

http://en.wikipedia.org/wiki/File:Robert_Southey.jpg

– 140쪽

런던 왕립거래소 [Reguiieee]

http://en.wikipedia.org/wiki/File:Royal_Exchange_from_above.jpg

액서터거래소 [Drawn by Tho. H. Shepherd. Engraved by T. Barber.]

http://en.wikipedia.org/wiki/File:Exeter_Exchange.jpg

– 148쪽

증기기관

http://en.wikipedia.org/wiki/File:SteamEngine_Boulton%26Watt_1784.png

Thurston, Robert Henry (1878) "James Watt and His Inventions" in A History of the Growth of the Steam Engine, New York, United States: D. Appleton and Company, pp. p. 119 Retrieved on 16 September 2010.

– 153쪽

아크라이트 수력방적기

http://en.wikipedia.org/wiki/File:Arkwright-water-frame.jpg

Transferred from en.wikipedia; transferred to Commons by User:Igitur using CommonsHelper.

– 147쪽

뮬 방적기 샘플 [Pezzab]

http://en.wikipedia.org/wiki/File:Mule-jenny.jpg

– 157쪽

존 로크

http://en.wikipedia.org/wiki/File:Locke-John-LOC.jpg

– 159쪽

『인간오성론』 초판(1689) 속표지 [John Locke]

http://en.wikipedia.org/wiki/File:Locke_Essay_1690.jpg

『교육에 관한 성찰』 초판(1693) 속표지 [John Locke]

http://en.wikipedia.org/wiki/File:LockeEducation1693.jpg

– 169쪽

드루어리레인 극장의 내부(1808) [Thomas Rowlandson and Augustus Charles Pugin (after) John Bluck, Joseph Constantine Stadler, Thomas Sutherland, J. Hill, and Harraden(aquatint engravers)]

http://en.wikipedia.org/wiki/File:Drury_lane_interior_1808.jpg

– 184쪽

『인성론』 제1권 초판(1739) 속표지 [David Hume]

http://en.wikipedia.org/wiki/File:A_Treatise_of_Human_Nature_by_David_Hume.jpg

http://www.sothebys.com/en/auctions/ecatalogue/2012/english-literature-history-l12408/lot.75.lotnum.html

– 185쪽

『도덕 및 정치 논고』 제3판(1748) 속표지 [David Hume]

http://www.otago.ac.nz/library/exhibitions/18thc/cabinet3/index.html

– 188쪽

『국부론』 속표지 [Adam Smith]

http://en.wikipedia.org/wiki/File:Wealth_of_Nations_title.jpg

– 189쪽

『도덕감정론』 속표지 [Adam Smith]

http://www.adamsmith.org/moral-sentiements

– 209쪽

제임스 매킨토시 [Thomas Lawrence]

http://en.wikipedia.org/wiki/File:Sir_James_Mackintosh_by_Sir_Thomas_Lawrence.jpg

National Portrait Gallery, London: NPG 45

– 216쪽

아우크스부르크 종교화의

http://en.wikipedia.org/wiki/File:Peace-of-augsburg_1555.jpg

– 222쪽

『브리태니커 백과사전』 초판 속표지

http://en.wikipedia.org/wiki/File:EB1_titlepage.gif

– 225쪽

새뮤얼 스마일스 [George Reid]

http://en.wikipedia.org/wiki/File:Samuel_Smiles_by_Sir_George_Reid.jpg

National Portrait Gallery, London: NPG 1377

– 231쪽

헨리 흄 [David Martin]

http://en.wikipedia.org/wiki/File:Kames.jpg

National Galleries Scotland – http://www.nationalgalleries.org/object/PG 822

– 233쪽

섀프츠베리

http://en.wikipedia.org/wiki/File:Anthony_Ashley_Cooper,_3._Earl_of_Shaftesbury.jpg

http://www.thoemmes.com/gallery/image535.htm

– 242쪽

데이비드 흄

http://withalliamgod.files.wordpress.com/2013/07/david-hume1.jpg

– 246쪽

애덤 스미스 [Etching created by Cadell and Davies, John Horsburgh or R.C. Bell]

http://en.wikipedia.org/wiki/File:AdamSmith.jpg

http://www.library.hbs.edu/hc/collections/kress/kress_img/adam_smith2.htm

– 251쪽

흄과 스미스 조각상 [Kim Traynor]

http://en.wikipedia.org/wiki/File:David_Hume_and_Adam_Smith_statues.jpg

– 267쪽

앤드루 플레처

http://en.wikipedia.org/wiki/File:AndrewFletcher.jpg

Transferred from en.wikipedia; transferred to Commons by User: Oxyman using CommonsHelper.

– 274쪽

애덤 퍼거슨 [Joshua Reynolds]

http://en.wikipedia.org/wiki/File:ProfAdamFerguson.jpg

http://www.nationalgalleries.org/index.php/collection/online_az/4:322/results/0/17514/

– 277쪽

『시민사회의 역사』 초판(1767) 속표지 [Adam Ferguson]

http://heritagebookshop.com/details.php?id=66515

– 285쪽

듀갈드 스튜어트

http://martinfrost.ws/htmlfiles/scottish_enlighten.html

– 297쪽

『정치경제학 원리에 관한 연구』 초판(1767) 속표지 [James Stewart]

http://www.heritagebookshop.com/details.php?id=66507

– 308쪽

이마누엘 칸트

http://upload.wikimedia.org/wikipedia/commons/c/ce/Kant_Portrait.jpg

– 320쪽

찰스 배비지

http://en.wikipedia.org/wiki/File:Charles_Babbage_-_1860.jpg

http://images.google.com/hosted/life/l?q=Charles+Babbage&prev=/search%3Fq%3DCharles%2BBabbage%26um%3D1%26hl%3Den%26sa%3DX%26biw%3D1680%26bih%3D916%26tbs%3Disz:l%26tbm%3Disch&imgurl=19fc9fba4ea4a1cb

– 324쪽

제임스 허턴

http://etc.usf.edu/clipart/60900/60973/60973_james_hutton_lg.gif

– 334쪽

『오리엔탈리즘』의 표지 그림 [Jean-Léon Gérôme]

http://en.wikipedia.org/wiki/File:Jean-L%C3%A9on_G%C3%A9r%C3%B4me_-_Le_charmeur_de_serpents.jpg

– 336쪽

윌리엄 스멜리 [Engraved by Henry Bryan Hall after George Watson]

http://en.wikipedia.org/wiki/File:William_Smellie00.jpg

http://www.walterscott.lib.ed.ac.uk/portraits/engravers/images/smellie.html

– 340쪽

마르코폴로

http://en.wikipedia.org/wiki/File:Marco_Polo_portrait.jpg

– 345쪽

예수회 선교사 마테오 리치와 중국 서광계의 만남 [Athanasius Kircher]

http://en.wikipedia.org/wiki/File:Ricci_Guangqi_2.jpg

http://digital.library.villanova.edu/Item/vudl:38727

– 347쪽

동인도회사 본부 [Thomas Hosmer Shepherd]

http://en.wikipedia.org/wiki/File:East_India_House_THS_1817_edited.jpg

– 353쪽

〈1757년 플라시 전투 후 로버트 클라이브와 미르 자파르〉 [Francis Hayman]

http://en.wikipedia.org/wiki/File:Clive.jpg

National Portrait Gallery

– 364쪽

『웨이벌리(*Waverley*)』 초판(1814) 속표지 [Walter Scott]

http://library.sc.edu/zellatest/scottishnovel/images/sconovwaver1001.jpg

– 368쪽

《에든버러 리뷰》 속표지(1803년 4월)

http://library.sc.edu/zellatest/phrenology/images/opt/edinrev.jpg

– 372쪽

《블랙우즈 매거진》 속표지(1829년)

http://en.wikipedia.org/wiki/File:Blackwood%27s_Edinburgh_Magazine_XXV_1829.jpg

– 374쪽

《19세기》 속표지(1880년 8월)

http://en.wikipedia.org/wiki/File:TheNineteenthCenturyMagazineAugust1880.jpg

– 376쪽

스콧 기념 조각상(에든버러) [Stefan Schäfer, Lich]

http://en.wikipedia.org/wiki/File:Sir_Walter_Scott_statue_at_Scott_Monument.jpg

– 379쪽

프랜시스 제프리 묘지(에든버러) [Kim Traynor]

http://en.wikipedia.org/wiki/File:Grave_of_Francis_Jeffrey,_Dean_Cemetery_Edinburgh.jpg

Intellectuals and Society: A History of the Scottish Enlightenment

Yougn-Suk Lee

Abstract

After Scotland was unified to England in the early 18th century, there was an intellectual movement called the Scottish Enlightenment. The movement affected the formation of British culture in the 19th century. This study is interested in examining the background and contents of the movement from the perspective of social history.

Many writers and intellectuals from the middle classes lived in late eighteenth-century Edinburgh. At the time Edinburgh was called 'New Jerusalem', which meant the center of learning and arts, or the republic of literati. If we regarded the enlightenment as the product of the discursive places between writers and readers, eighteenth-century Edinburgh seems to have been an embodiment of those intellectual movements. At the time most literati in Edinburgh were from the middle class. They were small landlords, lawyers, merchants, writers or teachers who did not accumulate wealth enough to go into London in spite of their own professional knowledge and faculties. There were several intellectual clubs or societies on the basis of literati's active participation in eighteenth-century Edinburgh.

What were the backgrounds of the Scottish Enlightenment? First, Scottish universities were very famous among European young persons at the time. Those universities initiated the intellectual movement. Second, Scottish intellectuals' accomplishments were the result of their desire and efforts for competing England as the other. Their competitive consciousness towards England was centered from political dimension to cultural one. Finally, in the late 18th century Scottish literati could deeply understand the characteristic and essence of industrialization in England. It was because Scotland was located in the outside of the industrialized center [England], and at the same time it was also nearer to the core enough to understand the real processes of the change. At the periphery one can view the changes of the core more accurately. Scottish intellectuals viewed those changes of the core, and created new concepts and ideas of the modern age.

The Scottish Enlightenment is very important in the respect that it was the result of the interrelations between writers and readers, or between intellectuals and citizens. Cultural renaissance of eighteenth-century Edinburgh was largely indebted to several flourishing societies at the time. But with the development of the British empire many intellectuals and professionals moved to London and other world for their success in life. After that, Edinburgh lost its cultural hegemony in Britain.

| 찾아보기 |

— ㄹ —

—ㅁ—

−ㅇ−

– ㅈ –

—ㅊ—

—ㅋ—

이영석

광주대 교수. 성균관대 사학과와 동대학원을 졸업했다(문학박사). 케임브리지대학 클레어홀 및 울프슨칼리지 초빙교수를 지냈으며, 한국서양사학회와 도시사학회 회장을 역임했다. 2012년 한국연구재단의 인문사회 분야 우수학자로 선정되었다.
그동안 19세기 영국을 중심으로 사회사, 노동사, 생활사, 사학사 분야의 논문 90여 편을 썼다. 저서로는 『산업혁명과 노동정책: 19세기 영국의 공장법 연구』(1994), 『다시 돌아본 자본의 시대』(1999), 『역사가가 그린 근대의 풍경』(2003), 『사회사의 유혹 I: 나를 사로잡은 역사가들』(2006), 『사회사의 유혹 II: 다시, 역사학의 길을 찾다』(2006), 『영국 제국의 초상: 19세기 말 영국 사회의 내면을 읽는 아홉 가지 담론들』(2009), 『공장의 역사: 근대 영국사회와 생산, 언어, 정치』(2012), 『유럽의 산업화와 노동계급』(공저, 1997) 등이 있고, 번역서로 『영국 민중사』(1989), 『역사학을 위한 변론』(1999), 『옥스퍼드 유럽현대사』(공역, 2003), 『자연과학을 모르는 역사가는 왜 근대를 말할 수 없는가』(2004), 『잉글랜드 풍경의 형성』(2007) 등이 있다.

지식인과 사회

스코틀랜드 계몽운동의 역사

대우학술총서 609

1판 1쇄 찍음 2014년 3월 5일
1판 1쇄 펴냄 2014년 3월 21일

지은이 | 이영석
펴낸이 | 김정호
펴낸곳 | 아카넷

출판등록 2000년 1월 24일(제2-3009호)
100-802 서울시 중구 퇴계로 18(남대문로 5가 526) 대우재단빌딩 16층
전화 | 6366-0511(편집) · 6366-0514(주문) | 팩시밀리 6366-0515
책임편집 | 좌세훈
www.acanet.co.kr

ISBN 978-89-5733-355-6 94920
ISBN 978-89-89103-00-4 (세트)

이 도서의 국립중앙도서관 출판시도서목록(CIP)은
서지정보유통지원시스템 홈페이지(http://seoji.nl.go.kr)와
국가자료공동목록시스템(http://www.nl.go.kr/kolisnet)에서 이용하실 수 있습니다.
(CIP제어번호: CIP2014006458)